THE COMPLETE WORKS OF VENERABLE BEDE,

IN THE ORIGINAL LATIN,

COLLATED WITH THE MANUSCRIPTS, AND

VARIOUS PRINTED EDITIONS,

ACCOMPANIED BY

A NEW ENGLISH TRANSLATION

OF THE HISTORICAL WORKS,

AND

A LIFE OF THE AUTHOR.

BY THE REV. J. A. GILES, D.C.L.,

LATE FELLOW OF C.C.C., OXFORD.

10

VOL. X.

COMMENTARIES ON THE SCRIPTURES.

LONDON:

WHITTAKER AND CO., AVE MARIA LANE.

MDCCCXLIV.

LONDON:
GILBERT & RIVINGTON, PRINTERS,
ST. JOHN'S SQUARE.

VENERABILIS

BEDÆ

OPERA QUÆ SUPERSUNT OMNIA,

NUNC PRIMUM IN ANGLIA,

OPE CODICUM MANUSCRIPTORUM,

EDITIONUMQUE OPTIMARUM

EDIDIT J. A. GILES, LL.D.

ECCLESIÆ ANGLICANÆ PRESBYTER,

ET COLL. CORP. CHR. OXON. OLIM SOCIUS.

VOL. X.

COMMENT. IN SCRIPT. SACR.

LONDINI:

VENEUNT APUD WHITTAKER ET SOCIOS.

MDCCCXLIV.

VENERABILIS

BEDÆ

COMMENTARIA IN SCRIPTURAS SACRAS,

NUNC PRIMUM IN ANGLIA,
OPE CODICUM MANUSCRIPTORUM,
EDITIONUMQUE OPTIMARUM

EDIDIT J. A. GILES, LL.D.,
ECCLESIÆ ANGLICANÆ PRESBYTER,
ET COLL. CORP. CHR. OXON. OLIM SOCIUS.

VOL. IV.
COMMENT. IN NOVUM TESTAMENTUM.

LONDINI:
VENEUNT APUD WHITTAKER ET SOCIOS.
MDCCCXLIV.

PREFACE

TO

VOL. IV. OF THE COMMENTARIES.

In the list of his own works, which Bede attached to his Ecclesiastical History, are enumerated the following Commentaries on different books of the New Testament:

In Evangelium Marci, libri IV.

In Evangelium Lucæ, libri VI.

In Actus Apostolorum, libri II.

In Actus Apostolorum Retractationes.

In Apostolum, quæcunque in opusculis S. Augustini exposita inveni, &c.

In Epistolas VII Catholicas, libri singuli.

In Apocalypsim S. Johannis, libri III.

We are at present concerned with only the first two of these Commentaries; the former of which is given complete, of the latter only the commencement is to be found in this volume.

The *Expositio in Evangelium Marci* is found in the folio editions of Bede's works. [B. v. 1—175.

C. v. 92—213.] It is dedicated to Bishop Acca, and, like the rest of Bede's Commentaries, shows the zeal which he displayed in studying the works of the Fathers which were applicable to his subject. In his own autograph, Bede inserted in the margin the initials of the names of the writers from whom he quoted, requesting all future copyists to follow the same rule. This precaution, however, seems to have been neglected; and consequently there is much difficulty in distinguishing Bede's own matter from the extracts which he has inserted from other writers. See *Rich. Simon, Hist. Critique des Princip. Commentateurs du N. T.* ch. 24. p. 340.

The Commentary on St. Luke, *In Evangelium Lucæ Expositio,* occurs in the folio editions, [B. v. 175—515. C. v. 215—451.] and is, like nearly all Bede's Commentaries, inscribed to Bishop Acca, at whose instigation it was written.

In the Public Library at Cambray is a MS. [No. 277] of Bede's Commentary on St. Luke, presented by Bishop Hildovard to his Church about the year 800, as appears by the following lines found on a slip of parchment facing the title:

> En tibi ter senos, pia virgo Maria, libellos,
> Quos Beda in Luca tractavit presbyter almus,
> Hildowardus ego, devotus munere præsul,
> Dono; mihi vitam tribuas sine fine beatam.

The text of the present edition is founded on a collation of the Basle edition of these two Commentaries with two MSS. preserved in the King's Library at Paris [2352. 2354], by means of which numerous grammatical errors have been corrected; but in a work like the present, where it is the matter and not the style which is of moment, it has been deemed unnecessary to add the variations of phraseology which occurred in the collation of the manuscripts.

IN

MARCI EVANGELIUM

EXPOSITIO.

LIBER PRIMUS.

EPISTOLA AD ACCAM.

EXPOSITIONEM Evangelii secundum Marcum, opitulante ipsa Evangelica gratia, scripturi, primo quæ fuerit eidem Marco causa evangelii scribendi, breviter insinuandum esse censuimus. Cum Romanæ urbi clarum veri Dei lumen prædicante beato Petro Apostolo fuisset exortum, adeo sermo veritatis universorum mentes placito illustrabat auditu, ut quotidie audientibus eum nulla unquam satietas fieret. Unde neque auditio sola eis suffecit, sed Marcum discipulum ejus omnibus precibus obsecrantes orant, ut ea quæ ille verbo prædicabat, ad perpetuam eorum commonitionem habendam scripturæ traderet, quo domi forisque in hujuscemodi verbi meditationibus permanerent. Nec prius ab obsecrando desistunt, quam quæ oraverant impetrarent. Petrus vero, ut per Spiritum Sanctum religioso se spoliatum comperit furto, delectatus est: et fidem eorum devotionemque per hæc considerans, factum confirmavit, et in perpetuum legendam scripturam ecclesiis tradidit. Clemens in sexto Dispositionum libro hæc ita gesta esse describit. Cui simile dat testimonium etiam Hierapolites Episcopus, nomine Papias, qui et hoc dicit, quod Petrus in prima epistola sua, quam de urbe Roma scripsit, meminerit Marci, in qua tropice Romam Babyloniam nominarit, cum dicit, Salutat vos ea ecclesia, quæ in Babylone electa est, et Marcus filius meus. Assumpto itaque evangelio quod ipse confecerat, perrexit in Ægyptum, et primum Alexandriæ Christum annuncians, constituit ecclesiam tanta doctrina, et vitæ continentia, ut omnes sectatores Christi ad exemplum sui cogeret. Denique Philo disertissimus Judæorum, videns Alexandriæ primam ecclesiam adhuc judaizantem, quasi in laudem gentis suæ librum super eorum conversatione scripsit. Et quomodo Lucas enarrat Hierosolymæ credentes omnia habuisse communia: sic et ille quod Alexandriæ sub Marco fieri doctore cernebat, memoriæ tradidit. Tradunt autem hunc natione Israelitica, et sacerdotali ortum prosapia, ac post passionem ac resurrectionem Domini Salvatoris, ad prædicationem apostolorum evangelica fide ac sacramentis imbutum, atque ex eorum fuisse numero, de quibus scribit Lucas, quia multa etiam turba sacerdotum obediebat fidei. Quapropter utpote legalibus institutus edictis, optimum per omnia vivendi ordinem genti, quam ad fidem vocabat, præmonstravit. Sed et canonicam Paschæ observantiam, quæ universis Christi ecclesiis foret imitabilis, ostendit. In cujus evangelium tuo, dilectissime antistitum Acca, necnon et aliorum fratrum plurium commonitus hortatu, prout Dominus dederit, scripturi, maxime quæ in patrum venerabilium exemplis invenimus, hinc inde collecta ponere curabimus. Sed et nonnulla propria ad imitationem sensus eorum, ubi opportunum videbitur, interponemus, lectoremque supplex obsecro, ut si hæc nostra opuscula transcriptione digna duxerit, annotationem nominum eorum quæ supra in margine apposita sunt, diligens scriptura conservet, quomodo in expositione evangelii beati Lucæ, quam ante annos plurimos auxiliante Dei gratia composuimus, constat esse factitatum. Orantem pro nobis sanctitatem tuam, cælestis semper gratia protegat. Sed et hoc ante omnia cunctos qui hæc forte lecturi sunt deprecor in Domino, ut pro meis et corporis et animi fragilitatibus, apud pium Judicem intercessores existere dignentur.

IN CAP. I.

CAP. I. *Initium evangelii Jesu Christi, &c.*] Sicut scriptum est in Esaia propheta. Conferendum hoc evangelii Marci principium, principio Matthæi, quo ait: *Liber generationis Jesu Christi, filii David, &c.* Atque ex utroque unus dominus noster Jesus Christus, Dei et hominis filius est intelligendus. Et apte primus evangelista filium hominis eum, secundus filium Dei nominat, ut a minoribus paulatim ad majora sensus noster exurgeret, ac per fidem et sacramenta humanitatis assumptæ, ad agnitionem divinæ æternitatis ascenderet. Apte, qui humanam erat generationem descripturus, a filio hominis cœpit, David videlicet sive Abrahæ, de quorum stirpe substantiam carnis assumpsit. Apte is qui librum suum ab initio evangelicæ prædicationis inchoabat, filium magis Dei appellare voluit dominum nostrum Jesum Christum: quia nimirum et humanæ erat naturæ de progenie patriarcharum sive regum, veritatem carnis suscipere, et divinæ fuit potentiæ evangelium mundo prædicare. Evangelium quippe bonum nuncium dicitur. Quod autem melius est nuncium, quam Pœnitentiam agite, appropinquabit enim regnum cœlorum? Hominis itaque est, humanitus nasci: Dei vero, regni cælestis introitum pœnitentibus prædicare. Et ideo Matthæus recte filium David nuncupat, quem in carne venientem asseverat. Recte Marcus filium Dei, quem in prima voluminis sui fronte auctorem evangelii, et sponsorem regni designat æterni. Ubi notandum quod Evangelistæ sancti, qui dispensationem nobis dominicæ incarnationis scriptam reliquere, uno quidem spiritu accensi ad officium scribendi accesserunt, sed diversum narrationis suæ primordium singuli, diversum statuere terminum. Matthæus namque a nativitate dominica exordium sumens, ad tempus usque dominicæ resurrectionis seriem suæ narrationis perduxit. Marcus ab initio evangelicæ prædicationis incipiens, pervenit ad tempus usque Ascensionis Domini, et prædicationis discipulorum ejus cunctis gentibus per orbem. Lucas a nativitate præcursoris inchoans Evangelium, terminavit in Ascensione dominica: cum redeuntes discipuli Hierosolymam adventum Sancti Spiritus divinis in laudibus expectabant. Joannes ab æternitate verbi Dei, per quod omnia facta sunt, principium sumens, et ipse ad tempus usque dominicæ resurrectionis evangelizando pertingit. Scripturus ergo evangelium Marcus, congrue primo omnium ponit testimonia prophetarum quibus hoc futurum jam olim præcinebant. Ut eo cunctis vera ac sine scrupulo dubietatis suscipienda quæ scriberet intimaret: quo hæc a prophetis Sancto Spiritu impletis antea præscita ac prædicta esse monstraret: simulque uno eodemque evangelii sui principio et Judæos qui legem ac prophetas susceperant, ad suscipienda etiam evangelii sacramenta quæ ipsorum prophetæ prædixerant, instituit, et gentiles qui per omnia evangelii præconia ad Dominum venerant, ad auctoritatem quoque legis et prophetarum suscipiendam venerandamque provocat: ne si qui juxta hæreticos aut vetus solummodo testamentum, aut solummodo novum suscepisset, alienus a testamento Dei remaneret.

Ecce mitto angelum meum, &c.] Angelus vocatur Joannes, non naturæ societate juxta hæresim Origenis, sed officii dignitate. Angelus enim Græce, Latine nuncius dicitur. Quo nomine recte appellari potuit homo ille qui fuit missus a Deo ut testimonium perhiberet de lumine, et venientem in carne Dominum mundo nunciaret. Nec mirandum mystice Angelum nominari eum quo inter natos mulierum major nemo surrexit, cum constet omnes qui sacerdotii gradu rite funguntur, ob evangelizandi officium angelos posse vocari, dicente Propheta: Labia sacerdotis custodient scientiam, et legem requirent ex ore ejus, quia angelus Domini exercituum est.

Vox clamantis in deserto, Parate viam Domini, &c.] Constat quia unigenitus filius verbum patris vocatur, Joanne attestante qui ait: In principio erat verbum, et verbum erat apud Deum, et Deus erat verbum. Et ex ipsa nostra locutione cognoscimus, quia prius vox sonat, ut verbum postmodum possit audiri. Joannes ergo vox a propheta vocatur, quia verbum præcedit. Adventum itaque dominicum præcurrens vox dicitur, quia per ejus ministerium patris verbum ab hominibus auditur. Qui etiam in deserto clamat: quia derelictæ ac destitutæ Judææ solatium redemptionis annunciat. Quid autem clamaret, aperitur cum subditur: Parate viam Domini, rectas facite semitas ejus. Omnis qui fidem rectam et bona opera prædicat: quid aliud quam venienti Domino ad corda audientium viam parat, ut hæc vis gratiæ penetret, ut lumen veritatis illustret, et rectas Deo semitas faciat, dum mundas in animo cogitationes per sermonem bonæ prædicationis format? Sane notandum quod ex testimoniis propheticis quæ posuit Marcus, unum solummodo in Esaia, alterum vero invenitur in Malachia. Nec tamen falli aut fallere putandus est evangelista, qui hoc scriptum dicat in Esaia quod Esaias non scripserit, sed potius intelligendum, quod etsi non hæc verba quæ de Malachia posuit, inveniuntur in Esaia, sensus tamen eorum invenitur in Esaia, et in nonnullis locis aliis, et manifestius in eo quod hic ipse subjunxit, Vox clamantis in deserto, Parate viam Domini, rectas facite semitas ejus. Quis enim non videat, quanta sit in utraque sententia concordia? Nam quod dixit Malachias, mittendum angelum ante faciem Domini qui præpararet viam ejus, hoc est utique quod dixit Esaias, vocem clamantis audiendam in deserto, quæ diceret, Parate viam Domini, rectas facite semitas ejus. Quia sicut Joannes recte angelus potuit vocari, pro eo quod faciem Domini evangelizando prævenit, ita recte appellari et vox potuit, quia verbum Dei sonando præibat: sicut et supra dictum est. In utraque autem sententia similiter paranda via Domini prædicatur. Ideoque non fallitur evangelista, qui hoc dictum ab Esaia scribit: quod etsi non eisdem verbis, eodem tamen sensu ab ipso scriptum invenit. Potuit autem fieri ut animo Marci evangelium conscribentis pro Malachia Esaias occurreret, ut fieri solet. Quod tamen sine ulla dubitatione emendaret, saltem ab aliis admonitus, qui ipso adhuc in carne vivente hoc legere potuerunt, nisi cogitaret recordationi suæ quæ Sancto Spiritu regebatur, non frustra occurrisse aliud pro alio nomen prophetæ: quia ita Dominus hoc scribi constituit. Cur autem ita constituerit Dominus, prima illa causa utilissima debet facillime cogitari, etiam sic esse insinuatum, ita omnes sanctos prophetas uno spiritu locutos mirabili inter se consensione constare, ut hoc multo amplius sit, quam si omnium omnia prophetarum uno unius hominis ore dicerentur. Et ideo indubitanter accipi debere quæcunque per eos Sanctus Spiritus dixit, et singula esse omnium, et omnia singulorum. Cum ergo et quæ dicta sunt per Esaiam tam sint Malachiæ quam Esaiæ, et quæ dicta sunt per Malachiam tam sint Esaiæ quam Malachiæ: quid opus erat ut emendaret Marcus, cum aliud pro alio sibi nomen occurrens a se scriptum legisset? ac non potius sequens auctoritatem Spiritus Sancti, a quo mentem suam regi plus nobis ille utique sentiebat, ita hoc scriptum relinqueret? Sic enim admonendo constituerat ei Dominus ad informandos nos tantam verborum suorum inter prophetas esse concordiam, ut non absurde, immo congruentissime, etiam Esaiæ deputaremus quod per Malachiam dictum reppe-rimus.

CAP. II. *Fuit Joannes in deserto baptizans, &c.*] Cunctis gentibus liquet quod Joannes baptismum pœnitentiæ non solum prædicavit, verumetiam quibusdam dedit, sed tamen baptismum in remissionem peccatorum dare non potuit. Remissio etenim peccatorum in solo nobis baptismo Christi tribuitur. Notandum itaque quod dicitur, prædicans baptismum pœnitentiæ in remissionem peccatorum: quoniam baptisma quod peccata solveret, quia dare non poterat, prædicabat, ut sicut incarnatum verbum patris præcurrebat verbo prædicationis, ita baptismum pœnitentiæ quo peccata solvuntur, præcurrerit suo baptismate, quo peccata solvi non possunt. Et baptizabantur ab illo in Jordane flumine, confitentes peccata sua. Exemplum confitendi peccata, ac meliorem vitam promittendi datur eis qui baptisma accipere desiderant, sicut etiam prædicante Paulo in Epheso multi credentium veniebant confitentes et annunciantes actus suos, quatenus abdicata vita veteri, renovari mererentur in Christo. Unde etiam beato Petro ostensis in linteo cælesti diversis generis animantibus dictum est: Surge, Petre, occide et manduca. Quod est aperte dicere, Occide infideles ab eo quod fuerant prius, ab renunciatione scelerum et promissione piæ religionis, ac sic fidei Christianæ sacramentis imbutos in sanctæ ecclesiæ membra commuta.

Et erat Joannes vestitus pilis cameli, &c.] Pilis, inquit, vestitus, non lana. Alterum austeræ vestis indicium est: alterum luxuriæ mollioris. Zona autem pellicea qua accinctus fuit et Helias, mortificationis indicium est. Porro quod sequitur, et locustas et mel sylvestre edebat: habitatori solitudinis congruum est, ut non delitias ciborum, sed necessitatem humanæ carnis expleret. Potest habitus et victus ejus per significationem, etiam qualitatem internæ conversationis ejus non inconvenienter exprimere. Namque austerioribus utebatur indumentis, sicut etiam Dominus in laudibus ejus protestatus est dicens ad Judæos: Quid existis in desertum videre? hominem mollibus vestitum? ecce qui mollibus vestiuntur, in domibus regum sunt: quia vitam peccantium non blandimentis fovit: sed vigore asperæ invectionis increpavit dicens: Genimina viperarum, quis vobis demonstravit fugere a ventura ira? Zonam pelliceam habebat circa lumbos suos: quia carnem suam crucifixit cum vitiis et concupiscentiis, quod eorum esse proprium qui sunt Jesu Christi, apostolo attestante, didicimus. Locustas et mel sylvestre edebat, quia dulce quidem sapiebat turbis prædicatio ejus: existimante populo et cogitantibus omnibus in cordibus suis de eo ne forte ipse esset Christus. Sed ocyus finem sortita est illa opinio: intelligentibus ejus auditoribus quod non ipse Christus sed præcursor et propheta esset Christi. In melle etenim dulcedo: in locustis est alacer volatus, sed cito deciduus.

Et prædicabat dicens, Veniet fortior, &c.] Mos apud veteres fuit, ut si quis eam quæ sibi competeret, accipere uxorem nollet, ille ei calceamentum solveret, qui ad hanc sponsus jure propinquitatis veniret. Quid ergo inter homines Christus, nisi sanctæ ecclesiæ sponsus apparuit? De quo et idem Joannes dicit: Qui habet sponsam, sponsus est. Sed quia Joannem homines Christum esse putaverunt, quod idem Joannes negat, recte se indignum esse ad solvendam corrigiam ejus calceamenti denunciat. Ac si aperte dicat: Ego redemptoris vestigia denudare non valeo, quia sponsi nomen mihi immeritus non usurpo. Quod tamen intelligi et aliter potest. Quis enim nesciat, quod calceamenta ex mortuis animalibus fiant? Incarnatus vero Dominus veniens quasi calceatus apparuit: qui in divinitate sua morticina nostræ corruptionis assumpsit. Sed hujus incarnationis mysterium, humanus oculus penetrare non sufficit. Investigari enim nullatenus potest: quomodo corporatur verbum: quomodo summus et vivificator Spiritus intra uterum matris animatur: quomodo is qui initium non habet et existit, concipitur. Corrigia ergo calceamenti, est ligatura mysterii. Joannes itaque solvere corrigiam calceamenti ejus non valet: quia incarnationis mysterium nec ipse investigare sufficit: qui hanc per prophetiæ spiritum agnovit. Ego baptizavi vos aqua, ille vero baptizabat vos Spiritu Sancto. Non quidem adhuc Joannes Dominum manifeste Deum aut Dei esse filium, sed tantum virum se fortiorem prædicat. Non enim rudes adhuc auditores tanti cupiebant arcana sacramenti, quod filius Dei æternus homine assumpto ex virgine denuo natus esset in mundo: sed paulatim per agnitionem glorificatæ humanitatis, introducendi erant ad fidem divinæ æternitatis. Quibus tamen quasi latenter quodam modo ac velato sermone Deum hunc esse verum declarat: dum eum Spiritu Sancto baptizaturum esse confirmat. Cui enim dubium nullum posse alium gratiam Sancti Spiritus, nisi Deum dare? Tempore autem procedente cum capaciores jam ad intelligendum eosdem suos videret auditores: etiam filium Dei illum aperte prædicavit dicens: Sed qui misit me baptizare in aqua, ille mihi dixit, Super quem videris Spiritum descendentem et manentem super eum, hic est qui baptizat in Spiritu Sancto. Et ego vidi et testimonium perhibui: quia hic est filius Dei. Baptizamur autem a Domino in Spiritu Sancto, non solum cum in die baptismatis fonte vitæ in remissionem peccatorum abluimur: verum etiam quotidie cum per gratiam ejusdem Spiritus ad agenda quæ Deo placent accendimur.

Cap. iv. *Et factum est in diebus illis, &c.*] Triplicem ob causam Salvator ab Joanne accepit baptismum. Primo ut, quia homo natus erat, omnem justitiam, et humilitatem legis impleret. Secundo, ut baptismate suo, Joannis baptisma comprobaret. Tertio, ut Jordanis aquam sanctificans, per descensionem columbæ Spiritus Sancti in lavacro credentium monstraret adventum.

Et statim ascendens de aqua vidit cælos apertos, &c.] Mysterium trinitatis in baptismate Domini demonstratur. Dominus baptizatur, Spiritus descendit in specie columbæ, patris vox testimonium filio præbentis auditur. Aperiuntur autem cæli, non reseratione elementorum, sed spiritualibus oculis, quibus et Ezechiel in principio voluminis sui apertos eos esse commemorat. Sedit quoque columba super caput Jesu, ne quis putaret vocem patris ad Joannem factam: non ad Dominum. Pulchre autem cum dixisset, Et Spiritum tanquam columbam descendentem: addidit, et manentem in ipso. Hoc etenim mediatori Dei et hominum donum est speciale collatum, ut implens semel eum Spiritus Sanctus, nunquam recederet, sed perpes in illo maneret. Nam fidelibus ejus ad insignia virtutum et miracula facienda, aliquando gratia Spiritus confertur, aliquando tollitur. Quibus tamen ad operationem pietatis et justitiæ, ad amorem Dei et proximi conservandum, nunquam gratia Spiritus abest. Unde de illo Spiritu promittimur dicente eis Domino: Vos autem cognoscetis eum quia apud vos manebit, et in vobis erit. Verum specialiter in Domino manet Spiritus semper, non quomodo in electis ejus juxta mensuram fidei, sed sicut Joannes ait: Vidimus gloriam ejus, gloriam quasi unigeniti a patre, plenum gratiæ et veritatis. Manet autem in illo Spiritus, non ex eo tantum tempore quo baptizatus est in Jordane: sed ex illo potius quo in utero conceptus est virginali. Nam quod in baptizatum descendere visus est Spiritus, signum erat conferendæ nobis in baptismo gratiæ spiritualis: quibus in remissionem peccatorum ex aqua et Spiritu regeneratis, amplior ejusdem Spiritus gratia per impositionem manus episcopi solet cælitus dari. Sicut etiam hoc quod apertos cælos vidit post baptisma, nostri utique gratia factum est: quibus per lavacrum undæ regeneratricis, janua panditur regni cælestis, quæ peccantibus quondam protoplastis ac paradiso ejectis, toti generi humano interpositis Cherubim et flammeo gladio, clausa est. Extinguitur namque hæc flamma cuique fidelium, cum aquis vitalibus tingitur. Reconciliatur angelicis spiritibus, cum ad pacem sui redierit Creatoris: adeo ut si percepta fidei sacramenta puro corde et corpore servaverit, mox solutus carne regna possit intrare cælestia. Alioqui quomodo tunc aperirentur Domino cæli: qui cum homo fieret et habitaret nobiscum in terra, cælum pariter divina potentia continebat et terram? Sed et hoc quod vox paterna de cælis innotuit: Tu es filius meus dilectus, in te complacui: non ipse filius quod nesciebat docetur: sed nobis quod credere debeamus ostenditur. Ipsum videlicet qui baptizandus cum aliis venit ad Joannem homo, verum esse Dei filium : non solum ipsius Joannis, sed et totius mundi Dominum, et ideo veraciter in Spiritu Sancto baptizare valentem. Nos quoque vox eadem docuit, per aquam ablutionis et spiritum sanctificationis, Dei posse filios effici. Quotquot enim receperunt eum, dedit eis potestatem filios Dei fieri. Bene autem in specie columbæ descendit Spiritus Sanctus, quod multum simplex est animal, atque a malitia fellis alienum. Ut figurate nobis insinuaret, quod simplicia corda quærit : nec habitare dignatur in mentibus impuris, qualis fuit Simon ille cui dicebat Petrus : Non est tibi pars, neque sors in sermone hoc : in felle enim amaritudinis et obligatione iniquitatis, video te esse.

CAP. V. *Et statim Spiritus expulit eum in desertum, &c.*] Matthæus similiter exposito Domini baptismate et voce de cælis facta, quæ diceret Hic est filius meus dilectus, in quo mihi complacui : continuo subjunxit, Tunc Jesus ductus est in desertum ab Spiritu, ut tentaretur a diabolo. Verum ne cui veniret in dubium, a quo eum spiritu ductum sive expulsum dicerent in desertum : consulte Lucas primo posuit : quia Jesus plenus Spiritu Sancto regressus est ab Jordane, ac deinde intulit : Et agebatur in Spiritu in desertum ne quid contra eum valuisse spiritus immundus putaretur, qui plenus Spiritu Sancto, quo volebat digrediens, quæ volebat agebat. Quadraginta autem dies et noctes, quibus eum tentat, totum hujus seculi tempus insinuant, quibus membra ejus videlicet sanctam ecclesiam tentare nunquam desistit. Quia nimirum quadripertitus est mundus, in quo Domino famulamur. Decem vero præcepta sunt, per quorum observantiam Domino famulantes contra hostis indefessi malitiam certamus. Decem autem quater ducta quadraginta faciunt. Ideoque totum militiæ nostræ tempus apte quadragenario dierum ac noctium numero comprehenditur. Baptizatus ergo Dominus expellitur a Spiritu in desertum, et tentatur a Satana, ut exemplum vitæ suis fidelibus præbeat: qui post acceptam in baptismo remissionem peccatorum, non solum ad exercenda opera virtutum, verum etiam ad tolerandam propter justitiam persecutionem sint accingendi. Secedit enim in desertum, ut nos doceat, relictis mundi illecebris, et societate pravorum, divinis per omnia servire mandatis. Tentatur solitarius a diabolo, ut nobis insinuet, quod omnes qui volunt pie vivere in Christo, persecutionem patiuntur, et quod per multas tribulationes oportet nos intrare in regnum Dei. Tentatur quadraginta diebus et quadraginta noctibus, ut indicet quod quamdiu hic viventes Domino servimus, sive prospera blandiantur (quod ad dies pertinet) seu nos adversa feriant (quod noctis figuræ congruit) semper ambulantibus in lege Domini adsit toto orbe adversarius, qui iter nostrum tentando impedire non cessat. Eratque cum bestiis, et angeli ministrabant illi. Inter bestias commoratur ut homo, sed ministerio utitur angelico ut Deus. Et nos cum in eremo sanctæ conversationis bestiales hominum mores impolluta mente toleramus, ministerium angelorum meremur, a quibus corpore absoluti ad æterna in cælis gaudia transferamur. Postquam autem traditus est Joannes, venit Jesus in Galilæam prædicans evangelium regni Dei, &c. Joanne tradito, recte incipit ipse prædicare. Desinente lege, consequenter oritur evangelium. Si autem Salvator eadem prædicat quæ Joannes Baptista ante dixerat, ostendit se ejusdem Dei esse filium, cujus ille propheta est. Nemo autem putet traditionem Joannis in carcerem, statim post jejunium quadraginta dierum, et tentationem Domini factam. Quisquis enim Joannis evangelium legerit, inveniet Dominum ante traditionem illius multa et docuisse, et miracula fecisse. Denique habes in evangelio ipsius: Hoc fecit initium signorum Jesus in Cana Galilææ. Et iterum: Necdum enim erat missus in carcerem Joannes. Ferunt autem quia cum legisset Joannes Matthæi, Marci, et Lucæ volumina, probaverit quidem textum historiæ, et vera eos dixisse firmaverit: sed unius tantum anni in quo et passus est, post carcerem Joannis historiam texisse. Prætermisso itaque anno cujus acta a tribus exposita fuerant, superioris temporis, antequam clauderetur Joannes in carcere, gesta narravit: sicut manifestum esse poterit iis, qui evangeliorum diligenter quatuor volumina legerint. Quæ res et dissonantiam quæ videbatur Joannis esse cum cæteris, tollit. Cum ergo dixisset Marcus quod venit Jesus in Galilæam prædicans Evangelium regni Dei: subjunxit, et ait: Et dicens, quoniam impletum est tempus, et appropinquabit regnum Dei. Pœnitemini, et credite evangelio. Impletum est tempus, inquit. Illud nimirum, de quo dicit apostolus: Postquam autem venit plenitudo temporis, misit Deus filium suum factum ex muliere, factum sub lege, ut eos qui sub lege erant redimeret. Ergo impleta sunt tempora, pœnitemini. Quam olim est quod hoc clamatur, et utinam aliquando audiatur: quoniam impleta sunt tempora, et appropinquavit regnum Dei? Pœnitemini et credite evangelio. Renunciate operibus mortuis: credite in Deum vivum. Quid prodest credere sine bonis operibus? Non te bonorum operum meritum adduxit ad fidem, sed fides incipit ut bona opera consequantur.

Cap. vi. *Et præteriens secus mare Galilææ, vidit Simonem et Andream, &c.*] Isti primi vocati sunt, ut Dominum sequerentur. Piscatores et illiterati mittuntur ad prædicandum, ne fides credentium non in virtute Dei, sed eloquentia atque doctrina putaretur.

Quæri autem potest quomodo binos vocaverit de naviculis piscatores: primo Petrum et Andream, deinde progressus paululum alios duos filios Zebedæi, sicut narrant Matthæus et Marcus, cum Lucas dicat ambas eorum naviculas impletas magna illa captura piscium, sociosque Petri commemoret Jacobum et Joannem filios Zebedæi vocatos ad adjuvandum, cum retia plena extrahere non possent: simulque miratos tantam multitudinem piscium quæ capta erat, et eum Petro tantum dixisse, Noli timere, ex hoc jam homines eris capiens, simul eum tamen subductis ad terram navibus secutos fuisse. Unde et intelligendum est, hoc primo esse factum quod Lucas insinuat, nec tunc eos a Domino vocatos, sed tantum Petro fuisse prædictum, quod homines esset capturus. Quod non ita dictum est, quasi jam pisces nunquam esset capturus. Nam et post resurrectionem Domini legimus esse piscatos. Dictum est ergo quod deinceps esset homines: non dictum est quod jam non esset capturus pisces. Unde datur secundum Lucam intelligi eos ad capturam piscium ex more remeasse, ut postea fieret quod Matthæus et Marcus narrant: quando eos binos vocavit, et ipse jussit ut eum sequerentur, primo duobus Petro et Andreæ, deinde aliis Zebedæi duobus filiis. Tunc enim non subductis ad terram navibus tanquam cura redeundi: sed ita eum secuti sunt, tanquam vocantem ac jubentem ut sequerentur. Et ingrediuntur Capharnaum, et statim sabbatis ingressus synagogam docebat eos. Quod sabbatis maxime medicinæ doctrinæque suæ dona frequentat, docet se non sub lege esse, sed supra legem: qui eandem quoque legem adimplere, non autem solvere venerit. Nec Judaicum eligere sabbatum, quo vel ignem accendere, vel manum pedemque movere non liceat, sed verum sabbatum dilectamque Domino esse requiem: si saluti studentes animarum ab opere servili, id est a cunctis contineamus illicitis.

Et stupebant super doctrina ejus, &c.] Illi enim ea docebant populos quæ scripta sunt in Moyse et prophetis: Jesus vero quasi Deus et Dominus ipsius Moysi, pro libertate voluntatis suæ, vel ea quæ minus videbantur addebat in lege: vel commutans prædicabat populis, ut in Matthæo legimus: Dictum est antiquis, ego autem dico vobis.

Cap. vii. *Et erat in synagoga eorum homo in spiritu immundo, &c.*] Non voluntatis ista confessio est, quam præmium sequitur confitendi: sed necessitatis extorsio, quæ cogit invitos confiteri. Et velut si servi fugitivi post multum temporis Dominum suum videant, nihil aliud nisi de verberibus deprecantur: sic et dæmones, cernentes Dominum in terris repente versari, ad judicandos se venisse credebant. Præsentia Salvatoris tormenta sunt dæmonum. Et comminatus est ei Jesus dicens: Obmutesce, et exi de homine. Quoniam invidia diaboli mors intravit in orbem terrarum, ideo contra ipsum mortis auctorem primo debuit medicina salutis operari. Primo lingua serpentina ne ultra virus spargeret obcludi: deinde fœmina quæ prima seducta est, a carnalis concupiscentiæ febre curari: tertio vir qui male suadentis dicta conjugis audivit, ab erroris sui lepra mundari, ut ipse esset ordo restaurationis in Domino, quæ erat et casus in protoplastis. Et discerpens eum spiritus immundus, et exclamans voce magna exivit ab eo. Lucas de spiritu immundo ait, quod sic exierit ab homine, ut nihil ei noceret. Potest ergo videri contrarium, quomodo secundum Marcum discerpens, vel sicut aliqui codices habent convexans eum: cui nihil nocuit secundum Lucam. Sed et ipse Lucas, et cum projecisset illum (inquit) dæmonium in medium, exiit ab illo, nihilque ei nocuit.

Unde intelligitur hoc dixisse Marcum convexans eum, sive discerpens: quod Lucas dixit cum projecisset eum in medium: ut quod securus ait, nihilque ei nocuit, hoc intelligatur quod illa jactatio membrorum atque vexatio non eum debilitavit, sicut solent exire dæmonia etiam quibusdam membris amputatis aut evulsis.

Et mirati sunt omnes, ita ut conquirerent, &c.] Visa virtute miraculi, novitatem dominicæ admirantur doctrinæ, atque ad inquisitionem eorum quæ audierant, per ea quæ viderant, excitantur. Quia nimirum ad hoc fiebant signa, quæ vel ipse Dominus in assumpto homine faciebat, vel discipulis facere dedit, ut per hæc evangelio regni Dei, quod prædicabatur, certius crederetur: dum hi qui cœlestia terrigenis gaudia futura promittebant, cœlestia in terris ac divina opera monstrabant. Verum discipuli ut puri homines donante Domino cuncta gerebant. At Dominus ipse singularis virtute potentiæ et sanitates ac miracula operabatur: et quæ a Patre audiebat, loquebatur in mundo. Nam et prius (teste evangelio) erat docens eos quasi potestatem habens, et non sicut scribæ. Et nunc turba attestante in potestate imperat spiritibus immundis, et obediunt ei.

CAP. VIII. *Et protinus egredientes de synagoga, venerunt in domum Simonis, &c.*] Si virum a dæmonio liberatum moraliter animum ab immunda cogitatione purgatum significare dixerimus; consequenter fœmina febribus tentata, sed ad imperium Domini curata, carnem ostendit a concupiscentiæ suæ fervore per continentiæ præcepta frenatam. Omnis enim amaritudo, et ira, et indignatio, et clamor, et blasphemia, spiritus immundi furor est. Fornicationem vero, immunditiam, libidinem, concupiscentiam malam, et avaritiam (quæ est idolorum servitus) febrem illecebrosæ carnis intellige. Et statim dicunt ei de illa, et accedens elevavit eam apprehensa manu ejus. In evangelio Lucæ scriptum est, quod rogaverunt illum pro ea, et stans super illam imperavit febri. Modo enim Salvator rogatus, modo ultro curat ægrotos, ostendens se contra vitiorum quoque passiones, et precibus semper annuere fidelium, et ea nonnunquam quæ ipsi minime in se intelligunt, vel intelligenda dare, vel pie petentibus, etiam non intellecta, dimittere: juxta hoc quod Psalmista postulat: Delicta quis intelligit? Ab occultis meis munda me, Domine.

Et continuo dimisit eam febris, et ministrabat eis.] Naturale est febricitantibus incipiente sanitate lassescere, et ægrotationis sentire molestiam. Verum sanitas quæ Domini confertur imperio, simul tota redit. Nec solum ipsa redit, sed et tanto robore comitante, ut eis continuo qui se adjuverant ministrare sufficiat. Et juxta leges tropologiæ, membra quæ servierant immunditiæ ad iniquitatem ut fructificarent morti, serviant justitiæ in vitam æternam.

Vespere autem facto cum occidisset sol, afferebant ad eum, &c.] Solis occubitus passionem mortemque significat illius qui dixit: Quamdiu in mundo sum, lux sum mundi. Et sole occidente, plures dæmoniaci quam ante, plures sanantur ægroti. Quia qui temporaliter in carne vivens paucos Judæorum docuit, calcato regno mortis, omnibus per orbem gentibus, fidei salutisque dona transmisit. Cujus ministris quasi vitæ lucisque præconibus Psalmista canit: Iter facite ei qui ascendit super occasum. Super occasum quippe Dominus ascendit, quia unde in passione occubuit, inde majorem suam gloriam resurgendo manifestavit.

Et dæmonia multa ejiciebat, &c.] Lucas de his scribit apertius: Exibant etiam dæmonia a multis clamantia, et dicentia, quia tu es filius Dei. Et increpans non sinebat ea loqui, quia sciebant ipsum esse Christum. Dæmonia ergo filium Dei confitebantur; et sciebant ipsum esse Christum: quia quem dierum XL. jejunio fatigatum diabolus hominem cognoverat; nec tentando valebat an et Dei filius esset experiri; jam nunc per signorum potentiam vel intellexit, vel potius suspicatus est esse filium Dei. Non ergo ideo Judæis eum crucifigere persuasit: quia Christum sive Dei filium non esse putavit: sed quia se morte illius non prævidit esse damnandum. Vere enim de hoc mysterio a seculis abscondito dicit apostolus quod nemo principum hujus seculi cognovit. Si enim cognovissent, nunquam Dominum gloriæ crucifixissent. Quare autem Dominus se loqui dæmonia prohibeat, Psalmista manifestat qui ait: Peccatori autem dixit Deus: Quare tu enarras justitias meas, et assumis testamentum meum per os tuum? Tu vero odisti disciplinam, et cætera. Ne quis dum prædicantem audit, sequatur errantem. Improbus enim magister est diabolus, qui falsa veris sæpe permiscet: ut specie veritatis testimonium fraudis obtexat.

Et diluculo valde surgens, egressus abiit in desertum locum, &c.] Si occasui solis mors exprimitur Salvatoris; quare non diluculo redeunte resurrectio ejus indicetur? Cujus manifestata luce abiit in desertum gentium: ibique in suis fidelibus orabat: quia corda eorum per gratiam sui Spiritus ad virtutem orationis excitabat. Et erat prædicans in synagogis eorum et omni Galilæa, et dæmonia ejiciens. In hac prædicatione quam dicit eum habuisse in omni Galilæa, intelligitur etiam sermo ille habitus in monte: cujus commemorationem facit Matthæus. Namque Marcus ita sequitur.

CAP. IX. *Et venit ad eum leprosus deprecans eum, &c.*] De hoc leproso mundato connectit: ut ipse intelligatur quem Matthæus commemorat tunc esse mundatum, quando post illum sermonem Dominus de monte descendit. Sic enim ait Matthæus: Cum autem descendisset de monte, secutæ sunt eum turbæ multæ. Et ecce leprosus veniens adorabat eum dicens: Domine, si vis, potes me mundare, etc. Et quia Dominus ait: Non veni solvere legem, sed adimplere: ille qui excludebatur a lege, purgari se Domini potestate præsumens: non ex lege sed supra legem esse gratiam judicabat: quæ leprosi maculam posset abluere. Verum ut in Domino potestatis auctoritas, ita in illo fidei constantia declaratur. Ille in faciem procidit, quod humilitatis est, et pudoris, ut unusquisque de suæ vitæ maculis erubescat: sed confessionem verecundia non repressit. Ostendit vulnus, remedium postulavit, et ipsa religionis et fidei plena confessio est. Si vis, inquit, potes me mundare. In voluntate Domini tribuit potestatem. De voluntate autem Domini non quasi pietatis incredulus dubitavit, sed quasi colluvionis suæ conscius non præsumpsit. Jesus autem misertus ejus extendit manum suam, et tangens eum ait illi: Volo mundare. Et cum dixisset, statim discessit ab eo lepra: et mundatus est. Nihil medium est inter opus Dei atque præceptum, quia in præcepto est opus. Denique dixit et facta sunt. Vides ergo quod dubitari non potest, quin voluntas Dei potestas sit? Si ergo voluntas ejus potestas est; qui unius voluntatis asserunt, unius utique asserunt potestatis. Itaque quasi potestatem habens sanandi, et jubendi auctoritatem, operandi testimonium non refugit. Volo enim dicit propter Photinum, imperat propter Arrium, tangit propter Manichæum. Et lex quidem tangi leprosos prohibet: sed quia Dominus legis est, non obsequitur legi, sed legem facit. Non ergo ideo tetigit: quia sine tactu mundari non poterat, sed ut probaret, quia subjectus non erat legi. Nec contagium timebat ut homines: sed quia contaminari non poterat qui alios liberabat, lepra tactu Domini fugatur; quæ solebat contaminare tangentem. Simulque illud mirabile, quod eo sanavit genere, quo fuerat obsecratus. Si vis, potes me mundare. Volo, inquit, mundare. Habes voluntatem, etiam habes pietatis effectum. Non ergo (ut plerique Latinorum putant) jungendum est et legendum: Volo mundare: sed separatum ut primum dicat, volo: deinde imperet, mundare.

Et comminatus est ei statim, et ejecit illum, &c.] Quare præcipitur nemini dicere, nisi ut diceret non vulganda nostra beneficia sed premenda, ut non solum a mercede abstineamus pecuniæ, sed etiam gratiæ.

Sed vade et ostende te principi sacerdotum, &c.] Ostendere se sacerdoti jubetur: ut intelligeret sacerdos eum non legis ordine, sed gratia Dei supra legem esse curatum. Offerre autem sacrificium, ut ostenderet Dominus quod legem non solveret, sed adimpleret: qui secundum legem gradiens supra legem sanaret eos, quos remedia legis non sanaverant. Et bene addidit, in testimonium illis. Hoc est, si Deo credant, si impietatis lepra discedat. Quod si quem movet quomodo Dominus Mosaicum videatur approbare sacrificium, cum id non receperit ecclesia, meminerat nondum cœpisse sacrificium sanctum sanctorum, quod corpus ejus est. Nondum enim obtulerat in passione holocaustum suum. Non autem oportebat auferri significantia sacrificia, priusquam illud quod significabatur confirmatum esset contestatione Apostolorum prædicantium, et fide credentium populorum. Quia vero typice vir iste peccatis languidum genus designat humanum; recte non solum leprosus, verum etiam juxta evangelium Lucæ, plenus lepra fuisse describitur. Omnes enim peccaverunt, et egent gloria Dei. Illa scilicet ut extenta manu Salvatoris, hoc est incarnato Dei Verbo, humanamque contingente naturam, ab erroris prisci varietate mundentur: possintque cum apostolis audire: Jam vos mundi estis propter sermonem quem locutus sum vobis. Et qui diutius abominabiles a populo Dei erant castris secreti, jam aliquando templo reddi, et sacerdoti queant offerri, illi utique cui dicitur: Tu es sacerdos in æternum. Audientes ab apostolo, Templum enim Dei sanctum est quod estis vos: offerantque pro emundatione sui sicut præcepit Moyses, id est exhibeant corpora sua hostiam viventem, sanctam, Deo placentem. At ille egressus cœpit prædicare, et diffamare sermonem, ita ut jam non posset manifeste in civitatem introire, sed foris in desertis locis esse: et conveniebant ad eum undique. Unius perfecta salvatio, multas ad Dominum cogit turbas, ut enim ipse se interius exteriusque doceret, esset sanatum, nequaquam perceptum beneficium, ut ab ipso a quo acceperat jussus, tacet: quin potius evangelistæ functus officio mox egressus cœpit prædicare et diffamare sermonem. Unde merito quæritur, quidnam sit quod Dominus nonnulla quæ gessit abscondi jussit, et nec ad horam potuerunt abscondi? Numquid enim unigenitus Filius Patri et Spiritui Sancto coæternus, hac in re velle habuit, quod implere non potuit? Sed notandum quod Redemptor noster per mortale corpus, omne quod egit hoc nobis in exemplo actionis præbuit. Miraculum namque faciens, et taceri jussit, et tamen taceri non potuit. Ut videlicet electi ejus exemplum doctrinæ illius sequentes, in magnis quæ faciunt latere quidem in voluntate habeant, sed ut prosint aliis, prodantur inviti. Quatenus et magnæ humilitatis sit quod sua opera taceri appetunt: et magnæ sublimitatis sit quod eorum opera taceri non possunt. Non ergo Dominus voluit quicquam fieri et minime potuit: sed quid velle ejus membra debeant, quidve de eis etiam nolentibus fiat, doctrinæ magisterio exemplum dedit.

IN CAP. II.

CAP. X. *Et iterum intravit Capharnaum, &c.*] Salvator omnium Deus salutari omnia lustrat incessu. Et tunc in desertis, nunc in civitate, nunc ad mare, doctrinæ cœlestis et virtutum dona turbis ministrat. Nunc in monte solus orat, nunc laborantes in mari, ne perire debeant, adjuvat. Ubique munera salutis impertit, ut omnes gradus ac conditiones ad suam gratiam pertinere demonstret. Juxta mysticum vero intellectum post factum in civitate miraculum secedit in desertum : ibique convenientes ad se turbas, benigna pietate suscipit, ut ostendat se magis quietam, et a seculi curis remotam diligere vitam : atque ob hujus appetitum, se sanandis curam adhibere corporibus. Et quidem more humano, quasi frequentiam se quærentium declinans, nolebat manifeste in civitatem introire. Sed allegorice docebat, quia tumultuosis carnalium mentibus apertam sui manifestationem veritas non exhibet, sed quoscunque ab illecebris rerum temporalium viderit esse discretos, iis suorum lucem donorum largius infundit. Verum quia nec carnalès superna pietas deserit : quin etiam iis gratiam suæ visitationis, per quam et ipsi spirituales effici valeant, indulget : post desertum Dominus in c̃ivitatem redit : multisque eodem convenientibus loquitur verbum : ac sanato paralytico pluribus occasionem internæ sanationis quæ est in fide tribuit. Quod vero docente Domino in domo tam multi convenerunt, ut non caperent, neque ad januam, nostram proprie salvationem qui de gentibus ad fidem venimus designat : quia prædicante in Judæa Domino necdum intrare ad audiendum valuimus. Ad quos tamen etsi foris positos verba suæ doctrinæ fecit pervenire ; quia nos ipse per sanctorum ora prædicatorum collegit, et quamvis extra synagogam in qua ipse prædicabat inventos, evangelii sui fecit esse participes. Et venerunt ferentes ad eum paralyticum, quia a quatuor portabatur. Curatio paralytici hujus salvationem designat animæ post diuturnam illecebræ carnalis inertiam ad Christum suspirantis: quæ primo omnium ministris qui eam sublevent et Christo afferant, id est bonis doctoribus qui spem sanationis opemque intercessionis suggerant, indiget. Qui bene quatuor fuisse referuntur, sive quia quatuor sancti evangelii libris omnis prædicantium virtus, omnis sermo firmatur, seu quia quatuor sunt virtutes quibus ad promerendam sospitatem fiducia mentis erigitur. De quibus in æternæ sapientiæ laude dicitur: Sobrietatem enim et sapientiam docet et justitiam et virtutem, quibus utilius nihil est in vita hominibus. Quas nonnulli diversis nominibus prudentiam, fortitudinem, temperantiam et justitiam nuncupant. Et cum non possent offerre eum illi præ turba, nudaverunt tectum ubi erat. Desiderant paralyticum Christo offerre, sed turba interposita ab omni parte intercluduntur: quia sæpe anima post infimi corporis desidiam ad Deum resipiscens, supernæque gratiæ remedio cupiens innovari, priscæ consuetudinis obstaculo retardatur. Sæpe inter ipsas orationis secretæ dulcedines, et quasi suave cum Domino colloquium, turba cogitationum interveniens aciem mentis ne Christus videatur impedit. Et quid inter hæc agendum? Non utique in infimis exterius qua turbæ tumultuantur remanendum, sed tectum domus in qua Christus docet ascendendum, id est sacræ scripturæ sublimitas est appetenda, lexque Domini cum Psalmista die noctuque meditanda. In quo enim corrigit junior viam suam? In custodiendo, inquit, sermones tuos. Et patefacientes, summiserunt grabatum in quo paralyticus jacebat. Patefacto tecto æger ante Jesum summittitur, quia reseratis scripturarum mysteriis, ad notitiam Christi pervenitur, hoc est ad ejus humilitatem fidei pietate descenditur. Et bene domus Jesu juxta alterius evangelistæ narrationem tegulis esse contecta reperitur, quia sub contemptibili literarum velamine si adsit qui reseret divina, spiritualis gratiæ virtus invenietur. Denudatio etenim tegularum in domo Jesu, apertio est in vilitate literæ sensus spiritualis et arcanorum cœlestium. Quod autem cum grabato deponitur infirmus, significat ab homine in ista adhuc carne constituto Christum debere cognosci.

Cum vidisset autem Jesus fidem illorum, &c.] Curaturus hominem a paralysi Dominus, primo peccatorum vincula dissolvit, ut ostenderet eum ob nexus culparum artuum dissolutione fuisse damnatum, nec nisi his relaxatis membrorum posse recuperatione sanari. Sic et illi paralytico, qui juxta Probaticam piscinam diu motum aquæ frustra præstolabatur, sanato a Domino dicitur: Ecce sanus factus es, jam noli peccare, ne deterius tibi aliquid contingat.

Fili, inquit, dimittuntur tibi peccata.] O mira humilitas! Despectum et debilem totisque membrorum compaginibus dissolutum filium vocat, quem sacerdotes non dignarentur attingere. Aut recte ideo filium, quia dimittuntur ei peccata sua. Intuendum sane quanti propria cujusque fides apud Deum valeat, ubi tanti valuit aliena, ut totus homo repente, hoc est, exterius interiusque jam salvatus exurgeret, aliorumque merito aliis laxarentur errata.

Erant autem illic quidam de scribis sedentes et cogitantes in cordibus suis, &c.] Verum dicunt scribæ, quod nemo dimittere peccata nisi Deus potest, qui per eos quoque dimittit, quibus dimittendi tribuit potestatem. Et ideo Christus vere Deus esse probatur, quia dimittere peccata quasi Deus potest. Verum Deo testimonium reddunt, sed personam Christi negando falluntur. Errant itaque Judæi, qui cum Christum et Deum esse et peccata dimittere posse credant, Jesum tamen Christum esse non credunt. Sed multo dementius errant Arriani, qui cum Jesum et Christum esse, et peccata posse dimittere, evangelii verbis devicti negare non audeant: nihilominus Deum negare non timent. At ipse perfidos salvare desiderans, et occultorum cognitione et virtute operum Deum se esse manifestat. Nam sequitur: Quo statim cognito Jesus spiritu suo quia sic cogitarent inter se, dicit illis: Quid ista cogitatis in cordibus vestris? Ostendit se Deum, qui potest cordis occulta cognoscere. Et quodam modo tacens loquitur. Eadem majestate et potentia qua cogitationes vestras intueor, possum et hominibus delicta dimittere. Ex vobis intelligite quid paralyticus consequatur. Quid est facilius dicere paralytico, Dimittuntur tibi peccata, an dicere, Surge et tolle grabatum tuum et ambula? Inter dicere et facere, multa distantia est. Utrum sint paralytico peccata dimissa, solus noverat qui dimittebat. Surge autem et ambula, tam ille qui surgebat, quam ii qui surgentem videbant approbare poterant. Fit ergo carnale signum, ut probetur spirituale, quanquam ejusdem virtutis sit et corporis et animæ vitia dimittere. Et datur nobis intelligentia, propter peccata plerasque evenire corporum debilitates. Et idcirco forsan prius peccata dimittuntur, ut causis debilitatis ablatis sanitas restituatur. Quinque siquidem sunt differentiæ causarum, pro quibus in hac vita molestiis corporalibus affligimur. Aut enim ad merita augenda per patientiam justi corporis infirmitate gravamur, ut beati patres, Job et Tobias et innumeri martyres in utroque testamento. Aut ad custodiam virtutum perceptarum, ne superbia tentante dispereant: sicut Apostolus Paulus, cui ne magnitudine revelationum extolleretur, datus est stimulus carnis suæ angelus Satanæ, qui eum colaphizaret. Aut ad intelligenda et corrigenda peccata nostra, sicut Maria soror Aaron in eremo ob verba temeritatis et superbiæ, lepra percussa est. Vel sicut paralyticus de quo tractamus, qui non nisi dimissis primo peccatis, potuit ab infirmitate curari. Aut ad gloriam Dei salvantis sive per seipsum sive per famulos suos: sicut cæcus natus in evangelio, qui neque ipse peccavit neque parentes ejus, sed ut manifestarentur opera Dei in illo. Sicut Lazarus, cujus infirmitas non fuit ad mortem sed pro gloria Dei, ut glorificaretur Filius Dei per eam. Aut ad inchoationem damnationis æternæ, quod reproborum est, et proprium: sicut Antiochus et Herodes, qui utrique suo tempore adversus Deum repugnantes, quod tormentorum in gehenna perpetuo passuri essent, præsentium afflictionum miseria cunctis ostendebant. Quibus congruit illud prophetæ, Et duplici contritione contere eos. Unde necesse est in omnibus quæ temporaliter adversa patimur, cum humilitate Domino gratias agamus, et infirmitatis nostræ conscii de collatis nobis remediis gratulemur. Necesse est ut ad conscientiam nostram reversi solerter opera nostra simul et cogitationes exploremus, et quicquid nos peccasse deprehendimus, digna castigatione purgemus: quicquid de his quæ nos recte fecisse credebamus, vitio in nobis elationis perisse comperimus, et hoc humili satisfactione castigemus. Hæc enim nobis sæpius sit causa flagellorum. Cæterum innocentes et justos ob augmenta præmiorum flagellari, perfectorum est, et donum speciale virorum. Verberibus autem temporalibus ad æterna tormenta compelli, impœnitentium est pœna reproborum.

Ut autem sciatis, quia potestatem habet Filius hominis, &c.] Si et Deus est juxta Psalmistam, qui quantum distat oriens ab occasu elongavit a nobis iniquitates nostras, et Filius hominis potestatem habet in terra dimittendi peccata, ergo idem ipse et Deus, et filius hominis est, ut et homo Christus per divinitatis suæ potentiam peccata dimittere possit, et idem Deus Christus per humanitatis suæ fragilitatem, pro peccatoribus mori. Spiritualiter autem de grabato surgere, est animam se a carnalibus desideriis ubi ægra jacebat abstrahere. Grabatum vero tollere, est ipsam quoque carnem per continentiæ frena correptam, spe cœlestium præmiorum a delitiis segregare terrenis. Sublato autem grabato domum ire, ad paradisum redire est. Hæc etenim vera est domus nostra, quæ hominem prima suscepit, non jure amissa sed fraude, tandem restituta per eum qui fraudulento hosti nihil debuit. Aliter sanus qui languerat domum reportat grabatum, cum anima, remissione accepta peccatorum, ad internam sui custodiam cum ipso se corpore refert, ne quid post veniam unde iterum juste feriatur admittat. Et statim ille surrexit, et sublato grabato abiit coram omnibus, ita ut mirarentur omnes, et honorificarent Deum dicentes, quia nunquam sic vidimus. Quam miranda divinæ potentiæ virtus, ubi nulla temporis interveniente morula, jussu Salvatoris salus festina comitatur. Merito qui adfuerant damnatis blasphemiæ jaculis, ad laudem tantæ majestatis stupentia corda convertunt. Et egressus est rursus ad mare, omnisque turba veniebat ad eum, et docebat eos. Docens in Capharnaum Dominus, virtutem doctrinæ suæ cœlestem paralytici curatione commendabat. Quo facto egressus est ad mare, ut non solum civilem vitam hominum in via veritatis institueret, verum etiam habitatoribus maris evangelium regni prædicaret, eosque fluctivagos rerum labentium motus contemnere ac fidei firmitate superare doceret. Denique advenientem ad se ibi turbam plurimam docet.

Ibi publicanum de Teloneo vocatum, apostolum, et evangelistam facit. Ibi multos peccatores per pœnitentiam correctos, sua dignos cœna, suorum auditu reddit arcanorum: atque ab undis tumentibus, ac cetis cupiditatum fallentium sequestratos, ad soliditatem quietæ conversationis, quæ est in spe cœlestium bonorum, pertrahit. Nam sequitur,

CAP. XI. *Et cum præteriret, vidit Levi Alphei, &c.*] Ad Teloneum, ad curam dispensationemque vectigalium dicit: τέλος enim Græce, Latine vectigal nominatur: idem autem Levi qui et Matthæus est. Sed Lucas Marcusque propter verecundiam et honorem evangelistæ, nomen ponere noluerunt vulgatum. Ipse autem Matthæus juxta illud quod scriptum est, justus accusator sui est: in primordio sermonis Matthæum se et publicanum nominat, ut ostendat legentibus, nullum debere conversum de salute diffidere, cum ipse de publicano in apostolum, de teloneario in evangelistam sit repente mutatus.

Et surgens secutus est eum.] In evangelio Lucæ plenius scriptum est: Et relictis omnibus surgens secutus est eum. Intelligens ergo Matthæus quid sit veraciter Dominum sequi, relictis omnibus sequitur. Sequi enim imitari est. Ideoque ut pauperem Christum non tam gressu quam affectu consectari posset, reliquit propria qui rapere solebat aliena. Perfectamque nobis abrenunciationis seculi formam tribuens, non solum lucra reliquit vectigalium, sed periculum contempsit, quod evenire poterat a principibus seculi, quia vectigalium rationes imperfectas atque incompositas reliquerit. Tanta enim cupiditate sequendi Dominum ductus est, ut in nullo prorsus hujus vitæ respectum vel cogitationem sibimet reservarit. Si quidem ipse Dominus qui hunc exterius humana allocutione ut se sequeretur vocavit, intus divina inspiratione ut mox vocantem sequeretur accendit: ipse invisibiliter quo modo sequendum esset edocuit. Propter quod ille merito obedientiæ dum humana contemnens negotia deserit, dominicorum fidelis dispensator factus est talentorum.

CAP. XII. *Et factum est cum accumberet in domo illius, multi publicani, &c.*] Scribit evangelista Lucas quod fecerit ei convivium magnum Levi in domo sua, quod mysteriorum figuris apte congruit. Qui enim domicilio Christum receperit interno, maximis delectationibus exuberantium pascitur voluptatum. Itaque Dominus libenter ingreditur, et in ejus qui crediderit recumbit affectu. Et hoc est bonorum operum spirituale convivium quo dives populus eget, pauper epulatur. Publicani autem sicut etiam nomine probant, appellantur ii qui vectigalia publica exigunt, sive qui conductores sunt vectigalium fisci, vel rerum publicarum: necnon et ii qui seculi hujus lucra per negotia sectantur, eodem vocabulo censentur. Viderant itaque publicanum a peccatis ad meliora conversum locum invenisse pœnitentiæ, et ob id etiam ipsi non desperant salutem. Neque vero in pristinis vitiis permanentes publicani veniunt ad Jesum, ut Pharisæi et scribæ murmurantes, sed pœnitentiam agentes, ut sequens evangelistæ sermo significat, dicens: Erant enim multi, qui et sequebantur eum. Ibat autem Dominus ad convivia peccatorum, ut occasionem haberet docendi, et spirituales invitatoribus suis præberet cibos. Denique cum frequenter pergere ad convivium describant, nihil refertur aliud nisi quid ibi fecerit, quid docuerit. Ut et humilitas Domini eundo ad peccatores, et potentia doctrinæ ejus in conversione pœnitentium demonstretur.

Et scribæ et Pharisæi videntes quia manducaret cum peccatoribus, &c.] Si per Matthæi electionem et vocationem publicanorum fides exprimitur gentium, quæ prius mundi lucrum inhiabant, at nunc cum Domino epulis caritatis et bonorum operum sedula devotione reficiuntur; profecto supercilium scribarum et Pharisæorum Judæorum invidiam qua de gentium salute torquentur insinuat. Quibus ipse loquitur: Amen dico vobis, quia publicani et meretrices præcedent vos in regno Dei. Hoc audito Jesus ait illis: Non necesse habent sani medicum, sed qui male habent. Non enim veni vocare justos sed peccatores. Sugillat Scribas et Pharisæos, qui justos se putantes peccatorum consortia declinabant. Se ipsum medicum dicit, qui miro medicandi genere vulneratus est propter iniquitates nostras, et livore ejus sanati sumus. Sanos autem et justos appellat eos qui ignorantes Dei justitiam, et suam volentes constituere, justitiæ Dei non sunt subjecti; qui ex lege præsumentes evangelii gratiam non quærunt. Porro male habentes et peccatores vocat eos, qui suæ fragilitatis conscientia devicti, nec per legem se justificari posse videntes, Christi gratiæ pœnitendo colla summittunt.

Et erant discipuli Joannis, &c.] Alii referunt evangelistæ, ipsos Pharisæos ac discipulos Joannis hac Dominum quæstione pulsasse. Hic vero ita sonare videtur evangelicus sermo, quasi alii aliqui quos hujus rei cura movisset, hanc ei quæstionem intulerint. Unde colligendum a pluribus hanc Domino objectam esse quæstionem, et a Pharisæis scilicet et a discipulis Joannis, et a convivis, vel aliis quibus libet, quos hoc movebat, quare discipuli Joannis et Pharisæi jejunarent; discipuli autem Salvatoris non jejunarent. Mystico autem sensu potest ita exponi: quod discipuli Joannis et Pharisæorum jejunant, Christi autem non jejunant: quia omnis qui vel de operibus legis sine fide gloriatur, vel quod est gravius traditiones sequitur hominum, vel certe ipsum etiam Christi præconium aure tantum corporis, non autem et fide cordis percipit, spiritualibus abstinens bonis jejuno corde tabescit. Qui vero Christi membris fideli incorporatur amore, non potest jejunare; qui carne ipsius epulatur et sanguine. Aliter, Joannes vinum et siceram non bibit, Dominus cum publicanis et peccatoribus manducat ac bibit: quia ille abstinentia meritum auget, cui potentia nulla naturæ. Dominus autem cui naturaliter suppetebat delicta donare, cur eos declinaret quos abstinentibus poterat reddere puriores? Sed jejunavit et Christus, ne præceptum declinares: manducavit cum peccatoribus, ut gratiam cerneres, agnosceres potestatem. Et ait illis Jesus: Numquid possunt filii nuptiarum, quamdiu sponsus cum illis est, jejunare? Quanto tempore habent secum sponsum, non possunt jejunare. Venient autem dies cum auferetur ab eis sponsus, et tunc jejunabunt in illa die. In Matthæo ita positum est: Numquid possunt filii sponsi lugere, quamdiu cum illis est sponsus? Sponsus ergo Christus, sponsa ecclesia est. De quo sancto et spirituali connubio apostoli sunt creati. Qui lugere ac jejunare non possunt, quamdiu sponsum in thalamo vident, et sciunt sponsum esse cum sponsa. Quando vero transierint nuptiæ et passionis ac resurrectionis tempus advenerit, tunc sponsi filii jejunabunt. Juxta leges autem tropologiæ sciendum, quod quamdiu sponsus nobiscum est et in lætitia sumus, nec jejunare possumus, nec lugere. Cum autem ille propter peccata a nobis recesserit et avolaverit, tunc indicendum jejunium est, tunc luctus recipiendus. Nemo assumentum panni rudis assuit vestimento veteri. Alioquin aufert supplementum novum a veteri, et major scissura fit. Cum interrogatus esset Dominus, cur discipuli ejus non jejunarent, respondit carnales adhuc quosque et necdum passionis resurrectionisque suæ fide solidatos, non posse severiora jejunia et continentiæ sustinere præcepta, ne per austeritatem nimiam etiam credulitatem quam habere videbantur amittant. Ipsos ergo adhuc discipulos tanquam vetera vestimenta dicit, quibus inconvenienter novus pannus assuitur, id est aliqua particula doctrinæ quæ ad novæ vitæ temperantiam pertinet: quia si hoc fiat, et ipsa doctrina quodam modo scinditur, cujus particula quæ ad jejunium ciborum valet, importune traditur, cum illa doceat generale jejunium non a concupiscentia ciborum tantum, sed ab omni lætitia temporalium delectationum. Cujus quasi pannum, id est partem aliquam quæ ad cibos pertinet, dicit non oportere hominibus adhuc veteri consuetudini deditis impertiri, quia et illinc quasi conscissio videtur fieri, et ipsi vetustati non convenit.

Et nemo mittit vinum, &c.] Eosdem quoque veteribus comparat utribus, quos vino novo, id est spiritualibus præceptis facilius disrumpi, quam id posse continere dicit. Erant autem jam utres novi, cum post ascensum Domini desiderio consolationis ejus orando et sperando innovabantur. Tunc enim acceperunt Spiritum Sanctum, quo impleti cum linguis omnibus loquerentur, a Judæis nescientibus, sed tamen vere attestantibus dictum est, quia musto pleni sunt isti. Novum enim vinum jam novis utribus venerat, hoc est Spiritus Sancti fervor spiritualium corda repleverat. Aliter. Cavendum doctori est, ne animæ nondum renovatæ, sed in vetustate malitiæ perduranti, novorum mysteriorum secreta committat. Quod si quærit aliquis quid inter vinum novum mystice et vestimentum distet novum, facile patet: quia vino intus reficimur et inebriamur, vestimento autem forinsecus induimur. Cum vero utrumque ad significantiam vitæ pertineat spiritualis, vestimentum profecto opera nostra bona quæ foris agimus, et quibus coram hominibus lucemus, insinuat. Vino autem novo fervor fidei, spei, et caritatis, quo in conspectu nostri Conditoris in novitate sensus nostri intus ipsi reformamur, exprimitur.

CAP. XIII. *Et factum est iterum cum sabbatis, &c.*] Legimus in sequentibus quia erant qui veniebant et redibant multi, et nec manducandi quidem spatium habebant, et ideo quasi homines esuriebant. Quod autem spicas segetum manibus confricant, et inediam consolantur, vitæ austerioris indicium est, nom præparatas epulas, sed cibos simplices quærentium. Pharisæi autem dicebant ei: Ecce quid faciunt discipuli tui sabbatis quæ non licet? Nota quod primi apostoli Salvatoris literam sabbati destruunt adversum Hebionitas, qui cum cæteros recipiant apostolos, Paulum quasi transgressorem legis repudiant. Mystice autem discipuli per sata transeunt, illa videlicet de quibus Dominus ait: Levate oculos vestros et videte regiones, quia albæ sunt jam ad messem. Et qui metit, mercedem accipit. Cum doctores sancti eos quos in fide veritatis instituere quærunt, cura piæ sollicitudinis inspiciunt,et qualiter unumquemque quove ordine ad salutem attrahere debeant, sedula consideratione perpendunt. Atque ideo nihil melius esurire quam salutem intelliguntur hominum, quam ipse messorum primus quondam inter preces esuriens, mox oblatis sibi eis quas desiderabat dapibus, audivit: Surge, Petre, occide et manduca. Et mira sacramenti concordia, quia et ibi mactari ac manducari jubentur animalia cœlitus missa, et hic spicas Domino lustrante consecratas vulsisse discipuli, atque juxta aliorum narrationem evangelistarum confricantes manibus manducasse perhibentur. Hoc est enim quod ait apostolus: Mortificate membra vestra quæ sunt super terram, et exuite vos veterem hominem cum actibus ejus. Quia non aliter transit quisque in corpus Christi, non aliter doctorem profectus sui fructibus pascit, quam si veteribus abdicatis concupiscentiis, novo dilectionis mandato novus homo fuerit factus. Vellere itaque spicas, est homines a terrena intentione qua solum mentis quasi radicem fixerant, eruere. Fricare autem manibus, exemplis virtutum ab ipsa etiam carnis concupiscentia quasi folliculis atque integumentis aristarum puritatem mentis exuere. Grana vero manducare, est mundatum quemque a sordibus vitiorum per ora prædicantium, ecclesiæ membris incorporari. Et bene hæc discipuli prægredientes ante Dominum fecisse memorantur, quia doctoris necesse est sermo præcedat, et sic cor auditoris subsequens gratia supernæ visitationis illustret. Bene sabbatis, quia sancti doctores et ipsi in prædicando pro spe futuræ quietis laborant, et auditores æque suos admonent non propter amorem seculi supervacuis insistere negotiis, sed potius pro æterna requie bonis insudare laboribus. Item per sata ambulant cum Domino, qui divinis obtemperare studentes imperiis solerter eloquia sacra meditari delectantur. Esuriunt in satis, cum in eisdem sacris eloquiis quæ legendo pertranseunt panem vitæ invenire desiderant. Hoc est, ad illa curant verba pervenire, quibus ampliorem in se sui Conditoris amorem incendant. Et hoc in sabbatis, cum sopita mente a turbulentis cogitationibus vacare gaudent, et videre quam suavis est Dominus, quamque beatus vir qui sperat in eo. Assumptoque pietatis et humilitatis habitu, ad requiem animarum suarum attingere contendunt. Vellunt spicas quæ forte occurrunt, et tamdiu versant manibus contritasque purgant, donec ad escam perveniant, cum testimonia scripturarum ad quæ legentes perveniunt, meditando assumunt, et tamdiu scrutatione sedula discutiunt, donec in eis medullam dilectionis quæ latere videbatur, invenientes extrahant. Sicut enim asperitate aristarum, quæ horrent, velantur grana tritici quæ reficiunt, ita sæpe sub ea quæ videbatur utilitate literæ teguntur dona divinæ dilectionis, quæ mentes fidelium esurientes sitientesque justitiam suavitatis internæ dapibus pascant. Verum hæc mentium refectio stultis quidem sabbati defensoribus displicet, sed a Domino sabbati probatur: quia qui solam literæ superficiem sequuntur, nec veram mentium refectionem nosse, nec ad internam pervenire animarum requiem norunt. Unde temeritas eorum merito veritatis ore confunditur, dum subditur:

Et ait illis: Nunquam legistis, &c.?] Ad confutandam calumniam Pharisæorum veteris recordatur historiæ, quando David fugiens Saulem venit in Nobe, et ab Abimelech sacerdote susceptus postulavit cibos. Qui cum panes laicos non haberet, dedit ei consecratos, quibus non licebat vesci nisi solis sacerdotibus et Levitis. Et hoc tantum interrogavit, si mundi essent pueri a mulieribus: et illo respondente ab heri et nudiustertius, non dubitaverit panes dare, melius arbitratus (propheta dicente, Misericordiam volo, et non sacrificium) de famis periculo homines liberare, quam Deo offerre sacrificium. Hostia enim Deo placabilis, hominum salus est. Opponit ergo Dominus et dicit: Si et David sanctus est, et Abimelech pontifex a vobis non reprehenditur, sed legis uterque mandatum probabili excusatione transgressi sunt, et fames in causa est, cur eandem famem non probatis in apostolis quam probatis in cæteris? Quanquam et in hoc multa distantia sit. Isti spicas in sabbato manu confricant, illi panes comederunt Leviticos. Ibi et ad sabbati solennitatem accendebant neomeniarum dies, quibus in convivis requisitus fugit ex aula regia. Figurate autem quod dicit, David et pueri ejus panes accepere sanctificatos, ostendit sacerdotalem cibum ad usum transiturum esse populorum, sive quod omnes vitam sacerdotalem debemus imitari, sive quia omnes filii ecclesiæ sacerdotes sunt. Ungimur enim in sacerdotium sanctum, offerentes nosmetipsos Deo hostias spirituales. De qua tota historia pro captu nostro plenius in expositione libri Regum diximus, et de mensa ac panibus propositionis, in libro expositionis tabernaculi et vasorum ejus. Quod vero Dominus Abiathar principem sacerdotum pro Abimelech appellat, nihil habet dissonantiæ. Ambo etenim fuerunt illic, cum veniens David panes petiit et accepit, Abimelech videlicet princeps sacerdotum, et Abiathar filius ejus. Occiso autem Abimelech a Saule, cum viris domus suæ generis sacerdotalis octogintaquinque, fugit Abiathar ad David, et comes factus est totius exilii ejus. Postea regnante eo summi sacerdotii et ipse gradum accepit, ac toto tempore regni illius in pontificatu perseverans, multo majoris excellentiæ quam pater suus effectus est. Ideoque dignus fuit cujus memoriam Dominus etiam vivente patre quasi summi faceret sacerdotis. Et dicebat eis: Sabbatum propter hominem factum est, et non homo propter sabbatum. Major est cura sanitati et vitæ hominis, quam custodiæ sabbati adhibenda. Sic enim et mandatum est sabbatum custodiri, ut tamen si necessitas esset, reus non esset qui sabbatum violasset. Ideo sabbato circumcidi non est prohibitum, quia necesse erat fieri. Nam et Josue muros Hiericho septem diebus cum exercitu circuivit. Et Macchabæi necessitate instante sabbato pugnabant. Unde discipulis esurientibus, quod licitum non erat in lege, necessitate famis factum est licitum. Talis hæc causa est, qualis hodie in jejuniis legitimis: ubi si quis æger jejunium corruperit, nulla ratione reus tenetur. Itaque Dominus est filius hominis, etiam sabbati.

Si, inquit, David rex sacerdotali cibo pastus excusabilis est, et juxta alterius evangelistæ narrationem sacerdotes sabbatum per templi ministerium violantes crimine carent, quanto magis Filius hominis qui verus rex est et verus sacerdos, et ideo Dominus sabbati, evulsarum sabbato spicarum noxa non tenetur?

IN CAP. III.

CAP. XIV. *Et introivit iterum in synagogam, &c.*] Homo qui manum habet aridam, humanum genus indicat in fœcunditate boni operis arefactum, sed Domini miseratione curatum. Cujus dextera quæ in primo parente dum vetitæ arboris poma decerperet aruerat, per Redemptoris gratiam dum insontes manus in crucis arbore tenderet, bonorum operum succis est restituta saluti. Et bene in synagoga manus erat arida, quia ubi scientiæ donum majus, ibi gravius est inexcusabilis noxæ periculum. Et ipsi observabant eum si sabbatis curaret, ut accusarent illum. Quia destructionem sabbati quam in discipulis arguebant, probabili magister excusaverat exemplo, nunc ipsum observando magistrum calumniari volunt, ut si sabbato curet, transgressionis: si non curet, crudelitatis aut imbecillitatis arguant. Et ait homini habenti manum aridam: Surge in medium. Et dicit eis: Si licet sabbatis bene facere, an male? Præveniens Dominus calumniam Judæorum quam sibi perfida mente paraverant, arguit eos quia legis præcepta prava interpretatione violarent, æstimando in sabbato etiam a bonis operibus feriandum, cum lex a malis abstinere jubeat dicens: Omne opus servile non facietis in eo, id est peccatum. Omnis enim qui facit peccatum, servus est peccati. Quo præcepto etiam futuri seculi formam in præsentibus adumbrat: ubi illi qui per sex hujus seculi ætates bona fecerunt, in septima ætate malorum tantummodo non autem et bonorum sunt ferias habituri. Nam etsi secularia opera conquiescant, non otiosus tamen boni operis actus est in Dei laudibus quiescere. Animam salvam facere an perdere? Hoc est, hominem curare, an non? Idem est quod præmiserat, Bene facere an male. Non quod Deus summe bonus auctor mali nobis aut perditionis esse possit, sed quod ejus non salvare Scripturæ consuetudine perdere dicatur. Sicut dicitur indurasse cor Pharaonis, non quod molle induraverit, sed quod meritis præcedentibus obduratum misericorditer emollire noluerit. Et nos cum rogamus Ne nos inducas in tentationem: protinus addendo, Sed libera nos a malo: manifeste docemus ejus inducere in tentationem, non esse aliud quam non liberare a malo: ejusque perdere animam, esse a perditione non salvare. Si quem vero movet quare Dominus cum corpus esset curaturus de animæ salvatione interrogaverit, intelligat vel animam more scripturarum pro homine positam, sicut dicitur, Hæ sunt animæ quæ exierunt de femore Jacob: vel quod illa miracula propter animæ salutem faciebat, vel quod ipsa manus sanatio salutem animæ significabat, quæ a bonis (ut prædixi) cessans operibus aridam quodam modo dexteram habere videbatur. At illi tacebant. Et circumspiciens eos cum ira contristatus super cæcitate cordis eorum dicit homini: Extende manum tuam. Et extendit: et restituta est manus illi. Sananda manus arida jubetur extendi, quia infructuosæ debilitas animæ nullo melius ordine, quam eleemosynarum largitate curatur. Unde Joannes Baptista turbis sciscitantibus quid facerent, ut non velut arbores aridæ mitterentur in ignem, hoc solum præcepit: Qui habet duas tunicas, det non habenti. Et qui habet escas, similiter faciat. Et in Ecclesiastico dicitur: Fili, non sit manus tua ad accipiendum porrecta, et ad dandum correpta. Frustra enim manus ad Deum pro peccatis rogaturus expandit, qui non has ad viduam rogantem beneficium collaturus extenderit.

CAP. XV. *Exeuntes autem Pharisæi statim cum Herodianis, &c.*] Herodianos Herodis tetrarchæ ministros dicit, qui propter inimicitias quas dominus ipsorum adversus Joannem exercebat, etiam Salvatorem quem Joannes prædicabat, insidiis insequebantur et odiis. Magna autem insipientia fuit, eos qui salute plurirum indigebant, de nece Salvatoris agere consilium. Qui quantum nequitiæ studeant ostenditur, cum et hoc in crimen reputant quod ad verbum illius salvam qui languebat extendit dexteram, quasi non ipsorum quisque majora sabbatis egerit cibos portando, porrigendo calicem cæteraque quæ victui necessaria sunt exequendo. Neque enim ille, qui dixit, et facta sunt, sabbato laborasse poterat convinci.

Et Jesus cum discipulis suis secessit ad mare.] Secessit quasi homo fugiens persequentium insidias, quia neque adhuc venerat hora passionis ejus, neque extra Hierusalem fuit locus passionis. Secessit fugiens sese odio persequentes: sed illuc accessit ubi plures invenit sese per amorem sequentes. Nam subditur: Et multa turba a Galilæa et Judæa secuta est eum, et ab Hierosolymis et ab Idumæa, et trans Jordanem, et qui circa Tyrum et Sidonem, multitudo magna audientes quæ faciebat, venerunt ad eum. Ecce Pharisæi et Herodiani, magistri videlicet plebis et regis ministri, unanimo Dominum consilio perdere quærunt. At turba indocta et vulgus undecunque collectum unanimi illum dilectione sequuntur. Illi videntes opera virtutum ejus, et verba doctrinæ audientes, nihil amplius discere quam ut eum persequerentur volebant. Isti opinione tantum ducti virtutum ejus, congesto agmine permagno veniunt ad audiendum eum, opemque salutis flagitandam. Unde mox suæ voluntatis ac desiderii consequi merentur effectum, plurimis a Domino sanatis, ut in sequentibus legitur. Ubi et exemplum dedit suis, si in una civitate persecutionem paterentur, in alteram fugiendi. Denique Paulus exemplo simul et præcepto Domini edoctus fugit ex Damasco, ubi insidiis appetebatur pravorum. Sed inde digressus, innumeros alibi qui se ad pietatem sequerentur populos invenit. Juxta vero leges allegoriæ, Dominus in eo quod egressus de synagoga secessit ad mare, ubique venientem ad se plurimam populi multitudinem sanaturus ac docturus excepit, nostram manifeste salvationem præfiguravit, ad quos venire per fidem relicta ob perfidiam Judæa dignatus est. Recte enim incredulæ diu ac diversis errorum anfractibus jactatæ nationes, instabilitati, amaritudini, obscuritati fluctuantis pelagi comparantur. Sed Dominus venit ad mare cum discipulis, multaque turba a diversis provinciis secuta est eum, quia prædicantibus apostolis corda gentium adiit. Et postquam in eis dilectam sibi domum propitius consecravit: jam multos ad se venientes benigne suscepit, ac desideratæ salutis donavit esse compotes. Quibus apte congruit quod sequitur: Et dixit discipulis suis ut in navicula sibi deservirent propter turbam, ne comprimerent eum. Multos etenim sanabat, ita ut irruerent in eum ut illum tangerent. Navicula etenim deserviens Domino in mari, ecclesia est, congregata de gentibus, et fluctus seculi labentis liberæ mentis virtute transgressa. Quæ quanto sinum cordis amplius recipiendæ gratiæ sui Conditoris dilatat, tanto sublimius cunctis transeuntium rerum voluminibus quasi fluctibus pelagi æstuantis navicula ventis agitata secundis insultat. Distat autem inter comprimere Dominum, et tangere illum. Tangit namque eum qui fidem ejus ac dilectionem vero corde suscipit. Comprimunt eum qui carnalibus cogitationibus aut etiam factis pacem eorum in quibus veritas manere consueverat, turbant. Unde apte qui eum tetigerunt salvati esse perhibentur, quia nimirum vera fides et dilectio salutem gignere solet æternam. Propter turbam vero, ne se comprimeret, naviculam Dominus ascendit, quia turbidas carnalium mentes fugiens, ad eos potius qui fluxam seculi gloriam simul et abjectionem spernere didicerunt, venire et mansionem apud eos facere gaudet. Quotquot autem habebant plagas et spiritus immundi cum illum videbant, procidebant ei: Procidebant quidem utrique Domino, id est et qui habebant plagas infirmitatum corporalium, et qui ab spiritibus vexabantur immundis: sed infirmi simplici intentione obtinendæ salutis, dæmoniaci autem vel potius habitantes in eis dæmones vi divini timoris coacti, nec solum ad procidendum ei, verum etiam ad confitendum ejus majestate compulsi. Perculsi enim præsentia virtutis ejus, ac nimium perterriti, nequaquam celare audebant, quem Filium Dei esse jamjamque cognoverant. Ubi satis superque Arrianorum est miranda vel potius dolenda cæcitas qui illum post resurrectionis et ascensionis ipsius gloriam, post dilatatam toto orbe fidem evangelii, post ædificatas in omnibus gentibus ecclesias, laudatumque in eis nomen Domini Salvatoris, a solis ortu usque ad occasum, repente negant Filium Dei, quem dæmones mortali adhuc sub habitu carnis indutum, Filium esse Dei aperta voce profitentur. Sic enim sequitur: Et clamabant dicentes, Tu es Filius Dei. Et vehementer comminabatur eis ne manifestarent illum. Quare autem spiritus immundos ne loqui deberent prohibeat, Psalmista manifestat, qui ait: Peccatori autem dixit Deus, Quare tu enarras justitias meas, et assumis testamentum meum per os tuum? Tu vero odisti disciplinam, et projecisti sermones meos post te. Prohibetur ergo Dominum prædicare peccator, ne quis dum prædicantem sequatur errantem. Improbus enim magister est diabolus, qui falsa veris sæpe permiscet ut specie veritatis testimonium fraudis obtexat. Cæterum, non soli dæmones, qui inviti confitebantur, lubenter silere de Christo, sed et illi qui ab eo sanati sponte confiteri volebant. Immo ipsi apostoli qui eum post resurrectionem toto erant orbe prædicaturi, ante passionem ejus præcipiuntur omnino reticere de illo, ne divina videlicet majestate prædicata, passionis dispensatio differretur, et dilata passione, salus mundi quæ per hanc futura erat negaretur.

CAP. XVI. *Et ascendens in montem vocavit, &c.*] Mons ille in quo apostolos elegit Dominus, altitudinem designat justitiæ qua instituendi erant, et quam prædicaturi hominibus. Nam quia missurus erat eos ad prædicandum evangelium regni cœlestis, merito per sublimitatem loci in quo electi sunt, admonere voluit eos, non in infimis desideriis animum dissolvere, sed ad superna desideranda et quærenda semper erigere debere. Sic etiam legem daturus priori populo suo in monte apparuit: de monte quæ agenda essent intonuit. Verum quia necdum erat tempus ut diceretur: Pœnitentiam agite, appropinquabit enim regnum cœlorum; sed tantum dicebatur, Honora patrem tuum et matrem, ut sis longævus super terram, quam Dominus Deus tuus dabit tibi: quamvis hæc eadem verba typice nobis regnum æternum quod est in terra viventium promittant: nequaquam populus loquenti in monte Domino appropinquare valuit: sed de inferioribus quæ dicerentur audivit, quia necdum mente capaci ad intelligenda mysteria quæ dicebantur, ascendere noverat: solusque Moyses, quia legem spiritualiter audire didicerat, montis in quo erat Deus verticem conscendit. Bene autem dicitur, quia ascendens in montem Dominus vocavit ad se quos voluit ipse. Non enim illorum electionis ac studii, sed divinæ erat dignationis et gratiæ ut in apostolatum vocarentur. Unde et eis alibi dicit, Non vos me elegistis, sed ego elegi vos.

Fecitque ut essent duodecim cum illo.] Certi utique gratia mysterii, ut videlicet mundi salutem quam verbo prædicarent, suo quoque numero commendarent. Ter etenim quaterni duodecim faciunt. Et ter quaterni ad prædicandum sunt missi apostoli, ut per universas quadrati orbis plagas baptizarent gentes in nomine Patris et Filii et Spiritus Sancti. Unde et de civitate sancta Hierusalem descendente de cœlo a Deo scriptum est, quia erant ei ab oriente portæ tres, et ab aquilone portæ tres, et ab austro portæ tres, et ab occasu portæ tres. Ubi figuraliter ostenditur, quod prædicantibus apostolis apostolorumque successoribus, cunctæ per orbem nationes in fide Sanctæ Trinitatis ecclesiam essent ingressuræ. In quo etiam sacramento ita quondam filii Israel circa tabernaculum castrametabantur, ut ex omni parte per quadrum ternæ tribus manerent. Quia primitiva nimirum ecclesia quæ erat in Judæa, undique per circuitum sui credentibus toto orbe nationibus, spiritualia Deo castra erat in fide et confessione Sanctæ Trinitatis fixura.

Et ut mitteret eos prædicare evangelium, &c.] Postquam nefandos spiritus se prædicare prohibuit, elegit sanctos, qui et immundos spiritus ejicerent, et ipsi munda evangelium mente ac lingua prædicarent. Quibus etiam cæteras infirmitates curandi, necnon et mortuos suscitandi (ut Matthæus evangelista scribit) contulit facultatem, ut promissorum cœlestium magnitudini attestaretur etiam magnitudo factorum, fidemque verbis daret virtus ostensa, et nova facerent qui nova prædicarent. Unde nunc quoque cum fidelium numerositas excrevit, intra sanctam ecclesiam multi sunt qui viam virtutum tenent, et signa virtutum non habent. Quia frustra miraculum foris ostenditur, si deest quod intus operetur. Nam juxta magistri gentium vocem, linguæ in signum sunt non fidelibus sed infidelibus.

Et imposuit Simoni nomen Petrus.] Non nunc primum Simoni Petri nomen indidit, verum longe ante cum a fratre Andrea ad se adductum intuitus, dixit: Tu es Simon filius Joanna, tu vocaberis Cephas, quod interpretatur Petrus. Sed cum volens evangelista nomina duodecim apostolorum enumerare, necesse haberet Petrum dicere, breviter intimare curavit, quia non hoc ante vocaretur, sed ita eum Dominus cognominaverit, quamvis non tunc, sed quando Joannes ipsa Domini verba posuit, intentos videlicet reddens auditores. Nam si hoc ante vocaretur, non ita videres mysterium petræ, putans eum casu sic vocari, non providentia Dei. Ideo voluit eum prius aliud vocari, ut ex ipsa commutatione nominis, sacramenti vivacitas commendaretur. Idem ergo Græce sive Latine Petrus, quod Syriace Cephas. Et in utraque lingua nomen a petra derivatum est: haud dubium quin illa de qua Paulus ait, Petra autem erat Christus. Nam sicut lux vera donavit Christus apostolis ut lux mundi vocentur: sic et Simoni qui credebat in petram Christum, Petri largitus est nomen. Cujus alias alludens etymologiæ dixit, Tu es Petrus, et super hanc petram ædificabo ecclesiam meam. Quod vero Simon ponens mœrorem sive audiens tristitiam interpretatur, illi tempori congruit, quando post resurrectionem viso Domino, vel mortis illius, vel suæ negationis mœrorem deposuit: sed suæ confestim mortis tristitiam audivit, dicente Domino: Cum autem senueris, extendes manus tuas, et alius te cinget, et ducet quo non vis.

Et Jacobum Zebedæi et Joannem, &c.] Apte filii

tonitrui sunt cognominati, quorum unus e cœlestibus intonans vocem illam theologicam, quam nemo prius edere noverat, emisit: In principio erat verbum et verbum erat apud Deum, et Deus erat verbum, &c. Quæ tantæ virtutis pondere gravida reliquit, ut si aliquanto plus intonare voluisset, nec ipse capere mundus posset. Sed et ambo sæpe seorsum et in montem a Domino duci, et aliquando sonum de nube terrificum percipere meruerunt, Hic est filius meus dilectus, ipsum audite. Prisca quoque nomina meritis aptissima gestabant. Jacobus enim supplantator. Joannes in quo est gratia, vel Domini gratia dicitur. Namque ille et carnis curam Domino vocante supplantare, et ipsam carnem Herode trucidante gavisus est contemnere: iste ob amoris præcipui gratiam quam virginali gloria meruerat, super Redemptoris sui pectus in cœna recubuit.

Et Andream et Philippum, &c.] Andreas Græcum nomen est et interpretatur virilis, ab eo quod Græce vir appellatur ἀνήρ. Quo aptissime vocabulo decoratur ille, qui ad prædicationem Joannis mox Agnum Dei sequi, videre et audire curavit: et postmodum ipsum se vocantem relictis omnibus sequi, ipsi perpetuo adhærere non tardavit. Philippus os lampadis sive lampadarum interpretatur. Et recte, quia vocatus a Domino lumen gratiæ quo ipse in corde accensus atque illustratus est, confestim invento fratri per oris officium propinare studuit, dicens: Quem scripsit Moyses in lege et prophetæ, invenimus, Jesum filium Joseph a Nazareth. Bartholomeus Syrum est, non Hebræum, et interpretatur filius suspendentis aquas. Quod evidenter Filium Dei sonat, qui prædicatorum suorum mentes ad cœlestia contemplanda suspendit, ut quo celsa liberius pervolant, eo terrenorum corda feracius dictorum suorum guttis inebrient. Matthæus donatus dicitur, videlicet quia magno Domini munere de teloneario ac publicano, in apostoli est et evangelistæ delegatus officium. Thomas, abyssus vel geminus, quod est Græce Δίδυμος : quæ utraque interpretatio ejus statui congruit. Didymus etenim recte vocari potuit, propter dubium cor in credendo effectu Dominicæ resurrectionis. Abyssus idem potuit jure dici, cum altitudinem Dominicæ virtutis in resurrectione, celebrata certa fide, penetravit. Notandum sane quod apostolorum nomina describens evangelista Matthæus, ita ponit Philippus et Bartholomæus, Thomas, et Matthæus publicanus. Cæteri ergo evangelistæ in conjunctione nominum primum ponunt Matthæum, et postea Thomam, et publicanum eum non ascribunt, ne antiquæ conversationis recordantes, sugillare evangelistam viderentur. Ipse vero et Thomam sibi anteponit, et se publicanum appellat, ut ubi abundavit peccatum superabundet gratia. Et Jacobum Alphæi, et Thaddæum. Jacobum Alphæi cum additamento posuit, ad distinctionem Jacobi Zebedæi. Ipse est qui in evangeliis nominatur frater Domini, et in epistola ad Galatas. Quia Maria uxor Alphæi, soror fuit Mariæ matris Domini, quam Mariam Cleophæ Joannes evangelista cognominat, fortasse quia vel idem Alphæus etiam Cleophas est dictus, vel ipsa Maria defuncto post natum Jacobum Alphæo, Cleophæ nupsit. Quia vero Jacobus merito filius Alphæi, id est docti sit cognominatus, ipsi testantur apostoli, qui eum post Domini passionem statim regendæ Hierosolymorum ordinaverunt ecclesiæ. Thaddæus autem ipse est, quem Lucas et in evangelio suo et in Actibus Apostolorum Judam Jacobi nominat. Erat enim frater Jacobi fratris Domini, ut ipse in epistola sua scribit. Unde etiam ipse frater Domini vocabatur, attestantibus civibus ipsius, qui de virtutibus ejus stupentes aiebant, Nonne iste est fabri filius et Mariæ, frater Jacobi et Joseph, et Judæ et Simonis?

Et Simonem Chananæum, &c.] Et hos cum additamento posuit, ad distinctionem Simonis Petri, et Judæ Jacobi. Simon autem Chananæus, a Chana vico Galilææ cognomen accepit, quod evangelista Lucas cum interpretatione posuit, Simon zelotes. Chana, quippe zelus. Chananæus dicitur Zelotes, id est æmulator. Judas autem Scarioth, aut a vico in quo ortus est, aut ex tribu Isachar, præsagium suæ damnationis vocabulum sumpsit. Isachar quippe, quod dicitur merces, pretium proditionis insinuat. Scarioth autem quod memoria mortis interpretatur, arguit eum non repente persuasum, sed meditatum diutius Dominicæ traditionis patrasse flagitium. Qui non per imprudentiam, sed per providentiam inter apostolos eligitur. Quanta enim est veritas, quam nec adversarius minister infirmat? Quanta moralitas Domini, qui periclitari apud nos judicium suum quam affectum maluit? Susceperat enim hominis fragilitatem, et ideo nec has partes recusavit infirmitatis humanæ. Voluit deferi, voluit prodi, voluit ab apostolo suo tradi, ut tu a socio desertus, a socio proditus, moderate feras tuum errasse judicium, periisse beneficium. Ordinatis autem in monte apostolis qui ad prædicandum evangelium mitterentur, apte subditur,

Et veniunt ad domum.] Electos namque in monte apostolos ad domum reducit, quasi tacite eos admonens ut post acceptum apostolatus gradum ad conscientiam suam redeant, et quo ampliorem docendorum curam susceperunt populorum, eo solertius ipsi habitacula mentium suarum considerando penetrent, et ne quid ibi forte quod occulti inspectoris oculos offendat inveniatur, sedula examinatione perquirant. Sic etenim quisque, sic proximum rite regit, si a suo prius corde studiosa exploratione quicquid inerat pravitatis expurgat.

Et convenit iterum turba, &c.] O quam felix occupatio Salvatoris, quam beata frequentia turbæ confluentis, cui tantum studii ad audiendum verbum Dei, tantum fuit curæ ad obtinendam salutem, ut auctori salutis cum eis qui secum erant, ne vescendi quidem hora a solatio vitæ miseris impendendo, libera maneret! Utinam, Domine Jesu, et in nostri temporibus ævi tantum gratiæ tuis fidelibus largiaris, qui doctores suos assiduitate discendi, non solum ab appetitu carnalium voluptatum, verum etiam nonnunquam ab ipsa quoque panis quotidiani perceptione præpediant. Sed quem turba frequentat externa, videamus quanti hunc propinquorum æstimatio pendat. Sequitur,

Et cum audissent sui, exierunt tenere eum, &c.] Vere sicut ipse dicit alibi, Non est propheta sine honore, nisi in patria sua et in domo sua. Quem enim cæteri quasi auctorem vitæ et sapientiam Dei adire, videre, et audire desiderant, hunc propinqui quasi mentis impotem esse ligandum decernunt. Quia enim altitudinem sapientiæ quam audiebant capere non poterant, quasi alieno eum sensu locutum esse credebant: juxta exemplum eorum qui sacramentum carnis ejus manducandæ et bibendi sanguinis non ferentes aiebant: Durus est hic sermo. Quis eum potest audire? Et propterea retro abierunt, et jam cum illo non ambulabant. Allegorice autem in eo quod turba ad illum conveniente frequenti, ut furiosus a suis contemnitur, salus credentium de gentibus approbatur, et invidia Judæorum perfidiaque notatur. De quibus ait Joannes: In propria venit, et sui eum non receperunt. Multum sane distat inter eos qui verbum Dei pro mentis tarditate non intelligunt, et eos qui hoc quod intelligunt de industria blasphemant ac persequuntur. His etenim spes salutis adhuc, si forte intellexerint, restat: illis autem qui nolentes intelligere ut bene agant, et iniquitatem meditantur in cubili suo, quæ spes salvandi ultra remanet, cum et hoc quod pro salute animæ suæ recte intelligendo perceperunt, detestando atque odiis insequendo rejicere contendunt? Vide enim quid sequitur.

Et scribæ qui ab Hierosolymis descenderant, &c.] Nec sine causa, qui tantum blasphemiæ Domino inferebant, ab Hierosolymis descendisse dicuntur: sed futurum utique portendebant, eum a civibus urbis illius usque ad mortem esse persequendum. Legimus quidem supra, quia multa turba a Galilæa secuta est eum, et ab Hierosolymis, et ab Idumæa, et trans Jordanem, et qui circa Tyrum et Sidonem, multitudo magna audientes quæ faciebat, venerunt ad eum. Turba ergo ab Hierosolymis veniens secuta est Dominum, sicut et ab aliis regionibus Judæorum, sive etiam gentium: quis enim nescit Idumæam, Tyrum et Sidonem, provincias sive civitates fuisse gentilium? Sed Scribæ ab Hierosolymis descendentes blasphemiis illum persequebantur horrendis, quia sic nimirum erat passionis tempore futurum, ut turba illum populi Judæorum cum palmis ac laudibus Hierosolymam perduceret, gentiles videre desiderarent, sed scribæ et seniores populi de ejus nece tractarent. Turbis ergo quæ minus eruditæ videbantur, Domini semper facta mirantibus, illi contra vel negare hæc, vel quæ negare nequiverant, sinistra interpretatione pervertere laborabant, quasi, non hæc divinitatis, sed opera essent immundissimi spiritus, id est Beelzebub, qui Deus erat Accaron. Nam Beel quidem ipse est Baal. Zebub autem musca vocantur. Nec juxta quædam mendosa exemplaria l litera vel d in fine est nominis legenda, sed b. Beelzebub ergo Baal muscarum, id est vir muscarum, sive habens muscas interpretatur, ob sordes videlicet immolatitii cruoris, ex cujus spurcissimo ritu vel nomine, principem dæmoniorum cognominabant.

CAP. XVII. *Et convocatis eis, in parabolis dicebat, &c.*] Sed quo modo concordia parvæ res crescunt sic discordia maximæ dilabuntur. Si ergo Satanas pugnat contra se, et dæmon inimicus est dæmonis, deberet jam mundi venisse consummatio, ne haberent in eo locum adversariæ potestates, quarum inter se bellum, pax hominum est. Si autem putatis, o Scribæ et Pharisæi, quod recessio dæmonum obedientia sit in principem suum, ut homines ignorantes fraudulenta simulatione deludant, quid potestis dicere de corporum sanitatibus, quas Dominus perpetravit? Aliud est si membrorum quoque debilitates, et spiritualium virtutum insignia dæmonibus assignatis. Et si Satanas consurrexerit in semetipsum, dispertitus est, et non poterit stare, sed finem habet. Hoc dicens ex ipsorum confessione volebat intelligi quod in eum non credendo in regno diaboli esse delegissent, quod utique adversum se divisum stare non posset. Eligant ergo Pharisæi quod voluerint. Si Satanas Satanam non potest ejicere, nihil contra Dominum quod dicerent invenire potuerint. Si autem potest; multo magis sibi prospiciant, et recedant de regno ejus, quod adversum se divisum stare non potest.

Nemo potest vasa fortis ingressus in domum diripere, &c.] Fortem diabolum dicit; vasa ejus, homines ab eo deceptos; domum ejus, mundum, qui in maligno positus est. In quo usque ad Salvatoris adventum, male pacato potiebatur imperio, quia in cordibus infidelium sine ulla contradictione quiescebat. Alligavit autem fortem Dominus, hoc est, ab electorum seductione compescuit diabolum, et tunc domum ejus diripuit: quia erectos a diaboli laqueis eos quos suos esse prævidit, ecclesiæ suæ membris adunavit, ac per distinctas in ea graduum variorum dignitates ordinavit. Vel certe domum ejus diripuit, quia omnes mundi partes quibus olim hostis dominabatur antiquus, apostolorumque successoribus, ut in sua quisque provincia revocatos ab errore populos ad viam vitæ converteret, distribuit. Ostendit ergo per parabolam, sed jam manifestissimam Dominus, quod non concordi fallax operatione cum dæmonibus ut calumniabantur, sed diversa prorsus atque adversa virtute divinitatis homines a dæmonibus liberaret: ideoque grande scelus committerent qui hoc quod Dei esse cognoverant diaboli esse clamabant.

Amen dico vobis, Quoniam omnia dimittentur, &c.] Omnia peccata et blasphemiæ, non passim dimittuntur omnibus hominibus, sed iis qui dignam pro erratibus suis in hac vita pœnitentiam egerint. Neque ullum habet locum pravæ assertionis vel Novatianus ut pœnitentibus eis qui in martyrio lapsi sunt veniam neget esse tribuendam: vel Origenes ut asserat post judicium universale transactis licet seculorum voluminibus innumeris, cunctos peccatores ac blasphemos veniam peccatorum esse consecuturos, atque ad regnum cœleste perducendos. Cujus errorem sequentia quoque Domini verba redarguunt, cum subditur,

Qui autem blasphemaverit in Spiritum Sanctum, &c.] Qui ergo manifeste intelligens opera Dei cum de virtute negare non possit, stimulatus invidia calumniatur, et Christum Deique verbum et Spiritus Sancti opera dicit esse Beelzebub, isti non dimittetur neque in præsenti seculo neque in futuro. Non quod negemus, et ei si pœnitentiam agere voluerit, posse dimitti ab eo qui vult omnes homines salvos fieri, et in agnitionem veritatis venire: sed quod ipsi judici et largitori veniæ credentes, qui et se pœnitentiam semper accepturum, et hanc blasphemiam nunquam dicit esse remittendam, credamus hunc blasphemum exigentibus meritis, sicut nunquam ad remissionem, ita nec ad ipsos dignæ pœnitentiæ fructus esse perventurum, juxta hoc quod Joannes Evangelista de quibusdam blasphemiæ suæ merito excæcatis, veracissime scripsit: Propterea non poterant credere, quia iterum dixit Esaias, Excæcavit oculos eorum, et induravit cor eorum, ut non videant oculis, et intelligant corde, et convertantur, et sanem eos. Sola ergo blasphemia in Spiritum Sanctum, qua quisque in similitudinem diaboli et angelorum ejus contra conscientiam suam majestatem Deitatis oppugnare non trepidat, non habet remissionem in æternum, sed reus erit æterni delicti, sicut evangelista manifeste declarat, qui posito hoc Domini testimonio subjunxit, atque ait,

Quoniam dicebant, spiritum immundum habet.] Nam neque ii qui Spiritum Sanctum non esse, neque qui hunc esse quidem sed Deum non esse, neque qui hunc Deum quidem esse, sed Patre Filioque minorem credunt et confitentur, quia non invidentia diabolica, sed humana ignorantia ducti faciunt hoc, irremissibilis blasphemiæ crimine tenentur: qua proprie principes Judæorum et quique simili invidiæ peste corrupti, majestatem blasphemant, sine fine peribunt. Quod vero secundum Matthæum dicitur, Eum qui blasphemaverit in Spiritum Sanctum, vel verbum dixerit contra Spiritum Sanctum, non habere remissionem neque in hoc seculo, neque in futuro, datur intelligi, quasdam culpas in hoc seculo, quasdam vero in futuro laxari. Quod enim de uno negatur, consequens intellectus patet, quia de quibusdam conceditur. Sed tamen hoc de minimis parvisque peccatis fieri posse credendum est, sicut est assiduus otiosus sermo, immoderatus risus, vel peccatum curæ rei familiaris, quæ vix sine culpa vel ab ipsis agitur qui culpam qualiter declinare debeant sciunt, aut in non gravibus culpis errore ignorantiæ, quæ cuncta etiam post mortem gravant, si adhuc in hac vita positis minime fuerint relaxata. Hoc tamen sciendum est, quia illic saltem de minimis nil quisque purgationis obtinebit, nisi bonis hoc actibus in hac adhuc vita positus ut illic obtineat promereatur.

Et veniunt mater ejus et fratres, &c.] Fratres Domini, non filii beatæ semper virginis Mariæ, juxta Helvidium, ne filii Joseph ex alia uxore, juxta quosdam, putandi: sed eorum potius intelligendi sunt esse cognati. Sane quod Dominus ad matrem fratresque rogatus, ab officio verbi dissimulat egredi, non maternæ refutat obsequia pietatis, cujus præceptum est, Honora patrem tuum et matrem: sed paternis se mysteriis amplius quam maternis debere monstrat affectibus: idem nobis exemplo quod verbo commendans, cum ait, Qui amat patrem aut matrem plus quam me, non est me dignus. Non injuriose fratres contemnit: sed opus spirituale carnis cognationi præferens, religiosiorem cordium copulam docet esse quam corporum. Mystice autem mater et fratres Jesu, synagoga, ex cujus carne est editus, et populus est Judæorum, qui Salvatore intus docente venientes intrare nequeunt; cujus spiritualiter intelligere dicta negligunt. Præoccupans enim turba ejus ingreditur domum, ejus auscultans sermonibus, ut evangelista Matthæus declarat: quia differente Judæa gentilitas confluxit ad Christum, atque interna vitæ mysteria quanto fide vicinior, tanto mente capacior hausit. Juxta quod Psalmista ait, Accedite ad eum et illuminamini.

Et dicunt ei, Ecce mater tua, &c.] Intus verbum, intus est lumen. Unde alibi, Ut intrantes, inquit, videant lumen. Si ergo foris stantes nec ipsi agnoscuntur parentes, et propter nostrum fortasse non agnoscuntur exemplum, quemadmodum nos agnoscemur, si foris stemus? Foris enim stantes, volunt Dominum videre cognati ipsius: quum Judæi spiritualem in lege sensum non quærentes, sese ad custodiam literæ foris fixerunt, et quasi Christum potius ad carnalia docenda cogunt exire, quam se ad discenda spiritualia consentiunt ingredi.

Et circumspiciens eos, qui in circuitu ejus sedebant, &c.] Cum is qui voluntatem Dei fecerit, soror et frater Domini dicitur, propter utrumque sexum qui ad fidem colligitur, mirum non est. Mirandum vero valde est, quomodo etiam mater dicatur. Fideles etenim discipulos fratres vocare dignatus est, dicens: Ite, nunciate fratribus meis. Qui ergo frater Domini fieri ad fidem veniendo potuerit, quærendum est, quomodo etiam mater esse possit. Sed sciendum est nobis, quia qui Jesu frater et soror est credendo, mater efficitur prædicando. Quasi enim parit Dominum, quem cordi audientis infuderit. Et mater ejus efficitur, si per ejus vocem amor Domini in proximi mente generatur.

IN CAP. IV.

Cap. xviii. *Et iterum cœpit docere ad mare.*] Si evangelium Matthæi inspicimus, patet profecto hanc doctrinam Domini ad mare eadem die qua superiorem in domo celebratum esse sermonem. Terminato namque eo sermone, subjunxit continuo Matthæus dicens, In illo die exiens de domo sedebat secus mare, et congregatæ sunt ad eum turbæ multæ, &c.

Non solum autem facta et verba Domini, verumetiam itinera ac loca in quibus virtutes operatur et prædicat, cœlestibus sunt plena sacramentis. Post sermonem quippe in domo habitum, ubi nefanda blasphemia dæmonium habere dictus est, egrediens docebat ad mare, ut ostenderet se relicta ob culpam perfidiæ Judæa, ad gentes salvandas esse transiturum. Gentilium namque superba et incredula diu corda merito tumidis amarisque fluctibus maris assimilantur. Domum vero Domini, perfidam fuisse Judæam quis nesciat? Sed relicta domo in qua blasphemias perpessus est impiorum, cœpit docere ad mare, quia derelicta ob incredulitatem synagoga, ad colligendam per apostolos populi gentilis multitudinem venit. Unde apte præmittitur, quod eo in domo prædicante, mater ac fratres ejus foris steterunt, et quasi agniti ab illo non sint, ac sic de domo exiens ad mare docturus transierit, quia postquam synagoga ad custodiam se literæ foris fixit, internisque dominicæ fidei arcanis figuras legis anteponere maluit, Dominus sacramenta salutis quæ illa spreverat, externis per orbem nationibus contulit.

Et congregata est ad eum turba multa, ita ut in navem ascendens, &c.] Quod turba multa ad Dominum docentem ad mare congregata est, significat frequentiam populorum prædicantibus apostolis ad fidem veritatis confluentium. Quod vero ipse navem ascendens sedebat in mari, præfigurabat ecclesiam in medio nationum non credentium et contradicentium ædificandam. Quasi enim Dominus sedet in navi, medio in mari posita, cum mentes fidelium inter infideles commorantium gratia suæ visitationis illustrat; dilectamque sibi in his mansionem consecrat. Porro, turba quæ circa mare super terram posita verbis Domini auscultabat, ita ut nec fluctibus maris tangeretur, ne cum illo in navi transcensis fluctibus sederet, illorum aptissime gestat figuram qui nuper ad audiendum verbum convenerant. Et quidem pietate animi a reproborum amaritudine, obscuritate, instabilitate, secreti sunt: sed necdum cœlestibus mysteriis quæ desiderant imbuti.

CAP. XIX. *Et dicebat illis in doctrina sua, Audite, &c.*] Ipse Dominus in sequentibus hanc parabolam exponens, semen esse verbum Dei, seminantem vero seipsum asseverat. Quod vero dicit, quia exiit seminans ad seminandum, nobis quærendum reliquit. Exiit ergo seminans ad seminandum, quia Dominus de sinu Patris egrediens venit in mundum, ac verbum veritatis quod apud Patrem vidit, humano generi vel per seipsum, vel per eos quos instituit ipse seminavit: juxta quod in ejus laudibus dicit Abacuc, Existi in salutem populi tui, ut salvos facias Christos tuos, id est eos quos unctione Spiritus tui consecrare, ac tui sancti nominis participes facere dignaris. Vel certe exiit ad seminandum, cum post vocatam ad fidem suam partem synagogæ electam, ad collectionem quoque gentium gratiæ suæ dona diffudit. Quod ipsum etiam suo itinere designavit, cum post prædicationem domi habitam ad mare docturus exiit. Denique in domo prædicans quosdam ob blasphemiæ suæ scelus irremissibile deservit; quosdam ob devotionem pietatis matrem suam appellavit et fratres. Quod differentiam manifeste Judææ gentis exprimit: in qua multi Domino rebelles, nonnulli sunt divina adoptione condigni.

Et dum seminat, aliud cecidit circa viam, &c.] In evangelio Lucæ ita de hoc semine scriptum est: Aliud cecidit secus viam, et conculcatum est, et volucres cœli comederunt illud. Quæcunque ergo Dominus in hac parabola exponere dignatus est, pia fide suscipienda sunt. Quæ vero tacita nostræ intelligentiæ dereliquit, æque pia intentione perquirenda ac perstringenda sunt breviter. Semen quod circa viam cecidit, duplici læsura disperiit, et ab itinerantibus scilicet conculcatum, et a volucribus raptum. Via ergo est mens assiduo malarum cogitationum meatu trita atque arefacta, ne verbi semen accipere ac germinare sufficiat: atque ideo quicquid boni seminis vicinia talis viæ contigerit, perit; quia improbo pessimæ cogitationis transitu conculcatum a dæmonibus rapitur. Qui recte volucres cœli, sive quia cœlestis spiritualisque sunt naturæ, sive quia per aera volitant, appellantur.

Aliud vero cecidit super petrosa, &c.] Et hujus mysterium seminis Dominus exponit. In qua videlicet expositione discimus, quia nequaquam ipsæ res in una eademque significatione semper allegorice ponantur. Namque petram duritiam protervæ mentis, terram lenitatem animæ obedientis, solem dicit fervorem persecutionis sævientis, cum ipse alibi solem in bono ponat, dicens fulgere justos in futuro quasi solem in regno Patris eorum: et in structura domus spiritualis fodiendum in altum, terram ejiciendam, et petram in fundamento doceat esse locandam, hoc est ab imo cordis sinu cogitationes terrenas expurgandas, et fortitudinem fidei invicte pro his in fundamento bonorum operum inserendam esse moneat. In hoc ergo loco, altitudo terræ quæ competenter exculta semen verbi debuerat excipere, probitas est animi, disciplinis cœlestibus exercitati, atque ad auscultandum obediendumque divinis eloquiis regulariter instituti. Petrosa vero loca, quæ tenui cespite contecta, susceptum semen cito germinare queunt, sed vim radicis figendæ non habent, illa nimirum sunt præcordia quæ nullis disciplinæ studiis erudita, nullis tentationum probationibus emollita, dulcedine tantum auditi sermonis ac promissis cœlestibus ad horam delectantur, sed in tempore tentationis recedunt: quia cum momentaneam cœlestis oraculi dulcedinem insitæ sibi austeritati prætendunt, quasi locus semini sancto deputatus, magnam lapidum congeriem pauca terræ humo cooperiunt. Quæ ideo ad fructum pervenire justitiæ non valent, quia parum eis inest desiderii salutaris, quod semen vitæ concipiat, et multum inest duritiæ nocentis, quod fructui salutis obsistat.

Et dicebat, Qui habet aures audiendi, audiat.] Quoties hæc admonitiuncula vel in evangelio vel in Apocalypsi Joannis interponitur, mysticum esse hoc quod dicitur, atque ad audiendum discendumque salubre insinuatur. Aures enim audiendi, aures sunt cordis, et sensus interiores: aures obediendi et faciendi quæ jussa sunt.

Illis autem qui foris sunt, &c.] Notandum in his Domini verbis, quod non solum ea quæ loquebatur, verum etiam quæ faciebat, parabolæ fuerunt, id est rerum signa mysticarum, cum dicuntur illi quibus in parabolis omnia fiebant, neque quæ videbant, neque quæ audiebant ad intellectum potuisse perducere. Quid enim obstaret intuentibus, ne ea quæ viderent ejus facta vel itinera intelligerent, si non his aliquid amplius quam carnis oculis patebat, spiritualiter vellet intelligi? Illis ergo qui foris sunt neque appropinquant pedibus Domini, ut accipiant de doctrina ejus, in parabolis omnia fiunt, et facta scilicet et verba Salvatoris: quia neque in his quæ operabatur virtutibus, neque in eis quæ prædicabat arcanis, eum cognoscere Deum valent. Ideoque ad remissionem peccatorum, quæ per gratiam fidei ipsius obtinenda est, non merentur attingere. Hi autem sunt qui circa viam, ubi seminatur verbum. Et cum audierint, confestim venit Satanas, et aufert verbum quod seminatum est in corde eorum, et cætera. In hac Domini expositione omnis eorum qui audire quidem verba salutis potuerunt, sed ad salutem pervenire nequeunt, distantia comprehenditur. Sunt namque qui verbum quod audiunt, nulla fide, nullo intellectu, nulla saltem tentandæ utilitatis occasione percipere dignantur. Quorum indisciplinatis ac duris cordibus mandatum verbum confestim immundi spiritus quasi viæ tritæ volucres semen eripiunt. Sunt qui auditi verbi et utilitatem probant et desiderium gustant: sed ne ad id quod probant perveniant, alios hujus viæ adversa terrendo, alios prospera blandiendo retardant. Quorum primos Dominus terræ petrosæ: secundos comparat spinosæ. Excipiuntur sane gentiles, qui ne audire quidem verba vitæ merentur. Nec mirum videri debet, quare spinis divitias comparaverit Dominus, cum illæ pungant, istæ delectent. Recte enim spinæ vocantur quia cogitationum suarum punctionibus mentem lacerant. Et cum usque ad peccatum pertrahunt, quasi inflicto vulnere cruentant. Sed et exceptis vitiorum punctionibus, divitiarum cupido plurimum mentem devastat, ac securum esse non sinit. Cum enim quisque sollicitus invigilat quo ordine sive arte ea quæ nondum habet acquirat, qua rursum providentia ea quæ jam acquisierat conservet, qua denique gloria ac dignitate acquisitorum copia perfruatur: quantis necesse est misera mens per horas singulas curarum stimulis exulceretur! Unde apte Dominus in expositione spinarum appellaturus divitias, præmisit ærumnas dicens, Et alii sunt qui in spinis seminantur, hi sunt qui verbum audiunt, et ærumnæ seculi et deceptio divitiarum, et circa reliqua concupiscentiæ introeuntes suffocant verbum: et sine fructu efficitur. Ærumnæ (inquit) seculi et deceptio divitiarum. Quemcunque enim supervacuus divitiarum decipit appetitus, necesse est mox curarum ærumna continuarum comitans, sive etiam præcurrens, affligat. Quid enim ærumnosius illis, qui quanto plus habent, tanto plus egent, et minus sibi ipsis habere videntur? Juxta quod poetarum quidam philargyris illudens ait: Crescit amor nummi quantum ipsa pecunia crescit. Quantoque feliciores non solum appetitu verarum divitiarum verumetiam ipso contemptu falsarum, qui se esse veraciter fatentur tanquam nihil habentes et omnia possidentes! Bene autem cum dixisset, Et ærumnæ seculi et deceptio divitiarum, addidit, Et circa reliqua concupiscentiæ. Præcipit enim scriptura: Concupiscens sapientiam serva mandata, et Deus præbet illam tibi. Et iterum dicit, Beatus vir qui timet Dominum, in mandatis ejus cupit nimis. Cui contra, qui neglecta sapientia mandatisque Domini contemptis circa reliqua concupiscens aberrat, nec fructum accipere sapientiæ, nec ad gaudium potest veræ beatitudinis attingere. Suffocant enim hujusmodi concupiscentiæ verbum, quia importunis cogitationibus suis guttur mentis strangulant. Et dum bonum desiderium intrare ad cor non sinunt, quasi aditum flatus vitalis necant. Cui justo judicio contingit, ut quantum circa reliqua concupiscit, tantum longe absit ab illo pauperum spiritu desiderio, quo cupiunt dissolvi et esse cum Christo. Quin potius timet miser quod revera eventurum est ei, dissolvi ab hac vita, et esse cum diabolo.

Et hi sunt qui super terram bonam, &c.] Terra bona, hoc est fidelis electorum conscientia, omnibus terræ nequam proventibus contraria facit, quia et commendatum sibi semen verbi libenter excipit, et exceptum inter adversa ac prospera constanter ad fructus usque tempora conservat. Fructificat autem et facit unum triginta, et unum sexaginta, et unum centum. Triginta videlicet, cum fidem sanctæ Trinitatis electorum cordibus insinuat. Sexaginta, cum perfectionem docet bonæ operationis. Nam quia in senario numero mundi ornatus expletus est, recte per hunc bona operatio designatur. Centum, cum in universis quæ agimus, quærenda nobis in regno cœlesti præmia demonstrat. Centum namque quæ computando in dexteram transferuntur, recte in significatione ponuntur perpetuæ beatitudinis. Si quidem triginta et sexaginta in læva adhuc manu continentur, centum transeunt ad dexteram. Quamvis enim magna sit fides, quæ nobis cognitionem nostri Conditoris revelat, magna sint opera, quibus fides ne sit otiosa consummatur, in hac tamen ambo sunt vita necessaria. Præmium vero fidei et operationis, quæ per dilectionem exercentur, in futura est vita sperandum.

CAP. XX. *Et dicebat illis, Nunquid venit lucerna, &c.?*] Quia supra dixerat apostolis, et eis qui cum illis erant, Vobis datum est nosse mysterium regni Dei: illis autem qui foris sunt, in parabolis omnia fiunt. Nunc ostendit per eos, aliquando etiam cæteris idem mysterium esse revelandum, et pectus omnium, qui domum Dei essent intraturi, fidei flammis illustrandum. Quibus etiam verbis typice fiduciam docet prædicandi, ne quis timore carnalium incommodorum lucem scientiæ, quam novit, abscondat. Modii namque et lecti nomine, vitam hanc præsentem, et carnem, in qua vivimus: lucernæ autem vocabulo, verbum quo illustramur, designat. Nam quia tempus vitæ nostræ sub certa divinæ provisionis mensura continetur, recte modio comparatur. Lectum vero animæ, corpus, in quo temporaliter inhabitans, quiescit, recte appellari posse, quis non videat? Unde sanato cuidam dicitur, Surge, tolle lectum tuum, et vade in domum tuam. Quod est aperte dicere, Surge, de corpore negligentiæ: et corpus, in cujus desideriis diutius jacebas, in exercitia bonorum operum sedulus attolle: et sic, domum æternæ habitationis, præmia bonorum operum percepturus, ingredere. Qui ergo amore hujus vitæ temporalis et illecebrarum carnalium occultat verbum Dei, quasi modio, vel lecto lucernam operit; quia concupiscentias carnis præponit manifestationi veritatis, quam prædicare metuit. Super candelabrum autem ponit lucernam, qui corpus suum ministerio Dei subjicit, ut superior sit prædicatio veritatis, et inferior servitus corporis: per ipsam tamen corporis servitutem excelsior luceat doctrina, quæ per officia corporalia, id est, per vocem et linguam et cæteros corporis motus, in bonis operibus insinuatur discentibus. Super candelabrum ergo ponit lucernam, cum dicit apostolus: Non sic pugno, tanquam aerem cædens, sed castigo corpus meum, et servituti subjicio; ne forte aliis prædicans, ipse reprobus efficiar.

Non enim est aliquid absconditum, &c.] Nolite, inquit, erubescere evangelium Dei, sed inter tenebras persecutorum, lumen verbi supra vestri corporis candelabrum levate; fixa mente retinentes illum retributionis extremæ diem, quo illuminabit Dominus abscondita tenebrarum, et manifestabit cogitationes cordium. Tunc enim et vos a Deo laus, et adversarios veritatis pœna manet æterna.

Si quis habet aures audiendi, audiat.] Si quis habet sensum intelligendi verbum Dei, non se subtrahat, non auditum ad fabulas convertat, sed scrutandis eis quæ Veritas dixit, diligenter aurem accommodet, diligenter manus implendis eis quæ jam intellexit, diligenter linguam prædicandis opportune importuneque subjiciat.

Et dicebat illis, Videte quid audiatis. In qua mensura, &c.] Si solerter (inquit) omnia quæ valetis bona facere, ac proximis intimare studetis; aderit divina pietas, quæ vobis, et in præsenti, sensum altiora capiendi, ac potiora gerendi, effectum conferat; et in futuro, supra id quod sperare nostis, dona vobis æternæ retributionis vere adjiciat.

Qui enim habet, dabitur illi, &c.] Tota (inquit) intentione, verbo quod auditis, reminiscendo et scrutando operam date: quia qui amorem habet verbi, dabitur illi etiam sensus intelligendi quod amat. At qui verbi amorem non habet audiendi, etiam si vel naturali ingenio vel literarum sibi callere videtur exercitio, nulla veræ sapientiæ dulcedine gaudebit. Quod etsi specialiter dictum esse videtur de apostolis, quibus caritate fideque potius datum est scire mysterium regni Dei, et de perfidis Judæis, qui in parabolis videntes, non videbant; et audientes, non intelligebant; quod videlicet literam legis, in qua gloriabantur, essent amissuri: potest tamen et generaliter accipi quod nonnunquam lector ingeniosus negligendo se privet sapientia, quam tardus ingenio sed studiosus, elaborando degustat.

Et dicebat illis, Sic est regnum Dei, quemadmodum si homo jactet sementem, &c.] Semen homo jactat in terram, cum cordi suo bonam intentionem inserit. Et postquam semen jactaverit, dormit; quia jam in spe boni operis quiescit. Nocte vero exurgit ac die, quia inter adversa et prospera proficit. Et semen germinat et crescit, dum ille nescit: quia et cum adhuc metiri incrementa sua non valet, semel concepta virtus ad profectum ducitur. Et ultro terra fructificat: quia præveniente se gratia, mens hominis spontanea ad fructum boni operis assurgit. Sed hæc eadem terra primum herbam, deinde spicam, deinde plenum frumentum producit in spica. Herbam quippe producere, est inchoationis bonæ adhuc teneritudinem habere. Ad spicam vero herba pervenit, cum se virtus animo concepta ad profectum boni operis pertrahit. Plenum vero frumentum in spica fructificat: quando jam in tantum virtus proficit, ut esse robusti et perfecti operis possit. Et cum se produxerit fructus, statim mittit falcem, quoniam adest tempus messis. Omnipotens enim Deus producto fructu mittit falcem, et messem suam desecat, quia cum unumquemque ad opera perfecta perduxerit, ejus temporalem vitam per emissam sententiam incidit, ut granum suum ad cœlestia horrea perducat. Cum ergo desideria bona concipimus, semen in terram mittimus. Cum vero operari recta incipimus, herba sumus. Cum autem ad perfectum boni operis crescimus, ad spicam pervenimus. Cum in ejusdem operationis perfectione solidamur, jam plenum frumentum in spica proferimus. Nullus itaque qui ad bonum propositum adhuc in mentis teneritudine esse conspicitur, quia frumentum Dei ab herba incipit ut granum fiat.

Et dicebat, Cui assimilabimus regnum Dei, &c.?] Regnum Dei prædicatio evangelii est, et notitia scripturarum quæ ducit ad vitam, et de qua dicitur ad Judæos: Auferetur a vobis regnum Dei, et dabitur genti facienti fructus ejus. Simile est ergo hujuscemodi regnum grano sinapis, quod juxta evangelium Matthæi accipiens homo seminavit in agro suo. Homo qui seminat, a plerisque Salvator intelligitur, quod in animis credentium seminet. Ab aliis homo ipse seminans in terra sive agro suo, hoc est in semetipso, et in corde suo. Quis est iste qui seminat, nisi sensus noster et animus? Qui suscipiens granum prædicationis, et fovens sementem humore fidei, facit in agro sui pectoris pullulare.

Quod cum seminatum, inquit, fuerit in terra, &c.] Prædicatio Evangelii minima est in omnibus disciplinis. Ad primam quippe doctrinam fidem non habet veritatis, hominem Dominum Deum mortuum et scandalum crucis prædicans. Confert hujuscemodi doctrinam dogmatibus philosophorum, et libris eorum et splendori eloquentiæ, compositionique sermonum, et videbis quanto minor sit cæteris seminibus sementis evangelii. Sed illa cum creverint, nihil mordax, nihil vividum, nihil vitale demonstrat. Totum flaccidum marcidumque ebullit in olera et in herbas, quæ arescunt et corruunt. Hæc autem prædicatio quæ parva videbatur in principio, vel cum in anima credentis, vel cum in toto mundo sata fuerit, non exurgit in olera, sed crescit in arborem, ut in aliis evangelistis apertissime dicitur. Ascendit ergo granum sinapis seminatum in terra sive agro Domini, et de olere mutatur in arborem, cujus natura est altitudine, amplitudine, annositate, herbarum omnium transcendere naturam. Magna est enim hujus altitudo arboris, quia mentes auditorum suorum prædicatio evangelii ad appetenda cœlestia sustollit. Diffusa est ramis, quia per prædicatores ex sese nascentes, totius mundi terminos occupavit. Diuturnitate præminet, quia veritas quam prædicat, nullo unquam fine delebitur. Sub umbra illius volucres cœli habitant, quoniam animæ fidelium quæ ad cœlestia per desiderium volare, et neglectis temporalium rerum cupiditatibus sursum cor habere consueverunt, juxta Psalmistæ vocem, In protectione alarum Domini sperabunt. Unde et sponsa in Canticis Canticorum, hoc est una de multis animabus collecta sanctorum ecclesia, gloriatur et dicit: Sub umbra illius quem desiderabant sedi, et fructus ejus dulcis gutturi meo. Quod est aperte dicere: Sub protectione illius quem videre desiderabam, me cæterorum solatio destitutam subjeci, et gaudium aspectus ac præsentia illius dulcis cordi meo, quicquid extra illum est me contemnere, immo fastidire coegit.

Et talibus multis parabolis loquebatur eis verbum, &c.] Non hoc ita dictum est, quasi nullum apertum ad turbas sermonem fecerit, sed per solas parabolas loquutus eis fuerit: verum ita potius, quia nullus facile sermo ejus invenitur in quo non aliquid parabolarum sit intermixtum.

LIBER II.

Et ait illis illa die cum sero esset factum, Transeamus, &c.] In hac navigatione Dominus, utramque unius ejusdemque suæ personæ naturam dignatur ostendere: dum ipse, qui, ut homo, dormit in navi, furorem maris verbo compescit ut Deus. Porro juxta allegoriam mare quod cum suis transire desiderat, tenebrosus amarusque seculi præsentis æstus accipitur. Navicula autem quam ascendit, nulla melius quam sacratissimæ passionis ipsius intelligitur arbor. Cujus beneficio quique fideles adjuti, transcensis mundi fluctibus, ad habitationem patriæ cœlestis quasi ad stabilitatem securi littoris perveniunt. Aliæ autem naves quæ fuisse dicuntur cum Domino, nec tamen in altum ductæ, vel aliquid tempestatis pertulisse narrantur, illos nimirum significant, qui ita fide Dominicæ crucis imbuti sunt, ut necdum turbine tribulationum pulsati tantum in pace Ecclesiæ suscepta fidei mysteria conservent: vel certe eos qui post crebras tentationum procellas aliquantula ad tempus serenitate concessæ pacis utuntur. Incertum namque est naves illæ utrum nuper factæ in portum deductæ sint, an post experta maris pericula ad portum reductæ. Unde utrosque recte possunt designare, et eos videlicet qui necdum sunt tentationibus probati, et illos qui post examinationem crebram tribulationum pro Christo aliquanta sopitis tentationibus sunt rerum tranquillitate potiti.

Et facta est procella magna venti, &c.] Discipulis

navigantibus Christus obdormivit: quia calcantibus seculum fidelibus futurique regni quietem animo meditantibus, et vel secundo Spiritus Sancti flatu vel remigio proprii conatus infidos mundi fastus certatim post terga jactantibus, tempus subito Dominicæ passionis advenit. Unde bene hoc sero facto gestum fuisse perhibetur, ut veri solis occubitum non sola Domini dormitio, sed et ipsa decedentis lucis hora significet. Ascendente autem illo puppim crucis, qua somnum mortis caperet, fluctus blasphemantium persecutorum dæmoniacis excitati procellis, assurgunt. Quibus tamen non ipsius patientia turbatur, sed discipulorum imbecillitas concutitur, trepidat, periclitatur.

Et excitant eum, et dicunt ei, Magister, &c.] Et citant Dominum discipuli, ne eo dormiente fluctuum feritate dispereant, quia cujus mortem viderant, maximis votis resurrectionem quærebant, ne si diutius ipse morte carnis sopiretur, eorum mens spirituali in perpetuum morte periret. Unde bene sequitur:

Et exurgens comminatus est vento, &c.] Vento quippe exurgens comminatus est: quia resurrectione celebrata diaboli superbiam stravit, dum per mortem destruxit eum qui habebat mortis imperium. Mare quoque silere præcepit, ac tranquillitatem reduxit, quia vesanam Judæorum rabiem, quæ caput quatiens clamaverat, Si Filius Dei est, descendat nunc de cruce et credemus ei, mortem superando ac de sepulchro resurgendo dejecit. Ubi notandum juxta literam, quod omnes creaturæ sentiant Creatorem. Quibus enim increpatur et imperatur, sentiunt imperantem. Non errore hæreticorum, qui omnia putant animantia, sed majestate Conditoris. Quæ enim apud vos insensibilia, illi sensibilia sunt.

Et ait illis, Quid timidi estis? &c.] Recte arguuntur qui præsente Christo timebant, cum utique qui ei adhæserit, perire non possit. Cui simile est hoc, quod post mortis somnum discipulis apparens exprobravit incredulitatem illorum et duritiam cordis, quia ii, qui viderant eum resurrexisse, non crediderunt. Iterumque dixit ad eos: O stulti et tardi corde ad credendum in omnibus quæ locuti sunt prophetæ! Nonne hæc oportuit pati Christum, et ita intrare in gloriam suam? Ac si per metaphoram navigii diceret: Nonne oportuit Christum soporari verrentibus undique fluctibus navem in qua dormiebat, et ita expergefactum sedatis extemplo tumidis gurgitum æstibus divinitatis suæ cunctis patefacere virtutem? Et timuerunt timore magno, et dicebant ad alterum: Quis putas est iste? quia ventus et mare obediunt ei. Matthæus ita scribit: Porro homines mirati sunt dicentes, Qualis est hic? et cætera. Non ergo discipuli sed nautæ et cæteri qui in navi erant mirabantur, et de ejus, cui ventus et mare obediret, persona dubitabant. Sin autem quis contentiose voluerit eos qui mirabantur fuisse discipulos, respondebimus recte homines appellatos, quia necdum potentiam noverant Salvatoris. Et nos quoque singuli cum signo Dominicæ crucis imbuti seculum relinquere disponimus, navem profecto cum Jesu conscendimus, mare transire conamur. Sed qui non dormitabit, neque obdormiet, Israel custodiens semper, nobis tamen sæpe navigantibus quasi inter æquoris fremitus obdormit, quando crebrescente inter medios virtutum nisus, vel immundorum spirituum, vel hominum paucorum, vel ipso nostrarum cogitationum impetu, fidei splendor obtenebrescit, spei celsitudo contabescit, amoris flamma refrigescit. Verum inter hujusmodi procellas ad illum necesse est gubernatorem curramus, illum sedulo excitemus, qui non serviat sed imperet ventis. Mox tempestates compescet, refundet tranquillitatem, portum salutis indulgebit.

IN CAP. V.

CAP. XXI. *Et venerunt trans fretum maris, &c.*] Gerasa est urbs insignis Arabiæ trans Jordanem juncta monti Galaad, quem tenuit tribus Manassæ, non longe a stagno Tiberiadis, in quod porci præcipitati sunt. Significat autem nationem gentium, quam post somnum passionis, resurrectionisque suæ gloriam missis prædicatoribus Salvator est visitare dignatus. Unde bene Gerasa, sive Gergesii (ut quidam legunt) colonum ejiciens sive advena propinquans interpretatur: videlicet insinuans quia gentium populus et eum a quo nequiter incolebatur hostem de suo corde repulerit, et qui erat longe, factus sit prope in sanguine Christi.

Et exeunte eo de navi statim occurrit ei, &c.] Homo iste qui spiritu vexabatur immundo, et Domino vesanus, sed mox curandus occurrit, figuram habet populi gentilis, qui usque ad tempora Dominicæ incarnationis, dæmonicis delusus doctrinis, idola pro Deo colebat. Qui domicilium habebat in monumentis, quia in mortuis operibus, hoc est in peccatis, delectabatur. Quid enim sunt corpora perfidorum, nisi quædam defunctorum sepulchra, in quibus non Dei habitat sermo, sed anima peccatis mortua recluditur?

Et neque catenis jam quisquam, &c.] Catenis et compedibus graves et duræ leges significantur gentium quibus et in eorum republica peccata cohibentur. Ruptisque catenis (ut Lucas scribit) agebatur a dæmonio in deserto, qui etiam ipsis transgressis legibus ad ea scelera cupiditate ducebatur, quæ jam vulgarem consuetudinem excederent.

Et semper nocte ac die in monumentis, &c.] Semper nocte ac die furebat dæmoniosus, quia gentilitas sive adversis rerum casibus laboraret, seu pax et prosperitas aliqua mundi blandientis arrideret, nequaquam a servitio malignorum spirituum collum mentis excutere noverat, sed per operum fœditatem quasi in monumentis jacebat, per factum superbiæ in montium jugis errabat, per verba durissimæ infidelitatis, quasi arreptis furibunda cautibus seipsam concidebat. Sed attestante Joanne Baptista Dominus de lapidibus suscitavit filios Abrahæ, dum dura infidelium corda ad gratiam pietatis convertit.

Videns autem Jesum a longe cucurrit, &c.] Quanta Arrii vesania Jesum creaturam et non Deum credere, quem Filium Dei altissimi dæmones credunt et contremiscunt? Quæ impietas Judæorum, eum dicere in principe dæmoniorum ejecisse dæmonia, quem ipsa dæmonia fatentur nihil secum habere commune? Qui hoc ipsum quod tunc per dæmoniaci clamavere furorem, postmodum in delubris idolorum dicere et confiteri non cessarunt, Jesum videlicet esse Christum Filium Dei altissimi, nec sese aliquid cum illo pacis aut societatis habere.

Adjuro te per Deum, ne me torqueas, &c.] Hostis humanæ salutis non exiguum sibi ducit esse tormentum ab hominis læsione cessare, quantoque hunc diutius possidere solebat, tanto difficilius dimittere consentit. Unde studendum summopere est, ut et siquando ut homines a diabolo superemur, mox ejus laqueos evitare satagamus, ne si aliquanto tardius ejus viribus resistatur, laboriosus quandoque pellatur.

Et interrogabat eum, Quod tibi nomen est? &c.] Non velut inscius nomen inquirit, sed ut confessa publice peste quam furens tolerabat, virtus curantis gratior emicaret. Sed et nostri temporis sacerdotes, qui per exorcismi gratiam dæmones ejicere norunt, solent dicere patientes non aliter valere curari, nisi quantum sapere possunt, omne quod ab immundis spiritibus visu, auditu, gustu, tactu, vel alio quolibet corporis aut animi sensu vigilantes dormientesve pertulerint, confitendo patenter exponant. Quod vero dicebat spiritus, Legio nomen mihi est, quia multi sumus: significat populum gentium non unicuilibet, sed innumeris ac diversis idololatriæ cultibus esse mancipatum. Cui contra scriptum est, quod multitudinis credentium erat cor unum et anima una. Unde bene in Babylonis constructione linguarum unitas per Spiritum superbiæ scissa, in Hierosolyma est per gratiam Sancti Spiritus linguarum varietas adunata. Et illa confusio, hæc visio pacis interpretatur, quia videlicet electos in pluribus linguis et gentibus una fides ac pietas toto orbe pacificando confirmat: reprobos autem plures sectæ quam linguæ dissociando confundunt.

Et deprecabatur eum multum ne se expelleret, &c.] In evangelio Lucæ ita scriptum est: Et rogabant eum ne imperaret illis ut in abyssum irent. Sciebant ergo dæmones aliquando futurum, ut per adventum Domini mitterentur in abyssum, non ipsi futura prædivinantes, sed prophetarum de se dicta recolentes. Ideoque gloriam Dominici adventus quam mirabantur, ad suam pertimescebant tendere damnationem.

Erat autem ibi circa montem grex porcorum, &c.] Ideo permisit quod petebant dæmonibus, ut per interfectionem porcorum, hominibus salutis occasio præberetur. Pastores enim ista cernentes, statim nunciant civitati. Erubescat Manichæus: si de eadem substantia, et ex eodem auctore hominum bestiarumque sunt animæ, quomodo ob unius hominis salutem duo millia porcorum suffocantur. In quorum tamen interitu figuraliter homines immundi, vocis et rationis expertes, judicantur, qui in monte superbiæ pascentes, lutulentis oblectantur in actibus. Talibus enim per cultus idolorum possunt dæmonia dominari. Nam nisi quis porci more vixerit, non in eum diabolus accipiet potestatem, aut ad probandum tantum, non autem etiam ad perdendum accipiet.

Et exeuntes spiritus immundi introierunt in porcos, &c.] Significat quod jam clarificata ecclesia et liberato populo gentium a dominatione dæmoniorum, in abditis agunt sacrilegos ritus suos qui Christo credere noluerunt cæca et profunda curiositate submersi. Et notandum quod spiritus immundi nec in porcos irent, nisi hoc illis benignus ipse Salvator petentibus, quos certe in abyssum posset relegare, concederet. Rem necessariam docere nos volens, ut scilicet noverimus eos multo minus posse sua potestate nocere hominibus, qui nec pecoribus qualibuscunque potuerunt. Hanc autem potestatem Deus bonus occulta justitia dare nobis potest, injusta non potest.

Qui autem pascebant eos, fugerunt, &c.] Quod pastores porcorum fugientes ista nunciant, significat, quosdam etiam primates impiorum, quanquam Christianam legem fugiant, potestatem tamen ejus per gentes stupendo et mirando prædicare.

Et egressi sunt videre quid esset factum. Et veniunt, &c.] In evangelio Lucæ scriptum est, Sedentem ad pedes ejus. Significat autem multitudinem vetusta sua vita delectatam, honorare quidem, sed nolle pati Christianam legem, dum dicunt, quod eam implere non possunt, admirantes tamen fidelem populum a pristina perdita conversatione sanatum. Sedere namque ad pedes Domini, est eum a quo dæmonia exierant, eos qui a peccatis correcti fuerint, fixa mentis intentione vestigia sui Salvatoris quæ sequantur intueri. Vestitum resumere, est virtutum studia quæ vesani perdiderant jam sana mente recipere. Cui figuræ apte congruit illa Domini parabola, in qua rediens ad patrem filius luxuriosus et prodigus, mox stola prima cum annulo induitur, manifeste insinuans quod quisquis vero corde de amissis pœnituerit, potest donante Christi gratia prima justitiæ opera, de quibus ceciderat, cum annulo inviolatæ fidei recupare.

Et rogare eum cœperunt, ut discederet, &c.] Conscii fragilitatis suæ Geraseni, præsentia Domini judicant se indignos, non capientes verbum Dei, nec infirma adhuc mente pondus sapientiæ sustinere valentes. Quod et Petro ipsi viso piscium miraculo contigisse legitur. Et vidua Sareptana beati Eliæ cujus se sensit hospitio benedici, nihilominus se putavit præsentia gravari dicens: Quid mihi et tibi, vir Dei? Ingressus es ad me ut rememorarentur iniquitates meæ, et occideres filium meum?

Cumque ascenderet navem, cœpit illum deprecari, &c.] Hæc ex illa apostoli sententia recte possunt intelligi, cum ait: Dissolvi et esse cum Christo, multo magis optimum, manere in carne necessarium propter vos: ut sic quisque intelligat post remissionem peccatorum redeundum esse sibi in conscientiam bonam, et serviendum evangelio, propter aliorum etiam salutem, ut deinde cum Christo requiescat, ne cum præpropere jam vult esse cum Christo, negligat ministerium prædicationis fraternæ redemptioni accommodatum. Quod vero Matthæus duos dicit a dæmonum legione curatos, Marcus autem et Lucas unum commemorant, intelligas unum eorum fuisse personæ alicujus clarioris et famosioris, quem regio illa maxime dolebat, et pro cujus salute plurimum satagebat. Hoc volentes significare duo evangegelistæ, solum commemorandum judicaverunt, de quo facti hujus fama latius præclariusque flagraverat. Sed et allegoriæ summa concordat, quia sicut unus a dæmonio possessus, sic et duo gentilis populi typum non inconvenienter exprimunt. Nam cum tres filios Noe generaverit, unius solum familia in possessionem ascita est Dei, ex duobus reliquis diversarum nationum quæ idolis manciparentur, procreati sunt populi.

Cap. xxii. *Et venit quidam de archisynagogis, &c.*] In hac lectione ubi archisynagogus salvare filiam petit suam, sed pergente ad domum ejus Domino præoccupans hæmorroissa mulier præripit sanitatem, ac deinde filia archisynagogi ad optatam pervenit sanitatem, immo de morte revocata est ad vitam, salus ostenditur generis humani, quæ Domino in carne veniente ita dispensata est, ut primo aliqui ex Israel ad fidem venirent, deinde plenitudo gentium intraret; et sic omnis Israel salvus fieret. Quis ergo archisynagogus iste, qui ad Dominum pro filia rogaturus advenit, melius quam ipse Moyses intelligitur? Unde bene Jairus, id est illuminans sive illuminatus vocatur, qui accepit verba vitæ dare nobis, et per hæc cæteros illuminat, et ipse a Spiritu Sancto quo vitalia monita scribere vel docere posset, illuminatus est. Qui videns Jesum procidit ad pedes ejus, quia prævidens in spiritu venturum in carne Dominum, humili corde se ejus potentiæ subdidit: quem ita circa finem seculi hominem incarnandum esse cognovit, ut æternum ante omne seculum Deum existere non dubitaret. Si enim caput Christi Deus, pedes ejus quid aptius quam assumpta humanitas, qua terram nostræ mortalitatis tetigit, accipiendi sunt? Et procidere archisynagogum ad pedes Jesu, est legislatorem cum tota progenie patrum Mediatorem Dei et hominum longe sibi dignitatis gloria præferendum esse cognoscere, et confiteri cum apostolo, quia quod infirmum est Dei, fortius est hominibus.

Et deprecabatur eum multum dicens, Quoniam filia mea, &c.] In evangelio Lucæ ita scriptum est, Quia filia unica erat illi fere annorum duodecim, et hæc moriebatur. Filia ergo archisynagogi, ipsa est synagoga, quæ sola legali institutione composita, quasi unica Moysi nata erat. Et hæc velut duodecimo ætatis anno, hoc est tempore pubertatis appropinquante, moriebatur, quia nobiliter a prophetis educata, postquam ad intelligibiles annos pervenerat, postquam spiritualem Deo sobolem generare debebat, subito errorum languore consternata, spiritualis vitæ vias ingredi desperabiliter omisit: et si non a Christo succurreretur, horrendam per omnia corruisset in mortem.

Et abiit cum illo, et sequebatur, &c.] Ad puellam pergens sanandam Dominus a turba comprimitur, quia genti Judææ salutaria monita præbens, quibus ægram vitiis ejus conscientiam erigeret, noxia carnalium populorum est consuetudine gravatus.

Et mulier quæ erat in profluvio sanguinis, &c.] Mulier sanguine fluens sed a Domino curata, ecclesia est congregata de gentibus, quæ ingenito carnalium delectationum polluta fluxu atque a cœtu jam fuerat segregata fidelium, sed dum verbum Dei Judæam salvare decerneret, illa paratam jam promissamque aliis præripuit spe certa salutem. Notandumque quod et archisynagogi duodennis sit filia, et mulier hæc ab annis duodecim sanguine fluxerit, hoc est eodem quo hæc nata sit tempore, illa cœperit infirmari. Una enim pene eademque seculi hujus ætate, et synagoga in patriarchis nasci, et gentium exterarum natio per orbem cœpit idololatriæ sanie fœdari. Nam et fluxus sanguinis bifariam, hoc est, et super idololatriæ pollutione, et super iis quæ carnis ac sanguinis delectatione geruntur, potest recte intelligi.

Et fuerant multa perpessa a compluribus medicis, &c.] Medicos sive falsos intellige theologos, sive philosophos legumque doctores secularium, qui multa de virtutibus vitiisque subtilissime disputantes, utilia vivendi credendique instituta se mortalibus dare promittebant, seu certe ipsos spiritus immundos qui velut hominibus consulendo sese pro Deo colendos ingerebant. Quibus certatim audiendis gentilitas quanto magis naturalis industriæ vires expenderat, tanto minus potuit ab iniquitatis suæ sorde purgari. Sed hæc ubi populum Judæorum ægrotasse, verumque de cœlo cognovit adesse medicum, cœpit et ipsa languoris sui sperare pariter et inquirere remedium.

Cum audisset de Jesu, venit, &c.] Venit et Dominum tangit ecclesia, cum ei per fidei veritatem appropinquat. Venit autem retro, sive juxta id quod ipse ait, Si quis mihi ministrat, me sequatur. Et alibi præcipitur: Post Dominum Deum tuum ambulabis. Sive quia præsentem in carne Dominum non videns, peractis jam sacramentis incarnationis illius ad fidei et agnitionis ejus gratiam pervenit. Sicque dum participatione sacramentorum ejus salvari a peccatis meruit, quasi tactu vestimentorum ejus fontem sui sanguinis siccavit. Fons quippe sanguinis est origo peccati. Cujusque fons sanguinis, est immundæ primordium cogitationis, ex quo peccatum omne nascitur. Sed Dominus cum verbis evangelicis non solum opera et verba mala compescere, sed et cogitationum nequam radicem extirpare curavit, cum hæc utraque sacramentis evangelicis emundari donavit, quasi virtutem ex siccandi fontis obscœni suis vestimentis indidit.

Et statim Jesus cognoscens in semetipso virtutem, &c.] Non ut ipse quæ nesciat doceatur interrogat, sed ut virtus quam bene noverat, immo quam ipse dederat, in muliere declararetur, et declarata agnitaque virtute fidei multi ad salutem perveniant.

Et dicebant ei discipuli sui, Vides, &c.] Quem turba passim comitans comprimit, una credula mulier Dominum tangit, quia qui diversis inordinate glomerantium hæresibus, sive perversis moribus gravatur, solo catholicæ ecclesiæ fideliter corde veneratur. Nam sicut quidam videntes non vident, et audientes non audiunt, ita etiam tangentes non tangunt, qui non simplici sed dubio vel simulato corde Christum tangunt. Unde cuidam amanti quidem, sed nondum plene credenti, dicit ipse, Noli me tangere. Nondum enim ascendi ad Patrem meum. Aperte dicens quid sit ipsum veraciter tangere, Patri scilicet æqualem credere.

Et circumspiciebat videre eam, &c.] Non obliviscitur fidelium suorum Dominus, nec in se sperantes intueri desistit, sed omnes qui salvari merentur, suo dignos intuitu ac miseratione judicat. Iste autem pauper clamavit, et Dominus exaudivit eum.

Mulier autem timens et tremens, &c.] Ecce quo interrogatio Domini tendebat, ut videlicet confitente palam muliere veritatem suæ diutinæ infirmitatis, subitæ credulitatis, divinæ propitiationis, ac donatæ sibi sanationis, et ipsa certius confirmaretur in fide, et pluribus salutis et vitæ præberetur exemplum. Denique sequitur,

Ille autem dixit, Filia, fides tua, &c.] Nec dixit, fides tua te salvam factura est, sed salvam fecit. In eo enim quod credidisti, jam salva facta es.

Adhuc eo loquente venit ad archisynagogum, &c.] Sanata a profluvio sanguinis muliere, mox filia archisynagogi mortua nunciatur, quia dum ecclesia a vitiorum labe mundata, et ob fidei meritum filia est cognominata, continuo synagoga perfidiæ simul et invidiæ luctu soluta est. Perfidiæ quidem, quia in Christo credere noluit. Invidiæ vero, quia ecclesiam credere doluit: scriptum namque est in Actibus Apostolorum, Sequenti autem sabbato, pene universa civitas convenit audire verbum Domini. Videntes autem turbas Judæi, repleti sunt zelo, et contradicebant his quæ a Paulo dicebantur maledicentes. Et quod aiebant nuncii archisynagogo, Quid ultra vexas magistrum? per eos hodieque dicitur, qui adeo destitutum synagogæ statum vident, ut restaurari posse non credant: ideoque pro resuscitatione illius supplicandum esse non æstiment. Sed quæ impossibilia sunt apud homines, possibilia sunt apud Deum: unde apte sequitur,

Jesus autem verbo quod dicebatur audito ait archisynagogo, &c.] Archisynagogus cœtus doctorum legis accipitur, de quo Dominus ait, Super cathedram Moysi sederunt Scribæ et Pharisæi. Qui si credere ipse voluerit, etiam subjecta ei synagoga salva erit.

Et veniunt in domum archisynagogi, &c.] Quia vero synagoga lætitiam hanc Dominicæ inhabitationis merito infidelitatis amisit, quasi inter flentes et ejulantes mortua jacet. Nec tamen superna pietas funditus eam interire patitur, quin potius circa finem seculi reliquias ejus secundum electionem gratiæ saluti et vitæ restituit. Unde apte subjungitur:

Et ingressus ait eis, Quid turbamini, &c.?] Hominibus mortua qui suscitare nequiverant, Deo dormiebat, in cujus dispositione et anima recepta vivebat, et caro resuscitanda quiescebat. Unde mos Christianus obtinuit, ut mortui qui resurrecturi esse non dubitantur, dormientes vocentur: sicut Apostolus: Nolumus inquit, vos ignorare, fratres, de dormientibus, ut non contristemini sicut et cæteri qui spem non habent. Sed et in parte allegoriæ cum anima quæ peccaverit ipsa moriatur, tamen ea quam Dominus resuscitandam atque ad vitam æternam prævidit esse venturam nobis quidem mortua fuisse, sed ei obdormivisse dici non incongrue potest.

Et irridebant eum, &c.] Quia verbum resuscitantis irridere, quam credere malebant, merito foras excluduntur, utpote indigni qui potentiam resuscitantis ac resurgentis mysterium viderent. Item foras turba ejicitur ut puella suscitetur, quia si non prius a secretioribus cordis expellitur importuna secularium multitudo curarum, anima quæ intrinsecus jacet mortua non resurget. Nam dum se per innumeras terrenorum desideriorum cogitationes spargit, ad considerationem sui sese nullatenus colligit.

Et tenens manum puellæ ait, &c.] Quærat diligens lector, quare verax evangelista dictum Salvatoris exponens interposuerit de suo, Tibi dico: cum in Syro sermone quem posuit, non plus sit dictum, quam Puella, surge. Nisi forte propter exprimendam vim Dominicæ jussionis, hoc agendum putavit, magis sensum loquentis, quam ipsa verba suis curans intimare lectoribus. Nam et familiare constat esse evangelistis atque apostolis, cum de veteri testamento testimonia assumunt, magis sensum propheticum ponere curare quam verba. Tenens autem manum puellæ Dominus, suscitavit eam, quia nisi prius mundatæ fuerint manus Judæorum, quæ sanguine plenæ sunt, synagoga eorum mortua non consurget.

Et confestim surrexit puella, et ambulabat.] Bene surrexit et ambulabat. Quemcunque enim peccatis mortuum supernæ manus miserationis resuscitatura tetigerit, non solum a sordibus et veterno scelerum exurgere, sed et in bonis continuo proficere debet operibus, videlicet juxta Psalmistam, ingrediens sine macula et opera exercens justitiæ.

Et obstupuerunt stupore maximo, &c.] Ad testimonium quidem veræ resuscitationis dari puellæ manducare præcepit, ne non veritas sed phantasma quod apparebat ab incredulis putaretur. Sed etsi quis a spirituali morte surrexerit, cœlesti necesse est mox pane satietur, et divini scilicet verbi et sacrosancti altaris particeps effectus. Nam juxta moralem intellectum, tres illi mortui quos Salvator in corporibus suscitavit, tria genera resurrectionis animarum significant. Siquidem nonnulli consensum malæ delectationi præbendo, latente tantum cogitatione peccati, sibi mortem consciscunt. Sed tales se vivificare significans Salvator, resuscitavit filiam archisynagogi nondum foras elatam, sed in domo mortuam, quasi vitium secreto in corde regentem. Alii non solum noxiæ delectationi consentiendo, sed et ipsum malum quo delectantur explendo, mortuum suum quasi extra portas efferunt. Et hosce si pœniteant, resuscitare demonstrans, suscitavit juvenem filium viduæ extra portas civitatis elatum, et reddidit matri suæ, quia resipiscentem a peccati tenebris animam unitati restituit ecclesiæ. Quidam vero non solum cogitando, vel faciendo illicita, sed et ipsa peccandi consuetudine se quasi sepeliendo corrumpunt. Verum nec ad hos erigendos minor fit virtus et gratia Salvatoris, si tamen adsint cogitationes sollicitæ, quæ super eorum salute velut devotæ Christo sorores invigilent. Nam ad hoc intimandum resuscitavit Lazarum quatuor dies in monumento habentem, et sorore attestante jam fœtentem, quia nimirum pessima noxios actus solet fama comitari. Notandum autem, quod quanto gravior animæ mors ingruerit, tanto acrius necesse est, ut resurgere mereatur, pœnitentis fervor insistat. Nam leviores et quotidiani erratus levioris pœnitentiæ possunt remedio curari. Quod occulte volens ostendere Dominus, jacentem in conclavi mortuam facillima ac brevissima voce resuscitat dicens: Puella, surge. Quam etiam ob facilitatem resuscitandi jam mortuam fuisse negaverat. Delatum autem foras juvenem mortuum pluribus ut reviviscere debeat dictis corroborat, cum ait: Juvenis, tibi dico, Surge. Quatriduanus vero mortuus, ut longa prementis sepulchri claustra evadere posset, fremuit spiritu Jesus, turbavit se ipsum, lacrymas fudit, rursum fremuit, ac magna voce clamavit: Lazare, veni foras. Et sic tandem qui erat desperatus, discusso tenebrarum pondere, vitæ lucique redditur. Sed et hoc notandum, quod quia publica noxa publico eget remedio, levia autem peccata leviori et secreta queunt pœnitentia deleri, puella in domo jacens paucis arbitris exurgit, eisdemque vehementer ut nemini id manifestent præcipitur. Juvenis extra portam, turba multa comitante atque intuente, suscitatur. Lazarus de monumento vocatus, in tantum populis innotuit, ut ob eorum qui videre testimonium, plurima Domino turba cum palmis occurreret, et multi propter illum abirent ex Judæis, et crederent in Jesum. Quartum vero mortuum nunciante discipulo Dominus audivit, sed quia qui pro ejus excitatione precarentur, vivi defuerant: Dimitte, inquit, ut mortui sepeliant mortuos suos, id est mali malos noxiis laudibus gravent, et quia non adest justus qui corripiat in misericordia, oleum peccatoris impinguet caput eorum.

IN CAP. VI.

Cap. xxiii. *Et egressus inde abiit, &c.*] Patriam ejus Nazareth dicit, in qua erat nutritus. Sed quanta Nazarenorum cæcitas, qui eum quem in verbis factisque ipsius, si mens non leva fuisset, Christum cognoscere poterant, ob solam generis notitiam contemnant. Sapientiam autem ad doctrinam, virtutem referunt ad sanitates et miracula quæ faciebat. Quæ solerti ac pulchra distantia commemorat apostolus dicens: Judæi signa petunt, et Græci sapientiam quærunt; nos autem prædicamus Christum crucifixum, Judæis quidem scandalum, gentibus autem stultitiam. Ipsis vero vocatis Judæis et Græcis, Christum Dei virtutem et Dei sapientiam. In qua nimirum sententia virtutem ad signa retulit propter Judæos, sapientiam autem ad doctrinam propter Græcos, id est gentes.

Nonne iste est faber filius Mariæ, &c.] Scandalum et error Judæorum, salus nostra est, et hæreticorum condemnatio. In tantum enim cernebant hominem Jesum Christum, ut hunc fabrum et juxta alium evangelistam, fabri clamarent filium: fratres quoque et sorores ejus secum esse testarentur. Qui tamen non liberi Joseph aut Mariæ juxta hæreticos putandi sunt, sed potius juxta morem Sacræ Scripturæ cognati ipsorum sunt intelligendi, quo modo Abraham et Loth fratres appellantur, cum esset Loth filius fratris Abrahæ. Et multa habes hujusmodi. Non autem sine certi provisione sacramenti Dominus in carne apparens faber et fabri filius æstimari ac dici voluit: quin potius etiam per hoc se ejus ante secula filium esse docuit, qui fabricator omnium in principio creavit cœlum et terram. Nam etsi humana non sunt comparanda divinis, typus tamen integer est, quia pater Christi igni operatur et spiritu. Unde et de ipso tanquam de fabri filio præcursor suus ait: Ipse vos baptizabit in Spiritu Sancto et igni. Qui in domo magna hujus mundi diversi generis vasa fabricat, immo vasa iræ sui Spiritus igne molliendo in misericordiæ vasa commutat. Sed hujus sacramenti Judæi ignari, divinæ virtutis opera prosapiæ carnalis contemplatione despiciunt.

Et dicebat eis Jesus, Quia non est propheta, &c.] Prophetam dici in Scripturis Dominum Jesum Christum et Moyses testis est, qui futuram ejus incarnationem prædicens filiis Israel, ait, Prophetam vobis suscitavit Dominus Deus vester de fratribus vestris, tanquam me ipsum audietis. Non solum autem ipse qui caput et Dominus est prophetarum, sed et Elias et Hieremias, cæterique prophetæ, minores in patria sua quam in exteris civitatibus habiti sunt: quia propemodum naturale est cives semper civibus invidere. Non enim considerant præsentia viri opera, sed fragilem recordantur infantiam, quasi non et ipsi per eosdem ætatis gradus ad maturam ætatem venerint.

Et non poterat ibi virtutem ullam facere, &c.] Non quo etiam illis incredulis facere non potuerit virtutes multas, sed quo ne multas faciens, cives incredulos condemnaret. Potest autem et aliter intelligi, quod Jesus despiciatur in domo et in patria sua, hoc est in populo Judæorum, et ideo pauca signa ibi fecerit, ne penitus inexcusabiles fierent. Majora autem signa quotidie in gentibus per apostolos facit, non tam in sanatione corporum, quam in animarum salute. Quod autem mirari dicitur Dominus incredulitatem illorum, non quasi inopinata et improvisa miratur, qui novit omnia antequam fiant, sicut nec fidem centurionis, quasi novam et ante incognitam mirari tunc cœpit, quando audiens verba piæ confessionis ejus ait, Quia nec in Israel tantam fidem inveni, sed qui novit occulta cordis, quod mirandum intimare vult hominibus, mirari se coram hominibus ostendit. Miranda enim erat fides centurionis, qui sine homine doctore, sine eloquiis Scripturarum, sine oraculis angelorum, tantum naturali sensu divinitus illuminato cognovit per miracula Deum esse verum, quem per humanæ fragilitatis infirma hominem esse verum noverat. At contra, non minus admiranda Nazarenorum infidelitas, qui et doctoribus abundantes, et eloquiis divinis in quibus Christi prædicabatur adventus, ipsum etiam præsentem habentes Christum, agnitionem sui illis et verbis ingerentem et signis, nihilominus increduli durabant. Sed in uno eorum, Judæorum miranda notatur cæcitas, qui nec prophetis suis credere de Christo, nec ipsi inter se nato voluerunt credere Christo. In altero fides coronatur gentium, qui inter Judæos natum sed expulsum ipsi cum oraculis sacris Mediatorem Dei et hominum, hominem Jesum Christum suscipere meruerunt.

CAP. XXIV. *Et circumibat castella in circuitu docens, &c.*] Benignus et clemens Dominus ac magister non invidet servis atque discipulis virtutes suas: et sicut ipse curaverat omnem languorem et omnem infirmitatem, apostolis quoque suis dedit potestatem ut curarent omnem infirmitatem et omnem languorem. Sed multa distantia est inter habere et tribuere, donare et accipere. Iste quodcunque agit, potestate Domini agit; illi si quid faciunt imbecillitatem suam et virtutem Domini confitentur, dicentes ut Petrus, In nomine Jesu Christi Nazareni, surge et ambula.

Et præcepit eis ne quid tollerent in via, &c.] Tanta prædicatori debet in Deo esse fiducia, ut præsentis vitæ sumptus quamvis non provideat, tamen sibi hos non deesse certissime sciat: ne, dum mens ejus occupatur ad temporalia, minus aliis provideat æterna.

Solet autem quæri quomodo Matthæus et Lucas commemoraverint dixisse Dominum discipulis, ut nec virgam ferrent; cum dicat Marcus, Et præcepit eis ne quid tollerent in via nisi virgam tantum. Quod ita solvitur, ut intelligamus sub alia significatione dictam virgam quæ secundum Marcum ferenda est, et sub alia illam quæ secundum Matthæum et Lucam non est ferenda: sicut sub alia significatione intelligitur tentatio de qua dictum est, Deus neminem tentat; et sub alia dictum est, Tentat vos Dominus Deus vester, ut sciat si diligitis eum. Illa seductionis est, hæc probationis. Utrumque ergo accipiendum est a Domino apostolis dictum, et ut nec virgam ferrent, et ut non nisi virgam ferrent. Cum enim secundum Matthæum diceret eis, Nolite possidere aurum neque argentum, et cætera; continuo subjecit, Dignus est enim operarius cibo suo. Unde satis ostendit, cur eos hæc possidere ac ferre noluerit. Non quod necessaria non sint sustentationi hujus vitæ, sed quia sic eos mittebat ut eis hæc deberi monstraret ab illis, quibus evangelium credentibus annunciarent. Claret autem hæc non ita præcepisse Dominum, tanquam evangelistæ vivere aliunde non debeant quam eis præbentibus quibus annunciant evangelium. Alioquin contra hoc præceptum fecisset apostolus, qui victum de manuum suarum laboribus transigebat, ne cuiquam gravis esset; sed potestatem dedisse, in qua scirent sibi ista deberi. Cum autem a Domino aliquid imperatur, nisi fiat, inobedientiæ culpa est. Cum autem potestas datur, licet unicuique non uti, et tanquam de suo jure cedere. Hoc ergo ordinans Dominus quod eum ordinasse dicit apostolus, iis qui evangelium annunciant de evangelio vivere, illa apostolis loquebatur, ut securi non possiderent, nec portarent huic vitæ necessaria, nec magna nec minima. Ideo apposuit, Nec virgam, ostendens a fidelibus suis omnia deberi ministris suis, nulla superflua requirentibus. Ac per hoc addendo, Dignus est enim operarius cibo suo; prorsus aperuit et illustravit, unde hæc omnia loqueretur. Hanc ergo potestatem virgæ nomine significavit, cum dixit, ne quid tollerent in via nisi virgam tantum, ut intelligatur quia per potestatem a Domino acceptam (quæ virgæ nomine significata est) etiam quæ non portantur, non deerunt. Hoc et de duabus tunicis intelligendum est, ne quisquam eorum præter eam quam esset indutus aliam portandam putaret, sollicitus ne opus esset cum ex illa potestate posset accipere. Proinde Marcus dicendo calceari eos sandaliis vel soleis, aliquid hoc calceamentum mysticæ significationis habere admonet, ut pes neque tectus sit, neque nudus ad terram, id est nec occultetur evangelium, nec terrenis commodis innitatur. Et quod non portari vel haberi duas tunicas, sed expressius indui prohibet dicens, Et ne induerentur duabus tunicis; quid eos admonet, nisi non dupliciter, sed simpliciter ambulare? Aliter. In duabus tunicis videtur mihi duplex ostendere vestimentum, non quod in locis Scythiæ glaciali nive rigentibus, una quis tunica debeat esse contentus; sed quo in tunica vestimentum intelligamus, ne aliud vestiti, aliud nobis futurorum timore servemus. Allegorice autem perperam, onera seculi; per panem, deliciæ temporales; per æs in zona, occultatio sapientiæ designatur. Qui enim sapientiæ verbum habet, sed hoc erogare proximo negligit, quasi pecuniam in zona clausam tenet: et scriptum est, Sapientia abscondita, et thesaurus occultus, quæ utilitas in utrisque? Non ergo apostolis pera, non panis, non æs in zona ferendum est: quia quisquis officium doctoris accepit, neque oneribus secularium negotiorum deprimi, neque desideriis carnalibus resolvi, neque commissum sibi talentum verbi, sub otio debet lenti torporis abscondere.

Et dicebat eis, Quocunque introieritis, &c.] In Matthæo ita scriptum est: In quamcunque civitatem aut castellum intraveritis, interrogate quis in ea dignus sit, et ibi manete donec exeatis. Dat constantiæ generale mandatum, ut hospitalis necessitudinis jura custodiant, alienum a prædicatore regni cœlestis astruens cursitare per domos, et inviolabilis hospitii jura amittere. Nec otiose secundum Matthæum, domus quam ingrediantur apostoli eligenda decernitur, ut mutandi hospitii necessitudinisque violandæ causa non suppetat.

Et quicunque non receperint vos, &c.] Pulvis excutitur de pedibus in testimonium laboris sui, quod ingressi sint civitatem, et prædicatio apostolica ad illos usque pervenerit. Sive excutitur pulvis, ut nihil ab eis accipiant, ne ad victum quidem necessarium, qui evangelium spreverint.

Et exeuntes prædicabant ut pœnitentiam agerent, &c.] Dicit apostolus Jacobus: Infirmatur quis in vobis, inducat presbyteros ecclesiæ, et orent super ipsum, ungentes eum oleo in nomine Domini: et si in peccatis sit, dimittentur ei. Unde patet ab ipsis apostolis hunc sanctæ ecclesiæ morem esse traditum, ut energumini vel alii quilibet ægroti ungantur oleo, pontificali benedictione consecrato.

Cap. xxv. *Et audivit Herodes rex, &c.*] Quanta Judæorum invidia, qui contra Dominum malitiæ furor extiterit, ex omnibus pene locis evangelii docemur. Ecce enim Joannem, de quo dictum est quia signum fecit nullum, a mortuis potuisse resurgere, nullo attestante credebant: Jesum autem virum approbatum a Deo virtutibus et signis, in cujus videlicet morte elementa tremuerunt, resurrectionem vero atque ascensionem, angeli, apostoli, viri ac fœminæ certatim prædicabant; non resurrexisse, sed furtim esse ablatum credere maluerunt. Qui cum dicerent

Joannem resurrexisse a mortuis, et propterea virtutes inopinatas sive operatas esse in illo, bene omnimodis de virtute resurrectionis senserunt, quod majoris potentiæ futuri sint sancti cum a mortuis resurrexerint, quam fuere cum carnis adhuc infirmitate gravarentur. Sed et ipsum resurrectionis miraculum non esse incredibile docuerunt, quod nullo docente sponte crediderunt, qui tamen seipsos rem credibilem in Domino non credidisse, suæ merito cæcitatis et invidiæ probarunt.

Quo audito Herodes ait, Quem ego decollavi Joannem, &c.] Lucas de hoc ita scripsit: Audivit autem Herodes tetrarcha omnia quæ fiebant ab eo, et hæsitabat, eo quod diceretur a quibusdam quia Joannes resurrexit a mortuis, a quibusdam vero quia Elias apparuit, et cetera. Intelligendum est ergo aut post hanc hæsitationem confirmasse eum in animo suo, quod ab aliis dicebatur, cum ait, Quem ego decollavi Joannem, hic a mortuis resurrexit: aut ita pronuncianda sunt hæc verba, ut hæsitantem adhuc indicent. Si enim diceret, Numquid nam hic est, aut numquid forte hic est Joannes Baptista? non opus esset admonere aliquid de prænunciatione, quia dubitans atque hæsitans intelligatur. Nunc quia illa verba desunt, utroque modo pronunciari potest, ut aut confirmatum eum ex aliorum verbis credentem dixisse accipiamus, aut adhuc (sicut Lucas commemorat) hæsitantem.

Ipse enim Herodes misit ac tenuit Joannem, &c.] Vetus narrat historia, Philippum Herodis majoris filium, sub quo Dominus fugit in Ægyptum, fratrem ejus Herodis sub quo passus est Christus, duxisse uxorem Herodiadem filiam regis Aretæ; postea vero socerum ejus, exortis quibusdam contra generum simultatibus, tulisse filiam suam, et in dolorem mariti prioris, inimici ejus nuptiis copulasse. Quis sit autem hic

Philippus, evangelista Lucas plenius docet: Anno quintodecimo imperii Cæsaris, procurante Pontio Pilato Judæam, tetrarcha autem Galilææ Herode, Philippo autem fratre ejus tetrarcha Ituræe et Trachonitidis regionis. Ergo Joannes Baptista qui venit in spiritu et virtute Eliæ, eadem auctoritate qua ille Achab corripuerat et Jezabel, arguit Herodem et Herodiadem quod illicitas nuptias fecerint, et non liceat fratre vivente germano illius uxorem ducere, malens periclitari apud regem, quam propter adulationem esse immemor præceptorum Dei.

Et cum dies opportunus accidisset, Herodes natalis sui, &c.] Soli mortalium Herodes et Pharao leguntur diem natalis sui gaudiis festivis celebrasse: sed uterque rex in fausto auspicio festivitatem suam sanguine fœdavit. Verum Herodes tanto majore impietate, quanto sanctum et innocentem doctorem veritatis et præconem vitæ ac regni cœlestis occidit, et hoc pro voto ac petitione saltatricis, neque eum caput occisi ante convivas inferre puduit. Nam Pharao nil talis vesaniæ commisisse legitur, sed tantum peccantem sibi eunuchum vita privari jubens, quo longius a veræ cultu religionis aberat, eo levius in violatione suæ festivitatis deliquit. Attamen ex utriusque exemplo probatur, utilius esse nobis diem mortis futuræ timendo et caste agendo sæpius in memoriam revocare, quam diem nativitatis luxuriando celebrare. Homo enim ad laborem nascitur in mundo, et electi ad requiem per mortem transeunt e mundo.

Cumque introisset filia ipsius Herodiadis, &c.] Non excusatur Herodes quod invitus et nolens propter juramentum homicidium fecerit, quia ad hoc forte juravit, ut futuræ occisioni machinas præpararet. Alioquin si ob jusjurandum fecisse se dicit, si patris, si matris postulasset interitum, facturus fuerat an non?

Quod in se ergo repudiaturus fuit, contemnere debuit et in propheta.

Quæ cum exisset, dixit matri suæ, Quid petam, &c.?] Herodias timens ne Herodes aliquando resipisceret, vel Philippo fratri amicus fieret, atque illicitæ nuptiæ repudio solverentur, monet filiam ut in ipso statim convivio caput Johannis postulet, digno operi saltationis, dignum sanguinis præmium.

Et contristatus est rex, propter jusjurandum, &c.] Consuetudinis Scripturarum est, ut opinionem multorum sic narret historicus, quomodo eo tempore ab omnibus credebatur. Sicut Joseph ab ipsa quoque Maria appellatur pater Jesu: ita et nunc Herodes dicitur contristatus, quia hoc discumbentes putabant. Dissimulator enim mentis suæ et artifex homicida, tristitiam præferebat in facie, cum lætitiam haberet in mente; scelusque excusat juramento, ut sub occasione pietatis, impius fieret. Quod autem subjicit, Et propter simul recumbentes, vult omnes sceleris sui esse consortes, ut in luxurioso impuroque convivio cruentæ epulæ deferrentur.

Et attulit caput ejus in disco, &c.] Hoc juxta literam factum sit: nos autem usque hodie cernimus in capite Joannis prophetæ, Judæos Christum qui caput prophetarum est perdidisse. Aliter. Decollatio Joannis minorationem famæ illius qua Christus a populo credebatur, insinuat, sicut exaltatio in cruce Domini Salvatoris profectum designabat fidei, quia ipse prius a turbis propheta esse putabatur, Dominus prophetarum et Christus Dei Filius a cunctis fidelibus est agnitus. Minutus ergo capite Joannes: exaltatus est in cruce Dominus: quia sicut idem Joannes ait, Illum oportebat crescere, Joannem autem minui. Illum autem qui propheta æstimabatur Christum cognosci, et eum qui Christus pro virtutum sublimitate putabatur Christi esse prophetam et præcursorem, decebat intelligi. Quod ipsum quoque distinctione temporis quo uterque illorum natus est, satis aperte signatum est: quia Joannes quidem, quem oportebat minui, cum diurnum lumen decrescere incipit natus est. Dominus autem, qui vera lux mundi est, eo anni tempore quo dies crescere incipit, luciflua nobis suæ dona nativitatis exhibuit.

Quo audito discipuli ejus venerunt, et tulerunt corpus ejus, &c.] Narrat Josephus vinctum Joannem in castellum Macherunta abductum, ibique truncatum. Narrat historia ecclesiastica sepultum eum in Sebaste urbe Palæstinæ, quæ quondam Samaria dicta est. At tempore Juliani principis invidentes Christianis qui sepulchrum ejus pia sollicitudine frequentabant, paganos invasisse monumentum, ossa dispersisse per campos, et rursum collecta igni cremasse, ac denuo dispersisse per agros. Affuisse tunc temporis ibidem de Hierosolymis monachos, qui mixti paganis ossa legentibus maximam eorum partem congregaverunt, et ad patrem suum Philippum Hierosolymam detulerunt. Et ille misit ea beato Athanasio Alexandriæ episcopo, ibique servata usque ad tempora Theophili ejusdem urbis episcopi, quando jubente Theodosio principe omnia gentium fana destructa sunt. Tunc expurgato a sordibus templo Serapis, ibidem illata, et basilicam pro ædicula Serapis in honorem sancti Joannis esse consecratam. Lege undecimum Historiæ ecclesiasticæ librum.

Et convenientes apostoli ad Jesum renunciaverunt, &c.] Non solum quæ ipsi egerant et docuerant, apostoli Domino renunciant; sed etiam quæ Joannes eis in docendo occupatis sit passus, vel sui, vel ejusdem Joannis ei discipuli renunciant, sicut Matthæus describit. Unde hoc quod sequitur:

Et ait illis, Venite seorsum in desertum locum, &c.] Non solum causa facit requietionis ipsorum; sed et mysticæ gratia significationis, quia videlicet derelicta Judæa, quæ prophetiæ sibi caput non credendo abstulerat, in deserto ecclesiæ quæ virum non habuerat, verbi esset cibaria credentibus, quasi epulas panum largiturus et piscium. Ibi et enim prædicatores sancti, qui apud Judæam non credentem et contradicentem aliquandiu gravi tribulationum sarcina premebantur, requiem nacti sunt de collata gentibus gratia fidei. Quæ autem necessitas fuerit concedendæ requiei discipulis, subsequenter ostenditur, cum dicitur,

Erant enim qui veniebant et redibant multi, &c.] Ubi magna temporis illius felicitas de labore docentium simul et discentium studio demonstratur, quæ utinam nostro in ævo rediret, ut tanta ministris verbi frequentia fidelium insistat auditorum, quæ nec liberum eis curandi corporis spatium concedat. Nam quibus necessaria curandi corporis hora negatur; quanto minus illecebris animæ sive carnis studendi facultas adest? Quin potius a quibus verbum fidei et salutare ministerium opportune importune exigitur, horum animus consequenter ad agenda semper et cogitanda cœlestia succenditur, ne ea quæ verbis docent, factis impugnent.

Et ascendentes in navem abierunt, &c.] Non discipuli soli, sed assumpto Domino ascenderunt in navem, et locum petiere desertum, ut evangelista Matthæus aperte demonstrat.

Et viderunt eos abeuntes, &c.] Dum pedestres eos prævenisse dicuntur, ostenditur quod non in aliam maris sive Jordanis ripam navigio pervenerunt discipuli cum Domino: sed cum transito navi aliquo freto aut stagno, proximos ejusdem regionis locos adierunt, quo etiam indigenæ pedestres pervenire potuerunt.

Cap. xxvi. *Et exiens, vidit turbam multam, &c.*] Quomodo misertus sit super eos, Matthæus exponit plenius dicens, Et misertus est eis, et curavit languidos eorum. Hoc est enim veraciter pauperum et non habentium pastorem misereri, et viam eis veritatis docendo aperire, et molestias corporales medicando auferre: sed et jejunos reficiendo ad laudem supernæ largitatis animare. Quod etiam sequentia lectionis hujus eum fecisse commemorant. Tentat autem fidem turbarum, et probatam digna mercede recompensat. Petendo enim solitudinem, an sequi curant explorat. Illæ sequendo, et non in jumentis aut vehiculis diversis, sed proprio labore pedum iter arripiendo deserti, quantam salutis suæ curam gerant ostendunt. Rursum ipse ut potens piusque Salvator ac medicus, excipiendo fatigatos, docendo inscios, sanando ægrotos, recreando jejunos, quantum devotione credentium delectetur, insinuat. Juxta vero leges allegoriæ petentem deserta gentium Christum multæ fidelium catervæ, relictis mœnibus priscæ conversationis, neglectoque variorum dogmatum præsidio, sequuntur. Et qui pridem notus in Judæa Deus, postquam dentes Judæorum arma et sagittæ, et lingua eorum machera acuta facta est, exaltatus est super cœlos Deus, et super omnem terram gloria ejus.

Et cum jam hora multa fieret, accesserunt discipuli ejus, &c.] Horam multam vespertinum tempus dicit, Luca teste, qui ait: Dies autem cœperat declinare, et accedentes duodecim dixerunt illi, Dimitte turbas, &c. Die autem declinata turbas Salvator reficit, quia vel fine seculorum propinquante, vel cum Sol Justitiæ pro nobis occubuit, a diutina spiritualis inediæ sumus tabe salvati.

Et respondens ait illis, Date eis manducare, &c.] Provocat apostolos ad fractionem panis, ut illis se non habere testantibus, magnitudo signi notior fiat:

simul insinuans quia quotidie per eos jejuna nostra corda sunt pascenda, videlicet cum eorum vel exemplis vel literis ad amanda cœlestia suscitamur. Notandum autem quod hoc miraculum panum scripturus evangelista Joannes, præmisit quod proximum esset Pascha dies festus Judæorum; Matthæus vero et Marcus, hoc interfecto Joanne, continuo factum esse commemorant. Unde colligitur Joannem imminente eadem festivitate paschali fuisse decollatum, et anno post hunc sequente, cum denuo tempus paschale rediret, mysterium Dominicæ passionis esse completum. Et propterea quod in libro Sacramentorum natale ejus quarto Calendarum Septembrium denotatum est, et in Martyrologio quod Eusebii et Hieronymi vocabulis insignitum est, legitur, quarto Calendas Septembris in Edessa civitate Phœniciæ provinciæ natale Joannis Baptistæ, die quo decollatus est; non specialiter ipsum diem decollationis ejus, sed diem potius quo caput ejus in eadem Edessa civitate repertum, atque in ecclesia est conditum, designat. Siquidem ut Chronica Marcellini Comitis testantur, tempore Marciani principis, duo monachi orientales venerant adorare in Hierosolymis, et loca sancta videre; quibus per revelationem assistens idem præcursor Domini præcepit, ut ad Herodis quondam regis habitaculum accedentes caput suum ibi requirerent, et inventum digno honore reconderent. Quod ibi ab eis inventum et assumptum, sed non multo post culpa incuriæ perditum, perlatum est Edessam ab aliis, et in quodam specu in urna sub terra non pauco tempore ignobiliter reconditum, donec denuo idem Joannes sese suumque caput ostendit Marcello cuidam religioso abbati ac presbytero, dum in eodem specu habitaret. Quod videlicet caput Julioramo ejusdem episcopo civitatis, per præfatum presbyterum constat inventum. Ex quo tempore cœpit in eadem civitate beati præcursoris decollatio, ipso (ut arbitramur) die quo caput inventum sive elevatum est, celebrari. De quibus latius in præfato Chronicorum libro scriptum reperies.

Et dicit eis, Quot panes habetis? &c.] Per quinque panes apostolorum, et duos pisces, tota testamenti veteris scriptura signatur. Per quinque videlicet panes, quinque Mosaicæ legis libri, quibus divinæ æternitatis cognitio, mundi creatio, procursus seculi labentis, et vera Deo serviendi religio generi humano innotuit. Per duos vero pisces, psalmi sunt, et prophetæ figurati, qui eruditum in lege Dei populum de promissione Dominicæ incarnationis nova gratiæ dulcedine pascebant. Qua trina Scripturæ Sacræ distinctione, totam veteris instrumenti seriem comprehendi Dominica auctoritate docemur. Apparens enim post resurrectionem discipulis ait Dominus ipse, Quia oportebat impleri omnia quæ scripta sunt in Lege Moysi et Prophetis et Psalmis de me. Et cum aperuit illis sensum ut intelligerent Scripturas, et intellectas spiritualiter fidelibus traderent auditoribus, quasi benedicens panibus apostolicis ac piscibus, hosque internæ suavitatis dono multiplicans, turbis dispertiri præcepit. Bene autem juxta evangelium Joannis, panes qui legem designant, hordeacei fuisse referuntur, qui jumentorum maxime rusticorumque est cibus servorum, quia incipientibus necdumque perfectis auditoribus, asperiora et quasi grossiora sunt committenda præcepta. Animalis enim homo non percipit ea quæ sunt Spiritus Dei. Atque ideo Dominus pro suis cuique viribus dona tribuens, semperque ad perfectiora provocans, primo quinque panibus quinque millia, secundo septem panibus quatuor hominum millia reficit, tertio discipulis suæ carnis et sanguinis mysterium credit:

ad ultimum magno munere dat electis, ut edant et bibant super mensam suam in regno suo.

Et præcepit illis, ut accumbere facerent omnes, &c.] Diversi convivantium discubitus, distinctos per orbem ecclesiarum conventus, quæ unam catholicam faciunt, designant; quos bene Dominus quinquagenos per turmas vel centenos discumbere præcepit, ut videlicet turba fidelium escam suam, et locis distincta, et moribus conjuncta, perciperet. Jubilei quippe requies quinquagenarii numeri mysterio continetur, et quinquagenarius bis ducitur, ut ad centenarium perveniatur. Quia ergo prius a malo quiescitur opere, ut post anima plenius quiescat in cogitatione, alii quinquageni, alii autem centeni discumbunt, quoniam sunt nonnulli qui a pravis actibus habent requiem operis, et sunt nonnulli qui a perversis cogitationibus habent jam requiem mentis. Bene etiam super viride fœnum discubuerunt: scriptum quippe est, Omnis caro fœnum. Et illi super viride fœnum discumbentes Dominicis pascuntur alimentis, qui, per studium continentiæ calcatis illecebris carnalium concupiscentiarum, audiendis implendisque Dei verbis operam impendunt.

Et acceptis quinque panibus, &c.] Turbis esurientibus Salvator non nova creat cibaria, sed acceptis eis quæ habuerunt discipuli, benedicit: quia veniens in carne non alia, quæ prædicta sunt prædicabat: sed legis et prophetarum scripta quæ sint mysteriis gratiæ gravida demonstrat. Intuetur in cœlum, ut illuc dirigendam mentis aciem, ibi lucem scientiæ doceat esse quærendam. Frangit et ante turbas ponenda discipulis distribuit, quia sacramenta prophetiæ sanctis doctoribus qui hæc toto orbe prædicent, patefacit.

Et manducaverunt omnes, &c.] Quod turbis superest, a discipulis sustollitur; quia sacratiora mysteria quæ a rudibus capi nequeunt, non negligenter omittenda, sed sunt inquirenda perfectis. Nam per cophinos duodecim, apostoli, et per apostolos cuncti sequentium doctorum chori figurantur, foris quidem hominibus despecti, sed intus salutaris cibi reliquis ad alenda humilium corda cumulati. Constat enim, cophinis opera servilia geri solere. Sed ipse cophinos panum fragmentis implevit, qui infirma hujus mundi, ut fortia confunderet, elegit.

Erant autem qui manducaverunt, quinque millia virorum.] Quia quinque sunt exterioris hominis sensus, quinque millia viri Dominum sequuti designant eos, qui in seculari habitu adhuc positi exterioribus. quæ possident bene uti noverunt. Qui recte quinque panibus aluntur, quia tales necesse est legalibus adhuc præceptis instituti. Nam qui mundo ad integrum renuntiant, et quatuor sunt millia et septem panibus refecti, hoc est et evangelica perfectione sublimes, et spirituali sunt gratia intus eruditi.

CAP. XXVII. *Et statim coegit discipulos suos ascendere navem, &c.*] Quare coegerit discipulos ascendere navem, et ipse mox dimisso populo in montem oraturus abierit, Joannes manifeste declarat, qui, completa refectione illa cœlesti, continuo subjecit: Jesus ergo cum cognovisset, quia venturi essent ut raperent eum, et facerent eum regem, fugit iterum in montem ipse solus. Ubi necessarium nobis vivendi monstrat exemplum, ut in bonis quæ agimus, humani favoris retributionem vitemus, neque nos operatio virtutum spiritualium ad concupiscentiam reflectat temporalium voluptatum. Nonnullis etenim contigit, ut dum ob meritum vitæ sublimioris mirandi in moribus ac laudabiles existerent, et jure honorandi putarentur, acceptis pecuniis sive prædiis inchoata justitiæ rudimenta perderent, et cum carnalibus sese illecebris atque avaritia incauti corrumperent, ipsis etiam a quibus honorabantur pro bonis, denuo pro malis actibus non solum in fastidium, verum etiam devenirent in odium. Minusque multo periculosum est in his quæ recte agimus adversantium nos improbitate fatigari, quam honorantium favore demulceri. Hic etenim securiorem sæpe corrumpit animum: illa circumspectum semper reddit et cautum. Unde Dominus viam nobis vitæ quam sequamur initians, cum ii qui virtutes ejus admirabantur regem eum facere vellent, fugit in montem orare. Cum vero illi qui virtutibus ejus invidebant eum morti tradere disponerent, occurrit promptus, et vinciendum se crucifigendumque furentibus obtulit, evidenti nos informans exemplo, ut parati simus ad adversa seculi toleranda, cauti ad blandimenta, cum forte arriserint, declinanda: et ne nos prospera mundi si affluant, emolliendo decipiant, crebris a Domino precibus imploremus. Præcedebant autem Dominum discipuli trans fretum ad Bethsaidam, quæ est in Galilæa civitas Andreæ et Petri et Philippi apostolorum prope stagnum Genezareth, ut in locorum libris invenimus. Ubi merito monet quomodo dicat Marcus, peracto miraculo panum, discipulos venisse trans fretum ad Bethsaidam, cum videatur dicere Lucas quod in locis Bethsaidæ factum fuerit miraculum illud memorabile, et refectio cœlestis. Ait enim, Assumptis illis, secessit seorsum in locum desertum, qui est Bethsaida: quod cum cognovissent turbæ, secutæ sunt illum, et excepit illos, et cætera quæ sequuntur, usque ad completam sacræ refectionis historiam. Nisi forte intelligamus in eo quod Lucas ait in locum desertum, qui est Bethsaida, non ipsius viciniam civitatis, sed loca deserti ad eam pertinentis esse designata. Marcus enim dicit aperte quod præcederent eum ad Bethsaidam: ubi ipsius fines civitatis constat esse notatos. Lucas vero, qui non dicit in locum desertum quæ est

Bethsaida, sed qui est Bethsaida, potest nisi fallor recte intelligi, quia non ipsam civitatem voluerit intelligi; sed locum desertum ipsius, id est ad ejus confinia pertinentem. Narrat autem evangelista Joannes manducasse panem turbas juxta Tiberiadem, et ascendentes navem discipulos venisse trans mare in Capharnaum, quæ ambæ sunt civitates in Galilæa juxta stagnum Genezareth, quod etiam Tiberiadis a civitate Tiberiade vocatur.

CAP. XXVIII. *Et cum dimisisset eos, abiit in montem orare.*] Non omnis qui orat ascendit in montem; est enim oratio quæ peccatum facit. Sed qui bene orat, qui Deum orando quærit, hic a terrenis ad superiora progrediens, verticem curæ sublimioris ascendit. Qui vero de divitiis, aut de honore seculi, aut certe de inimici morte sollicitus obsecrat, ipse in infimis jacens, viles ad Deum preces mittit. Orat autem Dominus non ut pro se obsecret, sed ut pro me impetret. Nam etsi omnia posuerit in potestate Filii; Filius tamen, ut formam hominis impleret, obsecrandum Patrem putat esse pro nobis, quia advocatus est noster. Advocatum enim, inquit apostolus, habemus apud Patrem, Jesum Christum. Si advocatus est, debet pro meis intervenire peccatis. Non ergo quasi infirmus, sed quasi pius obsecrat. Vis scire quod omnia quæ velit, possit? Et advocatus et judex est. In altero pietatis officium, in altero insigne est potestatis.

Et cum sero esset factum, erat navis in medio mari, &c.] Labor discipulorum in remigando, et contrarius eis ventus, labores sanctæ ecclesiæ varios designat: quæ inter undas seculi adversantis et immundorum flatus spirituum, ad quietem patriæ cœlestis quasi ad fidam littoris stationem pervenire conatur. Ubi bene dicitur, quia navis erat in medio mari, et ipse solus in terra. Quia nonnunquam ecclesia tantis gentilium pressuris, non solum afflicta, sed et fœdata est, ut (si fieri posset) Redemptor ipsius eam prorsus deseruisse ad tempus videretur. Unde est illa vox ejus inter undas procellasque tentationum verrentium deprehensæ, atque auxilium protectionis illius gemebundo clamore quærentis, Ut quid, Domine, recessisti longe, despicis in opportunitatibus, in tribulatione? Quæ pariter vocem inimici persequentis exponit in sequentibus Psalmi subjiciens: Dixit enim in corde suo, Oblitus est Deus: avertit faciem suam, ne videat usque in finem. Verum ille non obliviscitur orationem pauperum, neque avertit faciem suam a sperantibus in se: quin potius et certantes cum hostibus ut vincant adjuvat, et victores in æternum coronat. Unde hic quoque aperte dicitur, quia vidit eos laborantes in remigando. Videt quippe Dominus laborantes in mari, quamvis ipse positus in terra: quia etsi ad horam differre videatur auxilium tribulatis impendere, nihilominus eos, ne in tribulationibus deficiant, suæ respectu pietatis corroborat, et aliquando etiam manifesto adjutorio, victis adversitatibus, quasi calcatis sedatisque fluctuum voluminibus, liberat, sicut hic quoque subsequenter insinuatur cum dicitur,

Et circa quartam vigiliam noctis venit ad eos ambulans super mare.] Stationes et vigiliæ militares in terna horarum spatia dividuntur. Quando ergo dicit quarta vigilia noctis venisse ad eos Dominum, ostendit tota nocte periclitatos, et extremo noctis tempore eis auxilium præbitum. Laborabant ergo toto noctis opacæ tempore, sed diluculo appropinquante, et Lucifero solis dieique exortum promittente, venit Dominus, et superambulans, tumida freti terga comprimit. Quia quum pressuris obsita fragilitas humana pusillitatem virium suarum considerat, nihil erga se aliud quam tenebras angustiarum et æstus cernit hostium confligentium. Cum vero mentem ad superni lumen præsidii, et perpetuæ dona retributionis erexerit; quasi inter umbras noctis repente exortum Luciferi conspicit, qui diem proximum nunciet. Lucifer namque cum plurimum, tres horas noctis, id est totam vigiliam matutinam, illuminare perhibetur. Aderitque Dominus, qui sopitis tentationum periculis, plenam libertatis fiduciam suæ protectionis attribuat. Sequitur,

Et volebat præterire eos. At illi ut viderunt eum super mare ambulantem, &c.] Omnes enim eum viderunt, et conturbati sunt. Adhuc hæretici putant phantasma fuisse Dominum, nec veram assumpsisse carnem de Virgine. Denique Theodorus Pharanitanus quondam episcopus ita scripsit, corporale pondus non habuisse secundum carnem Dominum; sed absque pondere et corpore super mare deambulasse. At contra fides catholica, et pondus secundum carnem habere eum prædicat, et onus corporeum, et cum pondere atque onere corporali incedere super aquas non infusis pedibus. Nam Dionysius egregius inter ecclesiasticos scriptores, in opusculis de Divinis Nominibus, hoc modo loquitur: Ignoramus enim qualiter de virgineis sanguinibus alia lege præter naturalem formabatur, et qualiter non infusis pedibus corporale pondus habentibus et materiale onus deambulabat in humidam et instabilem substantiam. Quomodo autem volebat Dominus eos præterire tanquam alienos ad quos de periculo naufragii liberandos advenerat, nisi ut ad horam turbati et paventes, sed continuo liberati, amplius ereptionis suæ miraculum stuperent, ac majores ereptori suo gratias referrent? Quia et in tempestatibus passionum quæ pro constantia fidei a perfidis ingeruntur, talis nonnunquam provisio divinitus ostenditur. Sæpe enim ita fideles in tribulatione positos superna pietas deseruisse visa est, ut quasi laborantes in mari discipulos præterire Jesus voluisse putaretur. Unde est et illud in Psalmista, ecclesiæ in martyrii certamine desudantis: Quare me oblitus es, quare me repulisti, et quare tristis incedo dum affligit me inimicus? dum confringuntur omnia ossa mea, et cætera. Sed dicunt inimici terrentes, Ubi est Deus eorum? quasi naufragium fessis minitantes apostolis. Dicit ipse Deus eorum, Cum transieris per aquas, tecum ero, et flumina non operient te: cum ambulaveris in igne, non combureris, et flamma non ardebit in te. Unde hic quoque recte subditur,

Et statim locutus est eis, et dixit illis, Confidite, ego sum, &c.] Prima trepidantium et periclitantium subventio est, incussum cordibus expellere timorem. Secunda, tempestatum furias suæ præsentiæ virtute compescere. Nec mirandum si ascendente in naviculam Domino ventus cessavit. In quocunque enim corde Deus per gratiam sui adest amoris, mox universa vitiorum, et adversantis mundi, sive spirituum malignorum bella compressa quiescunt.

Et plus magis intra se stupebant, &c.] Dominus quidem et in miraculo panum quod esset conditor rerum ostendit: et in ambulando super undas, quod haberet corpus ab omni peccatorum gravedine liberum edocuit: et in placando ventos, undarumque rabiem sedando, quod elementis dominaretur monstravit. Sed carnales adhuc discipuli, necdum hunc Deum esse cognoscunt: et quidem virtutum magnitudinem stupebant; necdum tamen in eo veritatem divinæ majestatis cognoscere valebant.

Cumque egressi essent de navi, continuo cognoverunt eum, &c.] Cognoverunt eum rumore, non facie: vel certe pro signorum magnitudine quæ patrabat in populis, etiam plurimis vultu notus erat. Et vide quanta fides sit hominum terræ Genezareth, ut non præsentium tantum salute contenti sint, sed mittant ad alias per circuitum civitates, quo omnes currant ad medicum.

Et quocunque introibat in vicos vel in villas, &c.] Qui male se habent, non tangant corpus Jesu, neque totum vestimentum ejus, sed extremam fimbriam: et quicunque tetigerint, sanabuntur. Fimbriam vestimenti ejus minimum mandatum intellige, quod qui transgressus fuerit, minimus vocabitur in regno cœlorum; vel assumptionem carnis per quam venimus ad Verbum Dei, et illius postea fruimur majestate.

IN CAP. VII.

Cap. xxix. *Et conveniunt ad eum Pharisæi, &c.*] O quam vera illa confessio Domini ad Patrem, Quia abscondisti hæc a sapientibus et prudentibus, et revelasti ea parvulis! Homines terræ Genezareth, qui minus docti videbantur, non solum ipsi veniunt, sed et suos infirmos adducunt: immo gestant ad Dominum, ut vel fimbriam ejus quo salvari queant, mereantur contingere. Ideoque confestim merita cupitæ salutis mercede potiuntur. At vero Pharisæi, et Scribæ, qui doctores esse populi debuerant; non ad verbum audiendum, non ad quærendam medelam, sed ad movendas solum quæstionum pugnas, ad Dominum concurrunt: eosque de non lotis corporis manibus vituperant, in quorum operibus quæ per manus sive per cætera corporis membra fiunt, nihil immunditiæ sordidantis invenire valebant: cum se magis ipsos culpare debuerint, qui lotas aqua manus habentes, conscientiam livore pollutam gestabant. Pharisæi enim et omnes Judæi, nisi crebro laverint manus, non manducant, tenentes traditionem seniorum, et a foro nisi baptizentur non comedunt. Superstitiosa est hominum traditio, semel lotos ad manducandum panem crebrius lavare, et a foro nisi baptizentur non comedere. Sed necessaria est doctrina veritatis, quæ jubet eos, qui cum pane vitæ descendente de cœlo participare desiderant, crebro eleemosynarum, lacrymarum, aliorumque justitiæ fructuum, lavamento sua opera purgare, ut casto corde et corpore cœlestibus valeant communicare mysteriis. Necessarium est inquinamenta quæ ex temporalium negotiorum curis quisque contraxerit, subsequenti bonarum cogitationum et actuum permundet instantia, si internæ refectionis cupit epulis perfrui. Sed Pharisæi spiritualia prophetarum verba carnaliter accipientes, quæ illi de cordis et operis castigatione præcipiebant, dicentes, Lavamini, mundi estote, et mundamini qui fertis vasa Domini: isti de corpore solummodo lavando servabant. Frustra autem Pharisæi, frustra omnes Judæi lavant manus, et a foro baptizantur, quamdiu contemnunt fonte Salvatoris ablui. In vanum baptismata servant vasorum, qui cordium suorum et corporum eluere sordes negligunt: cum certum sit Moysen et prophetas qui vasa populi Dei vel aquis dilui, vel igne purgari, vel oleo sanctificari quacunque ex causa jusserunt, non in hoc materialium rerum emundationem, sed mentium potius et operum castigationem ac sanctimoniam, atque animarum nobis mandare salutem.

Et interrogabant eum Pharisæi et Scribæ, &c.] Mira Pharisæorum Scribarumque stultitia! Dei Filium arguunt quare hominum traditiones et præcepta non servet. Manus autem id est opera, non corporis utique manus, sed animæ lavandæ sunt, ut fiat in illis verbum Dei.

Et dicebat illis, Bene irritum facitis præceptum Dei, &c.] Falsam calumniam vera responsione confutat. Cum (inquit) vos propter traditionem hominum præcepta Domini negligatis, quare discipulos meos arguendos creditis quod seniorum jussa parvi pendant, ut Dei scita custodiant?

Moyses enim dixit, Honora patrem tuum, &c.] Honor in Scripturis non tantum in salutationibus et officiis deferendis, quantum in eleemosyna ac munerum collatione sentitur. Honora (inquit Apostolus) viduas quæ vere viduæ sunt. Hic honor donum intelligitur. Et in alio loco: Presbyteri duplici honore sunt honorandi, maxime qui laborant in verbo et doctrina Domini. Et per hoc mandatum jubemur bovi trituranti os non claudere, ut dignus sit operarius mercede sua.

Vos autem dicitis, Si dixerit homo patri, &c.] Præceperat Dominus vel imbecillitates vel ætates vel penurias parentum considerans, ut filii honorarent etiam in vitæ necessariis ministrandis parentes suos. Hanc providentissimam Dei legem volentes Scribæ Pharisæique subvertere, ut impietatem sub nomine pietatis inducerent, docuerunt pessimos filios, ut si quis ea quæ parentibus offerenda sunt, Deo vovere voluerit, qui verus est Pater, oblatio Domini præponatur parentum muneribus. Vel certe ipsi parentes quæ Deo consecrata sunt, ne sacrilegii crimen incurrerent, declinantes, egestate conficiebantur: atque ita fiebat, ut oblatio liberorum sub occasione templi et Dei in sacerdotum lucra cederet. Hæc pessima Pharisæorum consuetudo de tali occasione veniebat. Multos habentes obligatos ære alieno et nolentes sibi creditum reddere, delegabant sacerdotibus, ut exacta pecunia ministeriis templi et eorum usibus deserviret. Potest autem et hunc breviter habere sensum. Munus quodcunque ex me est, tibi proderit. Compellitis, inquit, filios ut dicant parentibus suis, Quodcunque donum oblaturus eram Deo, in tuos consumo cibos, tibique prodest, o pater et mater: ut illi timentes accipere quod Deo videbant mancipatum, inopem magis vellent vitam ducere quam comedere de consecratis.

Et advocans iterum turbam dicebat illis, Audite me, omnes, &c.] Verbum communicat, proprie Scripturarum est, et publico sermone teritur. Populus Judæorum partem Dei esse se jactans, communes cibos vocat quibus omnes utuntur homines: verbi gratia, suillam carnem, ostreas, lepores, et istiusmodi animantia quæ ungulam non findunt, nec ruminant, nec squamosa in piscibus sunt. Unde et in Actibus Apostolorum scriptum est, Quod Deus sanctificavit, tu ne commune dixeris. Commune ergo quod cæteris hominibus patet, et quasi non est de parte Dei, pro immundo appellatur. Nihil est (inquit) extra hominem introiens in eum, quod possit eum coinquinare: sed quæ de homine procedunt, illa sunt quæ coinquinant hominem. Opponat prudens lector et dicat, Si quod intrat in os non coinquinat hominem, quare idolothytis non vescimur? Et apostolus scribit, Non potestis calicem Domini bibere et calicem dæmoniorum. Sciendum ergo quod ipsa quidem cibaria ut Dei creatura per se munda sint, sed idolorum ac dæmonum invocatio ea facit immunda.

Et cum introisset in domum a turba, interrogabant eum, &c.] Quod aperte dictum fuerat, et patebat auditu, apostoli per parabolam dictum putant, et in re manifesta mysticam quærunt intelligentiam: corripiunturque a Domino quare parabolice dictum putant quod perspicue locutus est. Ex quo animadvertimus vitiosum esse auditorem, qui obscure manifesta, aut manifeste dicta obscure velit intelligere.

Non intelligitis quia omne extrinsecus introiens in hominem, &c.] Omnium evangeliorum loca apud hæreticos et perversos plena sunt scandalis. Et ex hac sententiola quidam calumniantur quod Dominus, physicæ disputationis ignarus, putet omnes cibos in ventrem ire et in secessu digeri, cum statim infusæ escæ per artus et venas ac medullas nervosque fundantur. Unde et multos qui vitio stomachi perpetem sustineant vomitum, post cœnas et prandia statim evomere quod ingesserint, et tamen corpulentos esse, quia ad primum tactum liquidior cibus et potus per membra fundatur. Sed istiusmodi homines dum volunt alterius imperitiam reprehendere, ostendunt suam. Quamvis enim tenuissimus humor et liquens esca cum in venis et artubus concocta fuerit et digesta, per occultos meatus corporis, quos Græci πόρους vocant, ad inferiora delabitur, et in secessum vadit. Dicebat autem, quoniam quæ de homine exeunt, illa communicant hominem. Ab intus enim de corde hominum cogitationes malæ procedunt, adulteria, fornicationes, homicidia, furta, avaritia, et cætera. De corde, inquit, exeunt cogitationes malæ. Ergo animæ principale non juxta Platonem in cerebro, sed juxta Christum in corde est. Et arguendi ex hac sententia, qui cogitationes a diabolo immitti putant, et non ex propria nasci voluntate. Diabolus adjutor esse et incentor malarum cogitationum potest, auctor non potest. Sin autem semper in insidiis positus, levem cogitationum nostrarum scintillam suis fomitibus inflammarit, non debemus opinari eum cordis quoque occulta rimari, sed ex corporis habitu et gestibus æstimare quid versemus intrinsecus. Verbi gratia, si pulchram mulierem nos crebro viderit respicere, intelligit cor amoris jaculo vulneratum.

CAP. XXX. *Et inde surgens abiit in fines Tyri et Sidonis.*] Scribis et Pharisæis calumniatoribus derelictis transgreditur in partes Tyri et Sidonis, ut Tyrios Sidoniosque curaret.

Et ingressus domum, neminem voluit scire, &c.] Merito quæritur quomodo dicatur, quod Dominus neminem voluerit iter suum scire, nec tamen latere potuerit. Quid enim est quod ille non potuerit, qui etiam temporaliter inter homines positus, omnia invisibiliter quæ foris agebantur intus cum Patre disponebat? Aut quam ob causam putandus est fines Tyri et Sidonis intrasse, nisi ut filiam Syrophœnissæ a dæmonio liberaret, ac per fidem fœminæ gentilis perfidiam argueret Scribarum ac Pharisæorum? Sed fideliter ac pie sentiendum est quia nequaquam de illo hac in re quod ipse noluit factum est, sed fidelibus iter ejus sequentibus quid principaliter in bonis quæ agunt, velle debeant, ostensum. Ingressus quippe domum præcepit discipulis, ne se cuiquam in regione ignota quis esset aperirent. Attamen ipse suum illo introitum gentili fœminæ, quibuscunque voluit ipse prudentibus publicavit, ipse cor illius ad quærendam a se salutem invisibili accendit instinctu, ut exemplo ejus discerent quibus sanandi infirmos gratiam conferret, in exhibitione miraculorum humani gloriam favoris quantum possent declinare, nec tamen a pio virtutis opere cessare, quando hæc fieri vel fides bonorum juste mereretur, vel incredulitas pravorum necessario cogeret.

Et non potuit (inquit) latere. Mulier enim, &c.] Typice autem mulier hæc gentilis sed cum fide ad Dominum veniens ecclesiam designat de gentibus collectam: quæ pro filia dæmoniaca Dominum rogat, cum pro populis suis necdum credentibus, ut et ipsi a diaboli fraudibus absolvantur, supernæ pietati supplicat. Quæ bene juxta Matthæum de finibus suis egressa, in hoc vero evangelista ingressa esse ad Dominum atque ad pedes ejus procidisse refertur, quatenus ex utriusque assertione colligatur, quod illi solum fideliter ac recte pro errantibus orant, qui priscas suæ perfidiæ mansiones relinquunt, atque in domum Domini videlicet ecclesiam pia se devotione transferunt.

Et rogabat, inquit, eum ut dæmonium ejiceret, &c.] Quasi apertius diceret: restat futurum ut etiam vos qui de gentibus estis, salutem consequamini; sed primo oportet Judæos qui merito antiquæ electionis filiorum Dei solent nomine censeri, pane cœlesti refici, et sic tandem gentibus vitæ pabula ministrari.

Non est enim bonum sumere panem filiorum, &c.] Mira sub persona mulieris Chananitidis ecclesiæ fides, patientia, humilitas prædicatur. Fides, qua credidit sanari posse filiam suam. Patientia, qua totiens contempta (ut Matthæus scribit) in precibus perseverat. Humilitas, qua se non canibus sed catulis comparat. Scio me, inquit, filiorum panem non mereri, nec integros capere posse cibos, nec sedere ad mensam cum Patre; sed contenta sum reliquiis catulorum, ut humilitate micarum ad panis integri veniam magnitudinem. Mira rerum conversio, Israel quondam filius, non canes, pro diversitate fidei ordo nominum commutatur. De illis postea dicitur, Circumdederunt me canes multi. Et videte canes, videte malos operarios, videte concisionem. De nobis, a latratu blasphemiæ contradictionis ad pietatis gratiam conversis, ipse alibi dicit: Et alias oves habeo quæ non sunt ex hoc ovili, et illas oportet me adducere, et vocem meam audient. Notandum sane, quod mystice loquitur credens ex gentibus mulier, quia catelli sub mensa comedunt de micis puerorum. Mensa quippe est Scriptura Sancta, quæ nobis panem vitæ ministrat. Hinc etenim dicit ecclesia: Parasti in conspectu meo mensam adversus eos qui tribulant me. Micæ puerorum interna sunt mysteria Scripturarum, quibus humilium solent corda refici. De quibus alias sanctæ ecclesiæ promittitur, dicente propheta de Domino: Qui posuit fines tuos pacem, et adipe frumenti satiat te. Non ergo crustas sed micas de pane puerorum edunt catelli, quia conversi ad fidem qui erant despecti in gentibus, non literæ superficiem in Scripturis, sed spiritualium medullam sensuum qua in bonis actibus proficere valeant, inquirunt. Et hoc sub mensa dominorum, dum verbi sacri eloquio humiliter subditi, ad implenda quæ præcepta sunt, cuncta sui cordis et corporis officia supponunt, quatenus ad speranda quæ a Domino promissa sunt præmia in cœlis merito se debitæ humilitatis erigant.

Et ait illi, Propter hunc sermonem vade, &c.] Proptem humilem matris fidelemque sermonem filiam deseruit dæmonium. Ubi datur exemplum catechizandi et baptizandi infantes: quia videlicet per fidem et confessionem parentum in baptismo liberantur a diabolo parvuli, qui necdum per se sapere vel aliquid agere boni possunt aut mali.

Cap. xxxi. *Et iterum exiens de finibus Tyri venit, &c.*] Decapolis est (ut ipso nomine probatur) regio decem urbium trans Jordanem ad orientem circa Hippum et Pellam et Gadaram contra Galilæam. Quid ergo dicitur, quod Dominus venit ad mare Galilææ, inter medios fines Decapoleos, non ipsos fines Decapolis eum intrasse significat. Neque enim mare transnavigasse dicitur, sed potius ad mare usque venisse, atque ad ipsum pervenisse locum qui medios fines Decapolis longe trans mare positos respiciebat.

Et adducunt ei surdum et mutum, &c.] Surdus et mutus est qui nec aures audiendis Dei verbis, nec os aperit proloquendis: quales necesse est, ut hi qui loqui jam et audire divina eloquia longo usu didicerunt, Domino sanandos offerant; quatenus eos quos humana fragilitas nequit, ipse gratiæ suæ dextera salvet.

Et apprehendens eum de turba seorsum, misit digitos suos in auriculas.] Prima salutis janua est infirmum apprehendente Domino de turba seorsum educi. Apprehendens namque infirmum de turba seorsum educit, cum mentem peccatis languidam visitatione suæ pietatis illustrans, a consuetis humanæ conversationis moribus avocat, atque ad sequenda præceptorum suorum itinera provocat. Mittit digitos suos in auriculas, cum per dona Sancti Spiritus aures cordis ad intelligenda ac suscipienda verba salutis aperit. Namque digitum Dei appellari Spiritum Sanctum, testatur ipse Dominus cum dicit Judæis, Si ego in digito Dei ejicio dæmonia, filii vestri in quo ejiciunt? Quod exponens alius evangelista dicit, Si ego in Spiritu Dei ejicio dæmonia. Quo nimirum digito et magi in Ægypto superati sunt a Moyse, dicentes, Digitus Dei est hic: et lex in tabulis scripta est lapideis, quia per donum Sancti Spiritus et ab insidiis defendimur hominum sive spirituum malignorum, et in agnitione divinæ voluntatis erudimur. Digiti ergo Dei in auriculas missi ejus qui sanandus erat, dona sunt Sancti Spiritus, quibus corda quæ a via veritatis aberraverant, ad scientiam salutis audiendam discendamque revelat. Et quia cognitam veritatis lucem sequi confessio debet, apte subjungitur,

Et exspuens tetigit linguam ejus.] Exspuens quippe Dominus linguam tangit ægroti, cum ad confessionem fidei ora catechizatorum instruit. Sputum namque Domini, saporem designat sapientiæ, quæ teste viro sapiente loquitur: Ego ex ore Altissimi prodivi primogenita. Unde et alibi, sputo ejus terræ commixto, cæcus natus illuminatur. Sputum etenim quod ex capite Domini descendit, divinam ejus naturam quæ ex Deo est: portio terræ cui idem sputum immiscuit, humanam quæ ex hominibus assumpta est, designat. Et per medicamentum ex sputo suo ac terra compositum, oculos cæci nati aperuit, quia genus humanum per confessionem utriusque suæ naturæ ab ingenitis errorum suorum tenebris eruit. Exspuens ergo Dominus linguam muti ut loqui valeat tangit, cum ora diu bruta ad verba sapientiæ proferenda contactu suæ pietatis informat. Bene autem subditur,

Et suspiciens in cœlum, ingemuit, &c.] Suspexit namque in cœlum, ut inde mutis loquelam, inde surdis auditum, inde cunctis infirmitatibus medelam doceret esse quærendam. Ingemuit autem non quia ipsi opus esset cum gemitu aliquid petere a Patre, qui cuncta petentibus donat cum Patre, sed ut nobis gemendi daret exemplum, cum vel pro nostris vel pro nostrorum erratibus proximorum supernæ pietatis præsidia invocamus. Quod autem ait, Effeta, id est, adaperire, ad aures proprie pertinet. Aures etenim ad audiendum aperiendæ; lingua vero, ut loqui posset, a retinaculis erat suæ tarditatis solvenda: unde et subditur,

Et statim apertæ sunt aures ejus, &c.] Ubi utraque unius ejusdemque mediatoris Dei et hominum natura manifeste distincta est. Suspiciens enim in cœlum quasi homo Deum precaturus ingemuit, sed mox uno sermone quasi divina potens majestate curavit. Bene autem dicitur de eo cujus Dominus aperuit aures, ac linguæ vinculum solvit, quia loquebatur recte. Ille etenim solus recte loquitur, sive Deum confitendo, seu aliis prædicando, cujus auditum, ut cœlestibus possit auscultare et obsecundare mandatis, divina gratia reserat, cujus linguam Dominus tactu sapientiæ, quæ ipse est, ad loquendum instituit. Talis autem merito potest dicere cum Psalmista: Domine, labia mea aperies, et os meum annunciabit laudem tuam. Et cum Esaia:

Dominus dedit mihi linguam eruditam, ut sciam sustentare eum qui lapsus est verbo. Erigit mane, mane erigit mihi aurem, ut audiam quasi magistrum.

Et præcepit illis ne cui dicerent, &c.] Si sciebat eos, sicut ille qui notas habebat et præsentes et futuras hominum voluntates, tanto magis prædicaturos, quanto magis ne prædicarent eis præcipiebat, ut quid hoc præcipiebat, nisi quia pigris volebat ostendere: quanto studiosius, quantoque ferventius eum prædicare debeant, quibus jubet ut prædicent, quando illi qui prohibebantur, tacere non poterant?

IN CAP. VIII.

CAP. XXXII. *In illis diebus iterum cum turba multa esset, nec haberent quod manducarent, &c.*] Et in hac lectione consideranda est in uno eodemque Redemptore nostro distincta operatio divinitatis et humanitatis; atque error Eutychetis, qui unam tantum in Christo operationem dogmatizare præsumit, procul a Christianis finibus expellendus. Quis enim non videat hoc quod super turbam miseretur Dominus, ne vel inedia vel viæ longioris labore deficiat, affectum esse, et compassionem humanæ fragilitatis? Quod vero de septem panibus et pisciculis paucis quatuor hominum millia saturavit, divinæ opus esse virtutis? Mystice autem hoc miraculo designatur, quod viam seculi præsentis aliter incolumes transire nequimus, nisi nos gratia Redemptoris nostri alimento verbi sui reficiat. Hoc vero typice inter hanc refectionem et illam quinque panum ac duorum piscium distat, quod ibi litera veteris instrumenti spirituali gratia plena esse signata est, hic autem novi veritas ac gratia testamenti fidelibus ministranda monstrata est. Sane utraque refectio in monte celebrata est, ut aliorum evangelistarum narratio declarat: quia utriusque scriptura testamenti recte intellecta altitudinem nobis cœlestium et præceptorum mandat et præmiorum: utraque altitudinem Christi, qui est mons domus Domini in vertice montium, consona voce prædicat. Qui enim ædificatam super se civitatem sive domum Domini, id est, ecclesiam in altum bonorum extollit operum, et cunctis manifestam gentibus exhibet, ipse hanc ab infimis delectationibus abstractam pane cœli reficit, atque ad appetitum supernæ suavitatis dato pignore cibi spiritualis accendit.

Misereor, inquit, super turbam, &c.] Quare triduo turba Dominum sustinuerit, Matthæus exponit plenius, qui ait: Et ascendens in montem sedebat ibi. Et accesserunt ad eum turbæ multæ habentes secum mutos, cæcos, claudos, debiles, et alios multos, et projecerunt eos ad pedes ejus, et curavit eos. Turba ergo triduo Dominum propter sanationem infirmorum suorum sustinet, cum electi, quique fide Sanctæ Trinitatis lucidi Domino pro suis suorumque peccatis, animæ videlicet languoribus, perseveranti instantia supplicant. Item turba triduo Dominum sustinet, quando multitudo fidelium peccata quæ perpetravit per pœnitentiam declinans, ad Dominum se in opere, in locutione, atque in cogitatione convertit: quos dimittere jejunos in domum suam Dominus non vult, ne deficiant in via; quia videlicet conversi peccatores in præsenti vitæ via deficiunt, si in sua conscientia sine doctrinæ sanctæ pabulo dimittantur. Ne ergo lassentur in hujus peregrinationis itinere, pascendi sunt sacra admonitione. Valde autem pensanda est pia sententia quæ processit ex ore Veritatis, qua dicitur:

Quidam enim ex eis de longe venerunt.] Est enim qui nihil fraudis et nihil carnalis corruptionis expertus ad omnipotentis Dei servitium festinavit. Iste de longinquo non venit, quia per incorruptionem et innocentiam proximus fuit. Alius nulla impudicitia, nullis flagitiis inquinatus, solum autem conjugium expertus, ad ministerium spirituale conversus est. Neque iste venit e longinquo, quia usus conjunctione concessa per illicita non erravit. Alii vero post carnis flagitia, alii post falsa testimonia, alii post facta furta, alii post illatas injurias et violentias, alii post perpetrata homicidia, ad pœnitentiam redeunt, atque ad omnipotentis Dei servitium convertuntur. Hi videlicet ad Dominum de longinquo veniunt. Quanto etenim quisque plus in pravo opere erravit, tanto ab omnipotente Domino longius recessit. Dentur ergo alimenta eis etiam qui de longinquo veniunt, quia conversis peccatoribus doctrinæ sanctæ cibi præbendi sunt, ut in Deum vires reparent, quas in flagitiis amiserunt. Item Judæi quicunque in Christo crediderunt, de prope ad illum venerunt, quia legis et prophetarum erant literis edocti de illo. Credentes vero ex gentibus de longe utique venerunt ad Christum, quia nullis paginarum sanctarum monimentis de ejus erant fide præmoniti.

Et interrogavit eos, Quot panes habetis? &c.] Bene septem panes in mysterio novi testamenti ponuntur, in quo septiformis gratia Spiritus Sancti plenius fidelibus cunctis et credenda revelatur, et credita datur. Neque hordeacei fuisse produntur, sicut illi quinque, de quibus quinque sunt hominum millia saturata, ne iterum sicut in lege vitale animæ alimentum corporalibus sacramentis obtegeretur. Hordei etenim medulla tenacissima palea tegitur.

Et præcepit turbæ discumbere super terram.] Supra in refectione quinque panum turba super fœnum viride discumbebat, nunc ubi septem panibus reficienda est, supra terram discumbere præcipitur, quia per scripturam legis carnis desideria calcare et comprimere jubemur. Omnis enim caro fœnum, et omnis gloria ejus tanquam flos fœni. In novo autem testamento ipsam quoque terram ac facultates temporales derelinquere præcipimur. Vel certe quia mons in quo turba Dominicis panibus reficiebatur, altitudinem (ut supra diximus) Redemptoris nostri significat, ibi super fœnum, hic super terram reficitur. Ibi enim celsitudo Christi propter carnales homines et Hierusalem terrenam, carnali spe et desiderio tegitur: hic autem, remota omni cupiditate carnali, convivas novi testamenti spei permanentis firmamentum tanquam ipsius montis soliditas nullo fœno interposito, continebat.

Et accipiens septem panes, gratias agens fregit, &c.] Dominus accipiens panes dabat discipulis ut ipsi acceptos turbæ apponerent, quia spiritualis dona scientiæ tribuens apostolis, per eorum ministerium voluit ecclesiæ suæ, per orbem vitæ cibaria distribui. Quod autem fregit panes quos discipulis daret, apertionem designat sacramentorum, quibus ad perpetuam salutem nutriendus erat mundus. Cum enim ait ipse Dominus, Et nemo novit Filium nisi Pater, neque Patrem quis novit nisi Filius, et cui voluerit Filius revelare; quid nisi panem vitæ nobis per se aperiendum demonstravit, ad cujus interiora cernenda per nos ipsos penetrare nequivimus? Cui contra propheta miserabilem quorundam famem deplorans aiebat: Parvuli petierunt panem, nec erat qui frangeret eis: quod est aliis verbis dicere: Indocti quæsierunt pabulum verbi Dei, quo ad virtutem bonæ operationis convalescerent refici, nec erat, magistris deficientibus, qui eis Scripturarum arcana patefaceret, eosque ad viam veritatis institueret. Acceptis autem ad frangendum panibus Dominus gratias agit, ut et ipse quantum de salute generis humani congaudeat ostendat, et nos ad agendas semper Deo gratias informet, cum vel terreno pane carnem, vel animam cœlesti superna gratia largiente reficimus.

Et habebant pisciculos paucos, &c.] Si in panibus septem Scriptura novi testamenti designatur, in cujus lectione per gratiam Sancti Spiritus internas mentium epulas invenimus, quid in pisciculis quos bene dicens pariter Dominus turbæ jussit apponi, nisi sanctos accipimus illius temporis, quo eadem est condita scriptura, vel quorum ipsa scriptura fidem, vitam, et passiones continet? Qui de turbulentis hujus seculi fluctibus erepti ac divina benedictione consecrati, refectionem nobis internam, ne in hujus mundi transeuntis excursu deficiamus, exemplo suæ vel vitæ præbuere vel mortis.

Et manducaverunt, et saturati sunt.] Manducant de panibus Domini ac piscibus, et saturantur, qui audientes verba Dei et exempla intuentes, ad profectum vitæ correctionis per hæc excitari atque assurgere festinant. Quibus apte congruit illud Psalmistæ, Edent pauperes et saturabuntur, et laudabunt Dominum qui requirent eum. Vivet cor eorum in seculum seculi. Quod est aperte dicere: Audient humiles verbum Dei et facient, et ad laudem non suam, sed superni largitoris cuncta quæ bene gerunt referent. Unde merito ad vitam interioris hominis æternam, utpote pane vitæ saturati, pervenient. Cui contra tardis auditoribus per prophetam exprobratur, Manducastis et non estis saturati. Manducant namque et non saturantur qui panem verbi Dei audiendo degustant, sed non faciendo quæ audiunt, nihil ex his internæ dulcedinis quo cor ipsorum confirmetur in ventre memoriæ recipiunt.

Et sustulerunt quod superaverat de fragmentis septem sportas.] Quod turbis saturatis superat, apostoli sustollunt, et septem sportas implent, quia sunt altiora perfectionis præcepta vel potius exhortamenta et consilia, quæ generalis fidelium multitudo nequit servando et implendo attingere: quorum executio illos proprie respicit, qui majore Sancti Spiritus gratia pleni generalem populi Dei conversionem mentis atque operis sublimitate transcendunt. Qualibus dicitur, Si vis perfectus esse, vade, vende omnia quæ habes, &c. Unde bene sportæ, quibus Dominicorum sunt condita fragmenta ciborum, propter septiformem Spiritus gratiam, septem fuisse memorantur. Nam quia sportæ junco et palmarum foliis solent contexi, merito in sanctorum significatione ponuntur. Juncus quippe super aquas nasci consuevit, palma vero victricem ornat manum. Et junceis vasis recte comparantur electi, cum radicem cordis, ne forte ab amore æternitatis arescat, in ipso vitæ fonte collocant. Assimilantur et eis quæ de palmarum sunt foliis contexta, cum indefectivam æternæ retributionis memoriam puro in corde retinet. Et bene turba, quamvis reliquias Dominici prandii non caperet, manducasse tamen et saturata esse narratur; quia sunt nonnulli qui etsi omnia sua relinquere nequeunt, neque explere hoc quod de virginibus dicitur, Qui potest capere capiat, cæteraque hujusmodi: tamen esurientes et sitientes justitiam saturantur, cum audiendo mandata legis Dei ad vitam perveniunt æternam.

Erant autem qui manducaverunt quasi quatuor millia, &c.] Bene quatuor millia, ut ipso etiam numero docerent evangelicis se pastos esse cibariis.

Et statim ascendens navem cum discipulis suis venit in partes Dalmanutha.] Pro hoc in Matthæo legimus, Et dimissa turba ascendit in naviculam, et venit in fines Magedan. Non autem dubitandum est eundem locum esse sub utroque nomine: nam plerique codices non habent etiam secundum Marcum nisi Magedan.

CAP. XXXIII. *Et exierunt Pharisæi et cœperunt conquirere cum eo, quærentes ab illo signum de cœlo, &c.*] Sic signum quærunt, quasi quæ viderant, signa non fuerint. Sed quid quærant ostenditur, cum dicitur, Quærentes ab illo signum de cœlo. Vel in morem Eliæ ignem de sublimi venire cupiebant: vel in similitudinem Samuelis, tempore æstivo mugire tonitrua, coruscare fulgura, imbres ruere: quasi non possint et illa calumniari, et dicere ex occultis et variis aeris passionibus accidisse. At tu qui calumniaris ea quæ oculis vides, manu tenes, utilitate sentis, quid facies de his quæ cœlo venerint? Utique respondebis, et magos in Ægypto multa signa de cœlo fecisse. Vel certe signum de cœlo quærunt, ut qui multa hominum millia secundo paucis de panibus satiavit, nunc in exemplum Moysi manna cœlitus misso et per omnia passim disperso, populum omnem multo tempore reficiat. Quod in evangelio Joannis post edulium panum turbas ab eo quæsisse legimus, dicentes: Quod ergo tu facis signum, ut videamus et credamus tibi? Quid operaris? Patres nostri manna manducaverunt in deserto, sicut scriptum est, Panem de cœlo dedit eis manducare.

Et ingemiscens spiritu ait, Quid generatio ista quærit signum? &c.] Qui supra turbam credentem cœlesti beneficio refecturus gratias agebat, nunc ob stultam Pharisæorum non credentium et tentantium petitionem gemit et contristatur, quia veram hominis naturam, veros humanæ naturæ circumferens affectus sicut de hominum salute lætatur, ita super eorum dolet et ingemiscit erroribus. Unde et alibi, cum multi ad salutem apostolis prædicantibus essent perducti, scriptum est de illo: In ipsa hora exultavit in Spiritu Sancto, et dixit, Confiteor tibi, Pater, Domine cœli et terræ, quod abscondisti hæc a sapientibus et prudentibus, et revelasti ea parvulis. Et cum Judæ facinus esset redarguiturus, turbatus est spiritu, ut Joannes scribit, et protestatus est, et dixit, Amen, amen dico vobis, Quia unus ex vobis tradet me. Quod autem ait, Si dabitur generationi isti signum, significat non dabitur, juxta illud in Psalmo: Semel juravit in sancto meo, si David mentiar, id est, non David mentiar. Denique sanctus Augustinus, de consensu evangelistarum loquens, ita in Marco scriptum esse testatur: Et signum non dabitur ei. Non ergo dabitur generationi illi signum, id est, tentantium Dominum et resultantium verbis ejus: tale utique signum quale tentantes quærebant, hoc est, de cœlo: quibus tamen multa cœlestia signa dabat in terra. Cæterum generationi quærentium Dominum requirentium faciem Dei Jacob, signum de cœlo ostendebat, quando cernentibus apostolis ascendit in cœlum, quando misso desuper Spiritu primitivam implevit ecclesiam, quando ad impositionem manus apostolorum in Samaria, Cæsarea, Epheso, aliisque urbibus ac locis plurimis, gratiam de cœlo Spiritus Sancti credentibus ministravit.

Et dimittens eos, ascendens navim, iterum abiit trans fretum, &c.] Quærat aliquis et dicat, quomodo panes non habebant qui statim impletis septem sportis ascenderunt naviculam, et venerunt in fines Magedam, ibique audiunt navigantes quod cavere debeant a fermento Pharisæorum et Saduceorum. Sed Scriptura testatur quod obliti sint eos secum tollere. Quod autem navigaturi trans fretum obliti sunt viaticum sumere secum, indicium est quam modicam carnis curam haberent in reliquis, quibus ipsa reficiendi corporis necessitas, quæ naturaliter cunctis mortalibus inest, intentione Dominici comitatus menti excesserat. Unus vero panis quem secum habebant in navi, mystice ipsum panem vitæ, Dominum videlicet Salvatorem designat; cujus amore, quia semper intus reficiebantur in corde, minus de terreno pane quo corpus pasci solet curabant.

Et præcipiebat eis dicens, Videte et cavete a fermento Pharisæorum, &c.] Fermentum Pharisæorum est decreta legis divinæ traditionibus hominum postponere, vel certe legem verbis prædicare, factis impugnare. Fermentum eorum est Dominum tentare, nec doctrinæ ejus aut operibus credere, sed insultando alia quibus credere debeant petere. Fermentum Herodis est adulterium, homicidium, temeritas jurandi, simulatio religionis, et, quod omnium caput est et origo scelerum, odium ac persecutio in Christum et præcursorem ejus præconemque primum regni cœlestis. A quo utrorumque fermento etiam apostolus non prohibens ait: Itaque epulemur non in fermento veteri, neque in fermento malitiæ et nequitiæ, sed azymis sinceritatis et veritatis.

Et cogitabant, ad alterutrum dicentes, Quia panes non habemus, &c.] Per occasionem præcepti quo Salvator jusserat dicens, Cavete a fermento Pharisæorum et fermento Herodis, docet eos quid significent quinque panes et septem, sive pisciculi, aut quinque millia hominum et quatuor millia quæ pasta sunt in eremo: quod licet signorum magnitudo perspicua sit, tamen aliud spirituali intelligentia demonstratur. Si enim fermentum Pharisæorum et Saducæorum, et fermentum Herodis non corporalem panem, sed traditiones perversas et hæretica significat dogmata, quare et cibi quibus nutritus est populus Dei non veram doctrinam integramque significent? Istiusmodi fermentum, quod omni ratione vitandum est, habuit Marcion et Valentinus, et omnes hæretici. Fermentum hanc vim habet, ut si farinæ mixtum fuerit, quod parvum videbatur crescat in majus, et ad saporem suum universam conspersionem trahat; ita et doctrina hæretica, si vel modicam scintillam in tuum pectus jecerit, in brevi ingens flamma succrescet, et totam hominis possessionem ad se trahet. Hoc est de quo et apostolus loquitur, Modicum fermentum totam massam corrumpit.

CAP. XXXIV. *Et veniunt Bethsaida, et adducunt ei cæcum, &c.*] Cuncti qui a Domino curantur languores, spiritualium sunt signa languorum, quibus anima per peccatum æternæ morti propinquat. Sicut enim in surdo et muto a Domino sanato sanatio mentis insinuatur eorum qui neque audire verbum Dei neque loqui noverant, et mox in refectione turbæ esurientis quæ Dominum secuta fuerat, suavitas figuratur illa, qua diligentium se et quærentium solet corda nutrire, ita in hoc cæco paulatim curato a Domino, illuminatio designatur cordium stultorum, ac longe a via veritatis aberrantium. Rogabant autem eum ut illum tangeret, scientes quia tactus Domini sicut leprosum mundare, ita etiam cæcum illuminare valeret. Tangimus autem Dominum nos, cum ei fide integra et sincera adhæremus. Quem profecto tactum nobis esse saluberrimum exemplo mulieris, quæ fimbriam ejus felici audacia tetigit, ediscimus. Tangit nos Dominus cum mentem nostram afflatu sui Spiritus illustrat, atque ad agnitionem nos propriæ infirmitatis studiumque bonæ actionis accendit.

Et apprehendens manum cæci, eduxit eum extra vicum.] Apprehendit manum cæci ut eum ad executionem bonæ operationis quam pro diutina cordis obscuritate non noverat, confortaret. Eduxit extra vicum, ut a vita vulgari segregatus voluntatem sui Conditoris qua illuminari mereretur, liberius sedulo corde scrutaretur. Quisquis enim lumen æternitatis videre desiderat, non exempla turbarum, sed ducatum necesse est semper sui Redemtoris sequatur.

Et exspuens in oculos ejus, impositis manibus suis, interrogavit eum, &c.] Ideo secum hunc Dominus paulatim et non statim repente curat, quem uno mox verbo, si vellet, poterat curare, ut magnitudinem humanæ cæcitatis ostenderet, quæ quasi pedetentim et per quosdam profectuum gradus ad lucem divinæ visionis solet pervenire; seu ut suæ nobis gratiæ crebra daret indicia, per quam singula nostræ perfectionis incrementa, ut proficere aliquid possint nec deficiant, adjuvat. De sputo autem oris Domini, quod gratiam Spiritus ejus designet, sæpe dictum est. De tactu manuum ejus, quod virtutem adjutorii ipsius insinuent, nulli dubium est. Sputum quippe ab intus de capite Domini procedit: manus vero sunt membra corporis exterius posita. Exspuens ergo in oculos cæci Dominus, imponit manus suas ut videat, quia cæcitatem generis humani et per invisibilia divinæ pietatis dona et per exhibita foris sacramenta assumptæ humanitatis abstersit. Primo autem is qui curabatur videbat homines velut arbores ambulantes, hoc est, formam quidem corporum inter umbras aspiciens, sed nulla membrorum lineamenta visu adhuc caligante discernere valens, quales condensæ arbores a longe spectantibus vel certe in luce nocturna solent apparere, ita ut non facile arbor an homo sit possit dignosci. Quia primus nimirum cuique virtutis introitus est, hominum vitam moresque cæterorum inspicere, ut quicquid uspiam boni viderit, imitetur; quicquid mali, caveat ac detestetur. Sed quisquis ita desipit, ac longi temporis obscuritate depressus est, ut inter bonum et malum, fidem et perfidiam, sincera pietatis opera et simulationem justitiæ adhuc discernere nesciat, quasi ambulantes homines instar arborum cernit, quia facta multitudinis absque luce discretionis videt. Et quid talibus superest, nisi ut divina dignatio, quæ ei curam hominis considerandi tribuit, etiam donum conferat discernendi quæ maxime hominum vita sequenda, quorum sit audienda doctrina? Unde apte dicitur, quia secunda impositione manuum suarum Dominus ei lucem clare omnia videndi restituerit. Clare namque videt omnia qui cæcus fuit, cum is qui illuminari intus meruit, manifeste didicerit quomodo credendum, qualiter vivendum, quæ pro fide veritatis atque operatione justitiæ præmia sint in futuro speranda.

Et misit illum in domum suam, dicens, &c.] Quod eum in domum suam ire præcepit, mystice admonet omnes qui agnitione veritatis illustrantur, ut ad cor suum redeant, et, quantum sibi donatum sit, sollicita mente perpendant, collatisque sibi beneficiis digna operum executione respondeant. Quod vero eum, sicut et multos quos sanavit alios, sanationem suam silentio tegere jubet, exemplum suis tribuit, ne de his quæ faciunt mirandis favorem vulgi requirant, sed divinis tantum aspectibus, ubi et merces operum restat, sint placere contenti.

CAP. XXXV. *Et egressus est Jesus et discipuli ejus in castellum Cæsareæ Philippi, &c.*] Philippus iste est frater Herodis, de quo supra diximus, Tetrarcha Ituræe et Trachonitidis regionum, qui in honorem Tiberii Cæsaris Cæsaream Philippi, quæ nunc Paneas dicitur, appellavit; et est in provincia Phœnicis imitatus Herodem patrem, qui in honorem Augusti Cæsaris appellavit Cæsaream, quæ prius Turris Stratonis vocabatur, et ex nomine filiæ ejus Libyadem trans Jordanem extruxit. Iste locus est Cæsareæ Philippi, ubi Jordanis ad radices oritur Libani, et habet duos fontes, unum nomine Jor, et alterum Dan, qui simul mixti, Jordanis nomen efficiunt.

Et interrogabat in via discipulos suos, dicens, Quem me dicunt esse homines? &c.] Pulchre Dominus fidem discipulorum exploraturus primo hominum sententiam interrogat, ne videlicet illorum confessio non veritatis agnitione probata sed vulgi videatur opinione firmata, nec comperta credere, sed instar Herodis de auditis hæsitare putentur. Unde et Petro se Christum confitenti secundum Matthæum dicit, Quia caro et sanguis non revelavit tibi, hoc est, doctrina humana fidei te veritatem non docuit. Pulchre etiam qui diversam de Domino sententiam ferunt, hominum nomine notantur. Nam qui veritatem potentiæ ejus fideliter ac pia mente cognoscunt, nequaquam homines, sed dii appellari merentur. Quales fuisse apostolos secunda sua interrogatione Dominus ostendit. Nam sequitur,

Tunc dicit illis, Vos vero, quem me dicitis esse?] Attende enim, prudens lector, quod ex consequentibus textuque sermonis apostoli nequaquam homines, sed dii appellentur. Cum enim dixisset, Quem me esse dicunt homines; subjecit, Vos vero, quem me dicitis esse? Illis quia homines sunt humana opinantibus, vos qui dii estis quem me esse existimatis?

Respondens Petrus ait, Tu es Christus.] Licet cæteri apostoli sciant, Petrus tamen respondit præ cæteris. Complexus est itaque omnia, qui et naturam et nomen expressit in quo summa virtutum est. Etiamne nos de generatione Dei disserimus quæstiones? Cum Paulus indicaverit, nihil se scire nisi Christum Jesum, et hunc crucifixum, Petrus nihil amplius quam Christum Dei Filium putaverit confitendum: nos et quando et quomodo natus sit, et quantus sit humanæ infirmitatis contemplatione rimamur. Finis ergo fidei meæ Christus est, finis fidei meæ Dei Filius est. Non licet mihi scire generationis seriem, non liceat tamen nescire generationis fidem.

Et comminatus est eis ne cui dicerent de illo, &c.] Idcirco se ante passionem et resurrectionem noluit prædicari, ut completo postea sanguinis sacramento, opportunius apostolis diceret, Euntes docete omnes gentes, baptizantes eos in nomine Patris, et Filii, et Spiritus Sancti. Quia non prodesset eum publice prædicari, et ejus vulgari in populis majestatem, quem post paululum flagellatum visuri sint et crucifixum multa pati a senioribus et scribis et principibus sacerdotum. Et notandum quod eum qui multa pati et occidi et resurgere debeat, Filium hominis appellat, quia passo in carne Christo, divinitas impassibilis mansit.

Et apprehendens eum Petrus, cœpit increpare eum.] Quomodo increpaverit eum, Matthæus exponit, apertius dicens, Et assumens Petrus cœpit increpare illum dicens, Absit a te, Domine; non erit tibi hoc. Sæpe diximus nimii ardoris atque amoris quam maximi fuisse Petrum in Dominum Salvatorem. Quia ergo post confessionem suam qua dixerat, Tu es Christus, Filius Dei vivi, et præmium Salvatoris, quo audierat secundum Matthæum, Beatus es, Simon Bar Jona, quia caro et sanguis non revelavit tibi, sed Pater meus qui in cœlis est, repente audit a Domino oportere eum ire in Hierosolymam, ibique multa pati a senioribus et scribis et principibus sacerdotum, et occidi, et tertia die resurgere, non vult destrui confessionem suam, nec putat fieri posse ut Dei Filius occidatur; apprehenditque eum in affectum suum, vel separatim ducit, ne præsentibus cæteris condiscipulis magistrum videatur arguere. Et cœpit increpare illum amantis affectu, et optantis dicere, Absit a te, Domine, vel (ut melius habetur in Græco)

Propitius esto tibi, Domine; non erit istud, hoc est, non potest fieri, nec recipiunt aures meæ, ut Dei Filius occidendus sit.

Qui conversus et videns discipulos suos, comminatus est Petro, &c.] Satanas interpretatur adversarius, sive contrarius. Quia contraria (inquit) loqueris voluntati meæ, debes adversarius appellari. Multi putant quod non Petrus correptus sit, sed adversarius spiritus, qui hæc dicere apostolo suggerebat. Sed mihi error apostolicus et de pietatis affectu veniens, nunquam incentivum videbitur diaboli. Vade, Satana, diabolo dicitur; vade post me. Petrus audit, Vade post me; hoc est, sequere sententiam meam.

Quoniam non sapis quæ Dei sunt, sed quæ hominum.] Meæ voluntatis est, et Patris, cujus veni facere voluntatem, ut pro hominum salute moriar. Tu tuam tantum considerans voluntatem, non vis granum tritici in terram cadere, ut multos fructus afferat.

Cap. xxxvi. *Et convocata turba cum discipulis suis, dixit eis, Si quis vult post me sequi, &c.*] Postquam discipulis mysterium suæ passionis et resurrectionis ostendit, hortatur eos, una cum turba, ad sequendum suæ passionis exemplum: et omnibus quidem propter se tribulationem perpessis, salutem in futuro promittit animarum, non tamen omnibus, verum perfectioribus; quanta ipse passurus, quodve a mortuis esset resurrecturus, aperuit. Ubi formam dicendi ministris verbi præfixit, ut capacitatem considerantes auditorum, pro suo quemque modo instruere meminerint, neque infirmis auditoribus altiora quam capiunt arcana committant. Si quis vult (inquit) post me sequi, deneget seipsum. Tunc autem nos ipsos abnegamus, cum vitamus, quod per vetustatem fuimus, et ad hoc nitimur, quo per novitatem vocamur. Pensemus quo modo se Paulus abnegaverat, qui dicebat, Vivo autem jam non ego.

Extinctus quippe fuerat sævus ille persecutor, et vivere cœperat prædicator pius. Si enim ipse esset, pius profecto non esset. Sed qui se vivere denegat, dicat unde est quod sancta verba per doctrinam veritatis clamat. Protinus subdit, Vivit vero in me Christus; ac si aperte dicat, Ego quidem a memetipso extinctus sum, quia carnaliter non vivo, sed tamen essentialiter mortuus non sum, qui in Christo spiritualiter vivo. Dicat ergo Veritas, dicat: Si quis vult post me sequi, deneget seipsum. Quia nisi quis a semetipso deficiat, ad eum qui super ipsum est non appropinquat. Nec valet apprehendere quod ultra ipsum est, si nescierit mactare quod est. Sed jam qui se a vitiis abnegat, exquirendæ ei virtutes sunt in quibus crescat. Nam cum dictum est, Si quis vult post me sequi, deneget seipsum; protinus adjungitur,

Et tollat crucem suam, et sequatur me.] Duobus etenim modis crux tollitur, cum aut per abstinentiam afficitur corpus, aut per compassionem proximi affligitur animus. Pensemus qualiter utroque modo Paulus crucem suam tulerat, qui dicebat, Castigo corpus meum et in servitutem redigo, ne forte aliis prædicans ipse reprobus efficiar. Ecce in afflictione corporis audivimus crucem carnis: nunc in compassione proximi, audiamus crucem mentis. Ait, Quis infirmatur, et ego non infirmor? Quis scandalizatur, et ego non uror? Perfectus quippe prædicator, ut exemplum daret abstinentiæ, crucem portabat in corpore: et quia in se trahebat damna infirmitatis alienæ, crucem portabat in corde.

Qui enim voluerit animam suam salvam facere, perdet eam, &c.] Sic dicitur fideli, Qui voluerit animam suam salvam facere, perdet eam: qui autem perdiderit animam suam propter me et evangelium, salvam faciet. Ac si agricolæ dicatur, Frumentum si servas, perdis: si seminas, renovas. Quis enim nesciat, quod frumentum cum in semine mittitur, perit ab oculis, in terra deficit? Sed unde putrescit in pulvere, inde virescit in renovatione. Quia vero sancta ecclesia aliud tempus habet persecutionis, atque aliud pacis; Redemptor noster ipsa ejus tempora designavit in præceptis. Nam persecutionis tempore ponenda est anima: pacis autem tempore, ea quæ amplius dominari possunt, frangenda sunt desideria terrena. Unde et nunc dicitur,

Quid enim proderit homini, si lucretur mundum totum, &c.?] Cum persecutio ab adversariis deest, valde vigilantius cor custodiendum est: nam pacis tempore quia licet vivere, libet etiam ambire. Plerumque autem et avaritiam vincimus, sed adhuc obstat, quod vias rectitudinis minori tenemus custodia, perfectioni: nam sæpe labentia cuncta despicimus, sed tamen adhuc humanæ verecundiæ usu præpedimur, ut rectitudinem quam servamus in mente, nondum exprimere valeamus in voce. Et tantum Dei faciem ad justitiæ defensionem negligimus, quantum humanas facies contra justitiam veremur. Sed huic quoque vulneri congruum subjungitur medicamentum, cum Dominus dicat,

Qui enim me confessus fuerit, et mea verba, &c.] Sed ecce nunc apud se homines dicunt, Nos jam Dominum et sermones ejus non erubescimus; quia aperta eum voce confitemur. Quibus ego respondeo, quod in hac plebe Christiana sunt nonnulli qui Christum ideo confitentur, quia cunctos Christianos esse conspiciunt. Non ergo ad probationem fidei vox sufficit professionis; quam defendit a verecundia professio generalitatis. Et tamen ubi se quisque interroget, ut in confessione Christi se veraciter probet; si non jam nomen ejus erubescit; si plene virtuti mentis humanum pudorem subdidit. Certe enim persecutionis tempore erubescere poterant fideles substantiis denudari, de dignitatibus dejici, verberibus affligi. Pacis autem tempore, quia hæc a nostris persecutionibus desunt, est aliud ubi ostendamur nobis. Veremur sæpe a proximis despici, dedignamur injurias verbi tolerare. Si contingat jurgium fortasse cum proximo, erubescimus priores satisfacere. Cor quippe carnale, dum hujus vitæ gloriam quærit, humilitatem respuit.

LIBER TERTIUS.

IN CAP. IX.

Et dicebat illis, Amen dico vobis, quia sunt quidam de hic stantibus, &c.] Regnum Dei hoc loco, præsens ecclesia vocatur. Et quia nonnulli ex discipulis usque adeo in corpore victuri erant, ut ecclesiam Dei constructam conspicerent, et contra mundi hujus gloriam erectam, consolatoria promissione nunc dicitur, Sunt quidam de hic stantibus qui non gustabunt mortem, donec videant regnum Dei veniens in virtute. Sed cum tanta Dominus subeundæ mortis præcepta ederet, quid necessarium fuit ut ad hanc subito promissionem veniret? Quod si subtiliter attendamus, quanta dispensatione pietatis agatur, agnoscemus. Discipulis enim rudibus etiam de præsenti vita aliquid promittendum fuit, ut possent robustius in futura solidari. Sic Israelitico populo ex Ægypti terra liberando repromissionis terra promittitur, ut dum vocandus esset ad dona cœlestia, terrenis promissionibus suaderetur. Unde recte quoque per Psalmistam dicitur, Dedit eis regiones gentium, et labores populorum possederunt, ut custodiant justificationes ejus, et legem ejus requirant. Sic ergo hoc loco rudibus discipulis Veritas loquens, videndum regnum Dei promittit in terra, ut hoc ab eis fidelius in cœlo præsumatur. Quod si regnum Dei hac sententia futuram in cœlis beatitudinem velimus accipere, et hoc quidam de astantibus non post multos dies in monte viderunt. Quod pia utique provisione factum est, ut contemplatione semper manentis gaudii, tametsi raptim atque ad breve momentum delibata, fortius instantia seculi transeuntis adversa tolerarent. Decentissimo sane verbo sanctos mortem gustare testatur, a quibus nimirum mors corporis quasi libando gustatur, vita vero animæ veraciter possidendo tenetur.

Cap. xxxvii. *Et post dies sex, assumpsit Jesus Petrum et Jacobum et Joannem, &c.*] In evangelio Lucæ ita scriptum est: Factum est autem post hæc verba fere dies octo, et assumpsit Petrum et Jacobum et Joannem, et ascendit montem ut oraret, et cætera. Octava autem die Dominus promissam futuræ beatitudinis gloriam discipulis manifestat, ut et ostensa cœlestis vitæ dulcedine, cunctorum qui hæc audire possint corda refoveat, et octonario dierum numero, verum tempore resurrectionis gaudium doceat esse venturum. Nam et ipse octava die, id est, post sextam sabbati qua crucem ascendit, ac septimam sabbati qua in sepulchro quievit, a mortuis resurrexit, et nos post sex hujus seculi ætates in quibus pro Domino pati et laborare gaudemus, ac septimam sabbati animarum, quæ interim in alia vita geritur, octava profecto ætate resurgemus. Nam quod Matthæus Dominum Marcusque post sex transfiguratum dicunt dies, nec temporis ordine nec ratione mysterii discrepant a Luca, qui octo dies dicit; quia illi medios tantum ponunt dies, unde et absolute post sex dies factum commemorant. Hic primum quo hæc Dominus promisit, et ultimum quo sua promissa complevit, adjungit. Ideoque temperantius fere dies octo ponit. Et in ratione mystica illic post sex mundi ætates sanctis ab omni labore quiescendum: hic vero tempore octavo, designat esse resurgendum. Unde pulchre et sextus psalmus Pro octava scribitur cui initium est, Domine, ne in furore tuo arguas me; quia nimirum per sex ætates, quibus operari licet, precibus est insistendum; ne in octavo retributionis tempore a Judice corripiamur irato. Quod et ipse Dominus hoc loco voluit nos, ostenso suæ orationis exemplo, docere, de quo secundum Lucam dicitur, quia ascendit in montem ut oraret. In montem namque oraturus et transfiguratus sic ascendit, ut ostendat eos qui fructum resurrectionis expectant, qui regem in decore suo videre desiderant, mente in excelsis habitare, et continuis precibus incumbere debere. Tres solummodo secum discipulos ducit, vel quia multi sunt vocati, pauci vero electi, vel quod ii qui nunc fidem qua imbuti sunt Sanctæ Trinitatis incorrupta mente servaverint, tunc æterna ejus merentur visione lætari.

Et transfiguratus est (*inquit*) *coram ipsis, &c.*] Transfiguratus Salvator non substantiam veræ carnis amisit, sed gloriam futuræ vel suæ vel nostræ resurrectionis ostendit. Qui qualis tunc apostolis apparuit, talis post judicium cunctis apparebit electis. Nam in ipso tempore judicandi et bonis simul et malis in forma servi videbitur, ut videlicet impii quem sprevere, Judæi quem negavere, milites quem crucifixere, Pilatus Herodesque quem judicavere, queant agnoscere Judicem. Vestimenta autem Domini, recte sancti ejus accipiuntur, teste apostolo, qui ait, Quicunque ergo in Christo baptizati estis, Christum induistis. Quæ videlicet vestimenta Domino in terris consistente despecta, aliorumque similia videbantur: sed ipso montem petente novo candore refulgent, quia nunc quidem filii Dei sumus, sed nondum apparuit quid erimus. Scimus autem quia cum apparuerit, similes ei erimus. Videbimus enim eum sicut est. Unde bene de eisdem vestimentis subditur: Qualia fullo super terram non potest candida facere. Nam quia ille hoc loco intelligendus est fullo, quem pœnitens Psalmista precatur, Amplius lava me ab injustitia mea, et a delicto meo munda me. Non potest suis fidelibus in terra dare claritatem, quæ eos conservata manet in cœlis.

Et apparuit illis Elias cum Moyse, &c.] Moyses et Elias, quorum unum mortuum, alterum in cœlis raptum legimus, visi in majestate cum Domino (ut Lucas scribit) futuram in illo omnium sanctorum gloriam significant: qui videlicet tempore judicii, vel vivi in carne reperiendi, vel ab olim gustata morte resuscitandi et pariter sunt regnaturi cum illo. Attestante etenim apostolo, Mortui qui in Christo sunt resurgent primi, deinde nos qui vivimus, qui relinquimur, simul rapiemur cum illis obviam Domino in aera, et sic semper cum Domino erimus. Aliter. Moyses et Elias, hoc est, legislator et prophetarum eximius, apparent et loquuntur cum Domino in carne veniente, ut ostendant ipsum esse, quem cuncta legis et prophetarum oracula promiserunt. Apparent autem non in infimis, sed in monte cum illo; quia nimirum soli illi qui mente terrena desideria transcendunt, majestatem Sanctæ Scripturæ, quæ in Domino est adimpleta, perspiciunt. Denique et filii Israel videre Moysen: sed ad Deum in montana subeuntem, sequi non merentur, ad se quoque reversum non sine velamine cernunt. Eliam novere, sed solus triumphum ascendentis cum filiis prophetarum contemplatur Eliseus. Quia multi passim Scripturæ verba legimus; sed quam celsa in Christi mysteriis splendeat, perpauci perfectiores intelligunt.

Et respondens Petrus ait, Rabbi, bonum est, &c.] O quanta felicitas visioni Deitatis inter angelorum choros adesse perpetuo: si tantum transfigurata Christi humanitas, duorumque societas sanctorum ad punctum visa delectet, ut eos ne discedant, etiam obsequio Petrus sistere velit, qui etsi pro stupore humanæ fragilitatis nesciat quid dicat, insiti tamen sibi dat affectus indicium. Nesciebat enim quid diceret, qui oblitus est regnum Dei sanctis a Domino, non alicubi terrarum sed in cœlis esse promissum. Nec recordatus est se suosque coapostolos mortali adhuc carne circumspectos immortalis vitæ statum subire non posse, cui mente excesserat, quod in domo Patris quæ in cœlis est, domus manu facta necessario non sit. Sed et usque nunc imperitiæ notatur, quisque legi et prophetis et evangelicis tria tabernacula facere cupit, cum hæc ab invicem nullatenus valeant separari unum habentia tabernaculum, hoc est, ecclesiam Dei.

Et facta est nubes obumbrans eos.] Qui materiale tabernaculum quæsivit, nubis accepit obumbraculum, ut discat in resurrectione non tegmine domorum, sed Spiritus Sancti gloria, sanctos esse protegendos. De qua Psalmista: Filii autem hominum in protectione alarum tuarum sperabunt. Et in Apocalypsi sua Joannes: Et templum, inquit, non vidi in ea; Dominus omnipotens templum illius est, et Agnus.

Et venit vox de nube dicens, Hic est filius meus carissimus, audite illum.] Quia imprudenter interrogaverant, propterea responsionem Domini non merentur: sed Pater respondet pro Filio, ut verbum

Domini compleretur. Ego testimonium non dico pro me: sed Pater qui me misit, ipse pro me dicit testimonium. Vox quoque de cœlo Patris loquentis auditur, quæ testimonium perhibeat de Filio, et Petrum, errore sublato, doceat veritatem: immo in Petro ceteros apostolos. Hic est (inquit) Filius meus carissimus: huic figendum est tabernaculum, huic obtemperandum. Hic est Filius, illi servi sunt, Moyses et Elias. Debent et ipsi vobiscum in penetralibus cordis sui Domino tabernaculum præparare. Concordat sane hic evangelii locus cum verbis ipsius Moysi, quibus incarnationi Dominicæ testimonium ferens aiebat: Prophetam vobis suscitabit Dominus Deus vester de fratribus vestris; tanquam meipsum audietis, juxta omnia quæ locutus fuerit vobis. Erit autem: Omnis anima quæcunque non audierit prophetam illum, exterminabitur de plebe. Quem ergo Moyses cum venerit in carne audiendum ab omni anima quæ salvari velit prædixit, hunc jam venientem in carne Deus Pater audiendum discipulis ostendit, et suum esse Filium cœlesti voce signavit. Et quasi manifestius fidem adventus ejus illis insinuans, Hic vir, (inquit,) hic est ille, quem Moyses iste vobis sæpius in mundo nasciturum promisit. Hujus verbis juxta præceptum ipsius Moysi et vos auscultate, et omnes veri amatores auscultare jubete. Et notandum, quod sicut Domino in Jordane baptizato, sic et in monte clarificato totius Sanctæ Trinitatis mysterium declaratur. Quia nimirum gloriam ejus quam in baptismo credentes confitemur, in resurrectione videntes collaudabimus. Nec frustra Spiritus Sanctus hic in lucida nube, ut alius evangelista commemorat, illic apparebat in columba. Quia qui nunc simplici corde fidem quam percepit, servat, tunc luce apertæ visionis quod crediderat contemplabitur, ipsaque qua illustrabitur in perpetuum gratia protegetur.

Et statim circumspicientes neminem viderunt amplius, nisi, &c.] Ubi cœpit Filius designari, mox servi discesserunt, ne ad illos paterna vox emissa putaretur. Aliter, Cum fieret vox super Filium, inventus est ipse solus, quia cum manifestaverit seipsum electis, erit Deus omnia in omnibus: immo ipse cum suis unus per omnia Christus, id est, caput cum corpore splendebit. Propter quam unitatem alibi dicebat: Et nemo ascendit in cœlum, nisi qui descendit de cœlo, Filius hominis, qui est in cœlo.

Et descendentibus illis de monte, præcepit illis, ne cui quæ vidissent, narrarent, &c.] Futuri regni præmeditatio, et gloria triumphantis demonstrata fuerat in monte. Non vult ergo hoc in populis prædicari, ne et incredibile esset pro rei magnitudine, et post tantam gloriam apud animos sequens crux scandalum faceret.

Et interrogabat eum, dicentes, Quid ergo dicunt Pharisæi et Scribæ, &c.?] Traditio Pharisæorum est juxta Malachiam prophetam, qui est novissimus in duodecim; quod Elias veniat ante adventum Salvatoris, et reducat cor patrum ad filios, et filiorum ad patres, et restituat omnia in antiquum statum. Æstimant ergo discipuli transformationem gloriæ hanc esse, quam in monte viderant, et dicunt: Si jam venisti in gloria, quomodo præcursor tuus non apparet? Maxime quia Eliam viderant recessisse. Quando autem adjiciunt scribæ, et dicunt, quia Eliam oporteat primum venire; primum dicendo, ostendunt quod nisi Elias venerit, non sit secundus Salvatoris adventus.

Qui respondens ait illis: Elias cum venerit, primo

restituet omnia.] Omnia restituet, utique illa quæ propheta præfatus ostendit dicens, Ecce ego mittam vobis Eliam prophetam antequam veniat dies Domini magnus et horribilis, et convertet cor patrum ad filios, et cor filiorum ad patres eorum. Restituet et hoc quod morti debet, ac diu vivendo distulit. Quod etiam hic Dominus consequenter intimavit, cum protinus adjunxit:

Et quomodo scriptum est in Filium hominis ut multa patiatur et contemnatur.] Id est, quomodo de Christi passione multifarie prophetæ multa scripserunt, sic et Elias cum venerit, multa passurus est; contemnendus ab impiis. Restituet ergo omnia, primo videlicet corda hominum illius ævi instituendo ad credendum Christo, ac resistendum perfidiæ Antichristi: deinde ipse suam animam propter martyrium fidei Christi ponendo. De quo in Apocalypsi plenius mystico sermone narratur.

Sed dico vobis, quia et Elias venit, et fecerunt illi quæcunque voluerunt, sicut scriptum est de eo.] Ipse qui venturus est in secundo Salvatoris adventu juxta corporis fidem, nunc per Joannem venit in virtute et spiritu. Feceruntque ei quæcunque voluerunt, hoc est, spreverunt, et decollaverunt eum.

CAP. XXXVIII. *Et veniens ad discipulos suos vidit turbam magnam circa eos, et Scribas conquirentes, &c.*] Notanda in omnibus locis distantia mentis scribarum et turbæ. Erat enim cum discipulis turba, erant et scribæ: sed adveniente Domino, mox omnis turba stupefacta expavit, eumque salutans accurrit. Scribæ nihil devotionis, fidei, humilitatis, et reverentiæ ei exhibuisse narrantur. Quid autem cum discipulis Domini turbæ sive scribæ conquirerent, evangelista non dicit. Potest vero (ni fallor) apte intelligi de hoc quæstionem fuisse motam, quare ipsi cum essent discipuli Salvatoris, salvare dæmoniacum, qui in medio erat positus, non possent. Quod ex sequentibus evangelii verbis potest conjici, dum dicitur,

Et interrogavit eos, Quid inter vos conquiritis? &c.] Notandum autem, quod semper loca rebus congruunt. In monte Dominus orat, transformatur, discipulis arcana suæ majestatis aperit. In inferiora descendens turbæ occursu excipitur, miserorum fletu pulsatur. Sursum discipulis mysteria regni reserat, deorsum turbis peccata infidelitatis exprobrat. Sursum Patris vocem iis qui sequi se poterant, pandit, deorsum spiritus malos ab his qui vexabantur expellit. Qui etiam nunc pro qualitate meritorum aliis ascendere, aliis vero non desistit descendere. Nam carnales adhuc et incipientes, quasi ima petens confortat, docet, castigat. Perfectos autem, quorum conversatio in cœlis est, sublimius extollendo glorificat, liberius de æternis instruit, et sæpe quæ a turbis ne audiri quidem valeant, docet. Dæmoniacum autem hunc, quem descendens de monte Dominus sanavit, Marcus quidem surdum mutumque, Matthæus vero lunaticum fuisse commemorat. Significat autem eos de quibus scriptum est, Stultus ut luna mutatur. Qui nunquam in eodem statu permanentes, nunc ad hæc, nunc ad illa vitia mutati, crescunt atque decrescunt. Qui muti sunt, non confitendo fidem; surdi, nec ipsum aliquatenus veritatis audiendo sermonem. Spumant autem, quum stultitia tabescunt. Stultorum namque et languentium atque hebetum est spumas salivarum ex ore dimittere. Strident dentibus, cum iracundiæ furore flammescunt. Arescunt cum otio torpente languescunt, et nulla virtutis industria confortati, enerviter vivunt. Quod autem ait, Et dixi discipulis tuis, ut ejicerent illum, et non potuerunt; latenter apostolos accusat, cum impossibilitas curandi interdum non ad imbecillitatem curantium, sed ad eorum qui curandi sunt fidem referatur, dicente Domino, Fiat tibi secundum fidem tuam.

Qui respondens eis dixit, O generatio incredula, &c.] Non quod tedio superatus sit, mansuetus ac mitis, qui non aperuit sicut agnus coram tondente os suum, nec in verba furoris eripuit; sed quo in similitudinem medici si ægrotum videat contra sua præcepta se gerere, dicat, Usquequo accedam ad domum tuam? quo usque artis meæ perdam industriam, me aliquid jubente et te aliud perpetrante? In tantum autem non est iratus homini sed vitio, et per unum hominem Judæos arguit infidelitatis, ut statim intulerit,

Afferte illum ad me. Et attulerunt, &c.] Allatum Domino puerum spiritus conturbat et elidit, quia sæpe dum converti ad Dominum post peccata conamur majoribus novisque antiqui hostis pulsamur insidiis. Quod ob id utique callidus facit adversarius, ut vel odium virtutis incutiat, vel expulsionis suæ vindicet injuriam. Hinc est enim (ut de specie transeamus ad genus) quod ecclesiæ sanctæ primordiis tot gravissima inferebat certamina persecutionum, quod suo regno dolebat subito animarum illata fuisse dispendia.

Et interrogavit patrem ejus, Quantum temporis, &c.?] Erubescat Julianus, qui dicere audet omnes homines absque ulla peccati contagione nasci in carne, tamque innocentes per omnia quam fuit Adam quando creatus est. Quid enim habuit iste puer ut ab infantia dæmonio vexaretur acerbissimo, si non ullo originalis peccati vinculo tenebatur, quem constat nullum adhuc proprium potuisse habere peccatum? Confiteatur catholicus, quia nemo immunis a noxa primæ prævaricationis nascitur, et invocet gratiam Dei, qua liberetur de corpore mortis per Jesum Christum Dominum nostrum. Intelligat scriba doctus in regno cœlorum, in hoc dæmoniaco a Domino curato, salvationem omnium fidelium esse designatam, qui originalis culpæ reatu astricti veniunt in mundum, nec nisi unius Redemptoris Jesu Christi fide sunt et gratia salvandi. Quod autem dictum est, Et frequenter eum et in ignem et in aquas misit, maxima humanæ vecordiæ facinora designat. Ignis namque ardor ad fervorem iracundiæ referendus est: aqua ad voluptates carnis, quæ dissolvere mentem per delicias solent. Vel certe in ignem fertur dæmoniacus, quo adulterantium corda succensa sunt, et in aquas quæ solent extinguere caritatem.

Sed si quid potes, adjuva nos, &c.] Aptum Dominus responsum reddit petenti. Ipse enim ait: Si quid potes, adjuva nos. Et Dominus, Si potes, inquit, credere, possum vos misertus adjuvare, quia fides non ficta omnia quæ salubriter petit, impetrare meretur. Cui contra leprosus qui fideliter clamabat, Domine, si vis, potes me mundare, congruum suæ fidei accepit responsum, Volo, mundare.

Et continuo exclamans pater pueri cum lacrymis aiebat, Credo, Domine, &c.] Nemo repente fit summus: sed in bona conversatione a minimis quisque inchoat, ut ad magna perveniat. Alia namque sunt virtutis exordia, aliud profectus, aliud perfectio. Si enim et ipsa fides ad perfectionem suam non quibusdam gradibus duceretur; iste interrogatus an crederet, non responderet, Credo, Domine, adjuva incredulitatem meam. Si enim credebat, cur incredulitatem dicebat? Si vero incredulitatem habere se noverat, quomodo credebat? Sed quia per occultam inspirationem gratiæ meritorum suorum gradibus fides crescit; uno eodemque tempore is qui necdum perfecte crediderat, simul et credebat, et incredulus erat.

Et cum videret Jesus concurrentem turbam, commi-

natus est, &c.] Comminatio Domini divini est virtus imperii. Non autem puero qui vim patiebatur, sed dæmoni qui inferebat comminatus est. Quia qui peccantem emendare desiderat, vitium utique increpando et execrando debet exterminare, sed hominem amando refovere. Bene autem Dominus, qui spiritum immundum pellit ab homine, simul ne amplius in eum ingrediatur imperat. Quia ille veraciter a dæmoniaca dominatione liberatur, qui ad peccata a quibus semel pœnitendo mundatus est, vitat male vivendo reverti.

Et exclamans et multum discerpens eum, exiit, &c.] Quia plerumque diabolus, dum de corde expellitur, acriores in eo tentationes generat quam prius excitaverat, quando hoc quietus possidebat.

Et factus est sicut mortuus, &c.] Quem hostis impius jam fugere compulsus stravit, ac mortuo similem reddidit, hunc pius Salvator miti suæ dexteræ tactu levavit. Qui sicut verum se esse Deum potentia salvandi docuit, ita etiam veram se habuisse carnis naturam more tactus humani declaravit. Negat namque Manichæus insanus veraciter eum carne indutum fuisse: sed ipse cum tot languentes suo tactu erexit, mundavit, illuminavit, hæresim illius et antequam nata esset damnavit.

Et cum introisset in domum discipuli ejus, secreto, &c.] Dum docet apostolos quomodo dæmon nequissimus debeat expelli, omnes instituit ad vitam, ut scilicet noverimus, gravissima quæque vel immundorum spirituum vel hominum tentamenta jejuniis et orationibus esse superanda. Iram quoque Domini, cum in ultionem nostrorum scelerum fuerit accensa, hoc remedio singulari posse placari. Jejunium autem generale est non solum ab escis, sed et a cunctis illecebris abstinere carnalibus, immo ab omnibus vitiorum continere passionibus. Sic et oratio generalis non in verbis solum est, quibus divinam clementiam invocamus, verum etiam in omnibus quæ in obsequium nostri Conditoris fidei devotione gerimus, teste apostolo, qui ait: Semper gaudentes, sine intermissione orate. Quomodo enim quis omnibus horis atque momentis sine intermissione Deum potest invocare sermonibus? Sed tunc sine intermissione oramus, cum ea solum opera gerimus quæ nos pietati nostri commendent Auctori. Quo nimirum jejunio, et qua oratione, juvante Domino, cunctas antiqui hostis debellabimus ac propulsabimus insidias.

CAP. XXXIX. *Et inde profecti prætergrediebantur Galilæam, &c.*] Semper prosperis miscet tristia, ut cum repente venerint, non terreant apostolos, sed a præmeditatis ferantur animis. Si enim contristat eos quod occidendus est, debet lætificare quod die tertio resurrecturus est.

At illi ignorabant verbum istud, &c.] Hæc ignoratio discipulorum, non tam de tarditate ingenii eorum quam de amore nascitur Salvatoris, qui carnales adhuc, et mysterii crucis ignari, quem Deum verum cognoverant, moriturum credere nequibant. Et quia per figuras eum sæpe loquentem audire solebant, horrentes eventum mortis ejus, etiam in eis quæ de sua traditione et passione aperte loquebatur, figurate aliud significari volebant.

Et venerunt Capharnaum. Qui cum domi essent, &c.] Siquidem inter se in via disputaverant, quis esset illorum major. Inde orta videtur disputatio discipulorum de primatu, quia viderant Petrum, Jacobum, et Joannem seorsum ductos in montem, secretumque eis ibi aliquod esse creditum. Sed et Petro superius, juxta quod Matthæus narrat, claves regni cœlorum promissas, ecclesiamque Domini super petram fidei, a qua ipse nomen acceperat, ædificandam esse. Querebantur ergo vel ipsos tres cæteris, vel omnibus apostolis Petrum esse prælatum.

Et residens vocavit duodecim, et ait, &c.] Videns cogitationes discipulorum Dominus, curat desiderium gloriæ, humilitatis contentione sanare, primatumque non esse quærendum: et prius simplici humilitatis commonet imperio, et mox puerilis innocentiæ docet exemplo. Quod enim ait, Quisquis unum ex hujusmodi pueris receperit in nomine meo, me recipit: vel simpliciter pauperes Christi, ab his qui velint esse majores, pro ejus ostendit honore recipiendos, vel certe malitia parvulos ipsos esse suadet, ut instar ætatis parvulæ simplicitatem sine arrogantia, caritatem sine invidia, devotionem sine iracundia conservent. Quod autem complectitur puerum, significat humiles suo dignos esse complexu ac dilectione: talesque cum impleverint quod præcepit, Discite a me, quia mitis sum et humilis corde: jure posse gloriari ac dicere: Læva ejus sub capite meo et dextera ejus amplexabitur me. Bene autem, cum dixisset, quisquis unum ex hujusmodi pueris receperit, addidit in nomine meo, ut videlicet formam virtutis, quam natura duce puer observat, ipsi pro nomine Christi, juvante rationis industria, sequantur. Sed quia se in pueris recipi docebat, videlicet quasi caput in membris suis, ne putaretur hoc esse solum quod videbatur, adjunxit, atque ait:

Et quicunque me susceperit, non me suscipit, &c.] Talem se utique ac tantum credi volens qualis et quantus est pater. Usque adeo enim, inquit, nihil distat inter me et eum, ut qui me receperit, recipiat et eum qui misit me.

Respondit illi Joannes dicens, Magister, vidimus quendam, &c.] Joannes præcipua devotione Dominum amans, ideoque redamari dignus, excludendum beneficio putavit eum qui non utatur officio; sed docetur neminem a bono quod ex parte habet arcendum, sed ad hoc potius, quod nondum habet, esse provocandum. Nam sequitur,

Jesus autem ait, Nolite prohibere eum, &c.] Hac doctus sententia dicit apostolus: Sed sive occasione, sive veritate Christus annuncietur, et in hoc gaudeo, sed et gaudebo. Sed licet ille gaudeat, etiam de his qui Christum annunciant non sincere, et tales aliquando in nomine Christi signa facientes ob aliorum salutem censeantur non esse prohibendi; non tamen ipsis per talia signa, secura sua conscientia redditur, quin potius in illa die cum dixerint, Domine, Domine, nonne in nomine tuo prophetavimus, et in nomine tuo dæmonia ejecimus, et in tuo nomine virtutes multas fecimus? responsum accipient, Quia nunquam novi vos, Discedite a me omnes qui operamini iniquitatem. Itaque in hæreticis ac malis catholicis non sacramenta communia, in quibus nobiscum sunt, et adversum nos non sunt, sed divisiones pacis veritati contrarias, quibus adversum nos sunt, et Dominum non sequuntur nobiscum, detestari et prohibere debemus.

Quisquis enim potum dederit vobis calicem aquæ frigidæ, &c.] Legimus in propheta David: Ad excludendas excusationes in peccatis, quod multi peccatorum suorum quasi justas prætendebant occasiones, ut quod voluntate delinquunt, videantur necessitate peccare, Dominus, scrutator cordis et renum, futuras cogitationes in singulis contuetur, dicens, Quisquis unum parvulum receperit in nomine meo, me recipit. Poterat aliquis causari et dicere, Paupertate prohibeor, tenuitas me retinet ut hospitalis esse non possim. Et hanc excusationem levissimo præcepto diluit, ut calicem aquæ, et hunc frigidæ, juxta Matthæum, toto animo porrigamus. Frigidæ (inquit) aquæ, non calidæ, ne et in calida paupertatis et penuriæ lignorum occasio quæreretur. Tale quid et apostolus ad Galatas præcipit, Communicet is qui catechizatur ei qui se catechizat, in omnibus bonis. Et discipulos ad magistrorum refrigeria cohortatur. Et quia poterat quilibet obtendere paupertatem, et præceptum eludere, priusquam illud proponat, imminentem solvit quæstionem, dicens, Nolite errare, Deus non irridetur: quæ enim seminaverit homo, hæc et metet.

Et quisquis scandalizaverit unum ex his pusillis, &c.] Quanquam hæc generalis possit esse sententia adversum omnes qui aliquem scandalizant, tamen juxta consequentiam sermonis, etiam contra apostolos dictum intelligi potest, qui inter se disputantes, quis esset illorum major, videbantur invicem de dignitate contendere. Et si in hoc vitio permansissent, poterant eos quos ad fidem vocabant, per suum scandalum perdere, dum apostolos viderent inter se de honore pugnare. Quod autem dixit, Bonum est ei magis si circumdaretur mola asinaria collo ejus, secundum ritum provinciæ loquitur, quo majorum criminum apud veteres Judæos pœna fuerit, ut in profundum ligato saxo demergerentur. Et revera melius est innoxium, pœna quamvis atrocissima temporali, tamen vitam finire corpoream, quam lædendo fratrem, mortem animæ mereri perpetuam. Recte autem qui scandalizari potest, pusillus appellatur. Qui enim magnus est, quæcunque viderit, quæcunque passus fuerit, non declinat a fide: qui autem pusillus est animo et parvus, occasiones quærit quomodo scandalizetur. Propterea denique oportet nos maxime iis consulere qui parvi sunt in fide, ne occasione nostri offendantur, et recedant a fide, ac decidant a salute. Notandum sane, quod in nostro bono opere, aliquando cavendum est scandalum proximi; aliquando vero pro nihilo contemnendum. In quantum enim sine peccato possumus vitare proximorum scandalum, debemus. Si autem de veritate scandalum oritur, utilius permittitur scandalum nasci quam veritas relinquatur. Item per molam asinariam, secularis vitæ circuitus ac labor exprimitur, et per profundum maris, extrema damnatio designatur. Qui ergo ad sanctitatis speciem deductus, vel verbo cæteros destruit, vel exemplo: melius profecto erat, ut hunc ad mortem sub exteriori habitu terrena acta constringerent, quam sacra officia in culpa cæteris imitabilem demonstrarent. Quia nimirum si solus caderet, utcunque hunc tolerabilior inferni pœna cruciaret.

Et si scandalizaverit te manus tua, abscinde illam, &c.] Quia supra docuerat ne scandalizemus eos qui credunt in eum, nunc consequenter admonet quantum cavere debeamus eos qui scandalizare nos, id est, verbo vel exemplo suo ad ruinam peccati propellere certant. Manum quippe nostram appellat necessarium amicum, cujus opere atque auxilio quotidiano opus habemus. Sed talis si nos lædere in causa animæ voluerit, excludendus est a nostra societate, ne si cum perdito in hac vita partem habere voluerimus, simul in futura cum illo pereamus. Quod autem subditur,

Ubi vermis eorum non moritur, &c.] In verme putredinem gehennæ, sicut in igne ardorem designat, sive vermis dicit seram scelerum pœnitudinem, quæ nunquam in tormentis conscientiam afflictorum mordere cessabit; ut ignis sit pœna extrinsecus sæviens, vermis dolor interius accusans.

Et si pes tuus scandalizat te, &c.] In pede sicut et in manu caros inemendabiles docet alienandos a nobis, ne per immunditiam eorum quos castigare nequimus, et ipsi polluti pereamus. Sed manus propter opus necessarium nobis, pes sunt dicti tales propter ministerium discursusque in nostris usibus accommodi.

Quod si oculus tuus scandalizat te, &c.] In oculo quoque propter scandalum eruendo, iidem nostri carnaliter amici, spiritualiter vero adversarii designantur. Sed cum nos eorum consultu ac provisione opus habemus, illi vero consilio nos pravo decipere, atque in iter erroris deflectere quærunt, penitus nobis eorum omittenda est societas. Scandalum quippe sermo Græcus est, quod nos offendiculum vel ruinam et impacti pedis dicere possumus. Quidam, scandalum Græce, Latine scrupulum dicunt. Ille ergo scandalizat fratrem, qui ei dicto factove minus recto occasionem ruinæ dederit. Potest et simpliciter dici: Si quis ita necessarius nobis esse videtur, ut manus, pes, et oculus, utilis videlicet atque sollicitus et acutus ad perspiciendum, scandalum autem nobis facit, et per dissonantiam morum nos trahit in gehennam, ne sic quidem temporalibus ejus commodis cum periculo animarum nostrarum uti ac refoveri debemus. Quia vero Dominus tertio mentionem vermis et ignis fecit æterni, restat dicere quomodo fœtorem vermis et ignis valeamus evitare tormentum. Sequitur,

Omnis enim igne salietur, &c.] Fœtor quippe vermium de corruptione solet nasci carnis et sanguinis. Ideoque caro recens sale conditur, ut exsiccato humore sanguineo vermescere nequeant. Caro ergo et sanguis vermes creant, quia delectatio carnalis, cui condimentum continentiæ non resistit, pœnam luxuriosis generat æternam. Cujus fœtorem quisquis vitare desiderat, et corpus sale continentiæ, et mentem studeat condimento sapientiæ ab erroris et vitiorum labe constringere. Mire autem dictum est, Omnis enim igne salietur: quod enim sale salitur, vermis putredinem arcet; quod vero igne salitur, id est, ignibus sale aspersis conditur, non solum omnem vermium contagionem longe abigit, sed ipsam quoque, quæ ita salitur, carnem consumit. Quod in hostiis quæ in altari cremabantur fieri solere, divinæ legis scita declarant, ubi in omni victima et sacrificio sal offerri præceptum est. Sal ergo dulcedinem sapientiæ, ignis Spiritus Sancti gratiam designat. Et omnis igne salitur, quia omnis electus sapientia debet spirituali a corruptione concupiscentiæ carnalis expurgari, ut victima divinis altaribus apta possit effici. Unde bene, cum dixisset, Omnis enim igne salietur, addidit, Et omnis victima sale salietur. Ille etenim veraciter victima Domini existit qui suum corpus et animam a vitiis emundando per amorem Sancti Spiritus Deo consecrat. Nec solum victima talis sale aspergitur, sed et igni consumitur, quando non peccati tantum contagio pellitur, sed ab electorum mente ipsa etiam vitæ præsentis quæ in carne est delectatio, tollitur, et futuræ magis vitæ conversatio intenta mente suspiratur. Annon hostia sacro igne salita erat qui dicebat, Nostra autem conversatio in cœlis est? Unde etiam Salvatorem expectamus Dominum Jesum Christum qui reformabit corpus humilitatis nostræ configuratum corpori claritatis suæ. Qui enim spe certissima futuræ immortalitatis quasi jam reformatum in similitudinem dominicæ resurrectionis, corpus suæ fragilitatis intuebantur, quasi sacrata igne spirituali Deo victima etiam in præsenti vivebant, juxta illud ejusdem apostoli, Obsecro vos, fratres, per misericordiam Dei, ut exhibeatis corpora vestra hostiam viventem, sanctam, Deo placentem. Possumus et ita recte intelligere quod dictum est, Omnis enim igne salietur, et omnis victima sale salietur; quod altare sit Dei cor electorum, hostiæ vero et sacrificia in hoc altari offerenda bona sint opera fidelium. In omnibus autem sacrificiis sal debeat offerri, quia nullum est opus bonum quod non sal sapientiæ ab omni corruptione vanæ laudis, cæterisque pravis sive superfluis cogitationibus expurget. Nam cura continentiæ a carnalibus castigat illecebris. Ignis autem qui sacrificia in altari consumit, ille est utique de quo Joannes ait, Ipse vos baptizabit in Spiritu Sancto et igni: per quem nostra bona opera, ut vel inchoari vel perfici valeant, juvantur, vel certe ignis tribulationis quo patientia fidelium ut perfectum opus habere possint exercetur. Omnis ergo igne salietur, et victima sale salietur: quia omnis fidelis qui æterni vermem tormenti cavere vult, igne vel gratiæ spiritualis, vel incurrentium de foris tribulationum debet castigari, ut dignum Deo sacrificium fieri possit. Respicit hic locus ad superiora, ubi membra scandalizantia evelli præcepta sunt: quia et hoc igni saliri est, id est, tentationibus exerceri, proximos nobis ac dilectos ob Christi amorem negare.

Bonum est sal: quod si sal insulsum fuerit, &c.] Bonum est Dei verbum audire frequentius, sale sapientiæ spiritualis cordis arcana condire, immo ipsum cum apostolis sal terræ fieri, id est, eorum quoque qui adhuc terrena sapiunt, imbuendis mentibus sufficere. At si quis semel condimento veritatis refectus ad apostasiam redierit, quo alio doctore corrigitur, qui eam quam ipse gustavit sapientiæ dulcedinem, vel adversis seculi perterritus, vel allectus prosperis respuit? Cui apte congruit illud viri sapientis, Quis medebitur incantatoria serpente percusso? Hac sane sententia specialiter Judæ Scariothis socios ipsumque designari non immerito credetur, qui philargyria corruptus et gradum apostolatus perdere, et Dominum tradere non dubitavit. Verum quia sunt nonnulli, quos dum major scientia erigit, a cæterorum societate disjungit, et quasi quo plus sapiunt, eo longius a concordiæ virtute desipiscunt, recte subjungitur,

Habete in vobis sal, et pacem habete inter vos.] Per sal quippe verbi sapientia designatur. Qui ergo loqui sapienter nititur, magnopere metuat ne ejus eloquio audientium unitas confundatur. Sal quippe sine pace non virtutis est donum, sed damnationis augmentum: quo enim quisque melius sapit, eo deterius delinquit; et ideo inexcusabiliter merebitur supplicium, qui prudenter, si voluisset, potuit vitare peccatum.

IN CAPUT X.

Cap. xl. *Et inde exurgens venit in fines Judææ ultra Jordanem, &c.*] Hic incipit ea narrare quæ in Judæa fecit et docuit, sive passus est. Et primo quidem trans Jordanem ad orientem, deinde etiam cis Jordanem, quando venit Hiericho Bethaniam et Hierosolymam. Nam cum omnis Judæorum provincia generaliter ad distinctionem aliarum gentium Judæa dicta sit, specialius tamen meridiana ejus plaga appellatur Judæa, ad distinctionem Samariæ, Galilææ, Decapolis, et cæterarum in eadem provincia regionum.

Et conveniunt iterum turbæ ad eum, &c.] Et hic notanda mentium distantia in turbis et Pharisæis. Hæ conveniunt, ut doceantur, et sui sanentur infirmi, sicut evangelista Matthæus aperte commemorat: illi accedunt, ut Salvatorem ac doctorem veritatis tentando decipiant. Neque hoc mirandum: nam hos devotio pietatis, illos stimulus adduxit livoris. Interrogant ergo, utrum liceat homini dimittere uxorem suam qualibet causa, ut quasi cornuto eum teneant syllogismo, et quodcunque responderit captioni pateat. Si dixerit dimittendam esse uxorem qualibet ex causa, et ducendas alias, pudicitiæ prædicator sibi docere contraria videbitur. Sin autem responderit non omnem ob causam debere dimitti, quasi sacrilegii reus tenebitur, et adversus doctrinam Moysi ac per Moysen Dei facere. Igitur Dominus sic responsionem temperat ut decipulam transeat, Scripturam Sanctam adducens in testimonium, et naturalem legem primamque Dei sententiam secundo opponens, quæ non voluntate Dei sed peccantium necessitate concessa est.

Quid (inquit) vobis præcepit Moyses? &c.] Quod dicit istiusmodi est, Numquid potest Deus sibi esse contrarius, ut aliud ante jusserit, et sententiam suam novo frangat imperio? Non ita sentiendum est. Sed Moyses, cum videret propter desiderium secundarum conjugum, quæ vel ditiores vel juniores vel pulchriores essent, primas uxores interfici, aut malam vitam ducere, maluit indulgere discordiam, quam odia et homicidia perseverare ac perpetrari. Simulque considera quod non dixit, propter duritiam cordis vestri permisit vobis Deus, sed Moyses; ut, juxta apostolum, consilium sit hominis, non imperium Dei.

Ab initio autem creaturæ masculum et fœminam, &c.] Hoc in exordio Geneseos scriptum est. Dicendo autem masculum et fœminam, ostendit secunda vitanda conjugia. Non enim ait masculum et fœminas, quod ex priore repudio quærebatur, sed masculum et fœminam, ut unius conjugis consortio necterentur.

Propter hoc relinquet homo patrem suum, &c.] Similiter ait, Adhærebit ad uxorem suam: non ad uxores.

Et erunt duo in carne una, &c.] Præmium est nuptiarum e duabus unam carnem fieri. Castitas juncta spiritui unus efficitur spiritus.

Quod ergo Deus conjunxit, &c.] Quæ Deus conjunxit, unam faciendo carnem viri et fœminæ, hæc homo non potest separare, nisi forsitan solus Deus. Homo separat quando propter desiderium secundæ uxoris primam dimittit. Deus separat qui et conjunxerat, quando ex consensu propter servitutem Dei, eo quod tempus in arcto sit, sic habemus uxores quasi non habentes.

Et in domo iterum discipuli ejus de eodem interrogaverunt eum, &c.] In Matthæo scriptum plenius est: Quicunque dimiserit uxorem suam nisi ob fornicationem, et aliam duxerit, mœchatur. Una ergo solummodo causa est carnalis, fornicatio: una spiritualis, timor Dei, ut uxor dimittatur, sicut multi religionis causa fecisse leguntur. Nulla autem causa est, Dei lege perscripta, ut vivente ea quæ relicta est, alia ducatur.

Et offerebant illi parvulos ut tangeret illos, &c.] Non quod nollent eis Salvatoris et voce et manu benedici, sed quod necdum habentes plenissimam fidem, putarent eum, in similitudinem hominum, offerentium importunitate lassari.

Quos cum videret Jesus, indigne tulit, &c.] Significanter dixit talium est, non istorum, ut ostenderet non ætatem regnare sed mores: et his qui similem haberent innocentiam et simplicitatem, præmium repromitti. Apostolo quoque in eandem sententiam congruente: Fratres, nolite fieri pueri sensibus, sed malitia parvuli estote, sensu autem ut perfecti sitis.

Amen dico vobis, Quisquis non receperit, &c.] Sicut

puer non perseverat in iracundia, non læsus meminit, non videns pulchram mulierem delectatur, non aliud cogitat, aliud loquitur: sic et vos nisi talem habueritis innocentiam et animi puritatem, regnum cœlorum non poteritis intrare. Aliter regnum Dei, id est, doctrinam evangelii sicut parvuli accipere jubemur, quia quomodo parvulus in discendo non contradicit doctoribus, neque rationes et verba componit adversum eos resistens, sed fideliter suscipit quod docetur, et cum metu obtemperat et quiescit; ita et nos in obediendo simpliciter et sine ulla retractatione verbis Domini facere debemus.

Et complexans eos et imponens manus, &c.] Complexus benedicit parvulos, ut humiles spiritu sua benedictione, gratia, et dilectione dignos esse significet.

Et cum egressus esset in viam, procurrens quidam, &c.] Audierat credo iste quæsitor vitæ æternæ a Domino, tantum eos qui parvulorum velint esse similes, dignos esse introitu regni cœlestis, atque ideo curam gerens tractatus certioris possit sibi non per parabolas, sed aperte quibus operum meritis vitam æternam consequi possit, exponi.

Jesus autem dixit ei, Quid me dicis bonum? &c.] Quia magistrum vocaverat bonum, et non Deum vel Dei filium confessus fuerat, discit quamvis sanctum hominem comparatione Dei non esse bonum: de quo dicitur, Confitemini Domino quoniam bonus. Unus autem Deus bonus, non Pater solus intelligendus est, sed et Filius qui dicit, Ego sum pastor bonus; sed et Spiritus Sanctus: quia Pater de cœlo dabit spiritum bonum petentibus se, id est, ipsa una et individua Trinitas Pater, et Filius, et Spiritus Sanctus, solus et unus Deus, bonus est. Non ergo Dominus se bonum negat, sed esse Deum significat: non magistrum bonum se esse negat, sed magistrum absque Deo nullum bonum esse testatur.

Præcepta nosti? Ne adulteres, &c.] Hæc est puerilis innocentiæ castitas, quæ nobis imitanda proponitur, si regnum Dei volumus intrare. Notandum sane, quod justitia legis suo tempore custodita, non solum bona terræ, verum etiam suis cultoribus vitam conferebat æternam.

Et ille respondens ait, Magister, hæc omnia observavi, &c.] Non est putandus homo iste vel voto tentantis (ut quidam putavere) Dominum interrogasse, vel de sua esse vita mentitus, cum se legis mandata custodisse dicebat, sed simpliciter ut vixerit esse confessus. Quia si mendacii aut simulationis noxa reus teneretur, nequaquam intuitus arcana cordis ejus eum diligere diceretur Jesus. Diligit enim Dominus eos qui mandata legis quamvis minora custodiunt, sed nihilominus quod in lege minus fuerat, iis qui perfecti esse desiderant ostendit, quia non venit solvere legem aut prophetas, sed adimplere: ad quam profecto adimpletionem pertinet quod hic consequenter adjungatur:

Vade, quæcunque habes vende, &c.] Quicunque perfectus esse voluerit, debet vendere quæ habet, et non ex parte vendere sicut Ananias fecit et Sapphyra, sed totum vendere, et cum vendiderit dare omne pauperibus, et sic sibi præparare thesaurum in regno cœlorum. Nec hoc ad perfectionem sufficit, nisi post contemptas divitias Salvatorem sequatur, id est, relictis malis faciat bona. Facilius enim sacculus contemnitur quam voluntas. Multi divitias relinquentes, Dominum non sequuntur. Sequitur autem Dominum, qui imitator ejus est, et per vestigia illius graditur: qui enim dicit se in Christo credere, debet quomodo ille ambulavit et ipse ambulare.

Qui contristatus in verbo abiit mœrens, &c.] Hæc est tristitia, quæ ducit ad mortem. Causaque tristitiæ redditur, quod habuerit possessiones multas, id est, spinas nascentes et tribulos, quæ sementem Dominicam suffocaverunt.

Et circumspiciens Jesus ait discipulis suis, Quam difficile qui pecunias habent, &c.] Claret quidem quia qui hic multiplicandis divitiis incumbunt, alterius vitæ gaudia quærere contemnunt: sed inter pecunias habere, et pecunias amare, multa distantia est. Multi enim habentes non amant, multi non habentes amant. Item alii et habent et amant. Alii nec habere nec amare se divitias seculi gaudent: quorum tutior status est, quia dicere cum apostolo valent, Nobis mundus crucifixus est, et nos mundo. Unde et Salomon non ait, qui habet, sed qui amat divitias, fructus non capiet ex eis. Et ipse Dominus obstupescentibus in verbis hujus sententiæ, discipulis exponendo subjunxit, dicens,

Filioli, quam difficile est confidentes in pecuniis, &c.] Ubi notandum quod non ait quam impossibile, sed quam difficile est. Quod enim impossibile est, fieri omnino non potest; quod difficile, cum labore potest. Potest etenim fieri, sed cum maximo labore, juvante Dei gratia, ut pecunias habentes, vel in pecuniis confidentes, exutis philargyriæ retinaculis, januam intrent regni cœlestis.

Facilius est camelum per foramen, &c.] Si facilius est camelum ingentibus membris enormem, angustum foramen acus penetrare, quam divitem intrare in regnum Dei, nullus ergo dives intrabit in regnum Dei. Et quomodo vel in evangelio Matthæus, Zacchæus, et Joseph, vel in veteri testamento quam plurimi divites intraverunt in regnum Dei? nisi forte quia divitias vel pro nihilo habere, vel ex toto corde relinquere, Domino inspirante didicerunt. Numquid enim David in regni divitiis confidebat? qui et de semetipso canit, Quoniam unicus et pauper sum ego, et alios hortatur, Divitiæ si affluant nolite cor apponere. Credo non ausus dicere, nolite suscipere. Numquid Abraham Domino substantiam prætulisse credibile est pro quo unicum ferire non dubitavit hæredem? Altiore autem sensu facilius est Christum pati pro dilectoribus seculi, quam dilectores seculi ad Christum posse converti. Cameli enim nomine se intelligi voluit, qui sponte humilitatis infirmitatis nostræ onera sustulit. In quo enim manifestius intelligitur quam in ipso, quod scriptum est, Quanto magnus es, humilia te in omnibus? Per acum autem punctiones significat, per punctiones dolores in passione susceptos. Foramen ergo acus dicit angustias passionis. Qua scissa nostræ quasi vestimenta naturæ quodam modo resarcire, id est, recuperare dignatus est: quatenus post lapsum melius reformati, gaudeamus ad testimonium apostoli dicentis, Quicunque enim in Christo baptizati estis, Christum induistis.

Qui magis admirabantur, dicentes, &c.] Quo pertinet ista responsio cum incomparabiliter major sit turba pauperum quæ divitibus perditis potuerit salvari, nisi quia intellexerunt cunctos qui divitias amant, etiam si adipisci nequeant, in divitum numero deputari?

Et intuens illos, Jesus ait, Apud homines impossibile est, &c.] Omnia enim possibilia sunt apud Deum. Non ita accipiendum est quod cupidi et superbi, qui nomine illius divitis significati sunt, in regnorum cœlorum sint intraturi cum suis cupiditatibus et superbia: sed possibile est Deo, ut per verbum ejus, sicut etiam factum esse et quotidie fieri videmus, a cupiditate temporalium ad caritatem æternorum, et a perniciosa superbia ad humilitatem saluberrimam convertantur.

Cœpit Petrus ei dicere, Ecce nos dimisimus omnia, &c.] Grandis fiducia, Petrus piscator erat, dives non fuerat, cibos manu et arte quærebat, et tamen loquitur confitenter, Dimisimus omnia. Et quia non sufficit tantum dimittere, jungit quod perfectum est, Et secuti sumus te. Fecimus quod jussisti, quid ergo nobis dabis præmii?

Respondens Jesus ait, Amen dico vobis, Nemo est qui reliquerit domum, &c.] Quidam ex occasione hujuscemodi sententiæ Judaicam mille annorum fabulam post resurrectionem justorum dogmatizant, quando omnia quæ propter Deum dimisimus, multiplici nobis sint fœnore reddenda, insuper et vita æterna donanda. Nec vident inepti quod etsi in cæteris digna sit repromissio, in uxoribus tamen juxta alios evangelistas centenis appareat turpitudo, præsertim cum Dominus et in resurrectione nubendum non esse testetur, et ea quæ dimissa fuerint propter se, recipienda in hoc tempore cum persecutionibus asseveret. Quas utique persecutiones illi Chiliastæ sicut et cætera quoque contraria, mille annis suis omnimodis abesse confirmant. Sensus ergo iste est, Qui propter evangelium Christi carnalia reliquerit, spiritualia bona recipiet: quæ comparatione et merito sui ita erunt, quasi parvo numero centenarius numerus comparetur. Quia nimirum a fratribus atque consortibus propositi sui, qui ei spirituali glutino colligantur, multo gratiorem etiam in hac vita recipiet caritatem. Lege Actus Apostolorum, quod multitudinis credentium erat cor unum et anima una, et erant illis omnia communia, nullusque egens erat inter eos, qui sua pro Domino reliquerant. De quibus et apostolus ait, Tanquam nihil habentes et omnia possidentes. Potest sane hoc quod ait, Accipiet centies tantum nunc in tempore hoc, domos, et fratres, et sorores, et matres, et filios, et agros cum persecutionibus per significationem altius intelligi. Centenarius quippe numerus de læva translatus in dexteram, licet eandem in flexu digitorum videatur tenere figuram quam habuerat denarius in læva, nimium tamen quantitatis magnitudine supercrescit. Quia videlicet omnes qui propter regnum Dei temporalia spernunt, etiam in hac vita persecutionibus plenissima ejusdem regni gaudium fide certa degustant, atque in expectatione patriæ cœlestis (quæ jure in dextera significatur) omnium pariter electorum sincerissima dilectione fruuntur. Verum quia multi virtutum studia non eadem qua incipiunt intentione pietatis consummant, sed vel accepto virtutum amore tepescunt, vel ex integro ad scelerum volutabra relabuntur, terribilis mox sententia subinfertur,

Multi autem erunt primi novissimi, &c.] Vide enim Judam de apostolo in apostatam versum, et dicito quod multi erunt primi novissimi: vide latronem in cruce factum confessorem, eodemque die quo pro suis crucifixus est peccatis, gratia fidei cum Christo in paradiso gaudentem, et dicito quod et novissimi erunt primi. Sed et quotidie videmus multos in laico habitu constitutos magnis vitæ meritis excellere, et alios a prima ætate spirituali studio ferventes, ad extremum otio torpente lassescere, atque inerti stultitia, quod Spiritu cœperant, carne consummare.

Erant autem in via ascendentes Hierosolymam, &c.] Ideo Hierosolymam tendentes discipuli cum Domino, stupebant et timebant, quia meminerant sermonis ejus quo se passurum multa a summis sacerdotibus et scribis et occidendum prædixerat esse, metuentes ne vel ipsi cum eo occiderentur, vel saltem ille cujus vita et magisterio gaudebant, inimicorum manibus occumberet.

Et assumens iterum duodecim cœpit illis dicere, &c.] Redemptor noster prævidens ex passione sua discipulorum animos perturbandos, eis longe ante et ejusdem passionis pœnam, et resurrectionis suæ gloriam prædicit, ut cum morientem (sicut prædictum esset) cernerent, etiam resurrecturum non dubitarent. Ubi paganorum quoque dementiam, qua ejus crucem deridere solent, apertissime confutat, cum proximæ suæ passionis et tempus quasi futurorum præscius ostendit, et locum mortis quasi intrepidus adiit.

Et accedunt eum Jacobus et Joannes filii Zebedæi, &c.] Matthæus scribit hæc matrem filiorum Zebedæi Dominum postulasse pro illis. Sed Marcus, ipsorum desiderium atque consilium volens aperire legentibus, tacet de interveniente matre, ipsos potius dicit postulare, quod ipsorum rogatum per matrem noverat esse postulatum. Denique Dominus secundum utrumque evangelistam, non matri, sed ipsis respondit.

Nescitis quid petatis. Potestis bibere calicem quem ego bibo, &c.?] Nesciunt quid petant, qui sedem gloriæ a Domino quam nondum merebantur inquirunt. Jam enim delectabat eos culmen honoris, sed prius viam habebant exercere laboris. Desiderabant regnare sublimiter cum Christo, sed prius erat pati humiliter pro Christo. Nomine enim calicis sive baptismi, passionem designat martyrii, qua et ipsum et illos decebat consummari. Unde et alibi de sua passione loquitur, Baptismo autem habeo baptizari, et quomodo coarctor usque dum perficiatur? Et eidem passioni approprians, orabat dicens, Pater, si vis, transfer calicem istum a me.

Jesus autem ait eis, Calicem quidem quem ego bibo, &c.] Quæritur, quomodo calicem martyrii Zebedæi filii, Jacobus videlicet et Joannes, biberint, aut quomodo baptismo Domini fuerint baptizati, cum Scriptura narret, Jacobum tantum apostolum ab Herode capite truncatum; Joannes autem propria morte vitam finierit. Sed si legamus ecclesiasticas historias, in quibus fertur quia et ipse propter martyrium sit missus in ferventis olei dolium, et inde ad suscipiendam coronam Christi athleta processerit, statimque exilio relegatus in Pathmos insulam sit, videbimus martyrio animum non defuisse, et bibisse Joannem calicem confessionis, quem et tres pueri in camino ignis biberunt, licet persecutor non fuderit sanguinem. Quod autem subjungit,

Sedere autem ad dexteram meam, &c.] Sic intelligendum est. Regnum cœlorum non est dantis, sed accipientis. Non est enim personarum acceptio apud Deum, sed quicunque talem se præbuerit ut regno cœlorum dignus sit, hic accipiet quod non personæ sed vitæ paratum est. Si itaque tales estis qui consequamini regnum cœlorum, quod Pater meus triumphantibus et victoribus præparavit, vos quoque accipietis illud. Item, non est meum dare vobis, sed quibus paratum est. Non est meum dare superbis; hoc enim adhuc erant. Sed si vultis accipere illud, nolite esse quod estis. Aliis paratum est, et vos alii estote, et vobis paratum est. Quid est, alii estote? Prius humiliamini qui jam vultis exaltari.

Et audientes decem cœperunt indignari, &c.] Decem apostoli non indignantur matri filiorum Zebedæi, nec ad mulierem audaciam referunt postulationis, sed ad filios, qui ignorantes mensuram suam immodica cupiditate exarserunt: quibus et Dominus dixerat, Nescitis quid petatis.

Jesus autem vocans eos ait illis, Scitis, &c.] Humilis magister et mitis nec cupiditatis immodicæ duos arguit postulantes, nec decem reliquos indignationis increpat et livoris, sed tale ponit exemplum, quo doceat eum majorem esse qui minor fuerit, et illum Dominum fieri qui omnium servus sit. Frustra igitur aut illi immoderata quæsierunt, aut isti dolent super majorum desiderio, cum ad summitatem virtutum non potentia, sed humilitate veniatur. Denique sui proponit exemplum, ut si dicta parvi penderent, erubesceret ad opera. Et dicit,

Nam et Filius hominis non venit ut ministraretur ei, &c.] Nota quod crebro diximus, eum qui ministraret Filium hominis appellari, et dare animam suam redemptionem pro multis; quando formam servi accepit, ut pro mundo sanguinem funderet. Et non dixit, dare animam suam redemptionem pro omnibus, sed pro multis, id est, pro eis qui credere voluerunt.

Et veniunt Hiericho, et proficiscente eo de Hiericho, &c.] Matthæus hoc in loco duos juxta viam sedentes, et ad Dominum clamantes cæcos, dicit esse illuminatos. Lucas autem, cum appropinquaret Hiericho, pari ordine illuminatum ab eo cæcum esse perhibet. Ubi nemo sapiens autumet evangelistas sibimet contraria scribere, sed alium scribere plenius quod alter omisit: quod vero, Matthæo referente quia Dominus duos illuminaverit cæcos, Marcus unum maluit ponere illuminatum, cui tamen alterum affuisse non negat, intelligendum est unum eorum fuisse notissimum. Quod ex hoc etiam satis apparet, quod et nomen ejus et nomen patris ejus Marcus commemoravit, quod in tot superius sanatis a Domino non facile occurrit, nisi cum Jairum archisynagogum etiam nomine expressit, cujus filiam resuscitavit Jesus. In quo etiam magis iste sensus apparet, quia et ille archisynagogus utique in loco illo nobilis fuit. Proculdubio itaque Bartimæus iste Timæi filius, ex aliqua magna felicitate dejectus, notissimæ et famosissimæ miseriæ fuit, qui non solum cæcus, verumetiam mendicus sedebat. Hinc est ergo, quod ipsum solum voluit commemorare Marcus, cujus illuminatio tam claram famam huic miraculo comparuit, quam erat illius nota calamitas. Cæci ergo quos Dominus ad se clamantes illuminavit, homines sunt veræ lucis (quæ Christus est) inscii, sed ipso donante ad cognoscendam confitendamque suam cæcitatem ac petendam veritatis lucem compuncti. Hiericho autem quæ interpretari dicitur luna, defectum nostræ mutabilitatis ac mortalitatis significat: quod ex illa maxime evangelii parabola claruit, ubi homo descendens ab Hierusalem in Hiericho incidit in latrones, et vulneratus ab eis ac despoliatus, per piam Samaritani industriam ad salutem revocatus est, quia nimirum genus humanum a visione summæ pacis, in desideria seculi hujus labe mortifera decidens, per Dominum Salvatorem ad vitam quam errando perdiderat, reducitur. Appropinquans ergo Dominus Hiericho, cæco lumen reddidit, quia veniens in carnem et passioni appropinquans multos ad fidem et confessionem divinæ cognitionis adduxit. Non enim primis incarnationis suæ temporibus, sed paucis antequam pateretur annis, id est, postquam triginta esse cœperat annorum, ministerium verbi mundo quo illuminaretur exhibuit. Sed et de Hiericho proficiscens, cæcos illuminavit: quia resurgens a mortuis atque ascendens in cœlum, misit Spiritum Sanctum apostolis, eosque ad illustrationem omnium populorum dispersit in mundum. Quod autem appropinquans Hiericho unum illuminavit, et proficiscens de Hiericho duos, hoc intimavit typice, quod ante passionem suam uni tantum populo Judæorum prædicavit, post resurrectionem vero atque ascensionem suam manifestius per apostolos et Judæis et gentibus, et æternæ divinitatis et assumptæ a se humanitatis arcana patefecit. Quod vero Marcus unum illuminatum scribit, ad gentium salutem specialiter respicit, qui omnimodis a luce veritatis extorres fuerant. Et ideo quantum famosa infidelitatis eorum erat cæcitas, tantum famosa facta est illuminantis eos gratia Salvatoris. Et bene Marcus, qui gentibus scribebat, evangelium unum dicit illuminatum, ut eorum quos instituebat ad fidem salvationi figura congrueret. Matthæus vero, qui credentibus ex Hebræis suum scribebat evangelium, quod in gentium quoque notitiam erat perventurum, recte duos dicit illuminatos, ut ad utrumque populum unam eandemque fidei gratiam pertinere doceret: quod etiam in sequenti lectione de asino, in quo Dominus sedere dignatus est, eadem evangelica servare scriptura curavit. Matthæus namque, qui fidelibus ex Judæis evangelizabat, asinam simul et pullum adductos Domino refert. Porro cæteri tres evangelistæ, qui congregatæ de nationibus ecclesiæ scripserunt, asini solummodo ad Dominum adducti faciunt mentionem, de matre omnino reticent: quia illi simpliciter fidem gentium figurant; iste autem natum ex fideli synagoga fidelem gentium populum proximo ordine suæ narrationis intimare curavit. Proficiscente ergo Domino et discipulis ejus et plurima multitudine de Hiericho, cæcus sedebat juxta viam mendicans: quia ascendente ad cœlos Domino, et multis fidelium sequentibus, immo cunctis ab initio mundi electis, una cum illo januam regni cœlestis ingredientibus, mox gentium populus diu perfidia cæcus, audito Salvatoris adventu, cœpit et ipse suæ salutis atque illuminationis spem habere: de quo bene dicitur, quia sedebat juxta viam mendicans. Mendicat enim juxta viam sedens, qui necdum iter veritatis ingrediens, necdum cognoscens, sedula intentione atque inquisitione desiderii salutaris ad hoc pervenire contendit, et qui sit verus religionis cultus investigare persistit: quod in historia Cornelii centurionis præcipue declaratum est, qui Deum, quem colebat, crebris precibus ut sese illuminare dignaretur, orabat. Quid est autem transeundo audire, stando lumen restituere, nisi quod per humanitatem suam misertus est, qui per divinitatis potentiam a nobis mentis nostræ tenebras exclusit? Qui enim propter nos natus et passus est, qui resurrexit et ascendit in cœlum, quasi transiit Jesus: quia hæc nimirum actio temporalis est. Sed stans cæcum illuminavit, quia non sicut illa temporalis dispensatio, ita verbi æternitas transit, quæ in se manens innovat omnia. Stare enim Dei est incommutabili cogitatione mutabilia cuncta disponere. Qui ergo voces petentis transiens audivit, stans lumen reddidit: quia etsi propter nos temporalia pertulit, inde tamen nobis lucem tribuit unde habere mutabilitatis transitum nescit. Sed qui Deum quem colebat, crebris precibus ut sese illuminare dignaretur, orabat,

Cum audisset quia Jesus Nazarenus est, cœpit clamare, &c.] Audiens Jesum cæcus, misereri sui precatur, nec multis licet prohibentibus a clamando desistit. Quia populus gentium agnita fama nominis Christi, particeps ejus fieri quærebat: contradicebant multi, primo Judæi, ut in Apostolorum Actibus legimus, deinde etiam gentiles acriori ac fortiori persecutione frequenter instabant, ne illuminandus sanandusque Christum mundus invocaret: nec tamen eos qui ad vitam erant præordinati æternam, vesanus impugnantium furor disposita valebat salute privare.

Et stans Jesus præcepit illum vocari, &c.] Qua in re aliquid nobis Dominus innuit, quod intelligi de humanitate ac divinitate illius utiliter possit. Clamantem etenim cæcum transiens audivit, sed stans miraculum illuminationis exhibuit.

Et vocant cæcum dicentes ei, Animæquior esto: surge, &c.] Clamantem ad se cæcum Dominus vocat, cum populo gentium, scientiam veritatis desideranti, per sanctos prædicatores verbum fidei committit. Qui nimirum vocantes cæcum, animæquiorem esse, et surgere, atque ad Dominum venire præcipiunt, cum prædicando verbum indoctis, spem eos salutis habere ac de torpore vitiorum erigi, atque ad virtutum studia, quibus illuminari mereantur, sese accingere jubent, dicentes cum propheta, Accedite ad eum et illuminamini. Et iterum, Surge qui dormis, et exurge a mortuis, et illuminabit te Christus. Et quia primativa de gentibus ecclesia tanto promissi in Christo luminis desiderio fervebat, ut plurimi, relictis mundi facultatibus, nudi evangelicam vitam sequerentur, quo æternum in cœlis mererentur habere thesaurum, recte de illuminando cæco subditur,

Qui projecto vestimento suo exiliens venit ad eum.] Projecto quippe vestimento exilit, ut adveniens illuminetur a Christo, qui abjectis mundi retinaculis expedito mentis gressu ad largitorem æternæ lucis properat.

Et respondens Jesus, dixit illi, Quid vis tibi faciam? &c.] Numquid qui lumen reddere poterat, quid vellet cæcus ignorabat? Sed peti vult hoc, quod et nos petere et se concedere prænoscit. Importune namque ad orationem nos admonet, et dicit, Scit namque Pater vester quid opus sit vobis antequam petatis eum. Ad hoc ergo requirit ut petatur, ad hoc requirit ut cor ad orationem excitet. Unde et cæcus protinus adjungit, Rabboni, ut videam. Ecce cæcus a Domino non aurum, sed lucem requirit. Parvi pendit extra lucem aliquid quærere, quia etsi habere cæcus quælibet potest, sine luce non potest videre quod habet. Imitemur ergo eum quem et corpore et mente audivimus salvatum. Non falsas divitias, non terrena dona, non fugitivos honores a Domino, sed lucem quæramus: illam videlicet lucem, quam videre cum solis angelis possumus, quam nec initium inchoat, nec finis angustat: ad quam profecto lucem via fides est. Unde recte et illuminando cæco protinus respondetur,

Vade, fides tua te salvum fecit, &c.] Videt et sequitur, qui bonum quod intelligit operatur. Videt autem, sed non sequitur, qui bonum quidem intelligit, sed bene operari contemnit. Jesum enim Dominum sequitur, qui imitatur. Hinc namque dicit, Si quis mihi ministrat, me sequatur. Consideremus ergo qua graditur, ut sequi mereamur. Ecce cum sit Dominus et Creator angelorum suscepturus naturam nostram quam condidit, in uterum virginis venit. Nasci tamen in hoc mundo per divites noluit, parentes pauperes elegit, unde et agnus qui pro illo offerretur defuit, columbarum pullos et par turturum ad sacrificium mater invenit. Prosperari in hoc mundo noluit, opprobria irrisionesque toleravit, sputa, flagella, alapas, spineam coronam, crucem sustinuit. Et quia rerum corporalium delectatione a gaudio interno cecidimus, cum qua amaritudine illuc redeatur, ostendit.

IN CAP. XI.

CAP. XLI. *Et cum appropinquarent Hierosolymæ, &c.*] Bethania est villula sive civitas in latere montis Oliveti, quasi stadiis quindecim ab Hierusalem, sicut Joannes Evangelista manifestat, ubi Lazarus est suscitatus a mortuis, cujus et monumentum ecclesia nunc ibidem constructa demonstrat. Bethania autem, domus obedientiæ dicitur. Et apte Dominus Hierosolymam venturus ac mundum suo sanguine redempturus primo Bethaniam præsentiæ suæ dignatione sublimavit, ibique a muliere devota mystico chrismate perunctus est: quia nimirum multos ante passionem suam docendo, domum sibi obedientiæ in qua per spiritum gratiæ inhabitaret effecit, quorum pia actione delectatus, ipse quasi odorifero delibutus est unguento. Hinc etenim civitas hæc in monte Oliveti posita esse refertur, ut ecclesiam per gratiam sui conditoris salvandam esse designet, qui nos unctione spiritualium charismatum, et scientiæ pietatisque perpetua luce refovet. Unde alibi cum dixisset, Non potest civitas abscondi supra montem posita, continuo subjecit, Neque accendunt lucernam et ponunt eam sub modio. Quia mons idem Oliveti, id est, summus spiritualium distributor gratiarum, qui civitatem suam ut emineat exaltat, hanc quoque oleo exultationis ut lucere possit, ne deficiat, impingat. Et quia idem lumen sub modio poni noluit, misit discipulos in castellum quod contra eos erat; hoc est, doctores qui indocta ac barbara totius orbis loca, quasi contra positi castelli mœnia evangelizando penetrarent, destinavit. Recte autem duo mittuntur, sive propter scientiam veritatis, et operationis munditiam, seu propter geminæ dilectionis, Dei videlicet et proximi, sacramentum toto orbe prædicandum.

Et statim introeuntes illud, invenietis pullum ligatum, &c.] Introeuntes mundum prædicatores sancti, invenerunt populum nationum perfidiæ vinculis irretitum. Funiculis enim peccatorum suorum unusquisque constrictus erat: nec solum nationum, verumetiam Judæorum. Omnes enim peccaverunt, et egent gloria Dei. Unde bene apud Matthæum asina quoque cum pullo alligata reperitur. Asina quippe, quæ subjugalis fuit et edomita, synagogam quæ jugum legis traxerat; pullus asinæ lascivus et liber, populum nationum significat. Super quem nemo adhuc hominum sedit, quia nemo rationabilium doctorum frenum correptionis, quo vel linguam cohibere a malo, vel in arctam vitæ viam ire cogeretur, nemo indumenta salutis quibus spiritualiter calefieret, populo gentium utilia suadendo contulerat. Sederet namque super illum homo, si qui ratione utens, ejus stultitiam deprimendo corrigeret. Unde non immerito possunt duo discipuli, ad exhibenda Domino animalia destinati, duo prædicatorum ordines, unus videlicet in gentes, alter in circumcisionem directus intelligi.

Et abeuntes invenerunt pullum ligatum, &c.] Bene pullus ante januam foris invenitur in bivio: janua enim ipse est qui ait, Ego sum janua ovium. Per me si quis introierit salvabitur, et ingredietur et egredietur, et pascua inveniet. Quibus vitæ pascuis pullus iste, id est, populus gentium carebat, cum adhuc extra hanc januam in bivio ligatus stabat. Et recte in bivio, quia non unam certus vitæ fideique viam tenebat, sed plures dubiosque sectarum calles sequebatur erroneus.

Et quidam de illic stantibus dicebant illis, Quid facitis solventes pullum?] In evangelio Lucæ ita scriptum est: Abierunt autem qui missi erant; et invenerunt, sicut dixit illis, stantem pullum. Solventibus autem illis pullum, quia dixerunt domini ejus ad illos, Quid solvitis pullum? Et apte satis, multos quippe habebat dominos: quia non uni dogmati et superstitioni deditus, sed pro libitu immundorum spirituum ad varios diversosque miser raptabatur errores, ad simulacra muta prout ducebatur incedens. Denique vernacula quadam Scripturæ consuetudine commune esse dicitur quod immundum est: sicut et ad Petrum vox de cœlo dicit, Quod Deus mundavit, tu commune ne dixeris. Quia qui sanctus est, solius Dei est, et cum nullo ei communis est. Qui autem peccator est et immundus, multorum est; multi enim dæmones possident eum, et ideo communis appellatur.

Qui dixerunt eis, sicut præceperat illis Jesus, &c.] Qui solvendo pullo contradixerant, audito Domini nomine quiescunt. Quia magistri errorum qui venientibus ad salutem gentium doctoribus obsistebant, eatenus suas tenebras defendere, donec miraculis attestantibus veri possessoris ac Domini virtus emicuit. At postquam fidei Dominicæ potestas apparuit, cedentibus passim adversariorum querelis, libere credentium cœtus, ad Deum quem corde portaret, adducebatur.

Et imponunt illi vestimenta sua, et sedit super eum.] Vestimenta apostolorum vel doctrina virtutum, vel edissertio scripturarum, vel certe ecclesiasticorum dogmatum varietates intelligi possunt, quibus illa corda hominum ante nuda et frigida, quo Christo sessore digna fiant, operiunt.

Multi autem vestimenta sua straverunt in via.] Portante Dominum asino multi vestimenta sua in via sternunt, quia sancti martyres propriæ se carnis amictu exuentes, simplicioribus Dei famulis viam suo sanguine parant, ut videlicet inoffenso gressu mentis ad supernæ mœnia civitatis, quo Jesus ducit, incedant. Item Salvator noster asellum sedens Hierusalem tendit, quando uniuscujusque fidelis animam regens, videlicet jumentum suum, ad pacis intimæ visionem ducit. Jumentum sedet etiam cum sanctæ ecclesiæ universaliter præsidet, eamque in supernæ pacis desiderium accendit. Multi autem vestimenta sua in via sternunt, quia corpora sua per abstinentiam edomant, ut ei iter ad mentem parent, vel exempla bona sequentibus præbeant.

Alii autem frondes cædebant de arboribus, &c.]

Frondes vel ramos de arboribus cædunt, qui in doctrina veritatis verba atque sententias patrum de eorum eloquio excerpunt, et hæc in via Dei ad auditoris animum venientis humili prædicatione submittunt. Sed qui præibant et qui sequebantur clamabant, dicentes, Osanna. Præcessit quippe Judaicus populus, secutus est gentilis. Et quia omnes electi, sive qui in Judæa esse poterant, sive qui nunc in ecclesia existunt, in Mediatorem Dei et hominum crediderunt, et credunt, qui præeunt, et qui sequuntur, Osanna clamabant. Osanna autem, Latina lingua Salva nos dicitur. Ab ipso autem salutem et priores quæsierunt, et præsentes quærunt. Et benedictum qui venit in nomine Domini confitentur, quoniam una spes, una fides est præcedentium atque sequentium populorum. Nam sicut illi spectata passione ac resurrectione ejus sanati sunt; ita nos præterita passione illius ac permanente in secula resurrectione salvamur. Quem enim priores nostri ex Judaico populo crediderunt atque amaverunt venturum, hunc nos et venisse credimus et amamus, ejusque desiderio accendimur, ut eum facie ad faciem contemplemur.

Benedictum quod venit regnum patris nostri David, &c.] Legimus in evangelio Joannis, quod refectæ de quinque panibus et duobus piscibus turbæ voluerunt rapere Jesum, et constituere eum regem. Sed ne hoc perficere possent, ipse in montem fugiendo præcavit. Nunc autem ubi passurus Hierosolymam venit, non refugit eos qui se regem faciunt, qui agmine glorifico et hymnis Dei filio ac rege dignis ad civitatem regiam ducunt. Non reprimit voces eorum qui regnum patriarchæ David in eo restaurandum et priscæ benedictionis dona recuperanda concinunt. Ut quid ergo hoc quod prius fugiendo declinavit, modo libens amplectitur, regnumque quod adhuc victurus in mundo suscipere noluit, jamjam exiturus per passionem crucis de mundo non negavit suscipere; nisi ut aperte doceret, quod non temporalis et terreni, sed æterni in cœlis rex esset imperii? Ad quod profecto regnum per contemptum mortis, gloriam resurrectionis, et triumphum ascensionis perveniret. Hinc est enim, quod post resurrectionem apparens discipulis ait, Data est mihi omnis potestas in cœlo et in terra, et cætera ejusdem loci. Notandum sane quanta sit consonantia turbæ Dominum collaudantis, cum voce evangelizantis virgini matri Gabrielis qui ait, Hic enim erit magnus, et filius Altissimi vocabitur; et dabit illi Dominus Deus sedem David patris ejus, et regnabit in domo Jacob in æternum. Accepit autem sedem sive regnum David Dominus, ut gentem cui David quondam temporalis regni gubernacula simul et exempla justitiæ præbuit, quaque modulis hymnorum spiritualium ad fidem atque amorem sui conditoris accendere solebant: hanc ipse verbis, donis, factis, et promissis tanto Mediatore Dei et hominum dignis, ad regnum cœleste et immortale vocaret, atque ad ipsam Dei Patris visionem introduceret: in quo jungitur, Osanna excelsis, id est, salus. Quo perspicue ostenditur, quod adventus Christi non tantum hominum salus, sed totius mundi sit: terrena jungens cœlestibus, ut omne genuflectatur ei, cœlestium et terrestrium et infernorum. Notandum sane quod Osanna verbum Hebraicum, compositum est ex duobus, corrupto et integro. Salva namque, sive salvifica, apud eos dicitur Osi, at vero anna interjectio est deprecantis. Quomodo apud Latinos interjectio est dolentis Heu, et interjectio admirantis Papæ. Denique in Psalmo centesimo decimo septimo, ubi septuaginta interpretes transtulerunt,

O Domine, salvum me fac, in Hebræo scriptum est, Anna adonai osi osanna; quod interpres noster Hieronymus diligentius elucidans ita transtulit, Obsecro, Domine; salva, obsecro: idem namque significat, O Domine, per interjectionem obsecrantis, quod Obsecro, Domine, per ipsum verbum obsecrationis. Osanna itaque, salva obsecro, significat, consumpta litera i vocali, quæ verbum prius terminat, cum perfecte dicitur osi, per virtutem literæ vocalis a, qua verbum sequens incipit anna. Quod metrici in versibus scandendis synalœpham vocant, quamvis illi scriptam literam scandentes transiliant: in hoc autem verbo Osanna, i litera nec saltem scribatur, sed sensu loquentium salvo, funditus interimatur.

Et introivit Hierosolymam in templum.] Quod ingressus civitatem primo templum adiit, formam nobis religionis, quam sequamur, præmonstrat. Ut cum forte villam aut oppidum, aut alium quemlibet locum in quo sit domus orationis Deo consecrata, intramus, primo ad hanc divertamus: et postquam nos Domino per orationum studia commendaverimus, sic deinde ad agenda ea propter quæ venimus temporalia negotia secedamus. Appropinquante autem tempore passionis, appropinquare voluit Dominus loco passionis, ibique proximus manere, ubi constituto ac præfinito ante secula tempore inveniri posset ab eis per quos eadem erat passio complenda. Quo etiam per hoc cunctis intimaret audientibus, quod non invitus mortem, ut profani putavere, sed sua sponte subiret. Cujus hora proximante intrepidus locum adiit, in quo se esse passurum, et per seipsum, et per prophetarum suorum ora, longe ante prædixerat. Notandum vero quod hic introitus ejus in Hierusalem ante quinque dies Paschæ, in quo mysterium sacrosanctæ passionis suæ implere decreverat, factus est. Narrat enim Joannes, quod ante sex dies Paschæ venerit Bethaniam, ubi cœna ei facta, et discumbentibus multis soror eum Lazari Maria unguento mystico perfuderit: atque in crastinum asino sedens, obviante cum palmis plurima turba, venerit Hierosolymam. Ubi non prætereunda silentio est non tantum concordia in rebus, verumetiam in temporibus veteris et novi testamenti, umbræ et veritatis legis et evangelii. Scriptum namque in lege est, dicente Domino ad Moysen et Aaron, Mensis iste vobis principium mensium primus erit in mensibus anni. Loquimini ad universum cœtum filiorum Israel, et dicite eis: Decima die mensis hujus, tollat unusquisque agnum per familias et domos suas. Et paulo post, Et servabitis eum usque ad quartam decimam diem mensis hujus, immolabitque eum universa multitudo filiorum Israel ad vesperam. Decima ergo die mensis primi, agnus qui in Pascha immolaretur, domum introduci jussus est, quia et Dominus decima die ejusdem mensis, hoc est, ante quinque dies Paschæ, in civitatem in qua pateretur erat ingressurus. Et sicut agnus de toto grege electus certum suæ victimationis diem expectabat, ita et Dominus, conjurante adversum se omni seniorum et principum concilio, certus præstolabatur horam, in qua seipsum pro salute mundi oblationem Deo et hostiam in odorem suavitatis offerret. Immolabitur agnus quarta decima die primi mensis ad vesperam, et Dominus eadem hora agnum cum discipulis manducans, ubi legalis Paschæ decreta complevit, egressus est cum eis statim ad locum orationis, ubi comprehensus a Judæis et ligatus, jam sacramenta beatæ suæ victimationis inchoaret.

Et circumspectis omnibus, cum jam vesperæ esset hora, &c.] Non hoc semel fecit; sed per omnes quinque dies ex quo Hierosolymam ascenderat usque ad tempus passionis hoc ipsum agere solebat, ut per diem in templo doceret, noctibus vero exiens moraretur in monte Oliveti, sicut in Luca legimus. Docendo enim incredulos, officium correctionis sedulus impendebat. Commanendo autem apud fideles, gratiam eis benignitatis propitius exhibebat. Bene autem dicitur, quod circumspectis omnibus exivit in Bethaniam. Inspicit quippe internus arbiter omnium corda: et cum in contradicentibus, ac resistentibus veritati, non invenit ubi caput reclinet, secedit ad fideles, et in eis qui obediunt verbo mansionem sibi una cum Patre facere gaudet. Bethania namque Domus obedientiæ dicitur. Hoc quoque intelligendum est, quod tantæ dominus fuerit paupertatis, et ita nulli sit adulatus, ut in urbe maxima nullum hospitem, nullam invenerit mansionem; sed in agro parvulo apud Lazarum sororesque ejus habitaret. Eorum quippe vicus Bethania est.

Et alia die cum exirent a Bethania, esuriit.] Esuriit, vel veritatem humanæ carnis ostendens, vel esuriens salutem credentium, æstuans ad incredulitatem Israel.

Cumque vidisset a longe ficum habentem folia, venit si quid forte inveniret, &c.] Quomodo Dominus multa in parabolis dicere, ita etiam nonnulla in parabolis facere solebat. Quid enim causæ erat, ut esuriens fructus in ficulnea quæreret, quorum tempus nondum esse quilibet homo noverat, arboremque quod fructum per id tempus non haberet, æternæ sterilitatis maledictione damnaret, nisi quia plebem, quam verbo docebat, hoc etiam facto terrebat, ne quis habendo folia, et fructum non habendo, hoc est, verba justitiæ absque operibus prætendendo, excidi et in ignem mereretur projici? Unaquæque enim arbor non de floribus, non de foliis, sed de fructu suo cognoscitur; id est, unusquisque homo non de æstimatione famæ vel sermonum pompa, sed de suarum testimonio probatur actionum. Esuriens ergo Dominus vidit ficum habentem folia, et venit quærere fructum in illa, nec invenit. Quia salutem desiderans humani generis vidit Judæam habentem eloquia legis et prophetarum, venitque probare docendo, corripiendo, miracula faciendo, si quem forte in eorum corde fructum fidei et vitæ posset invenire. Sed quia folia sine fructibus habere reperta est ficulnea, damnatur: quia Judæa quæ verba Scripturæ sine operibus sonabat, digna est ultione punita. Hoc autem dixerim, non quod tota synagoga fuerit abjecta, ex qua utique constat quod primitiva fuerit ecclesia constructa. Sed illa nimirum portio synagogæ damnari meruit, quæ esurientem Christum pascere bene operando recusavit, quæ foliis verborum spiritualium magis obumbrari, quam fructibus Spiritus voluit honestari. Quibus ipse dicit alibi: Ego vado, et quæritis me, et in peccato vestro moriemini. Congruit sane hic locus illi ejus parabolæ, ubi ait: Arborem fici habebat quidam plantatam in vinea sua, et venit quærens fructum in illa, et non invenit. Dixit autem ad cultorem vineæ, Ecce anni tres sunt ex quo venio quærens fructum in ficulnea hac, et non invenio: succide ergo illam, ut quid etiam terram occupat? At ille respondens, dixit illi, Domine, dimitte illam et hoc anno, usque dum fodiam circa illam et mittam stercora. Et si quidem fecerit fructum: sin autem, in futurum succides illam. Cultor autem vineæ, ordo est apostolorum doctorumque spiritualium, qui synagogam ne periret diligenter ad pœnitentiam vocare, proque ejus salute Domino supplicare studuerunt. Præcipue Jacobus frater Domini, qui regendæ Hierosolymorum ecclesiæ prælatus est. Verum quia illa nec in legalibus edictis, nec in propheticis contestationibus, nec in ipsa coruscantis evangelii gratia fructum obedientiæ ferre consensit: quasi tribus annis ficus sterilis permanens, abjecta est a Domino, et æterna maledictione subversa. Namque non solum ab electorum sorte repulsa, sed ab ipsa etiam quam inanis occupabat terra abscissa est. Sed et tu, si non vis audire in judicio a Christo, Discede a me, maledicte, in ignem æternum, quia esurivi et non dedisti mihi manducare, arbor esse sterilis in hac vita caveto, quin potius pauperi Christo et esurienti, fructum pietatis quo indiget offerto.

Et veniunt Hierosolymam. Et cum introisset templum, cœpit ejicere, &c.] Quod maledicendo ficum infructuosam per figuram fecit Dominus, hoc idem mox apertius ostendit, ejiciendo improbos e templo. Neque enim aliquid peccavit arbor, quod esuriente Domino poma non habuit, quorum necdum tempus advenerat; sed peccare sacerdotes, qui in domo Domini secularia negotia gerebant, et fructum pietatis quem debuerant, quemque in eis Dominus esuriebat, ferre supersederant. Arefecit Dominus arborem maledicto, ut homines hæc videntes sive audientes, multo magis intelligerent sese divino condemnandos esse judicio, si absque operum fructu de plausu tantum sibi religiosi sermonis, vel ut de sonitu et tegumento blandirentur viridantium foliorum. Verum quia non intellexerunt, in ipsos consequenter districtionem meritæ ultionis exercuit. Et ejecit commercia rerum humanarum de domo illa, in qua divinas tantum res agi, hostias et orationes Deo offerri, verbum Dei legi, audiri, et decantari præceptum erat. Et quidem credendum est, quia ea tantum vendi vel emi repererit in templo, quæ ad ministerium necessaria essent ejusdem templi, juxta hoc quod alias factum legimus, cum idem templum ingrediens invenit in eo vendentes et ementes oves et boves et columbas: quia nimirum hæc omnia, non nisi ut offerrentur in domo Domini, eos qui de longe venerant ab indigenis comparare credendum est. Si ergo Dominus nec ea volebat venumdari in templo, quæ in templo volebat offerri, videlicet propter studium avaritiæ, sive fraudis, quod proprium solet esse negotiantium facinus, quanta putas animadversione puniret, si invenisset ibi aliquos risui vel vaniloquio vacantes, aut alii cuilibet vitio mancipatos? Si enim ea quæ alibi liberi gerere poterant Dominus in domo sua temporalia negotia geri non patitur, quanto magis ea quæ nusquam fieri licet plus cœlestis iræ merentur, si in ædibus Deo sacratis aguntur? Verum quia Spiritus Sanctus in columba super Dominum apparuit, recte per columbas Sancti Spiritus charismata signantur. Qui autem sunt in templo Dei, hodie, qui columbas vendunt, nisi qui in ecclesia pretium de impositione manus accipiunt? per quam videlicet impositionem Spiritus Sanctus cœlitus datur. Columba ergo venditur, quando manus impositio, per quam Spiritus Sanctus accipitur, ad pretium præbetur. Sed Redemptor noster cathedras vendentium columbas evertit; quia talium negotiatorum sacerdotium destruit. Hinc est quod sacri canones Simoniacam hæresim damnant, et eos sacerdotio privari præcipiunt, qui de largiendis ordinibus pretium quærunt. Cathedra ergo vendentium columbas evertitur, quia ii qui spiritualem gratiam venumdant, vel ante humanos vel ante Dei oculos sacerdotio privantur.

Et non sinebat ut quisquam transferret vas per templum.] De vasis dicit illis quæ mercandi gratia inferebant. Cæterum absit ut vasa Deo dicata Dominus ejiceret de templo, vel introferri prohiberet in templum; ubi futuri sui examinis insigne prætendit exemplum: sed potius immunda et profana eliminat vasa de templo, ac ne amplius inferantur prohibet, quando non solum de ecclesia omnes repellit ac deturbat reprobos, verumetiam ne ultra ad turbandam ecclesiam intrent, æterno eos verbere compescit. Sed et in præsenti hæc est vera domus Domini, id est, cordis fidelium purificatio, ut non tantum peccata quæ inerant, divinitus immissa compunctio tollat, sed etiam ne hæc ultra repetant, divina in eis gratia perseverans adjuvet.

Et docebat, dicens eis, Nonne scriptum est, Quia domus mea domus orationis, &c.?] Omnibus (inquit) gentibus, non uni genti Judaicæ, nec in uno Hierosolymæ urbis loco, sed in toto orbe terrarum, et nequaquam taurorum et hircorum et arietum, sed orationis.

Vos autem fecistis eam speluncam latronum.] Qui ad accipienda munera in templo residebant, profecto quin quibusbam non dantibus, læsiones exquirerent, dubium non erat. Domus ergo orationis spelunca latronum facta fuerat, quia ad hoc in templo assistere noverant, ut aut non dantes munera studerent corporaliter persequi, aut dantes spiritualiter necare. Templum quoque et domus Dei est ipsa mens atque conscientia fidelium, quæ si quando in læsione proximi perversas cogitationes profert, quasi in spelunca latronum resident. Et simpliciter gradientes interficiunt, quando in eos qui in nullo rei sunt, læsionis gladios defigunt. Mens enim fidelium non jam domus orationis, sed spelunca latronum est, quando relicta innocentia et simplicitate sanctitatis, illud conatur agere, unde valeat proximis nocere.

Et cum mane transirent, viderunt ficum aridam factam a radicibus.] Non rami tantum aut stipites infructuosæ fici, sed ipsa etiam radix arefiendo, sententiam divinæ in se reprobationis ostendit. Et

Joannes ait, quia securis ad radicem arborum posita est. Arefacta est itaque ficus a radicibus, ut ostenderetur gens impia, non ad tempus vel ex parte corripienda externorum incursibus, et mox miserante Domino post actam pœnitentiam priscæ restituenda libertati, ut sæpe factum sacra historia refert; sed æterna potius damnatione ferienda, arefacta est radicibus, ut intimaretur nefanda plebs non solum humana gloria forinsecus, verumetiam divino intus favore funditus esse destituenda: nam et salutem vitamque quam accipere poterat in cœlis, et quam jam perceperat patriam, perdidit in terris.

Et respondens Jesus, ait illis, Habete fidem Dei, &c.] Solent gentiles qui contra ecclesiam maledicta scripsere, improperare nostris quod non habuerint plenam fidem Dei, quia nunquam montes transferre potuerint: quibus respondendum est, non omnia scripta esse quæ in ecclesia sunt gesta, sicut etiam de factis ipsius Christi Dei et Domini nostri Scriptura nostra testatur. Unde et hoc quoque fieri potuisset, ut mons ablatus de terra mitteretur in mare, si necessitas id fieri poposcisset. Quomodo legimus factum precibus beati Patris Gregorii Neocæsareæ Ponti antistitis, viri meritis et virtutibus eximii, ut mons in terra tantum loco cederet, quantum incolæ civitatis opus habebant. Cum enim volens ædificare ecclesiam in loco apto videret eum angustiorem esse quam res exigebat, eo quod ex una parte rupe maris, ex alia monte proximo coarctaretur, venit nocte ad locum, et genibus flexis admonuit Dominum promissionis suæ, ut montem longius juxta fidem petentis ageret. Et mane facto reversus invenit montem tantum spatii reliquisse structoribus ecclesiæ, quantum opus habuerant. Poterat ergo hic, poterat alius quis ejusdem meriti vir, si opportunitas exegisset, impetrare a Domino merito fidei, ut etiam mons tolleretur et mitteretur in mare. Verum quia montis nomine nonnunquam diabolus significatur, videlicet propter superbiam qua se contra Deum erigit, et esse vult similis Altissimo, mons ad præceptum eorum qui fortes fide sunt, tollitur de terra, et in mare projicitur, cum prædicantibus verbum doctoribus sanctis immundus spiritus ab eorum corde repellitur, qui ad vitam sunt præordinati, et in turbulentis amarisque infidelium mentibus vesaniam suæ tyrannidis exercere permittitur. Non quo ibi etiam antea sedem regnumque non habuerit, sed quia tanto acrius in eos quos licet desævit, quanto amplius se dolet a læsione piorum fuisse depulsum. Cui simile est illud Apocalypsis, Et secundus angelus tuba cecinit, et ecce tanquam mons magnus igne ardens missus est in mare. Canente etenim angelo tuba, mons igne ardens missus est in mare, quia prædicante verbum doctore veritatis, antiquus hostis, invidiæ facibus accensus, perversorum animos gravius corrupturus adiit, ut dolorem expulsionis suæ de fidelibus vindicaret in perfidis.

Et cum stabitis ad orandum, dimittite si quid habetis adversus aliquem, &c.] Notanda distinctio deprecantium. Qui perfectam habet fidem, quæ per dilectionem operatur, ille orando vel etiam jubendo potest montes transferre spirituales. Quomodo fecit Paulus de Helyma mago, quem et oculis et arte nefanda privavit. Quomodo de Pythonissa in Philippis de qua spiritum malignum, montem videlicet superbissimum, ejecit. Sed idem mons in mare projectus, quantum furibundi ignis huic intulerit, subsecuta confestim contra eum gentilium persecutio perdocuit. Qui vero tantæ fastigium perfectionis necdum conscendere queunt, postulent sibi peccata dimitti, quoad vitam intrare mereantur perpetuam, et absque dubio impetrabunt quod petunt: si tamen in se peccantibus aliis primo ipsi dimittunt. Sin autem hoc facere contemnunt, non solum orando virtutes facere, sed nec suorum possunt veniam consequi peccatorum.

Et cum ambularet in templo, accedunt ad eum summi sacerdotes, &c.] Diversis modis eandem quam supra calumniam struunt, quando dixerunt, In Beelzebub principe dæmoniorum ejicit dæmonia. Quando enim dicunt, In qua potestate hæc facis? de Dei dubitant potestate, et subintelligi volunt diaboli esse quæ faciat. Addentes quoque, Quis tibi dedit hanc potestatem? manifestissime Dei Filium negant; quem putant non suis sed alienis viribus signa facere.

Jesus autem respondens ait, Interrogabo vos et ego unum verbum, &c.] Poterat Dominus aperta responsione tentatorum calumniam confutare, sed prudenter interrogat, ut suo vel silentio vel sententia condemnentur.

At illi cogitabant secum dicentes, Si dixerimus, de cœlo, &c.] Quem enim confitemini de cœlo habuisse prophetiam, mihi testimonium perhibuit, et ab illo audistis, in qua ista faciam potestate.

Si dixerimus, ex hominibus, &c.] Viderunt ergo quod utrumlibet horum respondissent, in laqueum se casuros, timentes lapidationem, sed magis timentes veritatis confessionem.

Et respondentes dicunt Jesu, Nescimus. Et respondens Jesus, &c.] Non vobis dico quod scio, quia non vultis fateri quod scitis. Justissime repulsi, utique confusi abscesserunt. Et impletum est quod in Psalmo per prophetam dicit Deus Pater, Paravi lucernam Christo meo, id est, ipsum Joannem. Inimicos ejus induam confusione. Notandum autem quod duas ob causas maxime scientia veritatis est occultanda quærentibus. Cum videlicet is qui quærit, aut minus capax est ad intelligendum quod quærit, aut odio vel contemptu ipsius veritatis indignus est cui debeat aperiri quod quærit. Propter quorum unum Dominus ait, Adhuc multa habeo vobis dicere, sed non potestis illa portare modo. Propter alterum vero discipulis præcepit, Nolite dare sanctum canibus; neque mittatis margaritas vestras ante porcos.

IN CAPUT XII.

CAP. XLII. *Et cœpit illis in parabolis loqui. Vineam pastinavit homo, &c.*] Homo iste qui pastinavit vineam, ipse est qui in alia parabola conduxit operarios in vineam suam. Qui plantavit vineam de qua Esaias plenissime per canticum loquitur, ad extremum inferens, Vinea Domini Sabaoth domus est Israel. Et in Psalmo, Vineam (inquit) de Ægypto transtulisti, ejecisti gentes, et plantasti eam. Et sepem circumdedit ei, vel murum urbis, vel angelorum auxilia. Et fodit in ea lacum sive torcular: aut altare, aut illa torcularia quorum et tres Psalmi titulo prænotantur, octavus, et octogesimus, et octogesimus tertius. Et ædificavit turrim, haud dubium quin templum de quo dicitur per Michæam, Et tu turris nebulosa Filiæ Sion.

Et locavit eam agricolis.] Quos alibi vineæ operarios appellavit, qui conducti fuerant hora prima, tertia, sexta, et nona. Et peregre profectus est, non loci mutatione: nam Deus unde abesse potest, quo complentur omnia? et qui dicit per Hieremiam, Ego Deus appropinquans et non de longe, dicit Dominus? Sed abire videtur a vinea, ut vinitoribus liberum operandi arbitrium derelinquat.

Et misit ad agricolas in tempore servum, &c.] Bene tempus fructuum posuit, non proventum. Nullus enim fructus extitit populi contumacis, nullus hujus vineæ proventus, tametsi crebre ac sollicite quæreretur, inventus est. Servus ergo qui primo missus est, ipse legifer Moyses intelligitur, qui quadraginta annos continuos fructum aliquem legis quem dederat, a cultoribus inquirebat: sed cæsum eum dimiserunt vacuum. Irritaverunt enim Moysen in castris, et Aaron sanctum Domini. Et vexatus est Moyses propter eos, quia exacerbaverunt spiritum ejus: qui et ipse servus quid de fructu vineæ hujus sentiat, palam carmine declarat dicens, Et vinea enim Sodomorum, vitis eorum, et propago eorum ex Gomorra. Uva eorum, uva fellis, et botrys amaritudinis in ipsis, furor draconum vinum eorum, et furor aspidum insanabilis.

Et iterum misit ad illos alium servum, &c.] Servus alter David regem prophetamque et cæteros psalmistas significat, qui post Moysen missi sunt, ut colonos vineæ post edicta legalia psalmodiæ modulatione et dulcedine citharæ ad exercitium boni operis excitarent: nam et ipse David, qui cor populi ad cœlestia desideranda suspenderet, inter ritus carnalium victimarum laudes Domini continuas suavi melodia decantari constituit. Sed et hunc affectum contumeliis in capite vulneraverunt, quia psalmistarum carmina quæ ad laudem Domini vocabant, parvi pendentes, ipsum qui psalmodiæ caput in Spiritu Sancto et fons claruerat David abjecerunt. Dicentes enim, Quæ nobis pars in David? aut quæ hæreditas in filio Isai? regnum simul ejus ignobili stirpe, et religionem impietate mutaverunt. Attamen ipse pro hac vinea, quæ de Ægypto translata Palæstinæ montes sua obumbratione protexerat, ne radicitus exterminaretur orabat: Domine, Deus virtutum, convertere nunc, respice de cœlo, et vide, et visita vineam istam, et dirige eam quam plantavit dextera tua. Ubi pariter exposuit qui sit homo ille qui hanc vineam plantavit, Dominus videlicet Deus virtutum.

Et rursum alium misit, &c.] Tertium cum suis sociis servum prophetarum chorum intellige, qui continuis attestationibus populum convenerunt, et quæ huic vineæ ventura imminerent mala prædixerunt. Sed quem prophetarum non sunt persecuti? et occiderunt eos qui prænunciabant de adventu Domini Salvatoris. Et hi omnes, multa de hujus vineæ sterilitate dixerunt, sed unius Hieremiæ planctum ponere sufficiat. Ego autem (inquit) plantavi te vineam electam, omne semen verum, quomodo conversa es in pravum vineæ alienæ? His sane tribus servorum gradibus omnium sub lege doctorum figuram posse comprehendi, Dominus alibi manifeste pronunciat, dicens, Quoniam necesse est impleri omnia quæ scripta sunt in lege Moysi et Prophetis et Psalmis de me.

Adhuc ergo unum habens filium carissimum, et illum misit ad eos novissimum, &c.] Quod ait, Quia reverebuntur filium meum, non de ignorantia venit. Quid enim nesciat paterfamilias qui hoc loco Deus Pater intelligitur? Sed semper ambigere dicitur Deus, ut libera voluntas homini reservetur. Interrogemus Arrium et Eunomium. Ecce Pater dicitur ignorare, et sententiam temperat; et quantum in nobis est, probatur esse mentitus. Quicquid pro Patre responderint, hoc intelligant pro Filio, qui se dicit ignorare consummationis diem.

Coloni autem dixerunt ad invicem, Hic est hæres, &c.] Manifestissime Dominus probat Judæorum principes non per ignorantiam, sed per invidiam crucifixisse Filium Dei. Intellexerunt enim hunc esse cui dictum est, Postula a me, et dabo tibi gentes hæreditatem tuam. Et propterea quasi sibi consulentes aiebant, Ecce mundus totus post eum abit. Et si dimittimus eum sic, omnes credent in eum. Hæreditas ergo Filii, ecclesia est, cunctis ei data de gentibus, quam non moriens ei Pater reliquit, sed ipse sua morte mirabiliter acquisivit, quam resurgendo possedit. Hanc autem occiso eo mali coloni præripere moliebantur, cum crucifigentes eum Judæi fidem quæ per eum extinguere, et suam magis quæ ex lege est justitiam præferre ac gentibus imbuendis conabantur inserere.

Et apprehendentes eum occiderunt, &c.] Notat eos malitiæ pertinaces qui nec crucifixo ac resuscitato a mortuis Domino ad prædicationem apostolorum credere voluerint; sed quasi cadaver vile projecerunt; quia quantum in se erat, a suis eum finibus excludentes gentibus suscipiendum dederunt.

Quid ergo faciet Dominus vineæ? &c.] Hunc versiculum Dominus apud Matthæum mox exposuit ipse dicens, Ideo dico vobis, Quia auferetur a vobis regnum Dei, et dabitur genti facienti fructus ejus. Quod ita futurum etiam figuraliter ostenderat, cum in exemplum non credentium Judæorum infructuoso fico malediceret. Qui e contrario postmodum credentes, sive de Judæis sive de gentibus, fructiferæ atque eximiæ comparavit arbori, dicens, Ego sum vitis, vos palmites. Qui manet in me, et ego in eo, hic fert fructum multum. Cum autem dixisset, quia veniens Dominus vineæ post perditionem malorum agricolarum, vineam daturus esset aliis, hoc idem ita divinitus fuisse procuratum, prophetico statim affirmavit exemplo, subjiciens,

Nec Scripturam hanc legistis, Lapidem quem reprobaverunt ædificantes, &c.?] Quomodo, inquit, implebitur hæc prophetia, quod lapidem ab ædificantibus reprobatum in caput anguli dicit esse ponendum, nisi quia Christus a vobis reprobatus, et occisus, credituris est gentibus prædicandus, ut quasi lapis angularis duos condat in semetipso, atque ex utroque populo unam sibi fidelium civitatem, unum templum ædificet? Eosdem enim synagogæ magistros quos supra colonos dixerat, nunc ædificantes appellat. Quia qui subditam sibi plebem ad ferendos vitæ fructus quasi vineam jubebantur excolere, ipsi quoque hanc Deo inhabitatore dignam, quasi domum construere atque ornare præcipiebantur. Unde et apostolus fidelibus scribens ait: Dei agricultura, Dei ædificatio estis. Sed qui fructum vineæ Dei quasi pessimi coloni reddere magno patrifamilias negabant, iidem quasi mali cæmentarii laborant domui Dei lapidem pretiosum et electum, qui vel in fundamentis vel in angulo ponendus erat, subtrahere, hoc est fidem Christi auditoribus suis conabantur eripere.

Et quærebant eum tenere, et timuerunt turbam, &c.] Principes sacerdotum et scribæ, quasi mentientem contra se Dominum quærebant interficere. Sed hoc idem quærendo, docebant vera esse quæ dixerat. Ipse quippe est hæres, cujus injustam necem aiebat esse vindicandam a Patre. Illi nequam coloni, qui ab occidendo Dei Filio ad modicum quidem timore humano retardari donec veniret hora ejus, nunquam vero divino amore potuere cohiberi. Morali sane intellectu, cuique fidelium cum mysterium baptismi quod exerceat operando committitur, quasi vinea quam excolat, locatur. Mittitur servus unus, alter, et tertius, qui de fructu accipiant, cum lex, psalmodia, prophetia, quarum admonitionem bene agendo sequatur, legitur. Sed missus servus contumeliis affectus vel cæsus ejicitur, cum sermo auditus contemnitur, vel (quod pejus est) etiam blasphematur. Missum insuper hæredem (quantum in se est) occidit, qui et Filium Dei conculcaverit, et Spiritui gratiæ quo sanctificatus est, contumeliam fecerit. Perdito malo cultore vinea dabitur alteri, quum dono gratiæ quod superbus sprevit, humilis quisque ditabitur. Sed et hoc quod principes sacerdotum, scribæ, ac seniores manum mittere quærentes in Jesum timore turbæ retinentur, quotidie geritur in ecclesia, cum quilibet solo de nomine frater eam, quam non diligit ecclesiasticæ fidei ac pacis unitatem, propter cohabitantium fratrum bonorum multitudinem aut erubescit, aut timet impugnare: qui tamen sicut de stultissima avium struthione Dominus ait, cum tempus fuerit, in altum alas erigit: quia persequendo ecclesiam quasi Dominum cruci addicere et ostentui gaudebit habere.

Et mittunt ad eum quosdam ex Pharisæis et Herodianis, ut eum caperent in verbo, &c.] Herodianos dicit milites Herodis tetrarchæ, qui et ipse tunc temporis erat Hierosolymis, atque in spernendo et irridendo Dominum Pilato et Judæis consentiebat, ut Lucas evangelista testatur. Quærentes ergo Dominum comprehendere summi sacerdotes, scribæ, et seniores, timuerunt turbam. Atque ideo, quia per se non poterant, terrenæ potestatis manibus efficere tentabant, ut velut ipsi a morte ejus viderentur immunes. Nuper enim sub Cæsare Augusto Judæa subjecta Romanis, quando in toto orbe est celebrata descriptio, stipendiaria facta fuerat, et erat in populo magna seditio, dicentibus aliis pro securitate et quiete qua Romani pro omnibus militabant, debere tributa persolvi: Pharisæis vero, qui sibi applaudebant in justitia, e contrario nitentibus non debere populum Dei qui decimas solveret, et primitiva daret, et cætera quæ in lege scripta sunt, humanis legibus subjacere. Cujus seditionis adeo fomes invaluit, ut post Domini resurrectionem insistentibus Romanis patriam, gentem, et regnum, augustum quoque illud cum sua religione templum, insuper ipsam lucem perdere quam tributa pendere maluerint.

Qui venientes dicunt ei, Magister, scimus quia verax es, &c.] Blanda et fraudulenta interrogatio illuc provocat respondentem, ut magis Deum quam Cæsarem timeat, et dicat non debere tributa solvi, ut statim audientes Herodiani seditionis contra Romanos auctorem eum teneant.

Qui sciens versutiam eorum, ait illis, Quid me tentatis? &c.] Sapientia semper sapienter agit: ut suis potius tentatores sermonibus confutentur, Afferte mihi (inquit) denarium; hoc est, genus nummi, quod pro decem nummis imputabatur, et habebat imaginem Cæsaris.

Et ait illis, Cujus est imago hæc et inscriptio?] Qui putant interrogationem Salvatoris, ignorantiam esse, et non dispensationem, discant ex præsenti loco quod utique potuerit scire Jesus, cujus imago esset in nummo: sed interrogat, ut ad sermonem eorum competenter respondeat.

Dicunt illi, Cæsaris. Respondens autem Jesus, &c.] Quod ait, Reddite quæ sunt Cæsaris Cæsari, nummum, tributum, et pecuniam; et quæ sunt Dei Deo, decimas, primitias, et oblationes, ac victimas sentiamus. Quomodo et ipse reddidit tributa pro se et Petro, et Deo reddidit quæ Dei sunt, Patris faciens voluntatem. Aliter, Reddite quæ Cæsaris sunt Cæsari, et quæ sunt Dei, Deo. Quemadmodum Cæsar a nobis exigit impressionem imaginis suæ, sic et Deus, ut quemadmodum illi redditur nummus, sic Deo reddatur anima lumine vultus ejus illustrata atque signata. Unde Psalmista: Signatum est (inquit) in nobis lumen vultus tui, Domine. Hoc quoque lumen est totum hominis, et verum bonum, quod non oculis sed mente conspicitur. Signatum autem dixit in nobis, tanquam denarius signatur regis imagine. Homo enim factus est ad imaginem et similitudinem Dei, quam peccando corrupit. Bonum ergo ejus est verum atque æternum si renascendo signetur.

Et mirabantur super eo.] Qui credere debuerant ad tantam sapientiam, mirati sunt, quia calliditas eorum insidiandi non invenisset locum. Et sicut Matthæus scribit, Relicto eo abierunt, infidelitatem pariter cum miraculo reportantes.

Et venerunt ad eum Saducæi, qui dicunt resurrectionem non esse.] Duæ erant hæreses in Judæis, una Pharisæorum, et altera Saducæorum. Pharisæi traditionum et observationum quas illi Deuterosis vocant justitiam præferebant, unde et divisi vocabantur a populo. Saducæi autem, qui interpretantur justi, et ipsi vindicabant sibi quod non erant; prioribus et corporis et animæ resurrectionem credentibus, confitentibusque et angelos et spiritus, sequentes juxta Acta Apostolorum omnia denegabant.

Et interrogabant eum, dicentes, Magister, Moyses scripsit nobis, ut si cujus frater mortuus fuerit, &c.] Qui resurrectionem corporum non credebant, animas judicantes interire cum corporibus, recte istiusmodi fingunt fabulam, quæ deliramenti arguat eos qui resurrectionem asserant corporum. Potest autem fieri, ut vere in gente eorum aliquando hoc acciderit.

In resurrectione ergo cum resurrexerint, cujus de his erit uxor? &c.] Turpitudinem fabulæ opponunt ut resurrectionis denegant veritatem: verum mystice septem hi fratres sine filiis defuncti, reprobis quibusque congruunt, qui per totam hujus seculi vitam quæ septem diebus volvitur, a bonis operibus steriles existunt: quibus viritim misera morte præreptis, ad ultimum et ipsa mundana conversatio, quam illi absque fructu vitalis operis exegerant, quasi uxor infœcunda transibit.

Et respondens Jesus ait illis, Nonne ideo erratis, non scientes Scripturas, neque virtutem Dei?] Propterea errant, quia Scripturas nesciunt: et quia Scripturas ignorant, consequenter nesciunt virtutem Dei, hoc est, Christum, qui est Dei virtus et Dei sapientia.

Cum enim a mortuis resurrexerint, neque nubent, &c.] Latina consuetudo Græco idiomati non respondet. Nubere proprie dicuntur mulieres, et viri uxores ducere: sed nos simpliciter dictum intelligamus, quod nubere de viris, et nubi de uxoribus dictum sit. Si in resurrectione non nubent neque nubentur, resurgent ergo corpora quæ possunt nubere et nubi. Nemo quippe dicit de lapide et arbore et his rebus quæ non habent membra genitalia, quia non nubant neque nubantur, sed de iis qui cum possint nubere, tamen aliqua ratione non nubant. Quod autem infertur, Sed sunt sicut angeli in cœlis; spiritualis repromittitur conversatio. Sunt enim sicut angeli in cœlis, qui gloria resurrectionis innovati, absque ullo mortis metu, absque ulla labe corruptionis, absque ullo terreni status actu, perpetua Dei visione fruuntur. Ad quam necesse est angelicæ dignitatis æqualitatem quisquis ascendere desiderat, nunc minimis fratribus pie agendo condescendat.

De mortuis autem quod resurgat non legistis in libro Moysi super rubum, &c.?] Ad comprobandam resurrectionis veritatem multo aliis manifestioribus exemplis uti potuit, e quibus est et illud, Suscitabuntur mortui, et resurgent qui in sepulchris sunt. Et in alio loco, Multi dormientium de terræ pulvere consurgent, alii in vitam æternam, et alii in opprobrium et confusionem æternam. Quæritur itaque quid sibi voluerit Dominus hoc proferre testimonium, quod videtur ambiguum, vel non satis ad resurrectionis pertinet veritatem. Supra diximus Saducæos, nec angelos, nec spiritum, nec resurrectionem corporum confitentes, animarum quoque interitum prædicasse. Hi quinque tantum libros Moysi recipiebant, prophetarum vaticinia respuentes. Stultum ergo erat inde proferre testimonia, quorum auctoritatem non sequebantur: porro ad æternitatem animarum probandam ponit exemplum, Ego sum Deus Abraham, et Deus Isaac, et Deus Jacob: statim quæ infert,

Non est Deus mortuorum, sed vivorum.] Ut cum probaverit animas permanere post mortem (neque enim poterat fieri ut eorum esset Deus qui nequaquam subsisterent) consequenter introduceretur et corporum resurrectio, quæ cum animabus bona malave gesserunt.

Et accessit unus de scribis qui audierat illos conquirentes, &c.] Primum omnium et maximum mandatum dicit, hoc est, quod ante omnia debeamus intimo in corde singuli quasi unicum pietatis fundamentum locare: quod apertius in conclusione demonstravit, cum ait, Majus horum aliud mandatum non est. Primum ergo omnium et maximum mandatum est, cognitio, atque confessio divinæ unitatis cum executione bonæ operationis. Bona autem operatio in dilectione Dei et proximi perficitur. Quam breviter aliis verbis commendat apostolus, dicens: In Christo enim Jesu neque circumcisio aliquid valet, neque præputium, sed fides quæ per dilectionem operatur.

Et ait illi scriba, Bene, Magister, in veritate dixisti, quia unus est Deus, &c.]. Ostenditur ex hac responsione scribæ, gravem sæpe inter Scribas et Pharisæos quæstionem esse versatam, quod esset mandatum primum sive maximum divinæ legis, quibusdam videlicet hostias et sacrificia laudantibus, aliis vero majore auctoritate fidei et dilectionis opera præferentibus, eo quod plurimi patrum ante legem absque omni victimarum et sacrificiorum consuetudine ex fide tantum, quæ per dilectionem operatur, placerent Deo, summique apud ipsum loci haberentur: nemo autem unquam absque fide ac dilectione per holocausta solum et sacrificia Deo placuisse inveniretur. In qua sententia, scriba iste etiam se fuisse declaravit.

Jesus autem videns quod sapienter respondisset, dixit illi, Non es longe a regno Dei.] Non longe fuit a regno Dei, quia sententiæ illius quæ novi testamenti et evangelicæ perfectionis est propria, fautor extitisse probatus est. Unde solertius inquirendum, quomodo dicat Matthæus, quod scriba hic sive legis doctor (ut ipse appellat) tentans Dominum de mandato primo sive maximo interrogaverit, quem secundum hunc evangelistam Dominus non longe esse a regno Dei asseverat, cum constet eos qui tentando sapientiam quærunt, hanc invenire non posse, ideoque nec regni cœlestis quæ sapientibus solum panditur appropinquare januæ. Dicit enim Scriptura, Et in simplicitate cordis quærite illum, quoniam invenitur ab iis qui non tentant illum. Nisi forte dicamus quod tentaturus quidem Dominum adierit, sed audito ejus responso correptus, mox ad pietatis gratiam redierit: et quem prius tentando decipiendum putabat, postmodum amplectendo sequendum esse cognoverit. Aut certe ipsam tentationem non accipiamus malam, tanquam decipere volentis inimicum, sed cautam potius, tanquam experiri amplius volentis ignotum. Neque enim frustra scriptum est, Qui facile credit, levis corde minorabitur.

Et nemo jam audebat eum interrogare.] Pharisæi et Saducæi, et cæteri, principes Judæorum, quærentes occasionem calumniæ, et verbum aliquod invenire quod pateret insidiis, quia in sermonibus confutati sunt, ultra non interrogant, sed apertissime comprehensum Romanæ tradunt potestati. Ex quo intelligimus venena invidiæ posse quidem superari, sed difficile conquiescere.

Et respondens Jesus, dicebat docens in templo, Quo modo dicunt Scribæ Christum Filium David esse, &c.] Interrogatio Jesu nobis proficit usque hodie contra Judæos: et hi enim, qui confitentur Christum esse venturum, hominem simplicem et sanctum asserunt de genere David. Interrogemus ergo eos docti a Domino, si simplex est homo, et tantum Filius David, quomodo vocet eum David Dominum suum, non erroris incerto, nec propria voluntate, sed in Spiritu Sancto. Non autem reprehenduntur, quia David Filium dicunt, sed quia Dei Filium eum esse non credunt. Si quidem ipse et Dominus David, Deus ante tempora manendo, et Filius David apparuit homo in temporis fine nascendo; quod autem a Patre subjiciuntur ei inimici, non infirmitatem Filii, sed unitatem naturæ qua in altero alter operatur, significat: nam et Filius subjicit inimicos Patri, quia Patrem clarificat super terram.

Et dicebat eis in doctrina sua, Cavete a Scribis, &c.] Ambulare in stolis, cultioribus vestimentis indutos ad publicum procedere significat: in quo inter cætera dives ille qui epulabatur quotidie splendide, peccasse describitur; notandum autem quod non salutari in foro, non primos sedere vel discumbere vetat eos, quibus hoc officii ordine competit, sed eos nimirum qui hæc sive habita seu certe non habita indebite amant, a fidelibus quibusque quasi improbos docet esse cavendos: animum videlicet non gradum justa distinctione redarguens; quamvis et hoc culpa non careat, si iidem in foro litibus intersint, qui in cathedra Moysi synagogæ magistri cupiunt appellari. Duplici sane ratione a vanæ gloriæ cupidis attendere jubemur, ne scilicet eorum vel simulatione seducamur, æstimantes bona esse et facienda quæ faciunt, vel æmulatione inflammemur, frustra gaudentes in bonis laudari quæ simulant.

Qui devorant domos viduarum, &c.] Non tantum ait accipient judicium, sed adjunxit prolixius: ut insinuet etiam illos qui in angulis stantes orant, ut videantur ab hominibus, damnationem mereri: sed eos qui hæc prolixius quasi religiosiores agendo, non solum laudes ab hominibus, verum etiam pecunias quærunt, graviori esse judicio plectendos. Sunt enim qui se justos et magni apud Deum meriti simulantes, ab infirmis quibuslibet et peccatorum suorum conscientia turbatis, quasi patroni pro eis in judicio futuri pecunias accipere non dubitant: et cum porrectæ manus pauperi preces juvare soleant, illi ob hoc maxime in precibus, ut pauperi nummum tollant, pernoctant: quibus illa Judæ maledictio non immerito congruit: Cum judicatur exeat condemnatus, et oratio ejus fiat in peccatum. Condemnatus quippe cum judicatur exit, et orationem suam in peccatum recipit, qui magnæ nunc æstimationis apud homines habitus, in divino tunc examine non solum se pro aliis intervenire non posse, sed nec sua sibi merita sufficere posse deprehendit, immo ipsarum quibus humanum judicium fefellerat precum, inter crimina pœnas luit.

Et sedens Jesus contra gazophylacium aspiciebat, &c.] Quia sermone Græco φυλάξειν servare dicitur, et gaza lingua Persica divitiæ vocantur, gazophylacium locus appellari solet, quo divitiæ servantur: quo nomine et arcam in qua donaria populi congregabantur ad usus templi necessarios, et porticus in quibus servabantur appellabant. Habes exemplum de porticibus in evangelio. Hæc (inquit) verba locutus est Jesus in gazophylacio, docens in templo, Habes de arca in libro Regum, Et tulit

Joiada pontifex gazophylacium unum, aperuitque foramen desuper, et posuit illud juxta altare ad dexteram ingredientibus domum Domini. Mittebantque in eo sacerdotes qui custodiebant ostia omnem pecuniam quæ deferebatur ad templum Domini. Cumque viderent nimiam pecuniam esse in gazophylacio, ascendebat scriba Regis et pontifex, effundebantque et numerabant pecuniam quæ inveniebatur in domo Domini. Itaque Dominus qui appetitores primatus et vanæ gloriæ cavendos esse monuerat, qui simulatis orationibus prolixius judicium prædixerat esse rependendum, etiam dona ferentes in domum Domini certo examine discernit, ut retribuat singulis secundum cor et opera eorum, quia eodem modo semper in ecclesia idem internus arbiter agere non cessat.

Et multi divites jactabant multa, &c.] Quadrantem vocant calculatores quartam partem cujuscunque rei, videlicet aut loci aut temporis aut pecuniæ. Forsitan ergo hoc loco quartam partam sicli, id est quinque obolos significat.

Et convocans discipulos ait illis, Amen dico vobis, Quoniam vidua hæc, &c.] Hic nobis locus moraliter quidem intimat quod sit acceptibile Deo quicquid bono animo obtulerimus: qui non substantiam offerentium, sed conscientiam pensat; nec perpendit quantum in ejus sacrificio, sed ex quanto proferatur. Juxta vero leges allegoriæ, divites qui in gazophylacium munera mittebant, Judæos de justitia legis elatos: porro vidua pauper ecclesiæ simplicitatem designat: quæ recte pauper appellatur, quia vel superbiæ spiritum vel concupiscentias temporalium rerum, quasi mundi divitias abjecit. Vidua vero, quia vir ejus pro ea mortem pertulit, et nunc in cœli penetralibus ab ejus oculis occultus, quasi in parte alterius regionis vivit. Hæc in gazophylacium minuta duo mittit, quia in conspectum divinæ majestatis, qua oblationes devotæ nostræ operationis quasi certo numero conscriptæ et consignatæ servantur, sive dilectionem Dei et proximi, seu fidei orationisque suæ munera defert. Quæ consideratu propriæ fragilitatis minuta, sed merito piæ intentionis accepta cunctis superbientium Judæorum operibus præstant.

Omnes enim ex eo quod abundabat illis miserunt, &c.] Ex abundantia sibi Judæus mittit in munera Dei; qui de justitia sua præsumens hæc apud se orat: Deus gratias ago tibi quoniam non sum sicut cæteri hominum raptores, injusti, et cætera. Omnem autem victum suum in Dei munera mittit ecclesia, quia omne quod vivit, non sui esse meriti, sed divini muneris intelligit, dicens, Deus propitius esto mihi peccatori. Et iterum, Fortitudinem meam ad te custodiam, quia tu Deus susceptor meus es, Deus meus misericordia ejus præveniet me.

LIBER QUARTUS.

IN CAP. XIII.

Et cum egrederetur de templo ait illi unus ex discipulis suis, Magister, aspice quales lapides et quales structuræ, &c.] Juxta historiam manifestus est sensus. Recedente autem Domino de templo omnia legis ædificia et compositio mandatorum ita destructa est, ut nihil a Judæis impleri; et capite sublato universa inter se membra compugnant. Et quia fundata in gentibus fide et ecclesia Christi Judæa dignas suæ perfidiæ pœnas erat luitura, apte Dominus post laudatam in paupere vidua devotionem ecclesiæ, egreditur de templo, ruinamque ejus futuram atque ædificia tunc admiranda non multo post complananda esse prædixit. Divinitus autem procuratum est, ut, patefacta per orbem fidei evangelicæ gratia, templum ipsum quondam augustum cum suis cerimoniis tolleretur: ne quis forte adhuc parvulus ac lactens in fide, si videret illa permanere quæ a prophetis sanctis facta, quæ a Domino sunt instituta, admirando sanctum seculare, paulatim a sinceritate fidei, quæ est in Christo Jesu, ad carnalem laberetur Judaismum. Providens ergo Deus infirmitati nostræ, et ecclesiam suam multiplicari desiderans, omnia illa subverti fecit ac penitus auferri, quatenus umbra et typo cessante, veriorem ipsa jam veritas per orbem declarata palmam teneret.

Et cum sederet in monte Olivarum, &c.] Quia laudantibus quibusdam ædificationes templi, Dominus palam responderat hæc esse omnia destruenda, discipuli secreto tempus et signa prædictæ destructionis interrogant. Sedet autem Dominus in monte Olivarum contra templum, cum de ruina templi et excidio gentis disputat, ut etiam ipso corporis situ verbis quæ loquitur congruat, mystice designans quia quietus manens in sanctis superborum detestatur amentiam. Quis enim non videat quod mons Oliveti fructiferam designet sanctæ ecclesiæ celsitudinem, quam Dominus semper inhabitare delectatur? Quia videlicet mons ille non infructuosas habere arbores et sylvam sterilem, sed olivas gignere solebat, quibus ad repellendas noctium umbras lumen alitur, solvuntur infirmitates, et requies lassis tribuitur. Quæ cuncta specialiter in ecclesia fieri probat ipsa cum dicit, Ego autem sicut oliva fructifera in domo Domini sperabo in misericordia Dei mei.

Et respondens Jesus cœpit dicere illis, Videte ne

quis vos seducat, &c.] Multi imminente Hierosolymorum excidio principes extitere qui se esse Christos dicerent, tempusque libertatis jam jamque appropinquare referrent. Multi in ecclesia ipsis etiam temporibus apostolorum hæresiarchæ prodiere, qui, inter alia plurima veritati contraria, diem Domini prædicarent instare: quos apostolus in epistola ad Thessalonicenses damnat: multi in nomine Christi venere Antichristi, quorum primus est Simon Magus: cui, sicut in Actibus Apostolorum legimus, auscultabant omnes qui in Samaria erant a minimo usque ad maximum, dicentes, Hic est virtus Dei quæ vocatur magna, eo quod multo tempore magicis artibus suis dementasset eos.

Cum audieritis autem bella et opiniones bellorum, &c.] Bella ad hostes pertinent, seditiones ad cives: quæ utraque a tempore dominicæ passionis in populo Judæorum, qui sibi pro Salvatore Christo seditiosum latronem elegit, satis superque constat abundasse. Sed his adventantibus apostoli ne terreantur, ne Hierosolymam Judæamque deserant, admonentur; quia videlicet non statim finis, quæ in quadragesimum potius differenda sit annum, id est desolatio provinciæ, ultimumque urbis ac templi sequatur excidium.

Exurget autem gens contra gentem, &c.] In evangelio Lucæ ita scriptum est, Et terræ motus magni erunt per loca, et pestilentiæ, et fames. Constat autem hæc ante ultimos acerbissimosque dolores, quibus omnis est vastata, immo erasa provincia, hoc est, tempore Judaicæ seditionis ad literam contigisse. Potest vero regnum super regnum, et pestilentia eorum quorum sermo serpit ut cancer, et fames audiendi verbum Dei, et commotio universæ terræ, et a vera fide separatio, in hæreticis intelligi, qui contra se invicem dimicantes, ecclesiæ victoriam faciunt. Quod autem merito Hierosolymis ac provinciæ Judæorum universæ tot eroganda fuerint adversa, Dominus subdendo manifestat cum dicit,

Videte autem vosmetipsos, tradent enim vos, &c.] Ea quippe Judaicæ genti vel sola vel maxima causa erat exitii, quia post occisionem Domini Salvatoris, nominis quoque ac fidei ejus præcones simul et confessores impia crudelitate vexabat.

Et in omnes gentes primum oportet prædicari evangelium Dei.] Hoc ita fuisse completum ecclesiasticæ testantur historiæ, in quibus refertur quod apostoli omnes multo ante excidium Judææ provinciæ ad prædicandum evangelium toto fuerint orbe dispersi, excepto Jacobo Zebedæi, et Jacobo fratre Domini, qui prius in Judæa pro verbo evangelii sanguinem fuderant. Quoniam ergo noverat Dominus corda discipulorum de excidio ac perditione suæ gentis esse contristanda; hoc eos solatio allevat, ut nossent sibi etiam Judæis abjectis socios non defore gaudii regnique cœlestis; immo plures multo quam de Judæa perirent, ex omnibus toto orbe nationibus esse colligendos.

Et cum duxerint vos tradentes, nolite præcogitare, &c.] Cum propter Christum ducimur ad judices, voluntatem tantum nostram pro Christo debemus efferre. Cæterum ipse Christus qui in nobis habitat, loquitur, et Spiritus Sancti in respondendo gratia ministratur.

Tradet autem frater fratrem in mortem, &c.] Hoc in persecutionibus crebro fieri vidimus, nec ullus est inter eos fidus affectus, quorum diversa fides est.

Cum autem videritis abominationem desolationis, &c.] Pro eo quod Marcus ait, Stantem ubi non debet, in Matthæo scriptum est, Stantem in loco sancto; qui unum omnimodis idemque significat: quoniam nimirum in loco sancto non debet abominatio stare desolationis. Quando autem ad intelligentiam provocamur, mysticum monstratur esse quod dictum est: potest autem simpliciter aut de Antichristo accipi, aut de imagine Cæsaris quam Pilatus posuit in templo, aut de Hadriani equestri statua, quæ in ipso sancto sanctorum loco multo tempore stetit. Abominatio quoque secundum veterem scripturam idolum nuncupatur: et idcirco additur desolationis, quod in desolato templo atque deserto idolum positum sit.

Tunc qui in Judæa sunt, fugiant in montes, &c.] Hæc juxta literam facta esse constat, cum appropinquante Romano bello et exterminio Judaicæ gentis, oraculo admoniti, omnes qui erant in provincia Christiani longius discesserunt, ut ecclesiastica narrat historia, et trans Jordanem sedentes manebant ad tempus in civitate Pella sub tutela Agrippæ regis Judæorum, cujus in Actibus Apostolorum mentio est, qui cum ea quæ sibi obtemperare volebat parte Judæorum, semper Romanorum imperio subditus agebat. Juxta vero sensus spirituales cum viderimus abominationem desolationis stare ubi non debet, hoc est hæreses et flagitia regnare inter eos qui cœlestibus mysteriis videbantur esse consecrati, cum operantes iniquitatem, loquentes mendacium, viros sanguinum et dolosos quos abominabitur Dominus, pacem fidelium turbare perpenderimus, tunc quicunque in Judæa, hoc est, in confessione veræ fidei persistimus, non terrenis infimisque actibus mancipari, sed tanto altius virtutum culmen debemus ascendere, quanto plures ampla et errabunda vitiorum sequi itinera videmus. Tunc qui super tectum est, hoc est, qui excedens animo carnalia, tanquam in aura libera spiritualiter vivit, ne descendat ad infimos actus pristinæ conversationis, neque ea quæ reliquerat mundi carnisve desideria repetat. Domus namque nostra, vel mundus hic, vel ipsa in qua degimus nostra intelligenda est caro, de qua dicit apostolus: Scimus enim quod si terrestris domus nostra hujus habitationis dissolvatur, quod ædificationem ex Deo habemus; et qui operatur in ecclesia, ac sicut Paulus et Apollo plantat et rigat, non respiciat spem secularem cui renunciavit, nec retinacula vitæ labentis quibus se jamjamque, ut nudus Christum sequeretur, exuerat, resumere incautus præsumat.

Væ autem prægnantibus et nutrientibus in illis diebus.] Væ præsenti captivitate prægnantibus et nutrientibus, quarum vel uteri vel manus filiorum sarcina prægravatæ, fugæ necessitatem non minimum impediunt. Lege regum historiam, ubi uxor Jonathæ malum captivitatis præpropera fuga vitando lapsum sinu filium perpetuo claudum recepit.

Orate vero ut hyeme non fiant.] In Matthæo scriptum est, Orate autem ut non fiat fuga vestra hyeme vel sabbato. Si de captivitate Hierusalem voluerimus accipere, quando a Tito et Vespasiano capta est, orare debent, ne fuga eorum hyeme vel sabbato fiat: quia in altero duritia frigoris prohibet ad solitudinem pergere, et in montibus desertisque latitare: in altero aut transgressio legis est, si fugere voluerint, aut mors imminens, si remanserint. Si autem de consummatione mundi intelligitur, hoc præcipit ut non refrigescat fides nostra et in Christum caritas, neque otiosi in opere Dei torpeamus virtutum sabbato. Hæc enim Domini locutio partim ad captivitatem Judaicam quæ a Romanis facta est, partim ad diem judicii pertinet. Nam et apud Matthæum ita discipuli Dominum cum hæc esset locuturus interrogasse leguntur: Dic nobis quando hæc erunt, et quod signum adventus tui et consummationis seculi?

Erunt enim dies illi tribulationis, &c.] Hæc temporibus Antichristi proprie congruunt, quando non solum tormenta crebriora et acerbiora quam prius consueverunt, ingerenda sunt fidelibus, sed (quod gravius est) signorum quoque operatio eos qui tormenta ingerunt, comitabitur; teste apostolo qui ait, Cujus est adventus secundum operationem Satanæ, in omni seductione, signis, et prodigiis mendacii. Quanta enim sæpe miracula, quot virtutes sancti martyres coram persecutoribus fecerunt, nec tamen credere illi, neque a persequendo cessare voluerunt. Quis ergo ad fidem convertitur incredulus, cujus jam credentis non pavet et concutitur fides, quando persecutor pietatis sit etiam operator virtutis idemque ipse qui tormentis sævit ut Christus negetur, provocat miraculis ut Antichristo credatur? Quod ergo in his suffugium, quæ spes remanebit electis, nisi ut superna gratia quæ virtutem patientiæ piis largitur, potentiam persequendi ac tribulandi citius demat impiis? Unde provida pietate subjungitur,

Et nisi breviasset Dominus dies, non fuisset salva omnis caro.] Sed propter electos quos elegit, breviavit dies. Hæc etenim tribulatio quanto cæteris quæ præcessere pressurarum pondere gravior, tanto est temporis brevitate moderatior futura. Namque tribus annis ac dimidio quantum de prophetia Danielis et Apocalypsi sancti Joannis conjici potest, ecclesiam per orbem impugnatura esse creditur.

Et tunc si quis vobis dixerit, Ecce hic est Christus, &c.] Quidam hæc ad captivitatis Judaicæ tempus referunt, ubi multi Christos se esse dicentes, deceptas post se catervas populi trahebant. Sed notandum, quod in illa miserabilis et miseræ civitatis obsidione nullus erat fidelis ad quem divina exhortatio, ne perversos magistros sequeretur, fieri deberet; verum omnes pariter et minores et majores et obsessi et obsidentes alieni a Christo durabant. Unde melius de hæreticis est accipiendum, qui contra ecclesiam venientes Christos se esse mentirentur: quorum primus Simon Magus fuit, extremus autem ille major cæteris est Antichristus.

Sed in illis diebus post tribulationem illam sol contenebrabitur, &c.] Sidera in die judicii videbuntur obscura, non diminutione suæ lucis accedente, sed superveniente claritate veri luminis, hoc est, summi judicis, cum venerit in majestate sua, et Patris, et sanctorum angelorum; quamvis nil prohibeat intelligi veraciter solem tunc et lunam cum sideribus cæteris ad tempus suo lumine privari, quomodo factum de sole constat tempore Dominicæ passionis: luna enim tunc temporis cum esset plena, sub abdito terræ latebat: unde imperfecta restat usque hodie prophetia illa Joel, qui cum dixisset sol convertetur in tenebras, addidit, Et luna in sanguinem, antequam veniat dies Domini magnus et manifestus. Et quod de die judicii loquens Esaias, Et erubescet (inquit) luna et confundetur sol cum regnaverit Dominus exercituum in monte Sion et in Hierusalem, et in conspectu senum suorum fuerit glorificatus. Cæterum peracto die judicii et clarescente futuræ gloria vitæ, cum fuerit cœlum novum et terra nova, tunc fiet quod idem propheta dicit alibi, Et erit lux lunæ sicut lux solis, et lux solis erit septempliciter sicut lux septem dierum.

Et virtutes quæ sunt in cœlis movebuntur.] Quid mirum homines qui et natura sunt et sensu terrestres, ad hoc judicium perturbari, cujus aspectum et ipsæ cœlorum virtutes, hoc est, angelicæ trement potestates? Beato quoque Job attestante qui ait, Columnæ cœli contremiscunt et pavent ad nutum ejus. Quid ergo facient tabulæ quando trement columnæ? Quid virgula deserti patitur, cum cedrus paradisi concutitur?

Et tunc mittet angelos suos, et congregabit electos suos, &c.] A quatuor ventis, a quatuor mundi climatibus dicit, oriente, occidente, aquilone, et austro. Et ne quisquam putares a quatuor solummodo plagis terræ, et non potius a cunctis ejus finibus simul et mediterraneis regionibus electos esse congregandos, apte subjunxit, A summo terræ usque ad summum cœli, id est, ab extremis terræ finibus per directum usque ad ultimos terminos ejus, ubi longe aspectantibus circulus cœli terræ videtur incidere. Nullus ergo in die illa remanebit electus qui non venienti ad judicium Domino in aera occurrat, sive vivens adhuc in corpore repertus, seu de morte jam resuscitatus ad vitam. Veniunt ad judicium reprobi et ipsi, alii in corpore viventes inventi, alii ad vitam a morte suscitati. Sed ea nimirum distantia, quod justi congregentur in gaudium Domini sui; inimici autem ejus peracto judicio dissipentur, et pereant a facie Dei.

A ficu autem discite parabolam, &c.] Sub exemplo arboris, docuit consummationis adventum. Quomodo, inquit, cum teneri fuerint in arbore ficus cauliculi, et gemma erumpit in florem cortexque folia parturit, intelligitis æstatis adventum, et favonii ac veris introitum: ita cum omnia hæc quæ scripta sunt videritis, nolite putare jam adesse consummationem mundi, sed quasi prooemia et præcursores quosdam venire, ut ostendant quod prope sit et in januis. Potest autem hæc fructificatio fici juxta mysticos sensus altius intelligi, videlicet super statu synagogæ, quæ quondam veniente ad se Domino, quia fructum justitiæ non habebat, in eis qui tunc increduli erant, æterna sterilitate damnata est. Sed quoniam dixit apostolus, quia cæcitas ex parte facta est in Israel, donec plenitudo gentium intraret, et sic omnis Israel salvus erit, cum hoc affuerit tempus ut ablata diutina cæcitate perfidiæ, omnis Israel lucem recipiat et salutem, quid nisi diu sterilis arbor fici fructum quem negaverat reddet? Juxta illud beati Job: Lignum habet spem si præcisum fuerit, rursum virescit et rami ejus pullulant. Si senuerit in terra radix ejus, et in pulvere mortuum fuerit, truncus illius ad odorem aquæ germinabit, et faciet comam quasi cum primum plantatum est: quod ubi factum videris, diem extremi discriminis, et æstatem veræ pacis ac lucis esse in proximo non ambiges.

Amen dico vobis, Quoniam non transibit generatio hæc donec omnia ista fiant.] Nomine generationis aut omne hominum significat genus, aut specialiter Judæorum. Cœlum et terra transibunt, verba autem mea non transibunt. Cœlum quod transibit, non æthereum sive sidereum, sed aereum, a quo et aves cœli et nubila cœli cognominantur, intelligere debemus, Petro attestante qui dicit: Quod cœli erant prius et terra de aqua, et per aquam consistens Dei verbo: per quæ ille tunc mundus aqua inundatus periit. Cœli autem qui nunc sunt et terra eodem verbo repositi sunt, igni reservati in diem judicii et perditionis hominum impiorum, aperte docens quia non alii cœli sunt igne perituri, quam qui aqua perditi, hoc est, inania hæc et nebulosa ventosi aeris spatia. Neque enim aqua diluvii, quæ quindecim tantum cubitis montium cacumina transcendit, ultra aeris ætherisque confinia pervenisse credenda est. Quocunque autem pervenire potuit, eo nimirum juxta præfatam beati Petri sententiam ignis quoque judicii perveniet. Si autem cœlum et terra transibunt, movere potest quomodo dicat ecclesiastes, Generatio præterit et generatio advenit, terra vero in æternum stat. Sed aperta ratione cœlum et terra per eam quam nunc habent imaginem transeunt, attamen per essentiam sine fine subsistunt. Præterit enim figura hujus mundi. Et ad Joannem angelus, Erit, inquit, cœlum novum et terra nova, quæ quidem non alia condenda sunt, sed hæc ipsa renovanda. Cœlum ergo et terra et transit et erit, quia et ab ea quam nunc habet specie per ignem tergitur, et tamen in sua semper natura servatur. Unde et per Psalmistam dicitur, Mutabis ea, et mutabuntur. Quam quidem ultimam commutationem suam ipsis nobis nunc vicissitudinibus nunciant, quibus nostris usibus indesinenter alternant; nam terra a sua specie hyemali ariditate deficit, vernali humore virescit. Cœlum quotidie caligine noctis obducitur, et divina claritate renovatur. Hinc ergo hinc fidelis quisque colligat, et interire hæc, et tamen per innovationem refici, quæ constat nunc assidue velut ex defectu reparari.

De die autem illo vel hora nemo scit, &c.] Gaudet Arrius et Eunomius, quasi ignorantia magistri, gloria discipulorum sit; et dicunt, non potest æqualis esse qui novit et qui ignorat. Cum vero omnia tempora fecerit Jesus, hoc est, verbum Dei (omnia enim per ipsum facta sunt, et sine ipso factum est nihil) in omnibus autem temporibus etiam dies judicii sit, qua consequentia potest ejus ignorare partem, cujus totum noverit? Causa ergo reddenda est, cur ignorare dicatur. Apostolus super Salvatore scripsit, In quo sunt omnes thesauri sapientiæ et scientiæ absconditi. Quare absconditi? Post resurrectionem interrogatus ab apostolis de die judicii, manifestius respondit, Non est vestrum scire tempora et momenta quæ Pater posuit in sua potestate. Quando dicit, Non est vestrum scire, ostendit quod ipse sciat, sed non expediat nosse apostolis, ut semper incerti de adventu judicis, sic quotidie vivant quasi die illa judicandi sint. Denique et consequens evangelii sermo id ipsum cogit intelligi. Docens quoque Patrem solum nosse, in

Patre comprehendit et Filium ; omnis enim Pater, Filii nomen est.

Videte, vigilate, et orate, &c.] Perspicue ostendit Dominus quare dixerit, De die autem illo vel hora nemo scit, neque angeli in cœlo, neque Filius, nisi Pater; quia non expediat scire apostolis, ut pendulæ expectationis incerto semper eum credant esse venturum quem ignorant quando venturus sit. Et non dixit, quia nescimus qua hora Dominus venturus sit, sed nescitis: præmissoque patrisfamilias exemplo, cur reticeat consummationis diem manifestius docet dicens,

Vigilate ergo. Nescitis enim, &c.] Homo autem qui peregre profectus reliquit domum suam, haud dubium quin Christus sit, qui ad Patrem post resurrectionem victor ascendens, ecclesiam corporaliter reliquit: quam tamen nunquam divinæ præsidio præsentiæ destituit, manens in illa omnibus diebus usque ad consummationem seculi. Carnis etenim locus proprie terra est, quæ velut ad peregrina ducta est, cum per Redemptorem nostrum est in cœlo collocata. Dedit autem servis suis potestatem cujusque operis; quia fidelibus suis concessa Sancti Spiritus gratia facultatem tribuit bonis operibus serviendi. Janitori quoque præcepit ut vigilaret; quia ordini pastorum ac rectorum spiritualium, commissæ sibi ecclesiæ curam solerti observantia jubet impendere.

Quod autem vobis dico, omnibus dico, Vigilate.] Non apostoli tantum et successores eorum rectores nimirum ecclesiæ, sed et omnes vigilare præcipimur. Universi januas cordium nostrorum, ne hostis antiquus mala suggerendo irrumpat, instante servare jubemur. Ne nos dormientes Dominus veniens inveniat, sedulo singuli præcavere debemus : unusquisque enim pro se reddet rationem Deo. Vigilat autem, qui ad aspectum veri luminis mentis oculos apertos tenet. Vigilat, qui servat operando quod credit. Vigilat, qui a se torporis et negligentiæ tenebras repellit. Hinc etenim Paulus dicit, Evigilate justi, et nolite peccare. Hinc rursus ait, Hora est jam nos de somno surgere.

IN CAP. XIV.

Cap. xliii. *Erat autem Pascha, et azyma post biduum.*] Pascha, quod Hebraice dicitur phase, non a passione ut plerique arbitrantur, sed a transitu nominatur, eo quod exterminator, videns sanguinem in foribus Israelitarum, pertransierit, nec percusserit eos, vel ipse Dominus præbens auxilium populo suo desuper ambulaverit. Cujus sacramentum vocabuli sublimius exponens evangelista Joannes ait, Ante diem autem festum paschæ sciens Jesus, quia venit hora ejus ut transeat ex hoc mundo ad Patrem. Ubi manifeste declarat, ideo solennitatis hujus diem per legem mystice transitum esse vocatum, quod Agnus Dei qui peccata mundi tolleret, in eo, de hoc mundo sive ipse transiturus, sive nos salubri transitu quasi de Ægyptia esset servitute ducturus. Hoc sane juxta veteris instrumenti scripturam inter pascha et azyma distat, quod pascha ipse solus dies appellatur, in quo Agnus occidebatur ad vesperam, hoc est quartadecima luna primi mensis. Quintadecima autem luna quando egressum est de Ægypto, succedebat festivitas azymorum, quæ septem diebus, id est, usque ad vigesimum primum diem ejusdem mensis ad vesperam est statuta solennitas. Verum evangelistæ indifferenter et diem azymorum pro pascha, et pro diebus azymorum pascha ponere solent. Dicit enim Marcus, Erat autem pascha et azyma post biduum.

Dicit Lucas, Dies festus azymorum qui dicitur pascha. Item Joannes, cum primo azymorum die, id est quindecima luna, res ageretur, ait, Et ipsi non introierunt in prætorium ut non contaminarentur, sed manducarent pascha. Quod ideo fecere, quia et paschæ dies in azymis panibus est celebrari præceptus, et nos quasi pascha perpetuum facientes, semper ex hoc mundo transire præcipimur. Uno quippe die agno immolato ad vesperam, septem ex ordine dies sequuntur azymorum : quia Christus Jesus semel pro nobis in plenitudine temporum passus in carne per totum hujus seculi tempus (quod septem diebus agitur) in azymis sinceritatis et veritatis præcepit esse vivendum; omnique semper nisu, nos desideria terrena quasi Ægypti retinacula fugere, et velut a mundana conversatione secretam solitudinem iter admonet subire virtutum.

Et quærebant summi sacerdotes et scribæ, quomodo eum dolo tenerent, &c.] Qui debuerant pascha vicino parare victimas, levigare templi parietes, pavimenta verrere, vasa mundare, et secundum ritum legis purificari, ut esu agni digni fierent, congregantur ineuntes consilium quomodo occidant Dominum, non timentes seditionem, ut simplex sermo demonstrat, sed caventes, ne auxilio populi de suis manibus tolleretur.

Et cum esset Bethaniæ in domo Simonis leprosi, &c.] Passurus pro omni mundo et universas nationes suo sanguine redemturus, moratur in Bethania in domo obedientiæ, quæ quondam fuit Simonis leprosi; non quod leprosus illo tempore permaneret, sed quia ante leprosus, postea a Salvatore mundatus est, nomine pristino permanente, ut virtus curantis appareat. Nam et in catalogo apostolorum cum pristino vitio et officio Matthæus publicanus appellatur, qui certe publicanus esse desierat. Quidam Simonem leprosum volunt intelligere partem populi quæ crediderit Domino, et ab eo curata sit. Simon quoque obediens dicitur,

Venit mulier habens alabastrum unguenti nardi spicati pretiosi, &c.] Mulier ista Maria erat Magdalene soror Lazari, quem suscitavit Jesus a mortuis, ut Joannes aperte commemorat, qui hoc etiam factum ante sex dies paschæ testatur, pridie quam asino sedens cum palmis et laude turbarum Hierosolymam veniret. Ipsa est autem non alia quæ quondam (ut Lucas scribit), peccatrix adhuc, veniens pedes Domini lachrymis pœnitentiæ rigavit, et unguento piæ confessionis linivit, et quia multum dilexit, multorum veniam peccatorum a pio judice promeruit. Nunc vero justificata et familiaris effecta Domino, non tantum pedes ejus (ut idem Joannes narrat) verumetiam caput (ut Matthæus Marcusqe perhibent) oleo sancto perfudit. Est autem alabastrum genus marmoris candidi, variisque maculis intertincti, quod ad vasa unguentaria cavari solet eo quod optime servare ea incorrupta dicatur. Nascitur circa Thebas Ægyptias, et Damascum Syriæ cæteris candidius, probatissimum vero in India. Nardus vero est frutex aromatica, gravi (ut aiunt) et crassa radice, sed brevi ac nigra fragilique quamvis pingui, sinum redolente, aut cypressum, aspero sapore, folio parvo densoque cujus cacumina in aristas se spargunt. Ideoque gemina dote pigmentarii nardi spicas ac folia celebrant. Et hoc est quod ait Marcus, Unguenti nardi spicati pretiosi. Quia videlicet unguentum illud quod attulit Maria Domino, non solum de radice confectum nardi, verumetiam, quo pretiosius esset, spicarum quoque et foliorum ejus adjectione odoris ac virtutis illius erat accumulata gratia: ferunt autem de nardo physiologi, quod principalis sit in unguentis: unde merito unctioni capitis et pedum Domini oblata est. Sunt quidem multa ejus genera, sed omnia hebetiora præter Indicum, quod pretiosius est. Mystice autem devotio hæc Mariæ Domino ministrantis fidem ac pietatem designat ecclesiæ sanctæ, quæ loquitur in amoris cantico dicens, Dum esset rex in accubitu suo, Nardus mea dedit odorem suum: quæ nimirum verba et semel juxta literam manibus Mariæ complevit, et quotidie in omnibus suis membris spiritualiter implere non desinit, quæ toto diffusa orbe gloriantur, et dicunt, Deo autem gratias, qui semper triumphat nos in Christo Jesu, et odorem notitiæ suæ manifestat per nos in omni loco. Quia Christi bonus odor sumus Deo. Quæ cum potentiam divinæ virtutis ejus, quæ illi una cum Patre est, digna reverentia confitetur, laudat, et prædicat, caput profecto illius unguento perfundit pretioso. Cum vero assumptæ mysteria humanitatis æque digna reverentia suspicit, in pedes utique Domini unguentum nardi pisticum, id est, fidele ac verum perfundit, quia illam ejus naturam qua terram contingere, hoc est inter homines conversari, dignatus est, pia prædicatione commendat, ac devotis veneratur obsequiis.

Erant autem quidam indigne ferentes intra semetipsos, &c.] Marcus quoque hæc, quomodo et Matthæus, synecdochicos loquitur, pluralem videlicet numerum pro singulari ponens: nam Joannes distinctius loquens, Judam hæc locutum esse testatur, Et hoc gratia cupiditatis, eo quod fur fuisset, et loculos habens ea quæ mittebantur portaret. Potest etiam intelligi quod et alii discipuli aut senserint hoc, aut dixerint, aut eis Juda dicente persuasum sit, atque omnium voluntatem Matthæus et Marcus etiam verbis expresserint, sed de Juda propterea dixit, quia fur erat, cæteri vero propter pauperum curam. Joannem autem de solo illo id commemorare voluisse, cujus ex hac occasione furandi consuetudinem credidit intimandam. Quod vero sequitur,

Et fremebant in eam.] Nequaquam de bonis ac diligentibus Christum apostolis dictum crediderim: sed de illo potius sub numero plurali, qui nec Domino nec discipulis ejus fideliter adhæsisse, neque pauperum curam habuisse probatus est.

Jesus autem dixit, Sinite illam, &c.] Alia oboritur quæstio, quare Jesus post resurrectionem dixerit ad discipulos, Ecce ego vobiscum sum usque ad consummationem mundi; et nunc loquitur, Me autem non semper habebitis. Sed mihi videtur in hoc loco de præsentia dicere corporali; quia nequaquam cum eis ita futurus sit post resurrectionem, quomodo nunc in omni convictu et familiaritate: cujus rei memor apostolus ait, Et si noveramus Jesum Christum secundum carnem, sed nunc jam non novimus eum.

Quod habuit, hoc fecit. Prævenit ungere corpus meum in sepulturam.] Quod vos putatis perditionem esse unguenti, officium sepulturæ est: nec mirum, si mihi bonum odorem suæ fidei dederit, cum ego pro ea fusurus sim sanguinem meum.

Amen dico vobis, Ubicunque prædicatum fuerit evangelium istud, &c.] Attende notitiam futurorum, quod passurus post dies paucos sciat evangelium suum, toto orbe celebrandum. Notandum autem, quod sicut Maria gloriam adepta est toto orbe quocunque ecclesia sancta diffusa est, de obsequio quod Domino piæ devotionis exhibuit, ita e contrario ille qui obsequio ejus detrahere temeraria lingua non timuit, perfidiæ nota longe lateque infamatus, et Deo simul atque hominibus merito factus est exosus. Sed Dominus bonum laude digna remunerans, futuras impii contumelias tacendo præteriit.

Et Judas Scariothis unus de duodecim abiit ad summos sacerdotes, &c.] Infelix Judas, damnum quod ex effusione unguenti se fecisse credebat, vult magistri pretio compensare, nec certam jam postulat summam, ut saltem lucrosa videretur proditio, sed quasi vile tradens mancipium, in potestate ementium posuit, quantum vellent dare. Quod autem dixit, Abiit ad summum sacerdotem, ut proderet eum illis, ostendit eum non a principibus invitatum, non ulla necessitate constrictum, sed sponte propria sceleratæ mentis inisse consilium.

Qui audientes gavisi sunt, et promiserunt ei pecuniam, &c.] Multi hodie Judæ scelus, quod Dominum ac magistrum Deumque suum pecunia vendiderit, velut immane et nefarium exhorrent, nec tamen cavent nam cum pro mulieribus falsum contra quemlibet testimonium dicunt, profecto quia veritatem pro pecunia negant, Deum pecunia vendunt. Ipse enim dixit, Ego sum veritas. Cum societatem fraternitatis aliqua discordiæ peste commaculant, Dominum produnt, quia Deus caritas est: qui ergo caritatis et veritatis jussa spernunt, Deum utique qui est caritas et veritas produnt, maxime cum non infirmitate vel ignorantia peccant, sed in similitudinem Judæ quærunt opportunitatem qualiter, arbitris absentibus, mendacio veritatem, virtutem crimine mutent.

Et primo die azymorum quando pascha immolabant, &c.] Primum diem azymorum quartumdecimum primi mensis appellat, quando fermento abjecto pascha immolare, id est, agnum occidere solebant ad vesperam. Quod exponens apostolus ait, Etenim Pascha nostrum immolatus est Christus: qui, licet die sequenti, hoc est quintadecima sit luna crucifixus, hac tamen nocte qua agnus immolabatur, et carnis sanguinisque sui discipulis tradidit mysteria celebranda, et a Judæis tentus ac ligatus ipsius immolationis, hoc est passionis suæ, sacravit exordium.

Et mittit duos ex discipulis suis, et dicit eis, Ite in civitatem, &c.] Indicium quidem præsciæ divinitatis est, quia cum discipulis loquens quid alibi futurum sit novit. Pulchre autem paraturis pascha discipulis, homo lagenam, sive juxta alium evangelistam amphoram, aquæ bajulans occurrit, ut ostendatur hujus paschæ mysterium pro ablutione perfecta mundi totius esse celebrandum. Aqua quippe lavacrum gratiæ, lagena fragilitatem designat eorum, per quos eadem erat gratia mundo ministranda. Unde aiunt, Habemus autem thesaurum istum in vasis fictilibus. Parant ergo pascha discipuli ubi aquæ infertur lagena, ut adesse tempus insinuent quo cultoribus veri Paschæ typicus de limine ac postibus cruor auferatur, et ad tollenda mundi crimina vivifici fontis baptisma consecretur.

Sequimini eum, et quocunque introierit, dicite domino domus, &c.] Consulte tam aquæ bajuli quam domini domus sunt prætermissa vocabula, ut omnibus verum pascha celebrare volentibus, hoc est Christi sacramentis imbui, eumque suæ mentis hospitio suscipere quærentibus, facultas danda signetur.

Et ipse vobis demonstrabit cœnaculum grande stratum, &c.] Cœnaculum magnum lex spiritualis est, quæ de angustiis literæ egrediens, in sublimi loco recipit salvatorem: nam qui adhuc occidentem literam servaverit, qui non aliud in agno quam pecus intellexerit, iste nimirum minus pascha facit: quia majestatem spiritus in verbis Dei comprehendere necdum didicit. At qui aquæ bajulum, hoc est, gratiæ præconem in domum ecclesiæ fuerit secutus, hic per Spiritum illustrantem superficiem literæ transcendendo in alto mentis solario Christo refectionem præparat, quia cuncta vel Paschæ sacramenta, vel cætera legis decreta, ejus esse sacramenta cognoscit.

Vespere autem facto, venit cum duodecim, &c.] Qui de passione prædixerat, et de proditore prædicit, dans locum pœnitentiæ, ut cum intellexisset sciri cogitationes suas, et occulta conscientia pœniteret eum facti sui. Et tamen non designat specialiter, ne manifeste coargutus impudentior fieret. Mittit crimen in numero, ut agat conscius pœnitentiam.

At illi cœperunt contristari, et dicere, &c.] Et certe noverant undecim apostoli quod nihil tale contra Dominum cogitarent, sed plus credent magistro quam sibi: et timentes fragilitatem suam, tristes interrogabant de peccato cujus conscientiam non habebant.

Qui ait illis, Unus ex duodecim qui intingit, &c.] O mira Domini potentia! Primum dixerat, unus ex vobis me tradet, perseverat proditor in malo, manifestius arguit, et tamen nomen proprie non designat. Judas, cæteris contristatis, et retrahentibus manum, et interdicentibus cibos ori suo, temeritate et impudentia qua magistrum proditurus erat, etiam manum cum magistro mittit in catinum, ut audacia bonam conscientiam mentiretur.

Et filius quidem hominis vadit, sicut scriptum est de eo, &c.] Nec primo nec secundo correptus a proditione retrahit pedem, sed patientia Domini nutrit impudentiam suam, et thesaurizat sibi iram in die iræ. Pœnam prædicit, ut quem pudor non vicerat, corrigant denunciata supplicia. Sed et hodie quoque et in sempiternum væh illi homini qui ad mensam Domini malignus accedit, qui insidiis mente conditis, qui præcordiis aliquo scelere pollutis, mysteriorum Christi oblationibus sacrosanctis participare non metuit. Et ille enim in exemplum Judæ Filium hominis tradit, non quidem Judæis peccatoribus sed tamen peccatoribus, membris videlicet suis, quibus illud inæstimabile et inviolabile Dominici corporis ac sanguinis sacramentum temerare præsumit. Ille Deum vendit, qui ejus timore atque amore neglecto, terrena pro illo et caduca, immo etiam criminosa, diligere et curare convincitur.

Bonum esset ei, si non esset natus homo ille.] Non ideo putandus est ante fuisse quam nasceretur, quia nulli possit esse bene, nisi ei qui fuerit. Sed simpliciter dictum est, multo melius esse non subsistere, quam male subsistere.

Et manducantibus illis, accepit Jesus panem, &c.] Finitis paschæ veteris solennibus, quæ in commemorationem antiquæ de Ægypto liberationis populi Dei agebantur, transiit ad novum quod in suæ redemptionis memoriam ecclesiam frequentare volebat, ut videlicet pro carne agni ac sanguine, sui corporis sanguinisque sacramentum substitueret, ipsumque se esse monstraret, cui juravit Dominus et non pœnitebit eum, Tu es sacerdos in æternum secundum ordinem Melchisedech. Frangit autem ipse panem quem discipulis porrigit, ut ostendat corporis sui fractionem non absque sua sponte ac procuratione venturam, sed sicut alibi dicit, potestatem se habere ponendi animam suam, et potestatem se habere iterum sumendi eam. Quem videlicet panem certi quoque gratia sacramenti priusquam frangeret benedixit, quia naturam humanam quam passurus assumpsit, ipse una cum Patre et Spiritu Sancto gratia divinæ virtutis implevit. Benedixit panem et fregit, quia hominem assumptum ita morti subdere dignatus est, ut ei divinæ immortalitatis veraciter inesse potentiam demonstraret, ideoque velocius eum a morte resuscitandum esse doceret.

Et accepto calice gratias agens dedit eis, &c.] Cum appropinquare passioni dicitur, accepto pane gratias egisse perhibetur. Gratias itaque agit, qui flagella alienæ iniquitatis suscipit. Et qui nihil dignum percussione exhibuit, humiliter in percussione benedicit, ut hinc videlicet ostendat, quid unusquisque in flagello culpæ propriæ facere debeat, si ipse æquanimiter flagella culpæ portat aliena: ut hinc ostendat quid in correptione faciat subditus, si in flagello positus Patri gratias agit æqualis.

Et ait illis, Hic est sanguis meus, &c.] Quia panis corpus confirmat, vinum vero sanguinem operatur in carne; hic ad corpus Christi mystice, illud refertur ad sanguinem. Verum quia et nos in Christo, et in nobis Christum manere oportet, vino Dominici calicis aqua miscetur. Attestante enim Joanne, aquæ populi sunt. Et neque aquam solam, neque solum vinum, sicut nec granum frumenti solum sine aquæ admixtione et confectione in panem cuipiam licet offerre, ne talis videlicet oblatio quasi caput a membris secernendum esse significet, et vel Christum sine nostræ redemptionis amore pati potuisse, vel nos sine illius passione salvari ac Patri offerri posse confingat. Quod autem dicit: Hic est sanguis meus novi testamenti, ad distinctionem respicit veteris testamenti, quod hircorum et vitulorum est sanguine dedicatum, dicente inter aspergendum legislatore: Hic est sanguis testamenti quod mandavit ad vos Deus. Necesse est enim exemplaria quidem verorum his mundari, ipsa autem cœlestia melioribus hostiis quam istis: juxta quod apostolus per totam ad Hebræos Epistolam, inter legem distinguens et evangelium, pulcherrima expositione ac plenaria ratione declarat.

Amen dico vobis, Quod jam non bibam de genimine vitis, &c.] Vitem sive vineam Domini appellatam esse synagogam, et omnis sparsim scriptura, et apertius testatur Esaias in cantico de illa cantato, Vinea inquiens Domini sabaoth, domus Israel est. De qua nimirum vinea Dominus multo tempore bibebat, quamvis pluribus ramis in amaritudinem vitis alienæ conversis: quia tamen multis in illa plebe exorbitantibus a recto fidei itinere, non defuere plurimi toto legis tempore, quorum piis cogitationibus summisque virtutibus delectaretur Deus. Verum passo in carne Domino ac resurgente a mortuis, tempus fuit ut legalis illa et figuralis observatio cessaret, atque ea quæ secundum literam gerebantur, in spiritualem translata sensum, melius in novo testamento, juvante Sancti Spiritus gratia, tenerentur. Iturus ergo ad passionem Dominus ait, Jam non bibam de genimine vitis usque in diem illum, cum illud bibam novum in regno Dei. Ac si aperte dicat, Non ultra carnalibus synagogæ ceremoniis delectabor, in quibus etiam ista paschalis agni sacra locum tenuere præcipuum. Aderit enim tempus meæ resurrectionis, aderit dies ille cum ipse in regno Dei positus, id est gloria vitæ immortalis sublimatus, de salute ejusdem populi fonte gratiæ spiritualis regenerati, novo vobiscum gaudio perfundar.

Et hymno dicto, exierunt in montem Olivarum.] Hoc est quod in psalmo legimus: Edent pauperes et saturabuntur, et laudabunt Dominum qui requirunt eum. Potest autem hymnus etiam ille intelligi, quem Dominus secundum Joannem Patri gratias agens decantabat, in quo et pro seipso, et pro discipulis, et pro eis qui per verba eorum credituri erant, elevatis sursum oculis precabatur. Et pulchre discipulos sacramentis sui corporis ac sanguinis imbutos, et hymno piæ intercessionis Patri commendatos, in montem educit Olivarum, ut typice designet nos per acceptionem sacramentorum suorum, perque opem suæ intercessionis ad altiora virtutum dona et charismata Sancti Spiritus, quibus in corde perungamur, conscendere debere.

Et ait et Jesus, Omnes scandalizabimini in nocte ista.] Prædicit quod passuri sunt, ut cum passi fuerint non desperent salutem, sed agentes pœnitentiam liberentur: et signanter addidit, In nocte ista scandalizabimini: quia quomodo qui inebriantur, nocte inebriantur; sic et qui scandalum patiuntur, in nocte et in tenebris sustinent. Nos vero dicamus, Nox præterit, dies autem appropinquavit.

Quia scriptum est, Percutiam pastorem, et dispergentur oves.] Hoc aliis verbis in Zacharia propheta scriptum est. Et nisi fallor, ex persona Prophetæ ad Deum dicitur, Percute pastorem et dispergentur oves. Sexagesimo quoque octavo Psalmo, qui totus a Domino canitur, huic sensui congruente, quoniam quem tu percussisti, ipsi persecuti sunt. Percutitur autem pastor bonus ut ponat animam suam pro ovibus suis, et de multis gregibus eorum, fiat unus grex et unus pastor.

Petrus autem ait ei, Etsi omnes scandalizati fuerint, sed non ego.] Non est temeritas nec mendacium, sed fides est apostoli Petri, et ardens affectus erga Dominum Salvatorem.

Et ait illi Jesus, Amen dico tibi, Quia tu hodie in nocte hac, &c.] Et Petrus de ardore fidei promittebat, et Salvator quasi Jesus futura noverat. Et nota, quod Petrus in nocte neget, et neget tertio. Postquam autem gallus cecinit, et decrescentibus tenebris vicina lux nunciata est, conversus flevit amare, ternæ negationis sordes lacrymis lavans. Non est sane arbitrandum esse contrarium, quod, Marco dicente, Priusquam gallus bis vocem dederit, ter me es negaturus: cæteri evangelistæ simpliciter dixerunt, Priusquam gallus cantet, ter me negabis: tota enim Petri negatio, trina negatio est. In eadem namque permansit negatione animi propositoque mendacii, donec admonitus quid ei prædictum sit, amaro fletu et cordis dolore sanaretur. Hæc autem tota, id est, trina negatio, si post primum galli cantum inciperet, falsum dixisse viderentur tres, qui dixerunt dixisse Dominum, quia antequam gallus cantaret, ter eum Petrus esset negaturus. Rursus si totam trinam negationem ante peregisset, quam cantare gallus inciperet, superfluo dixisse Marcus deprehenderetur ex persona Domini, Amen dico tibi, Quia tu in nocte hac priusquam gallus bis vocem dederit, ter me negaturus es. Sed quia ante primum galli cantum cœpta est illa trina negatio, attenderunt illi tres non quando eam completurus esset Petrus, sed quanta futura esset quandoque cœptura, id est, quæ trina ante galli cantum, quanquam in animo ejus et ante primum galli cantum tota possit intelligi. Quamvis enim verbis negantis ante primum cœpta, ante secundum autem galli cantum peracta sit tota illa trina negatio, tamen affectione animi et timore Petri ante primum tota concepta est. Nec interest quantis morarum intervallis trina voce enunciata sit, cum cor ejus etiam ante primum galli cantum totam possideret, tam magna scilicet formidine imbibita, ut posset Dominum, non solum semel, sed iterum et tertio interrogatus negare, ut rectius diligentiusque attendentibus quomodo jam mœchatus est mulierem in corde suo qui eam viderit ad concupiscendum: sic Petrus quandocunque verbis ederet timorem quem tam vehementem animo conceperat, ut perdurare posset usque ad tertiam Domini negationem, tota trina negatio ei tempori deputanda est, quando eum trinæ negationi sufficiens timor invasit.

Et veniunt prædium, cui nomen Gethsemani.] Monstratur usque hodie locus Gethsemani, in quo Dominus oravit, ad radices montis Oliveti, nunc ecclesia desuper ædificata. Interpretatur autem Gethsemani vallis pinguium sive pinguedinum. Quod vero non solum dicta vel opera nostri Salvatoris, verumetiam loca et tempora in quibus operatur et loquitur Mysticis (ut sæpe dictum est) sint plena figuris: cum in monte orat Dominus, quasi tacite nos admonet sublimia tantum orando inquiri, et pro cœlestibus bonis supplicari debere. At cum in valle orat, et hoc in valle pinguium sive pinguedinis, ipsius æque insinuat nobis humilitatem semper in orationibus et internæ pinguedinem dilectionis esse servandam, ne quis videlicet orans Deum, jactare sua merita in exemplum Pharisæi superbientis audeat, quin potius humili voce ac mente proclamet, Deus propitius esto mihi peccatori. Ne aridum a dilectione proximi cor gestans, ad placandam sibi Conditoris gratiam genu flectat, juxta eum qui, centum denarios fratri quos sibi debebat dimittere nolens, decem millia talenta sibi a Domino frustra precabatur remitti. Ne jejunum ab amore Conditoris pectus habens, temporalia quælibet potius in oratione quam ejus visionem requirat, adnumerandus in eis, de quibus ait ipse, Quia receperunt mercedem suam. In imo quippe cogitationem ponere, quid est aliud quam quædam ariditas mentis? Qui autem intellectu cœlestium jam per sancta desideria de supernis intimæ delectationis cibo pascuntur, quasi largiori alimento pinguescunt. Hæc enim pinguedine saginari psalmista concupierat, cum dicebat, Sicut adipe et pinguedine repleatur anima mea. Quantum vero ad ipsam Dominicæ passionis dispensationem pertinet, apte appropians morti Dominus in valle pinguedinis oravit, quia per vallem humilitatis et pinguedinem caritatis pro nobis mortem subiit. Humiliavit enim semetipsum factus obediens Patri usque ad mortem. Et majorem hac dilectionem nemo habet, ut animam suam ponat quis pro amicis suis.

Et assumit Petrum et Jacobum et Joannem secum, et cœpit pavere, &c.] Timet Christus: cum Petrus non timeat, Christus timet. Petrus dicit, Animam meam pro te ponam. Christus dicit, Anima mea turbatur. Utrumque verum est, et plenum utrumque ratione. Quia et ille qui est inferior non timet, et ille qui est superior gerit timentis affectum. Ille enim quasi homo vim mortis ignorat. Iste autem quasi Deus in corpore constitutus fragilitatem carnis exponit, ut eorum qui sacramentum incarnationis abjurant, excluderetur impietas. Denique et hoc dixit, et Manichæus non credidit, Valentinus negavit, Marcion phantasma judicavit. Eo autem usque hominem quem veritate corporis demonstrabat, æquabat affectu, ut diceret, Sed tamen non sicut ego volo, sed sicut tu vis. Suscepit ergo voluntatem meam, suscepit tristitiam meam. Confidenter tristitiam nomino, quia crucem prædico: mea est voluntas, quam suam dixit. Quia ut homo suscepit tristitiam meam, ut homo locutus est. Et ideo ait, Non sicut ego volo, sed sicut tu vis. Mea est tristitia, quam meo suscepit affectu. Ergo pro me doluit, qui pro se nihil habuit quod doleret. Et sequestrata delectatione divinitatis æternæ, tedio meæ infirmitatis afficitur. Tristis est, inquit, anima mea usque ad mortem; non propter mortem tristis est Dominus, quia eum conditio corporalis affectus, non formido mortis offendit: nam qui corpus suscepit, omnia debuit subire quæ corporis sunt, ut esuriret, sitiret, angeretur, contristaretur. Divinitas autem commutari per hunc nescit affectum.

Sustinete hic, et vigilate: et cum processisset paulu-

lum, &c.] Quod præcipit, sustinete hic, et vigilate: non a somno prohibet, cujus tempus non erat imminente discrimine, sed a somno infidelitatis et torpore mentis. Dato autem eis præcepto ut sustinerent vigilarentque secum, paululum procedens ruit in faciem suam et humilitatem mentis habitu carnis ostendit.

Et orabat ut si fieri posset, &c.] Quid erat illa vox, nisi sonus infirmitatis nostræ? Multi adhuc infirmi contristantur futura morte: sed habeant rectum cor, vitent mortem quantum possent: sed si non possunt, dicant, quod ipse Dominus non propter se, sed propter nos dixit. Quid enim dixit? Pater, si fieri potest, transeat a me calix iste. Ecce habes voluntatem humanam expressam. Vide jam rectum cor.

Sed non quod ego volo, sed quod tu.] Non veni (inquit) facere voluntatem meam, sed voluntatem ejus qui misit me. Suam voluntatem dixit, quam temporaliter sumpsit ex virgine: voluntatem vero ejus qui eum misit, eam videlicet signans quam intemporaliter æternus habuit cum Patre communem. Orat transire calicem, ut ostendat vere quod et homo erat. Reminiscens autem et propter quod missus est, perficit dispensationem ad quam missus est, et clamat, Sed non quod ego volo, sed quod tu. Si moritur mors, me non moriente, secundum carnem videlicet, transeat, ait, calix iste. Verum quia non aliter hoc fiet, ait, Non quod ego volo, sed quod tu. Quod autem Patrem invocans duplici nomine dicit, Abba Pater, utriusque populi illum et Judæi scilicet et gentilis Deum esse ac salvatorem ostendit. Idem namque Abba, quod et Pater significat. Sed Abba Hebræum, Pater Græcum est et Latinum. Ut ergo utrumque populum in eum crediturum, ab utroque eum invocandum esse doceret, utraque lingua eum primus ipse invocat. Ipse est enim bonus pastor, qui animam dando pro ovibus suis, unum de duobus gregibus ovile perficit. Ideoque utriusque voce gregis auxilium Patris flagitat, ut nos utrique exemplo illius informati, ubi adversa imminere senserimus: nos, Patrem Deum: Hebræi, Abba, invocantes, una fidei et caritatis devotione præsidium cœleste quæramus. Unde doctor egregius formam docendi a Domino sumens, ita suos alloquitur auditores, Accepistis spiritum adoptionis filiorum, in quo clamamus Abba, Pater: Abba nimirum illi, qui de Israelitico populo, nos Pater, qui de gentibus ad fidem Christi venimus.

Et veniens invenit eos dormientes, et ait Petro, Simon dormis? &c.] Ille qui supra dixerat, Etiamsi omnes scandalizati fuerint, ego nunquam scandalizabor; nunc tristitiæ magnitudine somnum vincere non potest.

Vigilate et orate, ut non intretis in tentationem.] Impossibile est humanam animam non tentari. Unde et in oratione Dominica dicimus, Et ne nos inducas in tentationem: quam ferre non possumus: non tentationem penitus refutantes; sed vires sustinendi in tentationibus deprecantes. Ergo et in præsentiam non ait, Vigilate et orate, ne tentemini, sed ne intretis in tentationem. Hoc est, ne tentatio vos superet ultima, et intra suos casses teneat. Verbi gratia, Martyr qui pro confessione Domini sanguinem fudit, tentatus quidem est; sed tentationis retibus non est ligatus: qui autem negat, in plagas tentationis incurrit.

Spiritus quidem promptus est, caro vero infirma.] Hoc adversum temerarios dictum est, qui quicquid crediderint putant se posse consequi. Itaque quantum de ardore mentis confidimus; tantum de carnis fragilitate timeamus. Sed tamen juxta apostolum Spiritu carnis opera mortificemus. Facit hic locus et adversus Eutychianos, qui dicunt unam in Mediatore Dei et hominum Domino ac Salvatore nostro operationem, unam fuisse voluntatem. Cum enim dicit, Spiritus quidem promptus est, caro vero infirma, duas voluntates ostendit: humanam videlicet, quæ est carnis; et divinam, quæ est Deitatis. Ubi humana quidem propter infirmitatem carnis recusat passionem. Divina autem ejus est promptissima. Quoniam formidare quidem in passione, humanæ fragilitatis est: suscipere autem dispensationem passionis, divinæ voluntatis atque virtutis est.

Et iterum abiens, oravit eundem sermonem.] Solus orat pro omnibus, sicut et solus patitur pro universis. Languescebant autem et opprimebantur apostolorum oculi, negatione vicina.

Et venit tertio, et ait illis, Dormite jam, &c.] Cum dixisset, Dormite jam, et requiescite: et adjungeret, Sufficit: ac deinde inferret, Venit hora, ecce tradetur Filius hominis, et cætera; utique intelligitur post illud quod eis dictum est, Dormite et requiescite, siluisse Dominum aliquantum, ut hoc fieret quod præmiserat, et tunc intulisse, Ecce appropinquat hora sive venit hora. Ideo post illa verba positum est, Sufficit, id est, quod requievistis jam sufficit. Sed quia commemorata ipsa non est interpositio silentii Domini, propterea coarctat intellectum, ut in illis verbis alia pronuntiatio requiratur.

Surgite, eamus. Ecce qui me tradet, prope est.] Postquam tertio oraverat, et apostolorum timorem, sequente pœnitentia, imperaverat corrigendum, securus de passione sua pergit ad persecutores, et ultro se interficiendum præbet, dixitque discipulis, Surgite, eamus. Ecce qui me tradet, prope est. Non nos inveniat quasi timentes et retractantes, ultro pergamus ad mortem, ut confidentiam et gaudium passuri videant.

Dederat autem traditor ejus signum eis, &c.] Impudens quidem et scelerata confidentia, magistrum vocare, et osculum ei ingerere quem tradebat. Tamen adhuc aliquid habet de verecundia discipuli, cum non eum palam tradidit persecutoribus, sed per signum osculi. Suscepit autem Dominus osculum traditoris: non quo simulare nos doceat, sed ne proditorem fugere videatur, simul et illud Davidicum complens: Cum his qui oderunt pacem, eram pacificus.

Unus autem quidam de circumstantibus educens gladium percussit, &c.] Petrus hoc fecit, ut Joannes evangelista declarat, eodem nimirum mentis ardore, quo cætera fecerat. Sciebat enim quomodo Phinees puniendo sacrilegos, mercedem justitiæ et sacerdotii perennis acceperat. Lucas autem addit, quod Dominus tangens auriculam servi sanaverit eum. Nunquam ergo pietatis suæ Dominus obliviscitur, qui etiam hostes suos non patitur vulnerari. Illi justo mortem inferunt, ipse persecutorum vulnera sanat. Mystice docens etiam eos qui in suæ mortis consensione vulnus animæ contraxerant; si fructum pœnitentiæ facerent dignum, salutem posse mereri.

Et respondens Jesus ait illis, Tanquam ad latronem existis, &c.] Stultum est, inquit, eum cum gladiis et fustibus quærere, qui ultro se vestris tradat manibus: et in nocte quasi latitantem et vestros oculos declinantem, per proditorem investigare, qui quotidie in templo doceat. Sed ideo adversum me in tenebris congregamini, quia potestas vestra in tenebris est.

Tunc discipuli ejus relinquentes eum, omnes fugerunt.] Impletur sermo Domini quem dixerat, quod omnes discipuli scandalizarentur in illo in ipsa nocte. Nam etsi turba permittente ad petitionem Domini fugerunt, ut Joannes scribit, pavorem tamen ac timiditatem suæ mentis ostendebant, quod ad fugæ præsidium promptiores, quam ad fiduciam patiendi cum Christo extiterant.

Adolescens autem quidam sequebatur eum, amictus sindone super nudo, &c.] Quod ait amictus sindone super nudo, subauditur corpore, id est corpore super nudo, quia non aliud indumenti quam solam habebat sindonem. Quis autem fuerit iste adolescens, evangelista non dicit. Quisquis vero fuit, majorem in se quam in cæteris amorem Domini permansisse comprobat, qui illis jam fugientibus, ipse donec ab hostibus comprehenderetur, vinculo caritatis astrictus eum prosequi non omisit. Quamvis necdum perfectam habuerit caritatem, qui a comitatu Salvatoris vel tentus profugere potuit. Quia sicut perfecta caritas foras mittit timorem, ita timor mentem obsidens, imperfectam arguit caritatem. Sed notandum solertius: quod de hoc adolescente scribens evangelista, non ait quia fugit a comitatu Domini, vel fugit a sequendo Dominum, sed rejecta, inquit, sindone, nudus profugit ab eis. Fugit enim ab hostibus, quorum et præsentiam detestabatur et facta: non fugit a Domino Salvatore ac magistro suo, cujus amorem etiam corpore absens fixum in corde servavit. Neque aliquid vetat intelligi Joannem hunc fuisse adolescentem, dilectum præ cæteris magistro discipulum. Nam et illum eo tempore fuisse adolescentem, longa post hæc in carne vita ejus indicio est. Potuit enim fieri ut ad horam tenentium manibus elapsus, mox resumpto indumento redierit, et sub dubia noctis luce sese turbis ducentium Jesum, quasi unus de ipsis, immiscuerit, donec ad atrium pontificis cui erat notus perveniret: juxta quod in suo ipse evangelio commemorat. Sicut autem Petrus qui culpam negationis pœnitentiæ lacrymis abluit, et confessione Dominici amoris funditus extirpavit, recuperationem ostendit eorum qui in martyrio labuntur: ita cæteri discipuli qui articulum comprehensionis fugiendo prævenerant, cautelam fugiendi docent eos, qui se minus idoneos ad toleranda supplicia sentiunt. Quibus tutius est multo, præsidia latebrarum petere, quam se discrimini certaminum exponere. Ita etiam iste adolescens qui rejecta sindone nudus profugit ab impiis, illorum et opus designat et animum, qui ut securiores ab incursibus hostium fiant, quicquid in hoc mundo possidere videntur abjiciunt, ac nudi potius Domino famulari, quam adhærendo mundi rebus materiam tentandi atque a Deo revocandi adversariis dare didicerunt. Juxta exemplum beati Joseph, qui, relicto in manibus adulteræ pallio, foras exilivit, malens Deo nudus, quam indutus cupiditatibus mundi meretrici servire.

Et adduxerunt Jesum ad summum sacerdotem.] Summum sacerdotem Caipham significat, qui (sicut evangelista Joannes scribit) erat pontifex anni illius. De quo consentanea testatur Josephus, quia pontificatum sibi absque merito dignitatis emerit a principe Romano. Non ergo mirum est si iniquus pontifex inique judicat.

Petrus autem a longe secutus est, &c.] Merito a longe sequebatur, qui jam proxime erat negaturus. Neque enim negare posset, si Christo proximus adhæsisset. Verum in hoc maxima nobis est admiratione venerandus, quia Dominum non reliquit etiam cum timeret. Quod enim timet, naturæ est: quod sequitur, devotionis: quod negat, obreptionis: quod pœnitet, fidei. Aliter. Quod ad passionem eundem Dominum a longe sequitur Petrus, significabat ecclesiam secuturam quidem, hoc est imitaturam passionem Domini, sed longe differenter. Ecclesia enim pro se patitur: at ille pro ecclesia.

Et sedebat cum ministris, et calefaciebat se ad ignem.] Est dilectionis ignis, est et cupiditatis. De hoc dicitur, Ignem veni mittere in terram, et quid volo nisi ut ardeat? De illo autem, Omnes adulterantes velut clibanus corda eorum. Iste super credentes in cœnaculo Sion descendens, variis linguis eos Deum laudare docuit. Ille in atrio Caiphæ instinctu maligni spiritus accensus ad negandum ac blasphemandum Dominum noxias perfidiorum linguas armabat. Quod enim intus in domo principis sacerdotum synodus maligna gerebat: hoc ignis, in atrio foris inter frigora noctis materialiter accensus, typice præmonstrabat. Quicunque ergo vitiosum noxiumque in se extinguit incendium, potest dicere cum propheta Domino, Quia factus sum sicut uter in pruina, justificationes tuas non sum oblitus. In quibuscunque autem flammam caritatis turbida vitiorum flumina obruerunt, audiunt a Domino, Quoniam abundavit iniquitas, refrigescit caritas multorum. Quo frigore torpens ad horam apostolus Petrus, quasi prunis ministrorum Caiphæ calefieri cupiebat, quia temporalis commodi solatium perfidorum societate quærebat. Sed non mora, respectus a Domino cum ignem pravorum corpore, tum infidelitatem in corde reliquit. Ac post resurrectionem Domini sancto igni recreatus, funditus excessum trinæ negationis, trina dilectionis confessione purgavit. Tunc etenim completa illa memorabili piscium captura, cum venisset ad Dominum cum condiscipulis suis, prunas positas, et piscem superpositum et panem mox videns, sui cordis arcana prunis inflammavit amoris.

Et quidam surgentes falsum testimonium ferebant adversum eum, &c.] Quomodo falsi testes sunt, si ea dicunt quæ Dominum dixisse legimus? Sed falsus testis est, qui non eodem sensu dicta intelligit, quo dicuntur. Dominus enim dixerat de templo corporis sui. Sed et in ipsis verbis calumniantur, et paucis additis vel mutatis, quasi justam calumniam faciunt. Salvatori dixerat, Solvite templum hoc. Isti commutant et aiunt, Ego dissolvam templum hoc manu factum. Vos (inquit) solvite, non ego. Quia illicitum est ut ipsi nobis inferamus mortem. Deinde illi vertunt, et post triduum aliud non manu factum ædificabo, ut proprie de templo Judaico dixisse videatur. Dominus autem ut ostenderet animal vivum et spirans templum dixerat, Et ego in triduo suscitabo illud. Aliud est ædificare, aliud suscitare.

Et exurgens summus sacerdos in medium, interrogavit Jesum, &c.] Ira præceps et impatiens non inveniens calumniæ locum excutit de solio pontificem, ut insaniam mentis, motu corporis demonstraret. Quanto plus Jesus tacebat ad indignos responsione sua falsos testes et sacerdotes impios; tanto magis pontifex furore superatus, eum ad respondendum provocat, ut, ex qualibet occasione, sermonis locum inveniat accusandi. Nihilominus Jesus tacet. Sciebat enim quasi Deus, quicquid respondisset, torquendum ad calumniam.

Rursum summus sacerdos interrogabat eum, &c.] In Matthæo scriptum est, quod interroganti et adjuranti se pontifici si esset Christus, respondit, Tu dixisti. Pro quo Marcus posuit, Ego sum, ut videlicet ostenderet tantum valere quod ei dicit Jesus, Tu dixisti, quantum si diceret, Ego sum.

Et videbitis Filium hominis a dextris sedentem virtutis, &c.] Si ergo tibi in Christo, o Judæe, pagane, et hæretice, contemptus, infirmitas, et crux contumelia est, vide quia per hæc Filius hominis ad dexteram Dei Patris sessurus, et ex partu virginis homo natus, in sua cum cœli nubibus est majestate venturus. Unde et apostolus cum crucis abjecta descripsisset, dicens quod humiliavit semetipsum, factus obediens, usque ad mortem, mortem autem crucis, adjunxit atque ait, Propter quod et Deus illum exaltavit, et donavit illi nomen, quod est super omne nomen, ut in nomine Jesu omne genu flectatur, cœlestium, terrestrium, et infernorum, et omnis lingua confiteatur, quia Jesus Christus in gloria est Dei Patris.

Summus autem sacerdos scindens vestimenta sua, &c.] Quem de solio sacerdotali furor excusserat, eadem rabies ad scindendas vestes provocat. Scindit vestimenta sua, ut ostendat Judæos sacerdotalem gloriam perdidisse, et vacuam sedem habere pontificis. Sed et consuetudinis Judaicæ est, cum aliquid blasphemiæ et quasi contra Deum audierint, scindere vestimenta sua. Quod Paulum quoque et Barnabam, quando in Lycaonia deorum cultu honorabantur, fecisse legimus. Herodes autem quia non dedit honorem Deo, sed acquievit immoderato favori populi, statim ab angelo percussus est. Altiore autem mysterio factum est, ut in passione Domini pontifex Judæorum sua ipse vestimenta disciderit, cum tunica Domini nec ab ipsis qui eum crucifixere militibus scindi potuerit. Figurabatur enim quod sacerdotium Judæorum pro sceleribus ipsorum pontificum esset scindendum, et a suæ statu integritatis omnimodis solvendum: soliditas vero sanctæ universalis ecclesiæ, quæ vestis sui Redemptoris solet appellari, nunquam valeat disrumpi. Quin potius et si Judæi, si gentiles, si hæretici, si mali catholici humilitatem Domini Salvatoris contemnant, ejus tamen usque ad consummationem seculi, in illis quos foris electionis invenerit, inviolata sit permansura castitas.

Et cœperunt quidam conspuere eum, &c.] Impleta est hoc loco prophetia quæ ait, Dedi maxillas meas alapis, et faciem meam non averti a confusione sputorum. Sed qui tunc cæsus est colaphis sive alapis Judæorum, cæditur etiam nunc blasphemiis falsorum Christianorum. Qui tunc consputus est salivis infidelium, nunc usque vesanis nomine tenus fidelium exhonoratur atque irritatur opprobriis. Velaverunt autem faciem ejus, non ut eorum ille scelera non videat, sed ut a se ipsis, sicut quondam Moysi fecerunt, gratiam cognitionis ejus abscondant. Si enim crederent Moysi, crederent forsitan et Domino. Quod velamentum usque hodie manet super cor eorum non revelatum. Nobis autem in Christum credentibus ablatum est. Neque enim frustra eo moriente velum templi scissum est medium, et ea quæ toto legis tempore latuerant, et abscondita carnali Israel fuerant, novi testamenti cultoribus sunt patefacta sancta sanctorum arcana. Quod vero dicunt ei, Prophetiza, et juxta alios evangelistas, Prophetiza, quis est qui te percussit? quasi in contumeliam faciunt ejus qui se a populis prophetam voluerit haberi. Sed ipso dispensante quæ patitur omnia pro nobis fiunt: ut sicut Petrus hortatur, Christo in carne passo nos eadem cogitatione armemur, atque ad toleranda pro nomine ejus irrisionum opprobria præparemur.

Et cum esset Petrus in atrio deorsum, venit una ex ancillis, &c.] Quid sibi vult quod prima eum prodit ancilla, cum viri utique magis eum potuerint recognoscere? Nisi ut et iste sexus peccasse in necem Domini videretur, et iste sexus redimeretur per Domini passionem. Et ideo mulier resurrectionis accipit prima mysterium, et mandata custodit ut veterem prævaricationis aboleret errorem.

Et exivit foras ante atrium, et gallus cantavit.] De hoc galli cantu cæteri evangelistæ tacent, non tamen factum esse negant, sicut et multa alia alii silentio prætereunt, quæ alii narrant.

Rursus autem cum vidisset illum ancilla, cœpit dicere, &c.] Non hæc eadem quæ prius accusabat, illa esse credenda est. Dicit namque Matthæus apertissime, Exeunte illo januam vidit eum alia, et ait iis qui erant ibi, et cætera. In hac autem negatione Petri discimus, non solum abnegari Christum ab eo qui dicit eum non esse Christum, sed ab illo etiam qui cum sit, negat se esse Christianum. Dominus autem non ait Petro, discipulum meum te negabis, sed me negabis. Negavit ergo ipsum, cum se negavit ejus esse discipulum.

Et post pusillum, rursus qui astabant dicebant Petro, &c.] Non quod alia lingua Galilæi quam Hierosolymitæ loquerentur, qui utrique fuerint Hebræi, sed quod unaquæque provincia et regio suas habeat proprietates, ac vernaculum loquendi sonum vitare non possit. Unde in Actibus Apostolorum, cum ii quibus Spiritus Sanctus insederat, omnium gentium linguis loquerentur, inter alios qui de diversis mundi plagis advenerant, etiam illi qui habitabant Judæam dixisse referuntur, Nonne ecce omnes isti qui loquuntur, Galilæi sunt? Et quomodo nos audivimus unusquisque linguam nostram in qua nati sumus? Et Petrus fratribus loquens in Hierusalem, Et notum, inquit, factum est omnibus habitantibus in Hierusalem, ita ut appellaretur ager ille lingua eorum Acheldemach. Quare lingua eorum, nisi quia idem nomen aliter illi, hoc est Hierosolymitæ, aliter sonabant Galilæi?

Ille autem cœpit anathematizare et jurare, &c.] Solet Scriptura sacramentum causarum per statum designare temporum. Unde Petrus qui media nocte negavit, ad galli cantum pœnituit. Qui etiam post resurrectionem Domini diurna sub luce illum quem tertio negaverat, tertio æque se amare professus est. Quia nimirum quod in tenebris oblivionis erravit, et speratæ jam lucis rememoratione correxit, et ejusdem veræ lucis adepta præsentia plene totum quicquid nutaverat, erexit. Hunc opinor gallum aliquem doctorum intelligendum, qui nos jacentes excitans, et somnolentos increpans dicat, Evigilate, justi, et nolite peccare.

Et recordatus est Petrus verbi quod dixerat ei Jesus, &c.] Quam nociva pravorum colloquia? Petrus ipse inter infideles vel hominem se nosse negavit, quem inter condiscipulos jam Dei Filium fuerat confessus. Sed nec in atrio Caiphæ retentus poterat agere pœnitentiam. Egreditur foras, ut alii narrant evangelistæ, quatenus ab impiorum concilio secretus, sordes pavidæ negationis liberis fletibus abluat.

IN CAP. XV.

Cap. xliv. *Et confestim consilium facientes mane summi sacerdotes, &c.*] Non solum ad Pilatum, sed etiam ad Herodem ductus est, ut uterque Domino illuderet. Et cerne sollicitudinem sacerdotum in malo. Tota nocte vigilaverunt, ut homicidium facerent, et vinctum tradiderunt Pilato. Habebant enim hunc morem, ut quem adjudicassent morti, ligatum judici traderent. Attamen notandum quod non tunc primum ligaverunt eum, sed mox comprehensum nocte in horto, ut Joannes declarat, ligaverunt et sic adduxerunt eum ad Annam primum.

Et interrogavit eum Pilatus, Tu es rex Judæorum?] Pilato nihil aliud criminis interrogante nisi utrum rex Judæorum sit, arguuntur impietatis Judæi, quod ne falso quidem invenire potuerint quod objicerent Salvatori.

At ille respondens ait illi, Tu dicis.] Sic respondit ut et verum diceret, et sermo ejus calumniæ non pateret. Et attende quod Pilato, qui invitus ferebat sententiam, aliqua in parte responderit, sacerdotibus autem et principibus respondere noluerit, indignosque suo sermone judicarit.

Pilatus autem rursus interrogavit eum, dicens, Non respondes quicquam? &c.] Ethnicus quidem est qui condemnat Jesum, sed causam refert in populum Judæorum: Vide in quantis te accusant. Jesus autem nihil respondere voluit, ne crimen diluens dimitteretur a præside, et crucis utilitas differretur.

Pontifices autem concitaverunt turbam ut magis Barrabam dimitteret eis.] Hæret Judæis usque hodie sua petitio, quam tanto labore impetrarunt. Quod enim, data sibi optione, pro Jesu latronem, pro Salvatore interfectorem, pro datore vitæ elegerunt ademptorem, merito salutem perdiderunt et vitam, et latrociniis sese ac seditionibus in tantum subdiderunt, ut et patriam regnumque suum quod plus Christo amavere, perdiderint, et hactenus eam quam vendidere sive animæ sive corporis libertatem recipere non meruerint.

Pilatus autem iterum respondens ait illis, Quid ergo vultis ut faciam regi Judæorum? &c.] Multas liberandi Salvatorem Pilatus occasiones dedit. Primum latronem justo conferens, deinde inferens, Quid ergo vultis ut faciam regi Judæorum? Cumque responderent, Crucifigatur, non statim acquievit, sed juxta suggestionem uxoris quæ mandaverat ei, ut Matthæus scribit, Nihil tibi et justo illi: ipse quoque respondens, Quid enim (ait) mali fecit? hoc dicendo Pilatus absolvit Jesum.

At illi magis clamabant, Crucifige eum.] Ut impleretur quod in vigesimo primo psalmo dixerat, Circumdederunt me canes multi, congregatio malignantium obsedit me. Et illud Hieremiæ, Facta est mihi hæreditas mea sicut leo in sylva, dederunt super me vocem suam. Esaia quoque in hac sententia congruente, Et expectavi ut facerent judicium, fecerunt autem iniquitatem, et non justitiam, sed clamorem.

Pilatus autem volens populo satisfacere dimisit illis Barrabam, &c.] Jesus autem flagellatus non ab alio quam ab ipso Pilato intelligendus est. Scribit namque aperte Joannes, Clamaverunt rursum omnes dicentes, Non hunc sed Barrabam. Erat autem Barrabas latro. Tunc ergo apprehendit Pilatus Jesum, et flagellavit. Ac deinde subjungit, Et milites plectentes coronam de spinis, imposuerunt capiti ejus, &c. Quod quidem ideo fecisse, atque ideo credendus est militibus eum illudendum tradidisse, ut satiati pœnis et opprobriis ejus Judæi mortem ejus ultro sitire desisterent. Hoc autem factum est, ut quia scriptum erat, Multa flagella peccatorum, illo flagellato nos a verberibus liberaremur, dicente Scriptura, Flagellum non appropinquabit tabernaculo tuo.

Milites autem duxerunt eum in atrium prætorii, &c.] Milites quidem quod rex Judæorum fuerat appellatus, et hoc ei scribæ et sacerdotes crimen objecerant quod sibi in populo Israelitico usurparet imperium, illudentes hoc faciunt, ut nudatum pristinis vestibus induant purpura, qua reges veteres utebantur, et pro diademate imponant ei coronam spineam, pro sceptro regali dent calamum, ut Matthæus scribit, et adorent quasi regem. Nos autem omnia hæc intelligamus mystice. Quomodo enim Caiphas dixit, Oportet unum hominem mori pro omnibus, nesciens quid diceret: sic et isti quodcunque fecerunt, licet alia mente fecerint, tamen nobis qui credimus sacramenta tribuebant. Notandum autem quod pro eo quod Marcus ait, Et induunt eum purpura, Matthæus ita posuit, Et exuentes eum, chlamydem coccineam circumdederunt ei. Ubi intelligitur quod Matthæus ait,

Chlamydem coccineam circumdederunt ei, hoc Marcus dixisse, Indutum purpura. Pro regia enim purpura chlamys illa coccinea ab illudentibus adhibita erat, et est rubra quædam purpura cocco simillima. Potest etiam fieri ut purpuram etiam Marcus commemoraverit, quam chlamys habebat, quamvis esset coccinea. Mystice ergo in purpura qua indutus est Dominus, ipsa ejus caro quam passionibus objecit, insinuatur. De qua præmissa dixerat prophetia, Quare ergo rubrum est indumentum tuum, et vestimenta tua quasi calcantium in torculari? In corona vero quam portabat spinea, nostrorum susceptio peccatorum, pro qua mortalis fieri dignatus est, ostenditur, Juxta quod præcursor ipsius testimonium ei perhibens ait, Ecce agnus Dei, qui tollit peccata mundi. Namque spinas in significatione peccatorum poni solere testatur ipse Dominus, qui protoplasto in peccatum prolapso dicebat, Terra tua spinas et tribulos germinabit tibi. Quod est aperte dicere, Conscientia tua punctiones tibi et aculeos vitiorum procreare non desistet. Quod vero juxta evangelium Lucæ Dominus apud Herodem alba veste induitur, in ceteris vero evangelistis a militibus Pilati sub coccineo sive purpureo habitu illusus esse perhibetur, collata utraque narratione, in uno innocentia et castitas assumptæ humanitatis, in altero autem veritas passionis, per quam ad gloriam regni immortalis esset perventurus, exprimitur. Sicut enim purpura colorem sanguinis qui pro nobis effusus est, imitatur: ita et habitus regni quod post passionem intravit nobisque intrandum patescit, insinuat. Verum quia dicit apostolus, Quotquot enim in Christo baptizati estis Christum induistis, et Esaias Domino de electis omnibus, His, inquit, velut ornamento vestieris, potest in hoc utroque Domini habitu inimicorum quidem sententia probroso, sed ipsius Domini electione gloriosissimo, omnis electorum ejus multitudo, quæ in martyres venerandos, et cæteram fidelium plebem distinguitur, aptissime designari. Alba et enim veste induitur, cum munda justorum confessione circumdatur. Purpura sive cocco vestitur, cum in triumpho victoriosorum martyrum gloriatur.

Et percutiebant caput ejus arundine, &c.] Hæc tunc fecere milites Pilati, hæc usque hodie faciunt hæretici et pagani, milites utique diaboli. Quia enim caput Christi Deus, caput ejus percutiunt qui eum Deum esse verum denegant. Et quia per arundinem Scriptura solet confici, quasi arundine caput Christi feriunt, qui divinitati illius contradicentes, errorem suum confirmare auctoritate sacræ Scripturæ conantur. Spuunt in faciem ejus, qui ejus præsentiam gratiæ verbis execrandis ex internæ cæcæ mentis insania conceptis respuunt, et Jesum Christum in carne venisse denegant. Et quidem milites eum quasi qui Deum se ipse falso dixisset, illudentes adorabant, sed sunt hodie quod est gravioris vesaniæ, qui eum certa fide ut Deum verum adorant, sed perversis actibus mox verba ejus quasi fabulosa despiciunt, ac promissa regni illius temporalibus illecebris longe postponunt.

Et educunt illum ut crucifigerent eum, &c.] Magnæ tunc opinionis fuisse Simon iste videtur, cum filii quoque ejus quasi jam noti omnibus designentur ex nomine. Sed cavendum ne cui videatur contrarium, quod Joannes scribit ipsum Dominum sibi crucem portasse: cæteri vero evangelistæ hunc Simonem Cyrenæum eam bajulasse referunt. Primo namque a Domino portata, ac deinde Simoni, quem exeuntes forte obvium habuerunt, portanda imposita est. Et hoc congruo satis ordine mysterii. Quia nimirum ipse passus est pro nobis, relinquens nobis exemplum, ut sequamur vestigia ejus. Et quia Simon iste non Hierosolymita sed Cyrenæus esse perhibetur (Cyrene enim Libyæ civitas est, ut in actibus apostolorum legimus, recte per eum populi gentium designantur, qui quondam peregrini et hospites testamentorum, nunc obediendo cives sunt et domestici Dei, et sicut alibi dicitur, Hæredes quidem Dei, cohæredes autem Christi. Unde apte Simon obediens, Cyrene, hæres interpretatur. Nec prætereundum quod idem Simon de villa venisse refertur. Villa enim Græce πάγος dicitur. Unde paganos appellamus eos quos a civitate Dei alienos, et quasi urbanæ conversationis videmus esse expertes. Sed de pago Simon egrediens crucem portat post Jesum, cum populus nationum, paganis ritibus derelictis, vestigia Dominicæ passionis obedienter amplectitur.

Et perducunt illum in Golgotha locum, &c.] Extra urbis portam loca sunt in quibus truncantur capita damnatorum, et Calvariæ, id est decollatorum, sumpsere nomen. Propterea autem ibi crucifixus est Dominus, ut ubi prius erat area damnatorum, erigerentur vexilla martyrii. Et quomodo pro nobis maledictum crucis factus est et flagellatus et crucifixus, sic pro omnium salute quasi noxius inter noxios crucifigitur.

Et dabant ei bibere myrrhatum vinum, et non accepit.] Deus loquitur ad Hierusalem, Ego te plantavi vineam meam veram, quomodo facta es in amaritudinem vitis alienæ? Amara vitis amarum vinum fecit: quod propinat Domino Jesu, ut impleatur quod scriptum est, Dederunt in cibum meum fel, et in siti mea potaverunt me aceto. Quod autem dicitur, Et non accepit: vel secundum Matthæum, Cum gustasset noluit bibere, hoc indicat, quod gustaverit quidem pro nobis mortis amaritudinem, sed tertia die resurrexit. Quod enim ait Marcus, Non accepit, intelligitur non accepit ut biberet. Gustavit autem, sicut Matthæus testis est, ut quod idem Matthæus ait, Noluit bibere, hoc Marcus dixerit, Non accepit, tacuerit autem quod gustaverit. Sed et hoc quod ait Marcus, Myrrhatum vinum, intelligendum est Matthæum dixisse cum felle mixtum. Fel quippe pro amaritudine posuit: et myrrhatum enim vinum amarissimum est, quanquam fieri possit ut et felle et myrrha vinum amarissimum redderetur.

Et crucifigentes eum diviserunt vestimenta ejus, &c.] Hæc Joannes evangelista plenius exponit: quod scilicet milites, cætera in quatuor partes juxta suum numerum dividentes, de tunica, quæ inconsutilis erat desuper contexta per totum, sortem miserint. Quadripertita autem vestis Domini quadripertitam ejus figuravit ecclesiam, toto scilicet orbe (qui quatuor partibus constat) terrarum diffusam, et omnibus eisdem partibus æqualiter, id est concorditer, distributam. Tunica vero illa sortita omnium partium significat unitatem, quæ caritatis vinculo continetur. Si enim caritas juxta apostolum, et supereminentiorem habet viam, et supereminet scientiæ, et super omnia præcepta est, merito vestis qua significatur, desuper contexta perhibetur. In sorte autem quid nisi gratia Dei commendata est? Sic quippe in uno ad omnes pervenit, cum sors omnibus placuit: quia et Dei gratia in unitate ad omnes pervenit. Et cum sors mittitur, non personæ cujuscunque vel meritis, sed occulto Dei judicio ceditur. Et quia sicut dicit apostolus, Vetus homo noster simul affixus est cruci cum illo ut evacuetur corpus peccati, ut ultra non serviamus peccato, quamdiu id agunt opera nostra ut evacuetur corpus peccati, et quamdiu exterior homo corrumpitur, ut interior renovetur de die in diem, tempus est crucis. Hæc sunt etiam bona opera quidem, tamen adhuc laboriosa, quorum merces requies est. Sed ideo dicitur, Spe gaudentes, ut requiem futuram cum hilaritate in laboribus operemur. Hanc hilaritatem significat crucis latitudo in transverso ligno ubi figuntur manus. Per manus enim opera intelligimus, per latitudinem hilaritatem operantis: quia tristitia facit angustias. Per altitudinem autem, cui caput adjungitur, expectatio retributionis de sublimi justitia Dei, qui reddet unicuique secundum opera sua, his quidem secundum tolerantiam boni operis, gloriam et honorem et incorruptionem quærentibus vitam æternam. Itaque etiam longitudo qua totum corpus extenditur, ipsam tolerantiam significat, unde longanimes dicuntur qui tolerant. Profundum autem quod terræ infixum est, secretum sacramenti præfigurat. Recordaris, nisi fallor, quod verba apostoli in ista designatione crucis expediantur, ubi ait: In caritate radicavi et fundavi, ut possitis comprehendere cum omnibus sanctis quæ sit longitudo, latitudo, altitudo, et profundum.

Erat autem hora tertia, et crucifixerunt eum.] Sunt qui arbitrentur hora quidem tertia Dominum crucifixum, a sexta autem hora tenebras factas usque ad nonam, ut consumptæ intelligantur tres horæ, ex quo crucifixus est, usque ad tenebras factas. Et posset quidem hoc rectissime intelligi, nisi Joannes diceret hora quasi sexta Pilatum sedisse pro tribunali in loco qui dicitur Licostratos, Hebraice autem Gabbatha. Sequitur enim, Parasceue paschæ hora quasi sexta: et dicit Judæis, Ecce rex vester, et cætera. Si ergo hora quasi sexta Pilato sedente pro tribunali traditus est crucifigendus Judæis, quomodo hora tertia crucifixus est, sicut verba Marci non intelligentes quidam putaverunt? Jam certe dixerat Marcus, Et crucifigentes eum diviserunt vestimenta ejus. Si ergo ejus rei gestæ tempus voluit commemorare, sufficeret dicere, Erat autem hora tertia, ut quid adjunxit, et crucifixerunt eum? nisi quia voluit aliquid recapitulando significare, quod quæsitum inveniretur, cum Scriptura ipsa illis temporibus legeretur quibus universæ ecclesiæ notum erat qua hora Dominus ligno suspensus est, unde posset hujus vel error corrigi, vel mendacium refutari. Sed quia sciebat a militibus Dominum crucifixum non a Judæis, occulte ostendere voluit eos magis crucifixisse qui clamaverunt ut crucifigeretur, quam illos qui ministerium principi suo secundum suum officium præbuerunt. Intelligitur ergo fuisse hora tertia cum clamaverunt Judæi ut Dominus crucifigeretur. Et veracissime demonstratur tunc eos crucifixisse quando clamaverunt, maxime quia nolebant videri se hoc fecisse, et propterea eum Pilato tradiderant, quod eorum verba satis indicant secundum Joannem. Quod ergo maxime videri fecisse nolebant, hoc eos hora tertia fecisse Marcus ostendit, verissime indicans magis fuisse Domini necatricem linguam Judæorum quam militum manus.

Et erat titulus causæ ejus inscriptus, Rex Judæorum.] Titulus positus supra crucem ejus in quo scriptum erat Rex Judæorum, illud ostendit, quod nec occidendo efficere potuerunt, ut eum regem non haberent qui eis manifestissima et eminentissima potestate secundum sua opera redditurus est. Unde in psalmo canitur, Ego autem constitutus sum rex ab eo super Sion montem sanctum ejus. Qui apte etiam quoniam rex simul et pontifex est, cum eximiam Patri suæ carnis hostiam in altari crucis offerret, regis quoque qua præditus erat dignitate, titulo prætendit: ut cunctis legere, hoc est audire et credere volentibus insinuaret, quod per crucis patibulum non perdiderit suum, sed confirmarit potius et corroborarit imperium.

Et cum eo crucifigunt duos latrones, &c.] Latrones qui cum Domino sunt hinc inde crucifixi, significant eos qui sub fide et confessione Christi vel agonem martyrii vel quælibet continentiæ arctioris instituta subeunt. Sed quicunque hæc pro æterna solum cœlestique gloria gerunt, hi profecto dextri latronis merito ac fide designantur. Atqui sive humanæ laudis intuitu, seu qualibet minus digna intentione mundo abrenunciant, non immerito blasphematoris ac sinistri latronis mentem imitantur et actus. De quibus dicit apostolus, Si tradidero corpus meum ut ardeam, si dedero omnes facultates meas in cibos pauperum, si alia plura aut pietatis opera facere, aut dona gratiæ spiritualis accepisse videar, caritatem autem non habeam, nihil mihi prodest. Beati autem qui sua propter Dominum et propter evangelium relinquunt. Beati qui persecutionem patiuntur propter justitiam, quoniam ipsorum est regnum cœlorum.

Similiter et summi sacerdotes illudentes, &c.] Etiam nolentes confitentur scribæ et pontifices quod alios salvos fecerit. Itaque vos vestra condemnat sententia: qui enim alios salvos fecit, utique si vellet, seipsum salvare poterat.

Christus rex Israel descendat nunc de cruce, &c.] Fraudulenta promissio. Quid est plus? de cruce adhuc viventem descendere, an de sepulchro mortuum resurgere? Surrexit, et non creditis: ergo etiam si de cruce descenderit, similiter non credetis.

Et qui cum eo crucifixi erant, conviciabantur ei.] Quomodo qui cum eo crucifixi erant conviciabantur ei, quando quidem unus eorum conviciatus est secundum Lucæ testimonium, alter et compescuit eum, et in Deum credidit? nisi intelligamus Matthæum et Marcum, breviter perstringentes hunc locum, pluralem numerum pro singulari posuisse, sicut in epistola ad Hebræos legimus pluraliter dictum, Clauserunt ora leonum, cum solus Daniel significari intelligatur. Et pluraliter dictum, Secti sunt, cum de solo Esaia tradatur. Quid autem usitatius (verbi gratia) quam ut dicat aliquis, Et rustici mihi insultant, etiam si unus insultet? Tunc enim esset contrarium quod Lucas de uno manifestavit, si illi dixissent ambos latrones conviciatos Domino, cum non posset sub numero plurali unus intelligi. Cum vero dictum est latrones vel qui cum eo crucifixi erant, nec additum est ambo, non solum si ambo fecissent posset hoc dici, sed etiam quia unus hoc fecit, potuit usitato locutionis modo per pluralem numerum significari. Quod vero, Luca testante, unus latro Dominum blasphemat, dicens, Si tu es Christus, salvum fac temetipsum et nos: alter vero illum digna invectione redarguit, et Dominum fideli supplicatione precatur dicens, Domine, memento mei cum veneris in regnum tuum, usque hodie geri in ecclesia videmus, cum mundanis tacti afflictionibus veri simul et falsi Christiani, illi quidem qui ficta mente Dominicæ passionis sacramenta gestant, ad præsentis vitæ gaudia cupiunt liberari a Domino. At qui simplici intentione cum apostolo non gloriantur, nisi in cruce Domini nostri, ita potius a præsentibus ærumnis optant erui, ut spiritum suum in manus sui commendent Auctoris, unaque cum ipso regni cœlestis desiderant esse participes. Unde bene ille qui fide dubia Dominum precabatur, funditus est contemptus a Domino, neque ulla responsione dignus habitus. At vero preces illius qui æternam a se salutem quærebat, pia mox Dominus exauditione suscipere dignatus est. Quia nimirum quicunque in tribulationibus positi temporalia tantum a Domino solatia requirunt, temporalibus se pariter et æternis gaudiis privant. Qui autem veraciter bona patriæ cœlestis suspirant, ad hæc absque ulla dubietate Christo miserante perveniunt.

Et facta hora sexta tenebræ factæ sunt per totam terram, &c.] Clarissimum mundi lumen retraxit gladios suos, ne aut pendentem videret Dominum, aut impii blasphemantes sua luce fruerentur. Et notandum, quod Dominus sexta hora, hoc est recessuro a centro mundi sole, crucifixus sit: diluculo autem, hoc est oriente jam sole, resurrectionis suæ mysteria celebrarit. Statu enim temporis signavit, quod effectu operis exhibuit. Quia mortuus est propter peccata nostra, et resurrexit propter justificationem nostram. Nam et Adam peccante scriptum est, quod audierit vocem Domini Dei deambulantis in paradiso ad auram post meridiem. Post meridiem nempe, inclinata luce fidei: ad auram vero, refrigescente fervore caritatis. Deambulans autem audiebatur, quia ab homine peccante recesserat. Rationis ergo, immo divinæ pietatis, ordo poscebat, ut eodem temporis articulo, quo tunc Adæ prævaricanti occluserat, nunc latroni Dominus pœnitenti januam paradisi reseraret: et qua hora primus Adam peccando mortem huic mundo invexerat, eadem hora secundus Adam mortem moriendo destrueret.

Et hora nona exclamavit Jesus voce magna dicens, Eli, Eli, lama Zabactani, &c.] Principio vigesimi primi Psalmi usus est. Illud quod in medio versiculi legitur, Respice in me, superfluum est: legitur enim in Hebræo, Deus meus, Deus meus, quare me dereliquisti? Nec mireris verborum humilitatem, querimonias derelicti, cum formam servi sciens, scandalum crucis videas. Sicut enim esurire et sitire et fatigari non erant propria Divinitatis, sed corporales passiones, ita et quod dicitur, Ut quid me dereliquisti? corporalis vocis erat proprium: quia solet secundum naturam corpus nullatenus velle a sibi conjuncta vita fraudari. Licet enim et ipse Salvator hoc dicebat, sed proprie ostendebat corporis fragilitatem manens virtus et sapientia Dei. Ut homo ergo loquitur meos circumferens motus, quod in periculis positi, a Deo nos deseri putamus. Ut homo turbatur, ut homo flet, ut homo crucifigitur.

Et quidam de circumstantibus audientes dicebant, Ecce Eliam vocat.] Non omnes, sed quidam. Quos arbitror milites fuisse Romanos, non intelligentes sermonis Hebraici proprietatem, sed ex eo quod dixit, Eli, Eli, putantes Eliam ab eo invocatum. Sin autem Judæos qui hoc dixerint intelligere volueris, et hoc more sibi solito faciunt, ut Dominum imbecillitate infament, qui Eliæ auxilium deprecetur.

Currens autem unus et implens spongiam aceto, &c.] Quam ob causam Domino acetum sit potui datum, Joannes ostendit, plenius dicens, Postea sciens Jesus quia jam omnia consummata sunt, ut consummaretur Scriptura, dicit, Sitio. Vas autem positum erat aceto plenum. Illi ergo spongiam plenam aceto hyssopo circumponentes, obtulerunt ori ejus. Vidit ergo quoniam consummata sunt omnia quæ oportebat ut fierent antequam acciperet acetum, et traderet spiritum: atque ut hoc etiam consummaretur quod ait, Et in siti mea potaverunt me aceto, Sitio, inquit. Tanquam hoc diceret, hoc minus fecistis, date quod estis. Judæi quippe ipsi erant acetum, degenerantes a vino patriarcharum et prophetarum, tanquam de pleno vase, de iniquitate mundi hujus impleto, cor habentes velut spongiam cavernosis quodam modo atque tortuosis latibulis fraudulentam. Hyssopum cui circumposuerunt spongiam aceto plenam, quoniam herba est humilis, et pectus purgat, ipsius Christi humilitatem congruenter accipimus, quam circumdederunt, et se circumvenisse putaverunt. Unde illud in Psalmo, Asperges me hyssopo, et mundabor; Christi namque humilitate mundamur, quia nisi humiliasset semetipsum factus obediens Patri usque ad mortem crucis, non utique sanguis ejus in peccatorum remissionem, hoc est in nostri mundationem, fuisset effusus. Per arundinem vero cui imposita est spongia, Scriptura significatur, quæ implebatur hoc facto. Sicut enim lingua dicitur vel Græca, vel Latina, vel alia quælibet sonum significans qui lingua promitur, sic arundo dici potest litera quæ arundine scribitur. Sed significantius sonos vocis humanæ usitatissime dicimus linguas: Scripturam vero arundinem dici, quo minus usitatum, eo magis est mystice figuratum.

Jesus autem emissa voce magna expiravit.] Quid hac voce magna dixerit Dominus, Lucas aperte designat, dicens, Pater, in manus tuas commendo spiritum meum. Et hæc (inquit) dicens expiravit. Quod vero scribit Joannes, Quia cum accepisset Jesus acetum dixit, Consummatum est, et inclinato capite tradidit spiritum; inter illud quod ait, Consummatum est, et illud, Et inclinato capite tradidit spiritum, emissa est illa vox magna quam tacuit Joannes, cæteri autem tres commemoraverunt.

Et velum templi scissum est in duo, &c.] Scinditur velum templi, ut arca testamenti et omnia legis sacramenta quæ tegebantur appareant, atque ad populum transeant nationum. Ante etenim dictum fuerat, Notus in Judæa Deus, in Israel magnum nomen est. Nunc autem, Exaltare super cœlos Deus, et super omnem terram (inquit) gloria tua. Et in evangelio prius dixit, In viam gentium ne abieritis. Post passionem vero suam, Euntes (inquit) docete omnes gentes.

Videns autem centurio, qui ex adverso stabat, quia sic clamans expirasset, &c.] Manifesta causa miraculi centurionis exponitur, quod videns Dominum sic expirasse, hoc est spiritum emisisse, dixerit, Vere homo hic Filius Dei ěrat. Nullus enim habet potestatem emittendi spiritum, nisi qui animarum conditor est. Et hoc considerandum est, quod centurio ante crucem in ipso scandalo passionis, vere Dei Filium confiteatur, et Arrius in ecclesia prædicet creaturam. Unde merito per centurionem fides ecclesiæ designatur, quæ velo mysteriorum cœlestium per mortem Domini reserato, continuo Jesum et vere justum hominem, et vere Dei Filium synagoga tacente confirmat.

Erant autem et mulieres de longe aspicientes, &c.] Et cum esset in Galilæa, sequebantur eum et ministrabant ei. Jacobum minorem dicit Jacobum Alphæi, qui et frater Domini dicebatur, eo quod esset filius Mariæ materteræ Domini, cujus in evangelio suo meminit Joannes dicens, Stabant autem juxta crucem Jesu, mater ejus, et soror matris ejus, Maria Cleophæ. Maria autem Cleophæ videtur eam dicere a patre, sive a cognatione. Vocabatur vero minor Jacobus ad distinctionem majoris Jacobi, videlicet filii Zebedæi, qui inter primos apostolos vocatus est et electus a Domino. Consuetudinis autem Judaicæ fuit, nec ducebatur in culpam more gentis antiquo, ut mulieris de substantia sua victum atque vestitum præceptoribus ministrarent: hoc quia scandalum facere poterat in nationibus, Paulus abjecisse se memorat: Nmquid non habemus potestatem sorores mulieres circumducendi, sicut et cæteri apostoli faciunt? Ministrabant autem Domino de substantia sua, ut meteret earum carnalia, cujus illæ metebant spiritualia. Non quo indigeret cibis Dominus creaturarum, sed ut typum ostenderet magistrorum, quod victu atque vestitu ex discipulis deberent esse contenti. Sed videamus quales comites habuerit.

Mariam scilicet Magdalenen, a qua septem dæmonia ejecerat, et Mariam Jacobi et Joseph matrem materteram suam, et alias quas in cæteris evangeliis legimus.

Et cum jam sero esset factum, quia erat parasceue, &c.] Decurio vocatur quod sit de ordine curiæ, et officium curiæ administret: qui etiam curialis, a procurando munera civilia solet appellari. Arimathia autem ipsa est Ramathaim civitas Elchanæ et Samuelis in regione Thamnitica juxta Diospolim; παρασκευὴ vero Græce, Latine præparatio dicitur. Quo nomine Judæi qui inter Græcos morabantur, sextam sabbati appellabant, eo quod in illo ea quæ requiei sabbati necessaria essent, præparare solerent. Juxta hoc quod de manna quondam præceptum est, Sexta autem die colligetis duplum, &c. Quia ergo sexta die factus est homo, et tota est mundi creatura perfecta, septima autem Conditor ab opere suo requievit, unde et hanc sabbatum, hoc est requiem, voluit appellari, recte Salvator eadem sexta die crucifixus, humanæ restaurationis implevit arcanum. Ideoque cum accepisset acetum dixit, Consummatum est: hoc est, sextæ diei quod pro mundi refectione suscepi, jam totum est opus expletum. Sabbato autem in sepulcro requiescens, resurrectionis quæ octava die ventura erat, expectabat eventum. Ubi nostræ simul devotionis ac beatæ retributionis prælucet exemplum, quos in hac quidem sexta seculi ætate pro Domino pati, et velut mundo necesse est crucifigi. In septima vero ætate, id est, cum lethi quis debitum solvit, corpora quidem in tumilis, animas autem secreta in pace cum Domino manere, et post bona oportet opera quiescere, donec octava tandem veniente ætate etiam corpora ipsa resurrectione glorificata cum animabus simul incorruptionem æternæ hæreditatis accipiant.

Venit (*inquit*) *Joseph ab Arimathia, nobilis decurio, &c.*] Magnæ quidem Joseph iste dignitatis ad seculum, sed majoris apud Deum meriti fuisse laudatur. Talem namque existere decebat eum qui corpus Domini sepeliret, qui et per justitiam meritorum tali ministerio dignus esset, et per nobilitatem potentiæ secularis facultatem posset obtinere ministrandi. Non enim quilibet ignotus aut mediocris ad præsidem accedere, et crucifixi corpus poterat impetrare.

Joseph autem mercatus est sindonem, et deponens eum involuit sindone.] Et ex simplici sepultura Domini, ambitio divitum condemnatur, qui ne in tumulis quidem possunt carere divitiis. Possumus autem juxta intelligentiam spiritualem hoc sentire, quod corpus Domini non auro, non gemmis, et serico, sed lintheamine puro obvolvendum sit; quanquam et hoc significet quod ille in sindone munda involvat Jesum, qui pura eum mente susceperit. Hinc ecclesiæ mos obtinuit ut sacrificium altaris non in serico, neque in panno tincto, sed in lino terreno celebretur, sicut corpus est Domini in sindone munda sepultum, juxta quod in gestis pontificalibus a beato papa Silvestro legimus esse statutum.

Et posuit eum in monumento quod erat excisum de petra, &c.] De monumento Domini ferunt qui nostra ætate de Hierosolymis Britanniam venere, quod domus fuerit rotunda de subjacente rupæ excisa tantæ altitudinis ut intro consistens homo vix manu extenta culmen possit attingere, quæ habet introitum ab oriente, cui lapis ille magnus advolutus atque impositus est. In cujus monumenti parte aquilonari sepulcrum ipsum, hoc est locus Dominici corporis, de eadem petra factus est septem habens pedes longitudinis, trium vero palmarum mensura cætero pavimento altius eminens. Qui videlicet locus non desuper sed a latere meridiano per totum patulus est, unde corpus inferebatur. Color autem ejusdem monumenti ac loculi rubicundo et albo dicitur esse permistus.

Maria autem Magdalene et Maria Joseph aspiciebant ubi poneretur.] In Luca legimus, quia stabant omnes noti ejus a longe, et mulieres quæ secutæ erant eum. His ergo notis Jesu post depositum ejus corpus ad sua remeantibus solæ mulieres quæ arctius amabant, funus subsecutæ, quo modo poneretur, inspicere curabant, ut ei tempore congruo munus possent devotionis offerre. Sed et hactenus sanctæ mulieres die parasceues, id est, præparationis, idem faciunt, cum animæ humiles, et quo majoris sibi consciæ fragilitatis, eo majori Salvatoris amore ferventes, passionis ejus vestigiis in hoc seculo, quo requies est præparanda futura, diligenter obsequuntur, et si forte valeant imitari pia curiositate, quo ordine sit eadem passio completa perpendunt.

IN CAP. XVI.

CAP. XLV. *Et cum transisset sabbatum, Maria Magdalene, et Maria Jacobi, et Salome, emerunt aromata, &c.*] In evangelio Lucæ scriptum est, quod revertentes a monumento paraverunt aromata et unguenta, et sabbato quidem siluerunt propter mandatum. Mandatum ergo legis erat, ut sabbati silentium a vespera usque ad vesperam servaretur: ideoque religiosæ mulieres sepulto Domino, quamdiu licebat operari, id est, usque ad solis occasum, in unguentis præparandis erant occupatæ, ut Lucas scribit. Et quia tunc præ angustia temporis opus explere nequibant, festinaverunt mox transacto sabbato, id est, occidente sole, ubi operandi licentia remeaverat, emere aromata, sicut Marcus refert, ut venientes mane ungerent corpus ejus. Neque enim vespere sabbati præoccupante jam noctis articulo monumentum adire valuerunt.

Et valde mane una sabbatorum veniunt ad monumentum, &c.] Prima sabbatorum prima dies est a die sabbatorum, id est, requietionum, quam nunc diem Dominicam propter resurrectionem Domini Salvatoris mos ecclesiasticus appellat. Id ipsum autem est cum una sabbati, sive una sabbatorum legimus, id est, una dies a sabbatorum die, hoc est, requietionum, quæ in sabbatis custodiebantur. Sanctæ autem mulieres quæ Dominum fuerant secutæ, cum aromatibus ad monumentum venerunt, et ei quem viventem dilexerant, etiam mortuo studio humanitatis obsequuntur. Et nos ergo in eum qui est mortuus credentes, si odore virtutum referti cum opinione bonorum operum Dominum quærimus, ad monumentum profecto illius cum aromatibus venimus. Quod autem valde mane mulieres venerunt ad monumentum orto jam sole, id est, cum jam cœlum ab orientis parte albesceret, quod non fit utique, nisi solis orientis vicinitate, juxta historiam quidem magnus quærendi et inveniendi Dominum fervor caritatis ostenditur. Juxta intellectum vero mysticum nobis datur exemplum illuminata facie, decussisque vitiorum tenebris, odorem bonorum operum Domino et orationum suavitatem offerre.

Et dicebant ad invicem, Quis revolvet nobis lapidem ab ostio monumenti? &c.] Quomodo lapis per angelum revolutus sit, Matthæus sufficienter exponit. Sed revolutio lapidis mystice, reserationem sacramentorum Christi, quæ velamine literæ legalis tegebantur, insinuat. Lex enim in lapide scripta est, cujus ablato tegmine, gloria resurrectionis ostensa, et abolitio mortis antiquæ, ac vita nobis speranda perpetua, toto cœpit orbe prædicari.

Et introeuntes in monumentum, viderunt juvenem sedentem in dextris, &c.] Introeuntes ab oriente in domum illam rotundam quæ in petra est excisa, viderunt angelum sedentem ad meridianam partem loci illius, ubi positum fuerat corpus Jesu, hoc enim erat in dextris. Quia nimirum corpus quod supinum jacens caput habebat ad occasum, dexteram necesse est habebat ad austrum. Scribit autem Matthæus, quod angelum qui revolvit lapidem ab ostio monumenti, primo viderunt super ipsum lapidem sedentem, qui eas intrare in locum ubi Dominus erat positus jusserit, et videre quod jam resurrexisset a mortuis. Scribit Lucas, quod intrantes in monumentum, duos angelos inibi stantes invenerint. Illæ ergo mulieres angelos vident quæ cum aromatibus venerunt, quia videlicet illæ mentes supernos cives aspiciunt, quæ cum virtutibus ad Deum per sancta desideria proficiscuntur. Notandum vero nobis est, quidnam sit quod in dextris sedere angelus cernitur: quid namque per sinistram nisi vita præsens: quid vero per dexteram nisi perpetua vita signatur? Unde scriptum est, Læva ejus sub capite meo, et dextera illius amplexabitur me. Sinistram namque Dei ecclesia, prosperitatem videlicet vitæ præsentis, quasi sub capite posuit, quam intentione summi amoris premit: dextera vero Dei eam amplectitur, quia sub æterna ejus beatitudine tota devotione continetur. Quia ergo Redemptor noster jam præsentis vitæ corruptionem transierat, recte angelus qui nuntiare perennem ejus vitam venerat, in dextera sedebat: qui stola candida compertus apparuit, quia festivitatis nostræ gaudia nuntiavit:

candor etenim vestis, splendorem nostræ denunciat festivitatis. Nostræ dicamus an suæ? Sed ut fateamur verius, et suæ dicamus et nostræ. Illa quippe Redemptoris nostri resurrectio, et nostra festivitas fuit, quia nos ad immortalitatem reduxit, et angelorum festivitas extitit, quia nos revocando ad cœlestia, eorum numerum implevit. In sua ergo ac nostra festivitate angelus in albis vestibus apparuit, quia dum nos per resurrectionem Dominicam ad superna reducimur, cœlestis patriæ damna reparantur. Sed jam qui venientes fœminas affatur audiamus.

Nolite expavescere, Jesum quæritis Nazarenum crucifixum, &c.] Ac si aperte dicat, Paveant illi qui non amant adventum supernorum civium. Pertimescant qui carnalibus desideriis pressi, ad eorum se societatem pertingere posse desperant. Vos autem cur pertimescitis quæ vestros concives videtis? Unde et Matthæus angelum apparuisse describens ait, Erat autem aspectus ejus sicut fulgur, et vestimenta ejus sicut nix. In fulgure etenim terror timoris est, in nive autem blandimentum candoris. Quia vero omnipotens Deus et terribilis est peccatoribus, et blandus justis, recte testis resurrectionis ejus angelus et in fulgure vultus, et in candore habitus demonstratur, ut de ipsa sua specie et terreret reprobos, et mulceret pios. Jesum quæritis Nazarenum. Jesus Latino eloquio salutaris, id est, Salvator interpretatur. At vero multi hoc nomine dici poterant tunc, non tamen substantialiter, sed nuncupative. Ideoque locus subjungitur: ut de quo Jesu dictum sit, manifestetur, Nazarenum: et causam protinus subdit, crucifixum, atque addidit, resurrexit, non est hic. Non est hic, dicitur per præsentiam carnis, qui tamen nusquam deerat per præsentiam majestatis.

Sed ite et dicite discipulis ejus et Petro, quia præ-

cedet vos in Galilæam.] Quærendum nobis est cur nominatis discipulis Petrus designatur ex nomine. Sed si hunc angelus nominatim non exprimeret, qui magistrum negaverat, venire inter discipulos non auderet. Vocatur ergo ex nomine, ne desperaret ex negatione. Qua in re considerandum nobis est, cur omnipotens Deus eum quem cunctæ ecclesiæ præferre disposuerat, ancillæ vocem pertimescere, et seipsum negare permisit. Quod nimirum magnæ actum pietatis dispensatione cognoscimus, ut is qui futurus erat pastor ecclesiæ, in sua culpa disceret qualiter aliis misereri debuisset. Prius itaque eum ostendit sibi, et tunc præposuit cæteris, ut ex sua infirmitate cognosceret quam misericorditer aliena infirma toleraret. Bene autem de Redemptore nostro dicitur, Præcedet vos in Galilæam, ibi eum videbitis, sicut dixi vobis. Galilæa namque transmigratio facta interpretatur. Jam quippe Redemptor noster a passione ad resurrectionem, a morte ad vitam, a pœna ad gloriam, a corruptione ad incorruptionem, transmigraverat. Et primum post resurrectionem in Galilæa a discipulis videtur, quia resurrectionis ejus gloriam post læti videbimus, si modo a vitiis ad virtutum celsitudinem transmigramus. Qui ergo in sepulcro nuntiatur, in transmigratione ostenditur, quia is qui in mortificatione carnis agnoscitur, in transmigratione mentis videtur.

At illæ exeuntes de monumento fugerunt, &c.] Merito movet quomodo Marcus scribat, Et nemini quicquam dixerunt. Quum dicat Lucas, Et regressæ a monumento nuntiaverunt hæc omnia illis undecim et cæteris omnibus. Similiter Matthæus, Et exierunt (inquit) cito de monumento cum timore et gaudio magno, currentes nuntiare discipulis ejus. Nisi intelligamus, ipsorum angelorum nemini ausas fuisse aliquid dicere, id est, respondere ad ea quæ ab illis audierant; aut certe custodibus quos jacentes viderunt. Nam illud gaudium quod Matthæus commemorat, non repugnat timori de quo Marcus dicit: debemus enim utrumque in illarum animo factum intelligere, etiamsi ipse Matthæus de timore non diceret.

Surgens autem Jesus mane prima sabbati apparuit primo Mariæ Magdalenæ.] Hæc apparitio Domini quomodo et ubi sit facta, Joannes plenissime docet: Surrexit autem Dominus mane de monumento, in quo sero jam facto erat depositus, ut adimpleretur illud Psalmistæ, Ad vesperum demorabitur fletus, et ad matutinum lætitia. Sepultus ergo sexta sabbati, quæ dicitur Parasceue, circa horam vespertinam, sequenti nocte ac die sabbati cum nocte subsequenti in monumento positus, sic die tertia, id est, mane surrexit prima sabbati. Non autem immerito uno die in sepulcro et duabus noctibus jacuit, quia videlicet lucem suæ simplæ mortis, tenebris duplæ nostræ mortis adjunxit. Ad nos quippe venit, qui in morte spiritus carnisque tenebramur. Unam ad nos suam, id est, carnis mortem detulit, et duas nostras quas reperit solvit. Si enim ipse utramque susciperet, nos a neutra liberaret. Sed unam misericorditer accepit, et juste utramque damnavit. Simplam suam duplæ nostræ contulit, et duplam nostram moriens subegit.

Apparuit, inquit, primo Mariæ Magdalenæ, &c.] Sicut in principio mulier auctrix culpæ viro fuit, vir executor erroris, ita nunc quæ prior mortem intulerat et gustaverat, resurrectionem prior vidit. Et ne perpetui reatus apud viros opprobrium sustineret, quæ culpam viro transfuderat, transfudit et gratiam. Unde recte et mulier hæc quæ viris lugentibus ac flentibus lætitiam Dominicæ resurrectionis prima nuntiavit, a septem dæmonibus curata esse memoratur, ut universis vitiis plena fuisse, sed ab his omnibus divino munere mundata esse signetur, et ubi abundavit peccatum, superabundasse gratia monstretur: septenarius namque numerus pro universitate solet mystice poni: quæ ergo a septem dæmonibus curata, hoc est, ab universis erat liberata sceleribus, prima resurgentem a mortuis Dominum vidit, ne quisquam digne pœnitens de admissorum venia desperaret, videns eam quæ tot ac tantis quondam erat subdita vitiis, in tantum culminis subito merito fidei ac dilectionis esse promotam, ut ipsis evangelistis atque apostolis Christi prima illa miraculum patratæ resurrectionis evangelizaret.

Et illi audientes quod viveret, &c.] Quia resurrectionem Dominicam discipuli tarde crediderunt, non tam illorum infirmitas quam nostra (ut ita dicam) futura firmitas fuit: ipsa namque resurrectio illis dubitantibus per multa argumenta monstrata est, quæ dum nos legentes agnoscimus, quid aliud quam de illorum dubitatione solidamur? Minus enim mihi Maria Magdalene præstitit, quæ citius credidit, quam Thomas qui diu dubitavit. Ille etenim dubitando vulnerum cicatrices tetigit, et de nostro pectore dubitationis vulnus amputavit.

Post hæc autem, duobus ex eis ambulantibus, ostensus est, &c.] Quomodo hoc factum sit, Lucas exponit latius. Quod autem dicit Marcus, Ostensus est in alia effigie, hoc apertius dicit Lucas, Quia oculi eorum tenebantur, ne eum agnoscerent donec cum illo venientes in castellum quo ibant, et ponentes ei mensam quasi peregrino, tandem cognoverunt eum in fractione panis: qui, sicut idem Lucas consequenter adjungit, surgentes eadem hora regressi sunt in Hierusalem. Et invenerunt congregatos undecim, et eos qui cum ipsis erant dicentes, quod surrexit Dominus vere, et apparuit Simoni. Et ipsi narrabant quæ gesta erant in via, et quomodo cognoverunt eum in fractione panis. Quod autem ait Marcus, annunciaverunt cæteris, nec illis crediderunt, cum Lucas dicat quod jam inde loquebantur, vere resurrexisse, et Simoni apparuisse, quid intelligendum est, nisi aliquos fuisse ibi qui hoc nollent credere? Cui autem non eluceat, prætermisisse Marcum quod Lucas narrando explicavit? Hoc est, quæ cum illis locutus fuerit Jesus antequam cognoscerent eum, et quomodo eum in fractione panis agnoverunt, quandoquidem mox ut dixit eis apparuisse in alia effigie euntibus in villam, continuo conjunxit. Et illi euntes nuntiaverunt cæteris, nec illis crediderunt? Quasi possent nuntiare quem non cognoverant, aut possent agnoscere quibus alia effigies ejus apparuerat. Quomodo ergo eum agnoverunt ut nuntiare possent, Marcus sine dubio prætermisit: quod ideo memoriæ commendandum est, ut adsuescamus advertere evangelistarum morem, ita prætermittentium quæ non commemorant, et conjungentium quæ commemorant, ut eis qui usum in hac consideratione non habent, non aliunde maxime error oriatur, quo putant eos non sibi congruere.

Novissime recumbentibus illis undecim apparuit, &c.] Quomodo novissime, quasi jam ultra eum non viderint? Novissimum quippe illud est, quo Dominum apostoli in terra viderunt, quando ascendit in cœlum, quod factum est quadragesimo die post ejus resurrectionem. Numquid nam tunc exprobraturus erat quod non credidissent eis qui eum viderant surrexisse, quando jam et ipsi post resurrectionem toties eum viderant? Illud ergo accipiamus: post multas demonstrationes ejus, quibus per dies quadraginta discipulis suis præsentatus est, eum etiam novissime recumbentibus illis undecim apparuisse, id est, ipso quadragesimo die. Et quoniam jam erat ab eis ascensurus in cœlum, hoc eis illo die maxime exprobrare voluisse, quia his qui viderant eum resurrexisse non crediderant antequam eum ipsi viderent, cum utique post ascensionem suam prædicantibus illis evangelium, gentes quæ non viderunt fuerant crediturae. Post illam quippe exprobrationem secutus, ait idem Marcus,

Et dixit eis, Euntes in mundum universum prædicate evangelium omni creaturæ, &c.] Hoc ergo prædicaturi, quoniam qui non crediderit condemnabitur, cum id utique non crediderit quod non vidit, nonne ipsi primitus fuerant objurgandi, quod antequam Dominum vidissent, non crediderint eis quibus Dominus apparuisset? Quod vero dixit eis, Euntes in mundum universum prædicate evangelium omni creaturæ, numquid sanctum evangelium vel insensatis rebus vel brutis animalibus fuerat prædicandum, ut de eo discipulis dicatur, Prædicate omni creaturæ? Sed omnis creaturæ nomine, potest omnis natio gentium designari. Ante etenim dictum fuerat, In viam gentium ne abieritis: nunc autem dicitur, Prædicate omni creaturæ, ut scilicet prius a Judæa apostolorum repulsa prædicatio, tunc nobis in adjutorium fieret, cum hanc illa ad damnationis suæ testimonium superba repulisset: Qui crediderit et baptizatus fuerit, salvus erit: qui vero non crediderit, condemnabitur. Fortasse unusquisque apud semetipsum dicat, Ego jam credidi, salvus ero. Verum dicit, si fidem operibus tenet. Vera etenim fides est, quæ in hoc quod verbis dicit, moribus non contradicit. Hinc est enim quod de quibusdam falsis fidelibus Paulus dicit, Qui confitentur se nosse Deum, factis autem negant. Hinc Joannes ait, Qui dicit se nosse Deum, et mandata ejus non custodit, mendax est. Cum autem dicatur, Qui vero non crediderit, condemnabitur, quid hic dicimus de parvulis qui per ætatem adhuc credere non valent? Nam de majoribus nulla quæstio est. In ecclesia ergo Salvatori per alios parvuli credunt, sicut ex aliis ea quæ illis in baptismo remittuntur peccata traxerunt.

Signa autem eos qui crediderint hæc sequentur. In nomine meo dæmonia ejicient, &c.] Numquid quia ista signa non facimus, minime credimus? Sed hæc necessaria in exordio ecclesiæ fuerunt: ut enim ad fidem cresceret, miraculis fuerat nutrienda. Quia et nos cum arbusta plantamus tamdiu eis aquam fundimus, quousque ea in terra convaluisse videamus. At si semel radicem fixerint, irrigatio cessabit. Hinc est enim quod Paulus dicit, Linguæ in signum sunt non fidelibus sed infidelibus. Annon habemus de his signis atque virtutibus quæ adhuc subtilius considerare debeamus? Sancta quippe ecclesia quotidie spiritualiter facit, quod tunc per apostolos corporaliter faciebat: nam sacerdotes ejus quum per exorcismi gratiam manus credentibus imponunt et habitare malignos spiritus in eorum mente contradicunt, quid aliud faciunt, nisi dæmonia ejiciunt? Et fideles quique qui jam vitæ veteris secularia verba derelinquunt, sancta autem mysteria insonant, Conditoris sui laudes et potentiam quantum prævalent narrant, quid aliud faciunt nisi novis linguis loquuntur? Qui dum bonis suis exhortationibus malitiam de alienis cordibus auferunt, serpentes tollunt. Et dum pestiferas suasiones audiunt, sed tamen ad operationem pravam minime pertrahuntur, mortiferum quidem est quod bibunt, sed non eos nocebit: qui quoties proximos suos in bono opere infirmari conspiciunt, dum eis tota virtute concurrunt, et exemplo suæ operationis illorum vitam roborant qui in propria actione titubant, quid aliud faciunt, nisi super ægros manus imponunt, ut bene habeant? Quæ nimirum miracula tanto majora sunt, quanto magis spiritualia. Tanto majora sunt, quanto per hæc non corpora sed animæ suscitantur.

Et Dominus quidem Jesus postquam locutus est eis, &c.] Considerandum nobis est quid est quod Marcus ait, Sedet a dextris Dei, et Stephanus dicit, Video cœlos apertos, et Filium hominis stantem a dextris Dei. Quid est quod Marcus hunc sedentem, Stephanus vero stantem se videre testatur? Sed scimus quia sedere indicantis est, stare vero pugnantis vel adjuvantis. Quia ergo Redemptor noster assumptus in cœlum et nunc omnia judicat, et ad extremum judex omnium veniet, hunc post assumptionem Marcus sedere describit, qui post ascensionis suæ gloriam judex in fine videbitur. Stephanus vero in laboris certamine positus, stantem vidit, quem adjutorem habuit: quia ut iste in terra persecutorum infidelitatem vinceret, pro illo de cœlo illius gratia pugnavit. Sequitur,

Illi autem profecti prædicaverunt ubique, Domino cooperante, &c.] Quid in his considerandum est, quid memoriæ commendandum, nisi quod præceptum obedientia, obedientiam vero signa secuta sunt? Inter quæ notandum, quod evangelium suum Marcus quanto tardius cæteris inchoavit, tanto in longiora scribendo tempora porrexit: nam neque de nativitate ipsius Domini aut præcursoris ejus, neque de infantia vel pueritia utriuslibet eorum aliqua commemorans, neque de nativitate Salvatoris altius scribens, excepto quod eum in capite evangelii sui Filium Dei nominat, ab initio evangelicæ prædicationis, quod per Joannem factum est, cœpit; et ad illud usque tempus narrando pervenit, quo apostoli idem evangelii verbum totum prædicando disseminavere per orbem. Restat sane quæstio non minima, quomodo scripserit idem evangelista, dixisse angelum mulieribus: Ite, dicite discipulis ejus et Petro, quia præcedit vos in Galilæam; ibi eum videbitis sicut dixit vobis: nec tamen ibi visum a discipulis Dominum in ullo post hæc evangelii sui loco retulerit. Et quidem Matthæus abisse discipulos dicit in Galilæam, ibique Dominum vidisse et adorasse, et præceptum ab eo accepisse eundi, docendi, baptizandi omnes gentes in nomine Patris, et Filii, et Spiritus Sancti. Attamen inspecta aliorum scriptura evangelistarum docet eum sæpius antea visum discipulis: maxime ipso die resurrectionis ejus in Hierosolymis, et in castello Emmaus. Quare ergo specialiter se in Galilæam præcessurum, et ibi a discipulis videndum prædixit: cum neque ibi solum neque ibi primum fuerit visus? Videamus ergo cujus mysterii gratia secundum Matthæum et Marcum resurgens ita mandaverit, Præcedam vos in Galilæam, ibi me videbitis. Quod etsi completum est, tamen post multa completum est, cum mandatum sic sit, (quanquam sine præjudicio necessitatus,) ut aut hoc solum, aut hoc primum expectaretur fieri debuisse. Proculdubio ergo quoniam vox est ista non evangelistæ narrantis quod ita factum sit, sed angeli ex mandato Domini et ipsius Domini, evangelistæ autem narrantis, sed ita ab angelo et a Domino dictum sit, prophetiæ dictum accipiendum est. Galilæa namque interpretatur vel transmigratio vel revelatio. Prius itaque secundum transmigrationes significationem, quid aliud occurrit intelligendum, Præcedet vos in Galilæam, ibi eum videbitis, sicut dixi vobis, nisi quia Christi gratia de populo Israel transmigratura erat ad gentes, quibus apostoli prædicantes evangelium nullo modo crederentur, nisi eis ipse Dominus viam in cordibus hominum præpararet? Et hoc intelligimus, Præcedet vos in Galilæam. Quod autem gaudentes mirantur, disruptis et evictis difficultatibus aperiri sibi ostium in Domino per illuminationem fidelium, hoc intelligitur. Ibi eum videbitis, id est, ibi membra ejus invenietis. Ibi vivum corpus ejus in eis qui vos susceperint, agnoscetis. Secundum illud autem quod Galilæa interpretatur revelatio, non jam in forma servi intelligendum est, sed in illa in qua æqualis est Patri, quam promisit apud Joannem dilectoribus suis cum diceret, Ego diligam eum, et ostendam illi meipsum. Non utique secundum id quod jam videbant, et quod etiam resurgens cum cicatricibus non solum videndum, sed etiam tangendum postmodum ostendit: sed secundum illam ineffabilem lucem, qua illuminat omnem hominem venientem in hunc mundum: secundum quam lucet in tenebris, et tenebræ eum non comprehenderunt. Illuc nos præcessit, unde ad nos veniens non recessit, et quo nos præcedens non deseruit. Illa erit revelatio, tanquam vera Galilæa cum similes ei erimus, ibi eum videbimus sicuti est. Ipsa erit etiam beatior transmigratio ex isto seculo in illam æternitatem, si ejus præcepta sic amplectamur ut ad ejus dexteram aggregari mereamur. Tunc enim ibunt sinistri in combustionem æternam, justi autem in vitam æternam. Hinc illuc transmigrabunt, et ibi eum videbunt quomodo non vident impii. Tolletur enim impius ne videat claritatem Domini, et impii lumen non videbunt. Hæc est autem vita æterna, ut cognoscant te unum verum Deum, et quem misisti Jesum Christum, sicut in illa æternitate cognoscitur, quo suos perducet per formam servi, ut eum liberi contemplentur per formam Domini.

IN

LUCÆ EVANGELIUM

EXPOSITIO.

EPISTOLA ADHORTATORIA ACCÆ EPISCOPI AD BEDAM PRESBYTERUM.

REVERENDISSIMO in Christo fratri, et consacerdoti Bedæ presbytero Acca, perpetuam in Domino salutem. Sæpe quidem tuæ sanctæ fraternitati et absens scribendo, et colloquendo præsens suggessi, ut post expositionem Actuum Apostolorum, in evangelium quoque Lucæ scribere digneris. Quod ipse hactenus verecunda excusatione differre, quam facere maluisti, attestando te duas maxime ob causas a tentando hoc opere deterritum. Quia videlicet et ipsum opus arduum, et a sanctissimo ac doctissimo antistite Ambrosio sit præoccupatum. Nec te negotium vires tuas excedens suscipere ausum, immo nec opus fore ab ullo repeti, quod a summo ingenio constaret optime completum, et esse laboris superflui post fortissima tanti viri dicta, vel eadem aliter quasi compilatorem dicere, vel quasi minus doctum infirmiora velle subjicere. Teque multum timere, ne in reprehensionem studii veterum nova condere puteris, dicaturque tibi illud antiqui proverbii,

In mare quid pisces, quid aquas in flumina mittas?
Larga sed indignis munera funde locis.

Sed huic objectioni tuæ breviter respondeo, quia juxta Comicum, Nihil sit dictum quod non sit dictum prius: et quod caritas omnia sustinet, nec sanctis unquam moris fuerit invicem invidere, invicem provocare, sed unumquemque in ornanda domo Domini pro viribus suis obtulisse quod potuerit. Neque enim vel beatus papa Gregorius timuit, ne offenderet patres a quibus tot expositas evangelii lectiones in suis ipse retractavit homiliis, vel Augustinus, aut quilibet alius, patrum antecedentium tractatorum intuitu, ne aut Psalmos aut alia quæ rogabatur exponeret, aut quæcunque sibi videbantur, scriberet, manum metuendo retraxit. Quinetiam (ut idem Augustinus ait) ideo necesse est plures a pluribus fieri libros diverso stylo, sed non diversa fide, etiam de quæstionibus eisdem, ut ad plurimos res ipsa perveniat, ad alios sic, ad alios autem sic.

Sunt autem quædam in expositione beati Ambrosii in Lucam tam diserta simul et excelsa, (quod tuam quoque sanctitatem vidisse non ambigo,) ut a doctoribus solum intelligi queant, a rudibus vero fastidiosisve lectoribus (quales in præsenti ævo plures invenies) præ difficultate vel adsequendi quæ diserta sunt, vel capiendi quæ alta, ne quærenda quidem quasi se celsiora, nec quasi se fortiora putentur esse scrutanda. Nec parum dedit judicii doctissimus pater Augustinus, qui ad Paulinam Dei famulam de videndo Deo scribens, non aliis magis quam ex hoc opusculo sumptis beati Ambrosii testimoniis utendum putavit, et ea pariter non solum ponenda simpliciter, sed etiam exponenda judicavit, adeo ut ex paucissimis memorati tractatoris sententiolis non parvum volumen retractando confecerit. Quod ideo commemorandum putavi, ut et tua sancta fraternitas et legentes simul agnoscerent. Volo enim completo a te per Dei auxilium opere quod postulo, hanc simul epistolam in capite præponi, te non ob aliam quam condescensionis fraternæ gratiam in Lucam scribere rogatum, ut qui ob teneritudinem ingenii sublimia vel difficilia intellectu capere nequeant, hæc simpliciori stylo exposita facilius apprehendant. Ergo age, dilectissime, memorato operi sedulus insiste, beatum Lucam luculento sermone expone. Et quia sanctus Ambrosius quædam indiscussa præteriit, quæ illi quasi summæ eruditionis viro plana nec quæsitu digna videbantur, hæc quoque perspectis aliorum patrum opusculis diligentius vel tuis vel eorum dictis explanare curato. Credo etiam tuo vigilantissimo studio, qui in lege Dei meditanda dies noctesque ducis pervigiles, nonnullis in locis quæ ab eis intermissa sunt, quid sentiri debeat, auctor lucis aperiet. Justum namque satis est, et supernæ pietatis atque æquitatis moderamini conveniens, ut qui neglectis ad integrum mundi negotiis æternum verumque sapientiæ lumen indefessa mente persequeris, et hic fructum intelligentiæ purioris adsequaris: et in futuro ipsum, in quo sunt omnes thesauri sapientiæ et scientiæ absconditi, Regem in decore suo, mundo corde contempleris. Intimandum sane tuæ sanctitati credidi, quod movet quosdam quare in expositione Apocalypsis ubi ad quatuor animalia ventum est, nova interpretatione Matthæum in leone, Marcum in homine designatum dixeris. Cum nonnulli contra, Matthæum homini, quia quasi de homine scribere incipiat, Marcum leoni, in quo vox in deserto rugientis audiatur, adsignent. Rogoque in hoc opere plenius quid tibi de his verius videatur insinues. Memorem nostri tuam sanctam fraternitatem, Deus dilectionis et pacis conservare et ad consideranda suæ legis mirabilia semper illustrare dignetur.

DOMINO BEATISSIMO ET NIMIUM DESIDERANTISSIMO ACCÆ EPISCOPO BEDA HUMILIS PRESBYTER, IN DOMINO ÆTERNO SALUTEM!

MIRA vere est, et vera mire, doctoris egregii sententia: Quia caritas omnia credit, omnia sperat. Datis namque ad me epistolis ut aliqua tibi scribam rogare te dicis, et inter rogandum, necdumque meæ consensionis accepto responso, quæsitis adhuc opusculis quasi jam acquisitis ac perfecte consummatis præfationis signaculum condis. Nondum fundamine jacto, non adlata saltem materia, ipse quasi completo jam tanti laboris ædificio, claves quibus introitus muniatur dirigis, ut pudeat non cito subire opus quod cito subeundum, citius explendum fides amica præsumat. Non hæc certe alia quam indubitata mutui fiducia facit amoris, quæ de amico pectore (ut dictum est) omnia duntaxat quæ fieri possunt credit, omnia sperat. Unde et ego mox lectis tuæ dulcissimæ sanctitatis paginulis injuncti me operis labori supposui, in quo (ut innumera monasticæ servitutis retinacula prætercam) ipse mihi dictator simul notarius et librarius existerem. Aggregatisque hincinde quasi insignissimis ac dignissimis tanti muneris artificibus, opusculis patrum, quid beatus Ambrosius, quid Augustinus, quid denique Gregorius vigilantissimus (juxta suum nomen) nostræ gentis apostolus, quid Hieronymus sacræ interpres historiæ, quid cæteri patres in beati Lucæ verbis senserint, quid dixerint, diligentius inspicere sategi: mandatumque continuo schedulis ut jussisti, vel ipsis eorum syllabis, vel certe meis breviandi causa sermonibus, ut videbatur edidi: quorum quia operosum erat vocabula interserere per singula, et quid a quo auctore sit dictum nominatim ostendere, commodum duxi eminus e latere primas nominum literas imprimere, perque has viritim ubi cujusque patrum incipiat, ubi sermo quem transtuli desinat, intimare, sollicitus per omnia, ne majorum dicta furari, et hæc quasi mea propria componere dicar. Multumque obsecro, et per Dominum legentes obtestor, ut si qui forte nostra hæc qualiacunque sunt opuscula transcriptione digna duxerint, memorata quoque nominum signa, ut in nostro exemplari reperiunt, adfigere meminerint. Nonnulla etiam quæ (ut verbis tuæ sanctitatis loquar) mihi auctor lucis aperuit, proprii sudoris indicia ubi opportunum videbatur adnexui. Qui in legis divinæ meditatione etsi non (ut ipse scripsisti) dies noctesque pervigiles ducere sufficio, non parum tamen studii me in scripturis impendisse non dubito, et ea solum quæ mihi Auctor lucis aperire dignatus est, non in hoc tantum opusculo, sed in omni prorsus lectione potuisse videre, id est, recte sentiendo dignoscere. Quod vero ais movere quosdam quare in Apocalypsi nova interpretatione Matthæum leoni, Marcum homini adsignarim, intueri debuerant quicunque illi sunt quos hoc movet, quod non hoc mea nova, sed antiqua patrum explanatione traditum dixi. Neque enim mihi a meipso ita visum, sed ita a beato Augustino expositum fuisse memoravi, et paucis etiam unde hoc adfirmaret adjunxi. Cujus non ab re est si ipsa quoque verba ponentes, quid de evangelistis vel typis eorum animalibus senserit ostendamus, quibus et illud nostrum opus ab injusta vituperatione salvetur, et hoc præposita tanti doctoris auctoritate firmetur. Cum ergo multa pulchre et eximie de evangelistis in libro de consensu eorum primo præmisisset, jungit inter cætera dicens, Et quamvis singuli suum quendam narrandi ordinem tenuisse videantur, non tamen unusquisque eorum velut alterius præcedentis ignarus volvisse scribere reperitur, vel ignorata prætermisisse quæ scripsisse alius invenitur, sed sicut unicuique inspiratum est, non superfluam cooperationem sui laboris adjunxit. Nam Matthæus suscepisse intelligitur incarnationem Domini secundum stirpem regiam, et pleraque secundum hominum præsentem vitam facta et dicta ejus. Marcus enim subsecutus tanquam pedissequus et breviator ejus videtur. Cum solo quippe Joanne nihil dixit, solus ipse perpauca, cum solo Luca pauciora, cum Matthæo vero plurima, et multa pene totidem atque ipse verbis sive cum solo sive cum cæteris consonante. Lucas autem circa sacerdotalem Domini stirpem atque personam magis occupatus apparet. Nam et ad ipsum David non regium stemma secutus ascendit, sed per eos qui reges non fuerunt, exit ad Nathan filium David, qui nec ipse rex fuit. Non sicut Matthæus, qui per Salomonem regem descendens cæteros etiam reges ex ordine persecutus est, servans in eis (de quo postea loquimur) mysticum numerum. Dominus enim Jesus Christus, unus verus rex et unus verus sacerdos, illud ad regendos nos, hoc ad expiandos, has duas personas apud Patres singillatim commendatas suam figuram egisse declaravit. Et paulo post, Secundum hominem quippe Christus (inquit) et rex et sacerdos effectus est. Cui dedit Deus sedem David patris sui, ut regni ejus non esset finis, et esset ad interpellandum pro nobis Mediator Dei et hominum homo Christus Jesus. Non autem habuit tanquam breviatorem conjunctum Lucas, sicut Marcum Matthæus, et hoc forte non sine aliquo sacramento, quia regum est non esse sine comitum obsequio. Unde ille qui regiam personam Christi narrandam susceperat, habuit sibi tanquam comitem adjunctum qui sua vestigia quodammodo sequeretur, sacerdos autem quoniam in sancta sanctorum solus intrabat, propterea Lucas (cujus circa sacerdotium Christi erat intentio) non habuit tanquam socium subsequentem, qui suam narrationem quodammodo breviaret. Tres tamen isti evangelistæ in his rebus maxime diversati sunt, quas Christus per humanam carnem temporaliter gessit. Porro autem Joannes ipsam maxime divinitatem Domini qua Patri est æqualis, intendit, eamque præcipue suo evangelio quantum inter homines sufficere credidit, commendare curavit. Itaque longe a tribus istis superius fertur, ita ut hos videas quodammodo in terra cum Christo homine conversari, illum autem transcendisse nebulam qua tegitur omnis terra, et pervenisse ad liquidum cœlum, unde acie mentis acutissima atque firmissima videret in principio Verbum Domini apud Deum, per quod facta sunt omnia, et ipsum agnosceret carnem factum ut habitaret in nobis. Item post aliquanta: Unde mihi videntur, inquit, qui ex Apocalypsi illa quatuor animalia ad intelligendos quatuor evangelistas interpretati sunt, probabilius aliquid attendisse illi qui leonem in Matthæo, hominem in Marco, vitulum in Luca, aquilam in Joanne intellexerunt, quam illi qui hominem Matthæo, aquilam Marco, leonem Joanni tribuerunt. De principiis enim librorum quandam conjecturam capere voluerunt, non de tota intentione evangelistarum, quæ magis fuerat perscrutanda. Multo enim congruentius ille qui regiam Christi personam maxime commendavit, per leonem significatus accipitur. Unde et in Apocalypsi cum ipsa tribu regia leo commemoratus est, ubi dictum est: Vicit Leo de tribu Juda. Secundum Matthæum enim et magi narrantur venisse ab oriente ad regem quærendum, et adorandum, qui eis per stellam natus apparuit, et ipse rex Herodes regem Christum formidat infantem, atque ut eum possit occidere, tot parvulos necat. Quod autem per vitulum Lucas significatus sit propter maximam victimam sacerdotis, neutri dubitaverunt. Ibi enim a sacerdote Zacharia incipit sermo narrantis. Ibi cognatio Mariæ et Elisabet commemoratur. Ibi sacramenta primi sacerdotii in infante Christo impleta narrantur. Et quæcunque alia possunt diligenter adverti, quibus appareat Lucas intentionem circa personam sacerdotis habuisse. Marcus vero qui neque stirpem regiam neque sacerdotalem vel cognationem vel consecrationem narrare voluit, et tamen in eis versatus ostenditur quæ homo Christus operatus est, tantum hominis figuram in illis quatuor animalibus significasse videtur. Hæc autem animalia tria sive leo sive homo sive vitulus in terra gradiuntur. Unde isti tres evangelistæ in his maxime occupati sunt, quæ Christus in carne operatus est, et quæ præcepta mortalis vitæ exercendæ carnem portantibus tradidit. At vero Joannes supra nubila infirmitatis humanæ velut aquila volat, et lucem incommutabilis veritatis acutissimis atque firmissimis oculis cordis intuetur. Hæc beati Augustini pauca de pluribus excerpta testimonia ad repellendam querulorum calumniam epistolæ præfationis inserui, quæ et prisco nostro operi (ut dictum est) tutelam defensionis exhibeant, et præsenti signaculum non ignobile præfigant. Orantem pro nobis sanctam paternitatem vestram gratia superni adjutoris conservare atque ad defensionem ecclesiæ suæ sanctæ semper corroborare dignetur.

LIBER PRIMUS.

Beatus evangelista Lucas de omnibus quæ cœpit Jesus facere et docere usque in diem qua assumptus est sermonem facturus, primo eorum qui falsa de illo scripsere redarguere curavit audaciam. Lectorem videlicet tacite admonens, ut non solum quæ prædicat ipse sequenda, verum quæ aliter sonuerint, noverit penitus esse detestanda. Et ne errorum forte infirmis oriretur occasio, superflua passim scribentium lectionem prorsus aversandam. Neque enim de omnibus generaliter, sed de quibusdam speciali fidei vel scientiæ virtute præditis dici potuit, Et si mortiferum quid biberint, non eos nocebit. Sic ergo incipit Lucas.

IN CAP. I.

Cap. i. *Quoniam quidem multi conati sunt, &c.*] Quo manifestissime procemio significat eam sibi maxime causam evangelii fuisse scribendi, ne pseudoevangelistis facultas esset falsa prædicandi, qui, ut eorum hodieque monumenta testantur, sub nomine apostolorum perfidiæ conati sunt inducere sectas. Denique nonnulli Thomæ, alii Bartholomæi, quidam Matthiæ, aliqui etiam duodecim apostolorum titulo reperiuntur falso sua scripta prænotasse: sed et Basilides atque Apelles, quorum unus trecentos sexaginta quinque cœlos, alter duos invicem contrarios deos inter alia nefanda dogmatizabant, evangelia sui nominis errore fœda reliquisse. Inter quæ notandum, quod dicitur evangelium juxta Hebræos, non inter apocryphas, sed inter ecclesiasticas numerandum historias: nam et ipsi Sacræ Scripturæ interpreti Hieronymo pleraque ex eo testimonia usurpare, et ipsum in Latinum Græcumque visum est transferre sermonem. Falsa vero evangelia, Lucas prima mox præfatione refellit: quoniam quidem multi (inquit) conati sunt ordinare narrationem: multos videlicet eos non tam numerositate, quam hæreseos multifariæ diversitate connumerans, qui non Spiritus Sancti munere donati, sed vacuo labore conati magis ordinarint narrationem, quam historiæ texerint veritatem, ideoque aliis complendum opus in quo frustra sudavere reliquerint. Illis nimirum, qui cum sint quatuor, non tam quatuor evangelia, quam unum quatuor librorum varietate pulcherrima consonum ediderunt. Ediderunt enim sicut tradiderunt illis qui ab initio ipsi viderunt, et ministri fuerunt sermonis. Qua sententia non soli Lucas et Marcus, qui præsentem in carne Dominum non viderant, atque ideo quæ scriberent auditu discere debebant, verum Matthæus quoque et Joannes apostoli sunt designati: et ipsi enim in multis quæ scriberent ab iis qui infantiam, pueritiam, genealogiamque ejus scire et gestis interesse potuerant, audire opus habebant. Quod autem visum etiam sibi scribere dicit, non quasi a se sibi visum, sed Spiritu Sancto instigante, sibi quoque visum significat. Juxta quod in epistola sua dicunt apostoli, Visum est enim Spiritui Sancto et nobis: cujus nimirum gratia geritur, ut id quod bonum est, nobis etiam bonum videatur. Et assecutum quidem se non pauca dicit, sed omnia. Verum assecuto omnia visum est scribere non omnia, sed de omnibus quæ ad fidem legentium confirmandam crederet idonea, quia nec ipse mundus, si scriberentur, caperet omnia. Unde etiam consulto nonnulla quæ ab aliis sunt dicta præteriit, ut multifaria in evangelio gratia refulgeret, et propriis quibusdam singuli libri mysteriorum gestorumque miraculis eminerent. Theophilus interpretatur amans Deum, vel amatus a Deo. Quisquis ergo amat Deum, sive a Deo se desiderat amari, ad se scriptum putet evangelium, et ut sibi datum munus, sibique commendatum pignus conservet. Ne videlicet acceptam verbi pecuniam, vel tinea dilacerationis hæreticæ, vel sordidæ cupiditatis ærugo devastet: non autem novorum quorumlibet eidem Theophilo et velut ignotorum ratio pandenda, sed eorum de quibus eruditus est verborum promittitur veritas exprimenda: scilicet ut quo quid ordine de Domino vel a Domino gestum dictumve sit, agnoscere queat. Neque enim qui perfectus esse cupit, solummodo in Christum credere, sed et fidem perpetuæ divinitatis, et temporaneæ dispensationis illis debet ordinem nosse.

CAP. II. *Fuit in diebus Herodis regis Judææ sacerdos quidem nomine Zacharias, &c.*] Sacrosancta præcursoris Domini nobilitas non solum a parentibus, sed etiam a progenitoribus gloriosa descendit, quatenus adventus illius fidem non subita inspiratione conceptam, verum avita magis propagatione susceptam liberius prædicaret. Et quoniam quidem Aaron primi in lege pontificis cunctis est nota dignitas, dicendum paucis de Abia. Cum David rex et propheta magna devotione peteret, ut inveniret tabernaculum Deo Jacob, Dominus autem magis hoc a Salomone fieri decerneret, atque ideo David eidem Salomoni omnia quæ ad impensas domus pertinebant præpararet, ipsius quoque domus per singula mensuras, et descriptionem daret, ut crescente extrinsecus statu culturæ, etiam devotionis interius culmen augesceret, divisionem nihilominus sacerdotalium Leviticorumque graduum in omnia opera domus Domini distribuit. Erant enim principes sanctuarii, et principes Dei, id est, summi sacerdotes, tam de filiis Eleazar quam de filiis Ithamar: quorum vices secundum ministeria sua, ut ingrederentur domum Dei, viginti quatuor sortibus distinxit, in quibus Abia familiam, de qua Zacharias ortus est, sors contigit octava. Divisit enim utrasque inter se familias sortibus, unam domum quæ cæteris præerat, Eleazar, et alteram domum quæ sub se habebat cæteros, Ithamar. Lege verba dierum, sed et Antiquitatum Josephi librum septimum, ubi statutum refert, ut utraque generatio juxta ordinem sortitionis ministraret Deo per dies octo a sabbato usque ad sabbatum. Ubi etiam de tribu Levitarum viginti quatuor partes factas asserit, ut ipsi quoque eodem modo sortiti, juxta morem sacerdotum, octonis diebus ministrarent. Non autem frustra primus novi testamenti præco in octavæ sortis vice nascitur, quia sicut septenario sæpe numero propter sabbatum vetus testamentum, sic novum aliquotiens octonario propter sacramentum vel Dominicæ vel nostræ resurrectionis exprimitur. Unde quia non aliter quam per observantiam utriusque testamenti regni cœlestis aula penetratur, recte et in templo Salomonis mysticus quindecim graduum ascensus fuisse narratur. Et is qui ad Dominum in tribulatione clamans exauditur, totidem graduum psalmis ad superna perducitur, quo tandem in atriis domus Dei positus, audire possit, Benedicat te Dominus ex Sion. Tempus quoque Herodis alienigenæ videlicet regis etiam ipsum Dominico attestatur adventui. Prædictum namque fuerat, quia non deficiet princeps ex Juda, neque dux de femoribus ejus, donec veniat qui mittendus est: ex quo enim patres Ægypto exierunt, suæ gentis judicibus usque ad Samuel prophetam, ac deinde regibus usque ad transmigrationem Babyloniæ regebantur. Post reditum vero de Babylone, per pontifices rerum summa gerebatur, usque ad Hyrcanum regem simul et pontificem, quo fratris invidia multis calamitatibus vexato, et ad ultimum ab Herode (cujus patrem ipse de ignobili advena, hoc est genere Idumæo, sublimem fecerat et civem) vi fraudis interempto, Judææ regnum ipsi Herodi jussu Cæsaris Augusti traditur gubernandum: cujus tricesimo primo anno, juxta prophetiam supradictam, qui mittendus erat, advenit.

Erant autem justi ambo ante Deum, &c.] Bene justi ante Deum. Non enim omnis qui justus ante hominem, justus est ante Deum. Aliter vident homines, aliter videt Deus: homines in facie, Deus in corde: et ideo fieri potest ut aliquis, affectata bonitate populari, justus videatur mihi, justus autem ante Deum non sit, si justitia non ex mentis simplicitate formetur, sed adulatione simuletur. Beatus autem ille qui in conspectu Dei justus est. Beatus ille de quo Dominus dignatur dicere, Ecce vere Israelita, in quo dolus non est. Verus enim Israelita qui Deum videt, et videri se novit a Domino, et ipsi exhibet occulta cordis.

Incedentes (inquit) in omnibus mandatis, &c.] Prius mandatum, secunda est justificatio. Cum enim mandatis cœlestibus obedimus, in mandatis incedimus Domini. Cum judicamus, et congrue judicamus, tenere Domini justificationes videmur. Plena igitur laudatio, quæ genus, mores, officium, factum, judicium comprehendit. Genus in majoribus, mores in æquitate, officium in sacerdotio, factum in mandato, in justificatione judicium: quodque addidit, Sine querela, hoc est, quod apostolus ait, Providentes bona, non tantum coram Deo, sed etiam coram hominibus. Et Ecclesiastes, Ne sis (inquit) multum justus. Quia plerumque justitia durior hominum querelam provocat. Quæ vero temperata est, ipsa suæ dulcedinis gratia etiam invidiæ querimoniam vitat.

Et non erat illis filius, eo quod esset Elizabeth sterilis, &c.] Divinitus est procuratum ut provectæ ætatis diuque conjugii fructu privatis Joannes parentibus nasceretur, quatenus inopinato prolis ortu et ipsos donum gratius afficeret, et cæteros miraculi stupor futuri prophetæ pararet auditui. Denique posuerunt omnes qui audierant in corde suo dicentes, Quid putas puer iste erit?

Factum est autem cum sacerdotio fungeretur in ordine vicis suæ, &c.] Per Moysen quidem Dominus unum constituit summum sacerdotem, cui mortuo unum per ordinem succedere jussit, et hoc ad David usque tempora servatum est, a quo plures fieri (ut diximus) Domino nihilominus agente decretum est, qui vicissim ministrantes, tempore vicis suæ singuli castimoniæ studerent, domumque suam omnino non tangerent. Unde nunc Zacharias in ordine vicis suæ sacerdotio functus asseveratur.

Sorte exiit ut incensum poneret ingressus in templum Domini, &c.] Non nova nunc sorte lectus est, cum incensum esset adolendum, sed prisca tunc sorte prælectus, cum primo ex ordine sui pontificatus in vicem Abia succederet. Incensum autem in sancta sanctorum a pontifice deferri, expectante extra templum omni populo, decima die septimi mensis est jussum: et hanc diem expiationis, sive propitiationis vocari, quæ apud nos ob varium lunæ discursum a qua menses computant Hebræi, modo in Septembrem mensem, modo incidit in Octobrem: quia scilicet mensis quo Pascha geritur, et ordine conditionis, et edicto legis anni principium tenet, dicente Domino ad Moysen, Mensis iste vobis principium mensium, primus erit in mensibus anni. Decima die mensis hujus, tollat unusquisque agnum, &c. Hujus autem diei apostolus ad Hebræos scribens, ita meminit: In prius quidem tabernaculum semper introibant sacerdotes sacrificiorum officia consummantes, in secundum autem semel in anno solus pontifex non sine sanguine quem offert, &c. quibus diei hujus mysterium pandens Jesum ostendit pontificem esse verum, qui consummatis officii sui diebus, hoc est, impleta dispensatione carnis in sanguine proprio, cœli secreta subiit, ut propitium nobis faceret Patrem, et interpellaret pro peccatis eorum qui adhuc præ foribus orantes expectant, et diligunt adventum ejus. Pulchre igitur ea die descensio ejus per angelum nunciatur, qua ejus per legem ascensio figurabatur. Quia qui descendit, ipse est et qui ascendit: et ut Psalmus ait, A summo cœlo egressio ejus, et occursus ejus usque ad summum ejus. Apparuit autem illi angelus stans a dextris altaris incensi. Bene angelus et in templo et juxta altare et a dextris apparet: quia videlicet et veri sacerdotis adventum, et mysterium sacrificii universalis, et cœlestis doni gaudium prædicat: nam sicut per sinistram præsentia, sic per dexteram sæpe bona prænuntiantur æterna. Juxta quod in sapientiæ laude canitur, Longitudo dierum in dextera ejus; in sinistra illius divitiæ et gloria.

Et Zacharias turbatus est, videns, &c.] Trementem Zachariam confortat angelus; quia sicut humanæ fragilitatis est spiritualis creaturæ visione turbari, ita et angelicæ benignitatis est paventes de aspectu suo mortales mox blandiendo solari. At contra dæmonicæ est ferocitatis, quos sui præsentia territos senserit ampliori semper horrore concutere, quæ nulla melius ratione quam fide superatur intrepida.

Et uxor tua Elizabeth pariet tibi filium, &c.] Deprecationem dicens, exauditam, partum continuo promittit uxoris. Non quod ille qui pro populo oblaturus intraverat, relictis publicis votis pro accipiendis filiis orare potuerit, præsertim quia nemo orat quod se accepturum desperat. Adeo autem ille jam suæ ætatis et infœcundæ conjugis memor nasci sibi filios desperabat, ut nec angelo hoc promittenti crederet: sed quod dicit, Exaudita est deprecatio tua, pro populi redemptione significat: quod vero adjungit, Et uxor tua pariet tibi filium; ejusdem redemptionis ordinem pandit, quod videlicet natus Zachariæ filius Redemptori illius populi præconando sit iter facturus. Singularis autem meriti indicium datur, quoties hominibus a Deo vel imponitur nomen vel mutatur. Sic Abram, quia pater multarum gentium erat futurus, Abraham est vocatus. Sic Jacob, quia Deum vidit, Israel appellari meruit. Sic Josias rex ob eximiæ virtutis culmen, nominatus a Deo est multo antequam natus. Joannes ergo interpretatur in quo est gratia, vel Domini gratia. Quo nomine declaratur primo parentibus ejus gratiam, quibus decrepitis filius nasceretur, esse donatam: deinde ipsi Joanni, qui magnus coram Domino futurus, et adhuc ex utero matris Spiritus Sancti sit munere ditandus: postremo etiam filiis Israel, quos ad Dominum Deum ipsorum erat conversurus.

Et erit gaudium tibi et exultatio, &c.] Merito gaudet pater quod vel in senecta natum vel talis gratiæ acceperit filium: gaudent et alii, quibus inauditum eatenus regni cœlestis evangelizarit ingressum. Et notandum quod nato præcursore multi gaudent, nato autem Domino adnuntiat angelus gaudium magnum quod erit omni populo. Quia videlicet hic salutem multis prædicare, ille omnibus qui velint advenit donare.

Erit enim magnus coram Domino, &c.] Magnæ coram Domino virtutis est prædicantem in deserto cœlestia gaudia terrenas ex integro sprevisse delicias: sed et hoc coram Domino magnum eminet, quamvis hominibus videatur esse despectum, quod is cui in natis mulierum major nemo est, lascivientis ob ludum puellæ capite truncatus est: cujus ordinem magnitudinis ipse qui proposuit angelus subsequenter exponens, Et vinum, inquit, et siceram non bibet.

Sicera interpretatur ebrietas, quo vocabulo Hebræi omne quod inebriare potest poculum, sive de pomis, sive de frugibus, seu de qualibet alia materia confectum significant. Proprium vero in lege Nazarenorum erat vino et sicera tempore consecrationis abstinere. Unde Joannes, Sampson, et Hieremias, cæterique tales, ut semper Nazareni, id est, sancti manere possint, semper his abstinere satagunt. Decet enim vas cœlesti gratiæ mancipatum, a seculi inlecebris castigari, nec vino, in quo est luxuria, inebriari eum qui musto Spiritus Sancti desiderat impleri. Unde recte cui vini ebrietas tollitur, Spiritus gratia cumulatur. Qua se tunc (ut prædictum erat) ipse repletum monstravit, cum intrante beata Maria, in utero genitricis exultavit, et præcursionis suæ cognoscens officium, Domini quantum adhuc potuit evangelizavit adventum.

Et multos filiorum Israel convertet ad Dominum Deum ipsorum, &c.] Cum Joannes, qui Christo testimonium perhibens in ejus fide populos baptizabat, dicitur filios Israel ad Dominum Deum ipsorum convertisse, patet profecto Christum esse Dominum Deum Israel. Si autem Christus est, immo quia Christus est Dominus Deus Israel, desinant Arriani Christum Dominum Deum esse negare. Erubescant Fotiniani Christo ex virgine principium dare. Cessent Manichæi alium populi Israel, atque alium Christianorum Deum credere. Et quia Joannes præcedere ante illum dicitur, videant æternum ante secula Deum post hominem in seculis natum, ideoque a suo præcursore modo virum post se venturum, modo Dei Filium esse nominatum. Qui bene in spiritu et virtute Eliæ præcedere dicitur, quia sicut ille præco venturus Judicis, ita hic præco factus est Redemptoris. Unde et conversatione prorsus simillima ambo deserta secuti, victu frugi, vestitu inculti, cinctu sunt despecti. Ambo regis et reginæ væsaniam tolerant. Ille Jordanem cœlum petiturus divisit: hic ad lavacrum salutare quo cœlum petatur, homines convertit. Hic cum Domino versatur in terris, ille cum eo manifestatur in gloria.

Ut convertat corda patrum in filios, &c.] Corda patrum in filios convertere est spiritualem sanctorum antiquorum scientiam populis prædicando infundere. Prudentia vero justorum est non de legis operibus justitiam præsumere, sed ex fide salutem quærere. Ut quamvis in lege positi legis jussa perficiant, gratia se tamen Dei per Christum salvandos intelligant. Justus enim ex fide vivit. Et Petrus de jugo legis ait, Quod neque patres nostri, neque nos portare potuimus, sed per gratiam Domini Jesu credimus salvari, quemadmodum et illi: qua prudentia quia diutius increduli et per Joannem imbuti et per Eliam sunt imbuendi, recte hæc sententia, quæ per angelum de Joanne dicta est, iisdem pæne syllabis est de Elia per Malachiam prædicta: Parate (inquit) Domino plebem perfectam. Quia enim Zachariam pro plebe supplicantem dixerat exauditum, docet quo ordine plebs eadem salvari et perfici debeat, ad prædicationem videlicet Joannis pœnitendo et credendo in Christum.

Et dixit Zacharias ad angelum, Unde hoc sciam? &c.] Ob altitudinem promissorum hæsitans signum quo credere valeat inquirit, cui sola angeli visio vel allocutio pro signo sufficere debuerat. Unde meritam diffidentiæ tacendo pœnam luit, cui taciturnitas eadem et signum fidei quod quæsivit, et infidelitatis esset pœna quam meruit.

Et respondens angelus dixit ei, Ego sum Gabriel, &c.] Vult intelligi quod si homo talia promitteret, impune signum flagitare liceret: at cum angelus promittat, jam dubitari non deceat: datque signum quod rogatur, ut qui discredendo locutus est, jam tacendo credere discat. Ubi notandum quod angelus se et ante Deum adstare, et ad evangelizandum Zachariæ missum esse testatur: quia et cum ad nos veniunt angeli, sic exterius implent ministerium, ut tamen nunquam desint interius per contemplationem. Et mittuntur igitur et adsistunt, quia et si circumscriptus est angelicus spiritus, summus tamen spiritus ipse qui Deus est, circumscriptus non est. Angeli itaque et missi ante ipsum sunt, quia quolibet missi veniunt, intra ipsum currunt.

Et erat plebs expectans Zachariam, &c.] Hoc est quod dixi, quod vicis suæ tempore pontifices, templi tantum officiis mancipati non solum a complexu uxorum, sed ab ipso quoque domorum suarum abstinerent ingressu. Ubi nostri temporis sacerdotibus, quibus semper altari servire jubetur, perpetuo servandæ castitatis exemplum datur. Quia enim tunc sacerdotalis ex stirpe Aaron successio quærebatur, necessario tempus substituendæ soboli procurabatur. At quia nunc non carnalis successio, sed perfectio spiritualis inquiritur, consequenter sacerdotibus ut semper altari queant adsistere, semper ab uxoribus continendum, semper castitas observanda præcipitur.

Post hos autem dies concepit Elizabeth uxor ejus.] Post dies videlicet officii Zachariæ completos. Hujus sacratissimæ conceptionis Joannes Constantinopolitanæ urbis antistes mentionem faciens, Gesta sunt hæc, inquit, mense Septembri, octavo kalendas Octobris incipiente luna undecima, quando oportebat Judæos jejunium scenopegiæ celebrare: et inventum est ipsa die octava kalendarum Octobrium esse æquinoctium, in qua est inchoatio noctis major quam lucis. Illum enim oportet crescere, inquit, me autem minui. Minorata etenim fuerat lux a tenebris, cum Judæi secundum legem et prophetiam sacrificia

Deo offerebant: in qua et Joannes conceptus est. Hæc sunt enim quæ ante pro peccatis populi offerebantur, quæ jam cessare oportebat, cum Joannes, id est, Baptistes, conciperetur. Et ideo Zacharias pater ejus, sacerdos Judæorum, emutuit, quia jam cessare et emutescere oportebat sacrificia eorum quæ pro peccatis populi offerebantur. Veniebat enim solus sacerdos, qui de agno suo proprio immolato sacrificium Deo pro peccatis omnium offerret: quibus beati Joannis verbis educemur prima mox die post diem expiationis mutationem tunc sacerdotalis vicis esse celebratam, ideoque in hac præcursoris Domini conceptionem fieri: quæ non frustra dies jejuniorum et afflictionis est ab angelo prædicta, quia per ipsum erat hominibus afflictio pœnitentiæ prædicanda.

Et occultabat se mensibus quinque, dicens, &c.] Quanta sanctis cura sit, ne quid turpe de quo erubescere debeant admittant, ostendit Elizabeth, quæ et de ipsis quæ accipere cupiebat donis erubescit, et licet de ablato gaudeat opprobrio sterilitatis, de partu tamen anilis verecundatur ætatis. Sed pudet onus matris, quamdiu latet honor prolis: nam quæ occultabat se, quia conceperat filium, jam intrante beata Dei genitrice clamosa exultavit, quia paritura erat prophetam. Allegorice autem per Zachariam sacerdotium Judæorum, per Elizabeth potest lex ipsa designari, quæ sacerdotum doctrinis exercita, quasi auxilio virili fulta, spirituales Deo filios gignere debebat, sed quasi ob sterilitatis injuriam minime valebat. Non quia non multi et ante legem et in lege perfectissimæ vitæ fuerint, sed quia neminem ad perfectum adduxit lex, quæ regnum cœlorum reserare, nisi Christo præcedente, non potuit. Bene autem dicitur, quod erant justi ambo ante Deum: quia sicut bona est lex, et mandatum sanctum et justum et bonum, ita etiam sacerdotium legale pro dispensatione temporis illius sanctum, bonum, et justum est: et quod sequitur, quia ambo processissent in diebus suis, ita potest exponi, quod legali devotioni quasi adolescentia vel juventus ipsius Moysi temporibus et deinceps effloruerit, incumbente autem Salvatoris adventu, dira eam senectus incurvaverit, quando et sacerdotii ordo per ambitiones et contentiones pontificum confusus, et ipsa lex per Pharisæorum traditiones discissa, minus habilis est ad gignendum Deo filios effecta. Ingreditur ergo Zacharias templum, quia sacerdotum est intrare in sanctuarium Dei, et intelligere novissima mysteriorum cœlestium. Orat foris multitudo, quia qui secreta quæque et mystica penetrare sublimiter nequeunt, doctiorum necesse est monitis humiliter intendant. Dum vero Zacharias altari thymiama imponit, nasciturum Joannem cognoscit: quia dum doctores ampliori flamma divinæ lectionis inardescunt, gratiam Dei per Jesum Christum venturam, et de interiori literarum medulla, quasi de vulva Elizabeth, prodituram esse reperiunt: et hoc bene per angelum, quia et lex est ordinata per angelos in manu Mediatoris. Sed qui audita credere dissimulat, silentii pœna multatur, quia mutus est qui non sensum literis intelligit inesse spiritualem. Nec talis jam verba dare populo quasi magister novit, sed quasi verbi et rationis expers, tacitis (ut ita dicam) nutibus innuit. Quale tunc erat sacerdotium Judæorum, cum nec rationem sacrificiorum, nec dicta curaret scire prophetarum. Muto ergo permanente Zacharia concipit Joannem Elizabeth, quia non intelligant licet pontifices distinctionem fidei, Pharisæi amittant et scribæ, ita ut nec ipsi intrent nec auditores suos intrare permittant, interiora tamen legis Christi sacramentis abundant: et bene conceptum suum Elizabeth quinque mensibus occultat, sive quia ipse legifer Moyses quinque libris mysteria Christi parabolatim designat, seu quia tota veteris instrumenti series eandem Christi dispensationem in quinque mundi ætatibus per sanctorum facta vel dicta præfigurat: et ideo quia Christi incarnatio vel sexta ætate sæculi futura, vel ad impletionem legis erat profutura, recte sexto mense concepti Joannis missus ad Mariam angelus nasciturum nuntiat Salvatorem, ut sequens ex ordine lectio demonstrat.

CAP. III. *In mense autem sexto, missus est angelus Gabriel, &c.*] Idcirco angeli privatis nominibus censentur, ut signetur per vocabula etiam in operatione quid valeant: neque etenim in illa sancta civitate, quem de visione omnipotentis Dei plena scientia perfecit, idcirco propria nomina sortiuntur, nec eorum personæ sine nominibus sciri non possint: sed cum ad nos aliquid ministraturi veniunt, apud nos etiam nomina a ministeriis trahunt. Ad Mariam ergo virginem Gabriel mittitur, qui Dei fortitudo nominatur. Illum quippe nuntiare veniebat, qui ad debellandas aereas potestates humilis apparere dignatus est. De quo per Psalmistam dicitur, Dominus fortis et potens, Dominus potens in prælio. Et rursum, Dominus virtutum ipse est rex gloriæ. Per Dei ergo fortitudinem nuntiandus erat, qui virtutum Dominus et potens in prælio, contra potestates aereas ad bella veniebat. Mensem autem sextum, Martium intellige, cujus vicesimo et quinto die Dominus noster et conceptus traditur et passus, sicut et vicesimo quinto die mensis Decembris natus: quod si vel hoc hodie (ut nonnulli arbitrantur) æquinoctium vernale, vel illo solstitium brumale fieri credamus, convenit utique cum lucis incremento concipi vel nasci eum qui illuminat omnem hominem venientem in mundum. At si quis ante Dominicæ nativitatis et conceptionis tempus lucem vel crescere, vel tenebras superare convicerit, dicimus et nos quia et Joannes tunc ante faciem adventus ejus regnum cœlorum evangelizabat, et nunc quoque prædicatoribus imperatur, Iter facite ei qui ascendit super occasum. Cur autem Joannes circa æquinoctium autumnale conceptus, circa solstitium æstivum sit natus, docet ipse, qui vel ex sua vel ex veteris testamenti (ut multi autumant) persona loquitur, Illum oportet crescere, me autem minui.

Ad virginem desponsatam viro, cui nomen erat Joseph, &c.] Multas ob causas Salvator non de simplici virgine, sed de sponsa voluit nasci. Primo videlicet, ut per generationem Joseph, cujus Maria cognata erat, Mariæ quoque nosceretur origo: neque enim moris est Scripturæ, fœminarum genealogiam texere: nam et de utroque potest intelligi, quod dicitur de domo David. Deinde, ne velut adultera lapidaretur a Judæis, malens aliquos de suo ortu, quam de pudore dubitare parentis. Simul et virginibus impudicis occasionem tollens, ne matrem quoque Salvatoris dicerent falsis suspicionibus infamatam. Tertio, ut in Ægyptum fugiens et inde rediens haberet solatium viri, qui integerrimæ virginitatis custos pariter ac testis existeret. Quarto, ne partus ejus diabolo pateret: qui si eum de virgine natum cognosceret, forsitan quasi cæteris hominibus eminentiorem morti tradere timeret. Maria autem Hebraice stella maris; Syriace vero, domina vocatur, et merito, quia et totius mundi Dominum, et lucem sæculis meruit generare perennem.

Et ingressus angelus ad eam, dixit, Ave gratia plena, &c.] Bene gratia plena vocatur, quæ nimirum gratiam quam nulla alia meruerat, adsequitur, ut ipsum videlicet gratiæ concipiat et generet auctorem.

Quæ cum audisset, turbata est in sermone ejus, &c.]

Disce virginem moribus, disce virginem verecundia, disce virginem oraculo, disce mysterio. Trepidare virginum est, et ad omnes viri ingressus pavere, omnes viri affatus vereri. Discant mulieres, propositum pudoris imitari. Sola in penetralibus quam nemo virorum videret, solus angelus reperit, sola sine comite, sola sine teste, ne quo degeneri depravaretur affectu, ab angelo salutatur. Disce, virgo, verborum vitare lasciviam. Maria etiam salutationem angeli verebatur. Erat tamen cogitans, inquit, qualis esset hæc salutatio: et ideo cum verecundia, quia pavebat: cum prudentia, quia benedictionis novam formulam mirabatur, quæ nusquam lecta est, nusquam ante comperta.

Et ait angelus ei, Ne timeas, &c.] Quam salutatione insolita, utpote quæ ei soli servabatur, viderat turbatam, quasi familiarius notam vocans ex nomine, ne timere debeat jubet. Et quia gratia plenam vocaverat, eandem gratiam et astruit plenius, et uberius explicat, dicens:

Ecce concipies in utero, &c.] Jesus Salvator, sive salutaris, interpretatur: cujus sacramentum nominis adloquens Joseph angelus exposuit: Ipse enim, inquiens, salvum faciet populum suum a peccatis eorum. Non ait, populum Israel, sed populum suum, hoc est, in unitatem fidei ex præputio et circumcisione vocatum, quibus ex diversa parte congregatis fieret unus pastor et unum ovile.

Hic erit magnus, et filius Altissimi vocabitur, &c.] Dictum est et de Joanne, quod erit magnus: sed ille quasi homo magnus, hic quasi Deus magnus. Ille enim magnus coram Domino, hic autem erit magnus, inquit, et filius Altissimi vocabitur. Idem ergo filius Altissimi qui in utero virginali conceptus et natus est. Idem homo in tempore, creatus ex matre, qui Deus est ante tempora natus ex Patre.

Si autem idem homo qui Deus est, omittat Nestorius hominem tantum dicere ex virgine natum, et hunc a verbo Dei non in unitatem personæ, sed in societatem inseparabilem esse receptum. Alioquin non unum Christum verum Deum et hominem, sed duos (quod dici nefas est) asserere, ac per hoc non trinitatem, sed quaternitatem prædicare convincitur. Catholica autem fides sicut unum quemlibet hominem carnem et animam, ita hominem et verbum unum Christum rectissime confitetur: juxta quod et angeli verba significant, quæ dandam illi sedem David patris ejus asseruerant. Qui enim eundem ipsum patrem habere David, quem filium Altissimi vocari pronuntiat, in duabus utique naturis unam Christi personam demonstrat. Accepit autem sedem David, ut nimirum gentem, cui David quondam et filii ejus temporalis regni gubernacula præbuerunt, ipse perpetuum vocaret ad regnum, quod eis paratum est ab origine mundi.

Et regnabit in domo Jacob in æternum, &c.] Et Esaias ait, Multiplicabitur ejus imperium, et pacis non erit finis; super solium David, et super regnum ejus, ut confirmet illud et corroboret in judicio et justitia. Non dixit in acquisitione gloriæ gazarumque terrestrium, non in victoria gentium plurimarum, urbiumque debellatione superbarum, sed in judicio et justitia. Per hæc enim regnum Christi et in singulis quibusque fidelibus, et in universa per orbem multiplicatur pariter et confirmatur ecclesia. Domum namque Jacob totam ecclesiam dicit, quæ vel de bona radice nata, vel cum oleaster esset, merito tamen fidei in bonam est inserta olivam. Quam post triumphum passionis alloquens Salvator ait, Qui timetis Dominum, laudate eum; universum semen Jacob, magnificate eum. Non autem ideo futuri temporis verbis magnus extiturus Jesus Altissimi vocandus, sceptrum David accepturus, et in domo Jacob regnaturus asseritur, quia juxta quod hæretici sapiunt atque a veritate desipiunt, Christus ante Mariam non fuerit, sed quod homo assumptus in Deum clarificatus est ea claritate quam Verbum Dei habuit priusquam mundus esset apud Patrem, hoc est, ut idem filii nomen eandem Christi personam, homo cum Deo plenus gratia et veritate sortiretur.

Dixit autem Maria ad angelum, Quomodo fiet istud, &c.?] Propositum suæ mentis reverenter exposuit, vitam videlicet virginalem se ducere decrevisse. Quæ quia prima fœminarum tantæ se virtuti mancipare curavit, jure singulari præ cæteris fœminis beatitate meruit excellere. Quomodo, inquit, fiet istud? Non ait, Unde hoc sciam? sed, quomodo fiet? inquit, quoniam virum non cognosco. Ordinem videlicet obsequii cui subdatur inquirens, non autem signum cui credat flagitans. Neque enim decebat electam generando Deo virginem dubiam diffidentia sed prudentia cautam existere, quia nec facile poterat homo nosse mysterium, quod in Deo manebat a seculis absconditum. Quia ergo legerat, Ecce virgo in utero habebit et pariet filium, sed quomodo id fieri posset, non legerat, merito credula iis quæ legerat, sciscitatur ab angelo, quod in propheta non invenit.

Et respondens angelus dixit ei, Spiritus Sanctus superveniet in te, &c.] Non virili, inquit, quod non cognoscis semine, sed Spiritus Sancti quo impleris opere concipies. Erit in te conceptio, libido non erit. Concupiscentiæ non erit æstus, ubi umbram faciet Spiritus Sanctus. Verum in eo quod ait, Et virtus Altissimi obumbrabit tibi, potest etiam incarnati Salvatoris utraque natura designari. Umbra quippe a lumine solet et corpore formari. Et cui obumbratur, lumine quidem vel calore solis quantum sufficit reficitur, sed ipse solis ardor, ne ferri nequeat, interposito vel nubiculo levi, vel quolibet alio corpore, temperatur. Beatæ itaque virgini quia quasi pura homo omnem plenitudinem divinitatis corporaliter capere nequibat, virtus Altissimi obumbravit, id est, incorporea lux divinitatis corpus in ea suscepit humanitatis. De qua pulchre propheta, Ecce Dominus, inquit, ascendit super nubem levem, et ingredietur Ægyptum, quod est dicere, Ecce verbum Dei Patri coæternum, lumenque de lumine ante sæcula natum: carnem in fine sæculorum atque animam nullo peccati pondere gravatam suscipiet, et de utero virginali tanquam sponsus de thalamo suo procedet in mundum.

Ideoque et quod nascetur ex te sanctum, vocabitur Filius Dei.] Ad distinctionem nostræ sanctitatis, Jesus singulariter sanctus nasciturus asseritur. Nos quippe et si sancti efficimur, non tamen nascimur, quia ipsa naturæ corruptibilis conditione constringimur. Ut merito cum propheta gementes singuli dicamus, Ecce enim in iniquitatibus conceptus sum, et in delictis peperit me mater mea. Ille autem solus veraciter sanctus est, qui ut ipsam conditionem naturæ corruptibilis vinceret, ex commixtione carnalis copulæ conceptus non est. Sanctum (inquit) vocabitur Filius Dei. Quid hic dicis, Nestoriane, qui beatam Mariam Dei negans esse genitricem, apertam niteris impugnare veritatem? Ecce Deum dixit superventurum, Dei Filium nasciturum. Quomodo ergo aut Dei Filius Deus non est, aut quæ Deum edidit quomodo θεοτόκος, id est, Dei genitrix, non esse potest?

Et ecce Elizabeth cognata, &c.] Ne virgo se parere posse diffidat, accipit exemplum sterilis anus pariturae, ut discat omnia Deo possibilia, etiam quæ naturæ ordini videntur esse contraria. Si quem vero movet quomodo beatæ Mariæ cognatam dicat Elizabeth, cum hæc de domo David, illa de filiabus Aaron originem duxerit, animadvertat proavos earum liberis invicem nuptum traditis utramque tribum potuisse conjungere. Cui si hæc expositio forte non suffecerit contentiosius insistenti, quasi hoc contra interdictum legis fieri nequiverit, legat Exodum, ubi scriptum est, Accepit autem Aaron uxorem Elizabet filiam Aminadab sororem Naason, quæ peperit ei Nadab, et Abiud, et Eleazar, et Ithamar. Videatque ante edictum legis, superna provisione sacerdotalem regali junctam jam fuisse progeniem. Ut videlicet Dominus Jesus Christus, qui secundum carnem verus rex et sacerdos erat futurus, ipsam quoque carnem de utraque, David scilicet et Aaron, stirpe susciperet. Unde et in hac utraque tribu chrisma per legem mysticum celebrabatur, Christi nimirum nominis pariter et generationis prænuncium. Et ipse David domum Dei ingrediens, panem sanctum et gladium quasi rex et sacerdos accepit. Illum videlicet de suo semine venturum præfigurans, qui et pro nostra libertate regis jure pugnaret, et pro nostra absolutione panem suæ carnis offerret.

Dixit autem Maria, Ecce ancilla, &c.] Quanta cum devotione humilitas, quæ et angeli præmissum optat impleri, et seipsam quæ mater eligitur ancillam nuncupat? apertissime insinuans quam nil sibi meriti vindicet, in eo quod Domini jussis obsecundet. Fiat (inquit) sine viri semine conceptus in virgine, nascatur de Spiritu Sancto integra carne sanctum, quod nascetur de homine matre sine homine patre, vocetur Dei Filius.

Et discessit ab illa angelus. Exsurgens autem Maria, &c.] Accepto virginis consensu mox angelus cœlestia repetit, illa petit montana. Festinat invisere Elizabeth, non quasi incredula de oraculo, vel dubia de exemplo, sed ut læta pro voto, religiosa pro officio. Typicum pariter exemplum tribuens, quod omnis anima quæ verbum Dei mente conceperit, virtutum statim celsa cacumina gressu conscendat amoris, quatenus civitatem Juda, id est, confessionis et laudis arcem penetrare, et usque ad perfectionem fidei, spei, et caritatis, quasi tribus in ea mensibus valeat commorari.

Et intravit in domum Zachariæ, et salutavit Elizabeth.] Disce, virgo, humilitatem Mariæ, ut et corpore casta et pectore possis esse devota. Visitat junior seniorem, salutat virgo uxorem. Decet enim ut quo castior virgo, eo sit humilior, et senioribus deferens, habitum castitatis præconio commendet humilitatis. Aliter Maria ad Elizabeth, Dominus venit ad Joannem, hæc ut Spiritu Sancto repleatur, illius ut baptisma consecretur: majorumque humiliatio minorum est utique exaltatio. Denique sequitur,

Et factum est ut audivit salutationem Mariæ Elizabeth, &c.] Vide distinctionem, singulorumque verborum proprietates. Vocem prior Elizabeth audivit, sed Joannes prior gratiam sensit. Illa naturæ ordine audivit, iste exultavit ratione mysterii. Illa Mariæ, iste Domini sensit adventum. Istæ gratiam loquuntur, illi intus operantur, pietatisque mysterium maternis adoriuntur profectibus, duplicique miraculo prophetant matres spiritu parvulorum. Exultavit infans, et repleta mater est: non prius mater repleta quam filius, sed cum filius esset repletus Spiritu Sancto, replevit et matrem.

Et exclamavit voce magna, et dixit, Benedicta tu inter mulieres, &c.] Notandum quod præmissa de Christo prophetia non rerum tantum miraculis, sed et verborum proprietate completur. Iste est enim fructus qui David patriarchæ sub jurejurando promittitur: De fructu ventris tui ponam super sedem meam. Simulque intuendum quod eadem voce Maria ab Elizabeth, qua a Gabriele benedicitur, quatenus et angelis et hominibus veneranda, et cunctis merito fœminis præferenda monstretur.

Et unde hoc mihi, ut veniat mater Domini mei ad me?] Non quasi nescia perquirit quod nimirum Sancti Spiritus esse cognoscit, se videlicet a matre Domini ad pignoris sui profectum salutari, sed miraculi novitate perculsa, non hoc sui meriti, sed muneris fatetur esse divini.

Ecce enim ut facta est vox salutationis tuæ, &c.] Erubescebat Elizabeth onus parentis, quamdiu nesciebat mysterium religionis. Sed quæ occultabat se quia conceperat filium, jactare se cœpit quia generabat prophetam: et quæ ante erubescebat, benedicit, et quæ dubitabat ante, firmatur. Ecce enim (inquit) ut vox salutationis tuæ facta est in auribus meis, exultavit gaudio infans in utero meo. Itaque magna voce clamavit ubi Domini sensit adventum, quia religiosum credidit partum. Nulla enim causa erat pudoris, ubi prophetæ ortus, datæ non affectatæ fidem generationis adscisceret.

Et beata quæ credidit, quoniam perficientur ea, &c.] Vide non dubitasse Mariam sed credidisse, et ideo fructum fidei consecutam. Beata (inquit) quæ credidit. Et vere beata, quæ sacerdote præstantior. Cum sacerdos negasset, virgo correxit errorem. Nec mirum si Dominus redempturus mundum, operationem suam inchoavit a matre: ut per quam salus omnibus parabatur, eadem prima fructum salutis hauriret ex pignore. Pariterque notandum quanta Elizabeth animum gratia Maria intrante ditavit, quem simul de præterito, præsenti, atque futuro, per prophetiæ spiritum illustravit. Dicens enim, Beata quæ credidisti, aperte indicat, quia verba angeli quæ dicta ad Mariam fuerant, per Spiritum agnovit. Atque subjungens, Perficientur ea quæ dicta sunt tibi a Domino, quæ etiam in futuro sequerentur prævidit. Matrem vero Domini sui nominans, qui Redemptorem humani generis in utero portare intellexit.

Et ait Maria, Magnificat anima mea Dominum, &c.] Tanto (inquit) me Dominus tamque inaudito munere sublimavit, quod non ullo linguæ officio explicari, sed ipso vix intimi pectoris affectu valeat comprehendi, et ideo totas animæ vires in agendis gratiarum laudibus offero, totum in contemplanda magnitudine ejus cui non est finis quicquid vivo, sentio, discerno, gratulanter impendo, quia et ejusdem Jesu, id est salutaris, spiritus meus æterna divinitate lætatur, cujus mea caro temporali conceptione fœtatur. Cui simile est illud Psalmistæ, Anima autem mea exultavit in Domino, et delectabitur super salutari ejus. Et ipse enim patrem filiumque pari venerabatur amore.

Quia respexit humilitatem ancillæ suæ, &c.] Cujus humilitas respicitur, recte beata ab omnibus cognominanda gratulatur, sicut e contrario cujus superbia despectu condemnatur, Evæ id est væ sive calamitatis nomine multata tabescit. Decebat enim ut sicut per superbiam primæ nostræ parentis mors in mundum intravit, ita denuo per humilitatem Mariæ vitæ introitus panderetur.

Quia fecit mihi magna qui potens est, et sanctum nomen ejus.] Ad initium carminis respicit, ubi dictum est, Magnificat anima mea Dominum. Solet quippe anima illa cui Dominus magna facere dignatur, dignis eum præconiis magnificare, et ad consortes ejusdem voti ac propositi potest cohortando dicere, Magnificate Dominum mecum, et exultemus nomen ejus invicem. Nam qui Dominum quem cognovit quantum in se est magnificare et nomen ejus sanctificare contempserit, minimus vocabitur in regno cœlorum. Sanctum autem nomen ejus vocatur, quia singularis culmine potenti transcendit omnem creaturam, atque ab universis quæ fecit, longe segregatur. Quod Græca locutione melius intelligitur, in qua ipsum verbum quod dicitur ἅγιον quasi extra terram esse significat: cujus etiam nos imitatione pro modulo nostro segregari præcipimur ab omnibus qui non sunt sancti, nec Deo dedicati. Dicente Domino, Sancti estote, quia et ego sanctus sum. Quicunque enim se consecraverit, merito extra terram et extra mundum videbitur. Potest enim et ipse dicere, Super terram ambulantes conversationem in cœlis habemus.

Et misericordia ejus in progenies et progenies, &c.] A specialibus se donis ad generalia Dei judicia convertens, totius humani generis statum describit, et quid superbi, quid humiles mereantur, quid filii Adæ per liberum arbitrium, quid filii Dei sint per gratiam alternis versibus explicat. Non ergo, inquit, soli mihi fecit magna qui potens est, sed et in omni gente et progenie qui timet eum et operatur justitiam, acceptus est illi.

Fecit potentiam in brachio suo, &c.] In brachio suo, in ipso Dei Filio significat. Non quod Deus Pater figura determinetur carnis humanæ, eique filius tanquam membrum corporis hæreat, sed quia omnia per ipsum facta sunt, ideo brachium Domini dictus est. Sicut enim tuum brachium per quod operaris, sic Dei brachium dictum est ejus verbum, quia per verbum operatus est mundum. Cur enim homo brachium ut aliquid operetur extendit, nisi quia non continuo sit quod dixerit? Si autem tanta potestate prævaleret ut sine ullo motu corporis sui quod diceret fieret, brachium ejus, verbum ejus esset. Cum ergo audivimus brachium Dei Patris esse Deum Filium, non nobis obstrepat consuetudo carnalis, sed quantum illo donante possumus Dei virtutem et sapientiam cogitemus, per quam facta sunt omnia.

Deposuit potentes de sede, et exaltavit humiles, &c.] Quod dixit, in brachio suo, et quod præmisit, in progenies et progenies, his quoque ἀπὸ κοινοῦ per singula commata est adnectendum versiculis, quia videlicet per omnes seculi generationes et perire superbi et humiles exaltari, pia justaque divinæ potentiæ dispensatione non cessant.

Suscepit Israel puerum suum, memorari misericordiæ.] Pulchre puerum Domini appellat Israel, qui ab eo sit ad salvandum susceptus, obedientem videlicet et humilem: juxta quod Osee dicit, Quia puer Israel, et dilexi eum. Nam qui contemnit humiliari, non potest utique salvari, nec dicere cum propheta, Ecce enim Deus adjuvat me, et Dominus susceptor est animæ meæ. Quicunque autem humiliaverit se sicut parvulus, hic est major in regno cœlorum.

Sicut locutus est ad patres nostros, Abraham et semen ejus in secula.] Semen Abrahæ, non carnale, sed spirituale significat, id est, non ejus tantum carne progenitos, sed sive in circumcisione, seu in præputio fidei illius vestigia secutos; nam et in præputio positus ipse credidit, reputatumque est ei ad justitiam. Atque ejusdem fide signaculum circumcisionem accepit, ut sic utriusque populi pater fieret per fidem, juxta quod apostolus ad Romanos plenissime disseruit. Adventus ergo Salvatoris Abrahæ est et semini ejus in secula promissus, hoc est filiis promissionis, quibus dicitur, Si autem vos Christi, ergo Abrahæ semen estis, secundum promissionem hæredes. Bene autem vel Domini vel Joannis exortum matres prophetando præveniunt, ut sicut peccatum a mulieribus cœpit, ita etiam bona a mulieribus incipiant, et quæ per unius deceptionem periit, duabus certatim præconantibus mundo vita reddatur.

Mansit autem Maria cum illa quasi mensibus tribus, &c.] Tamdiu mansit Maria, donec Elizabeth partus tempore completo præcursoris Domini sui, propter quam maxime venerat, nativitatem videret. Dictum est autem supra, quod omnis anima casta quæ spirituale verbi desiderium conceperit, alta mox necesse sit exercitii cœlestis juga subeat, et quasi trium mensium dies ibidem demorata, quousque perfecta principalium virtutum luce radietur, perseverare non desistat. Quos nimirum perfectissimi fulgoris menses describens apostolus ait, Nunc autem manent fides, spes, caritas; tria hæc: major autem his est caritas.

Cap. iv. *Elizabeth autem impletum est, &c.*] Verbum impletionis Sancta Scriptura in bonorum tantum ortu vel habitu vel actu ponere consuevit, quorum vitam plenitudinem perfectionis habere significat. Denique Elizabeth impletum est tempus pariendi. Impleti sunt dies Mariæ ut pareret. Implevit Salomon ædificare domum Domini. Defunctus est Abraham vel alius aliquis patrum, senex et plenus dierum. Et postquam venit plenitudo temporis, misit Deus Filium suum. Ac contra dies impiorum inanes sunt et vacui: viri enim sanguinum et dolosi non dimidiabunt dies suos.

Et audierunt vicini et cognati ejus, &c.] Habet sanctorum editio lætitiam plurimorum, quia commune est bonum. Justitia enim communis est virtus. Et ideo in ortu justi, futuræ vitæ insigne præmittitur, et gratia secutura virtutis exultatione vicinorum præfigurante signatur.

Et factum est in die octava venerunt circumcidere puerum, &c.] Mire sanctus evangelista præmittendum putavit, quod plurimi infantem patris nomine

Zachariæ appellandum putarunt, ut advertas matri non nomen alicujus displicuisse de genere suo, sed id Sancto infusum Spiritu quod ab angelo ante Zachariæ fuerat prænuntiatum. Et quidem ille mutus intimare vocabulum filii nequivit uxori, sed prophetiam Elizabeth didicit, quod non didicerat a marito.

Et dixerunt ad illam, Quia nemo est in cognatione tua, &c.] Joannes est (inquit) nomen ejus, hoc est, non ei nos nomen imponimus qui jam a Deo nomen accepit. Habet vocabulum suum quod agnovimus, non quod elegimus. Nec mireris si nomen mulier quod non audivit asseruit, quando ei Spiritus Sanctus qui angelo mandaverat revelavit, neque poterat Domini ignorare prænuntium, quæ prophetaverat Christum. Et bene additur, Quia nemo in cognatione ejus vocatur hoc nomine, ut intelligas nomen non generis esse sed vatis.

Apertum est autem illico os ejus, &c.] Quia vox clamantis in deserto est nata, merito est lingua parentis soluta. Neque enim patrem a laudibus silere decebat, qui verbi præcone sibi nato gaudebat: quippe cui labia quæ incredulitas vinxerat, fides jam solvit. Verum hæc etiam allegorice si quis perscrutari desideret, Joannis celebrata nativitas, gratiæ novi testamenti inchoata sublimitas. Cui vicini et cognati patris nomen quam Joannis imponere malebant, quia Judæi qui legis ei observatione quasi adfinitate juncti erant, magis justitiam quæ ex lege est sectari, quam fidei gratiam suscipere cupiebant. Sed Joannis, hoc est, gratiæ Dei, vocabulum, mater verbis, pater literis intimare satagunt, quia et lex ipsa psalmique ac prophetæ apertis sententiarum vocibus gratiam Christi prædicant, et sacerdotium illud vetus figuratis cæremoniarum et sacrificiorum umbris eidem testimonium perhibet. Pulchreque Zacharias octava die prolis editæ loquitur, quia per Domini resurrectionem quæ octava die, hoc est, post septimam sabbati facta est, occulta sacerdotii legalis arcana patuerunt, linguaque pontificum Judæorum, quam diffidentiæ vincula strinxerant, intelligentiæ rationabilis est voce soluta.

Et super omnia montana Judææ divulgabantur omnia verba hæc.] Et posuerunt omnes qui audierant in corde suo, dicentes, Quid putas puer iste erit? Etenim manus Domini erat cum illo. Magna opera Domini, exquisita in omnes voluntates ejus. Ecce enim, unum Zachariæ silentium, non ipsi tantum cum datur ad pœnam incredulitatis et signum credendi proficit, sed et cum aufertur, omnes vicinos ejus miraculo ac timore stupefacit. Omnia circumquaque montana, fama nati prophetæ perfundit, omnes qui audire poterant, ad perquirendum diligentius pueri qui natus est modum statumque sollicitat, ut his videlicet atque hujusmodi futurus Christi propheta commendetur auspiciis, iterque (ut ita dixerim) præcursori veritatis præcurrentia signa præbeant.

Et Zacharias pater ejus impletus est Spiritu Sancto, &c.] Quanta superni muneris est largitas, si prompta ad accipiendum nostræ fidei sit pietas. Ecce loquela quæ sola est ablata diffidenti, cum spiritu prophetiæ est restituta credenti. Visitavit autem Dominus plebem suam, quasi longa infirmitate tabescentem, et quasi venditam sub peccato, unici Filii sui sanguine redemit: quod quia beatus Zacharias proxime faciendum cognoverat, prophetico more quasi jam factum narrat. Et notandum quod visitasse et redemisse plebem suam dicitur, non quia videlicet hanc veniens suam invenit, sed quia visitando suam fecit. Cui simile est, quod in Proverbiorum fine de eadem plebe cantatur, Mulierem fortem quis inveniet? Neque enim eandem mulierem videlicet ecclesiam fortem, id est, fide devotam invenit, sed sibi desponsando fortem reddidit, quia suæ fidei sublimitate perfecit.

Et erexit cornu salutis nobis in domo David pueri sui.] Cornu salutis, firmam celsitudinem salutis dicit. Ossa siquidem omnia carne involuta sunt, cornu excedit carnem, et ideo cornu salutis, regnum Salvatoris Christi vocatur, quo mundo spiritualis et quæ carnis gaudia superet altitudo nuntiatur: in cujus figuram David vel Salomon cornu olei sunt in regni gloriam consecrati.

Sicut locutus est per os sanctorum, a sæculo prophetarum ejus.] A sæculo, inquit, quia tota veteris testamenti scriptura, prophetia de Christo processit. Nec soli Hieremias, Daniel, et Esaias, cæterique tales, qui et prophetæ specialiter appellati, et de ejus adventu manifeste sunt locuti, verum ipse pater Adam, Abel, et Enoch, et cæteri patrum, factis quique suis ejus dispensationi testimonium reddunt. Unde Dominus ipse Judæorum duritiam redarguens, ait: Si crederetis Moysi, crederetis forsitan et mihi; de me enim ille scripsit.

Salutem ex inimicis nostris, &c.] Jungendum est a superiori versiculo, erexit nobis, id est, erexit nobis salutem ex inimicis nostris. Cum enim primo breviter præmisisset, et erexit cornu salutis nobis, continuo quasi apertius quid dixerit explanans, Salutem (inquit) ex inimicis nostris, et de manu omnium qui oderunt nos. Omnes autem qui oderunt nos, vel homines perversos vel immundos spiritus significat. De quorum manu et interim spe salvi facti sumus, et in futuro re ipsa salvandi.

Ad faciendam misericordiam cum patribus nostris, &c.] Dixerat Dominum juxta eloquia prophetarum in domo David nasciturum, dicit eundem, ad explendum testamentum quod Abrahæ disposuit, nos esse liberaturum: quia videlicet iis præcipue patriarchis de suo semine, vel congregatio gentium, vel Christi est incarnatio promissa: quod Matthæus quoque breviter intimare voluit, qui evangelii sui principium hoc modo cœpit: Liber generationis Jesu Christi filii David, filii Abraham. Ubi notandum, quod apud utrumque evangelistam, David præfertur Abrahæ. Quia etsi temporis ordine posterior, promissionis tamen est munere major. Abrahæ namque qui adhuc in præputio positus propria dereliquit, Deum cognovit, fidei testimonium meruit, fides tantum gentium et sacrosanctus ecclesiæ cœtus est promissus, dicente ad eum Domino, Atque in te benedicentur universæ cognationes terræ. David autem oraculo sublimiore, quod ex ipso Christus secundum carnem nasciturus esset, audivit. Cumque impleveris (inquit) dies tuos, ut vadas ad patres tuos, suscitabo semen tuum post te, quod erit de filiis tuis et stabiliam regnum ejus. Ipse ædificabit mihi domum, et firmabo solium ejus usque in æternum. Ego ero ei in patrem, et ipse erit mihi in filium.

In sanctitate et justitia coram ipso, omnibus diebus nostris.] Aperte et breviter quomodo sit Domino serviendum designat, videlicet et in sanctitate ac justitia, et coram ipso, et omnibus diebus: nam qui vel ante mortem ab ejus servitio discedit, vel immunditia qualibet sive injustitia fidei suæ sinceritatem commaculat, vel coram hominibus tantum et non etiam coram Domino sanctus perdurare contendit: et justus, necdum perfecte de manu spiritualium inimicorum liberatus Domino servit, sed exemplo veterum Samaritanorum, diis gentium pariter et Domino servire conatur.

Et tu puer propheta Altissimi vocaberis, &c.] Pulchre cum de Domino loqueretur, ad prophetam repente sua verba convertit, ut hoc quoque beneficium esse Domini designaret. Verum quæritur, quomodo octo dierum alloquatur infantem. Sed qua ratione vocem patris non audierit natus, qui salutationem Mariæ adhuc utero clausus audivit? nisi forte putandus est Zacharias propter eos potius qui aderant instruendos futura sui filii munera, quæ dudum per angelum didicerat, mox ut loqui potuit prædicare voluisse. Audiant sane Arriani, et erubescant: audiant mansueti et lætentur, quod Christum Dominum quem Joannes prophetando præibat, Altissimum vocat. Juxta quod et Psalmista Deum hominemque perfectum in una personâ collaudans, ait: Mater Sion dicet, homo et homo, factus est in ea, et ipse fundavit eam Altissimus. Eum factum qui fundavit, eundem hominem, quem Altissimum nuncupat.

Ad dandam scientiam salutis plebi ejus, &c.] Quasi Jesu, id est, Salvatoris nomen exponere ac diligentius commendare desiderans, salutis mentionem frequentat, cum cornu salutis erigendum, salutem ex inimicis futuram, scientiam salutis plebi dandam commemorat. Sed ne temporalem carnalemque promitti salutem putares, in remissionem (inquit) peccatorum eorum. Verum Judæi ideo non Christum Jesum suscipere, sed Antichristum malunt expectare, quia non intus sed foris salvari, non a peccati dominio, sed ab humanæ servitutis cupiunt jugo liberari.

Per viscera misericordiæ Dei nostri, &c.] Et propheta de Domino loquens, Ecce vir, inquit, Oriens nomen ejus. Qui ideo recte Oriens vocatur, qui nobis ortum veræ lucis aperiens, filios noctis et tenebrarum, lucis effecit filios: juxta quod beatus Zacharias consequenter exponit, dicens,

Illuminare his qui in tenebris et in umbra mortis

sedent, &c.] Sedentibus quippe in tenebris et in umbra mortis Domino illuminare est, his qui in peccatis et ignorantiæ cæcitate vixerunt, agnitionis amorisque sui radios infundere. Qualibus dicit apostolus, Fuistis aliquando tenebræ, nunc autem lux in Domino. Pedes autem nostri in viam pacis diriguntur, cum actionum nostrarum iter per omnia redemptoris illuminatorisque nostri gratiæ concordat. Congruo sane ordine, primo illuminanda corda, et post opera dirigenda testatur, quia nemo quam non ante didicerit, pacem valet operari. Unde recte Psalmista, Inquire (inquit) pacem, et sequere eam. Quod est dicere, Illuminare qui in tenebris sedebas, et viam pacis a qua diutius exulabas, ingredere.

Puer autem crescebat et confortabatur spiritu, &c.] Prædicator pœnitentiæ futurus, opportunum justumque est, ut solitudinis aspera sequatur: et quo liberius juvenes auditores suos a mundi illecebris erudiendo sustollat, ipse etiam primævam squalidus in desertis vitam transigat.

IN CAPUT II.

CAP. V. *Factum est autem in diebus illis, exiit edictum a Cæsare Augusto, &c.*] Nasciturus in carne Dei Filius sicut parentes sibi quos voluit et locum nativitatis quem voluit elegit, eosque ad ipsum locum priusquam nasceretur quomodo voluit advexit, ita etiam tempore quo voluit, immo quo ipse una cum Patre et Spiritu Sancto a seculis disposuerat, perque ora prophetarum prædixerat, mundum ut salvaret intravit. Quomodo enim de virgine matre natus, virginitatis sibi gloriam et angelicum castimoniæ decus ostendit esse gratissimum, sic quoque peccatissimo seculi tempore procreatus, quia pacem magnopere quæreret atque amaret, edocuit, quia pacis caritatisque sectatores semper invisere dignaretur, indicavit. Juxta quod ipse fidelibus promittens ait: Ubi enim sunt duo vel tres congregati in nomine meo, ibi sum in medio eorum. Quod enim majus regni quietissimi, et pulcherrimæ, quantum ad homines, potuit esse pacis indicium, quam una totum orbem descriptione conclusi, eodem cunctos longe lateque mundi fines census numismate comprehendi? Cujus auctor ac moderator Augustus, tanta juxta fidem historiarum duodecim annos circa tempus nativitatis Dominicæ pace regnavit, ut tam forinsecus quam civilibus bellis toto orbe sopitis, spirituale prophetæ præsagium etiam ad literam videatur implesse. Qui videlicet propheta cum mystica dispensationem Christi voce præcineret, dicens, Et erit in novissimis diebus præparatus mons domus Domini in vertice montium, et elevabitur super colles, et fluent ad eum omnes gentes: post pauca etiam temporis illius sacratissimi statum describere curavit. Et conflabunt (inquit) gladios suos in vomeres, et lanceas suas in falces. Non levabit gens contra gentem gladium, nec exercebuntur ultra ad prælium. Domus Jacob, venite, et ambulemus in lumine Domini. Non solum autem hæc nova mundi descriptio illius summi regis adventui testimonium perhibebat, qui congregatos a mundi plagis omnibus electos suos æternæ beatitudinis albo conscriberet, verum etiam ejusdem regni duces quieta sui moderaminis pace juvabat, quia nimirum compressis a præliorum turbine gentibus universis, prædicaturos orbi Christi discipulos quolibet propter verbum ire vellent ab ingruentium fervore seditionum, tremenda id temporis (ut ita dixerim) Romani nominis umbra protegebat. Exiit ergo edictum a Cæsare Augusto, ut censum profiteretur universus orbis, quia imminebat edictum regis Christi, quo salutem consequeretur universus orbis. Qui vocabulum Augusti perfectissime complens, utpote suos et augescere desiderans, et ipse augere sufficiens, censoribus suæ profectionis non ablatione pecuniæ subjectos, sed fidei oblatione signare præcipit. Euntes, inquiens, in mundum universum, prædicate evangelium omni creaturæ. Qui crediderit et baptizatus fuerit, salvus erit.

Hæc descriptio prima facta est a præside Syriæ Cyrino, &c.] Hunc Cyrini temporibus habitum censum, etiam Josephus illustris Hebræorum historiographus, in octavodecimo Antiquitatum libro hoc modo memorat: Cyrinus autem vir unus ex consensu curiæ Romanæ per singulos magistratus usque ad gradum consulatus ascendens, per cætera quoque honorabilis, cum paucis Syriam venit, a Cæsare jus dare gentibus missus, et censor simul patrimonium futurus. Itaque quod ait, Hæc descriptio prima facta est a præside Syriæ Cyrino, significat hanc descriptionem, vel primam esse earum quæ totum orbem concluserint, quia pleræque jam partes terrarum sæpe leguntur fuisse descriptæ, vel certe primo tunc cœpisse, quando Cyrinus Syriam missus est. Quomodo autem tunc imperante Augusto et Cyrino præsidente ibant omnes, ut censum profiterentur singuli in suam civitatem, ita et nunc imperante per ecclesiæ præsides, id est doctores, immo suadente et præmia pollicente Christo, eamus omnes, nullus excipiatur a censu justitiæ. Veniamus ad eum qui laboramus et onerati sumus, et ipse reficiet nos. Tollamus jugum ejus super nos, et discamus ab eo quia mitis est et humilis corde, et inveniemus requiem animabus nostris. Hæc est enim nostra civitas et patria, requies videlicet beata et cœlestis animarum ad quam in sæculi nascentis exordio a Deo Christo creati, ad quam ab homine Christo sumus in fine sæculorum recreati. Ad quam nimirum civitatem pacis et quietis ire, et devota regi nostro thesaura ferre, est crescentibus quotidie virtutis ac fidei profectibus supernæ lucis quæ sint gaudia æterna speculari, et pro his acquirendis prospera mundi simul et adversa contemnere, et his acquisitis, mundatos nos ab omni inquinamento carnis et spiritus, pretiosius auro Deo munus offerre. Quod si etiam genus numismatis quod Cæsari pendebatur, diligentius inspexerimus, non parum nobis devotionis et ipsum mundare probabimus, quod non aliunde melius quam de ipso evangelio quærere et invenire valemus, ubi tentantibus se de tributo Cæsari reddendo, Dominus ait, Ostendite mihi numisma census. At illi (inquit) obtulerunt ei denarium. Et ait illis Jesus, Cujus est imago hæc et superscriptio? Dicunt ei, Cæsaris. Tunc ait illis, Reddite ergo quæ sunt Cæsaris Cæsari, et quæ sunt Dei Deo. Ubi primum notandum, quod Cæsari denarius qui decem nummos habebat, quod etiam nomine prodit, imagine ejus et subscriptione titulatus, solvebatur. Deinde inferendum, quia jubente Domino quæ Cæsaris Cæsari, et quæ Dei sunt Deo esse reddenda, nobis quoque solerter intimatur, in similitudinem denarii regalis Deo Regi nostro decalogum legis offerendum, hoc est, amorem Dei et proximi, quorum unus tribus perceptis septem alius complectitur, integro esse corde servandum. In quo videlicet Scripturæ Sacræ denario, decem mandatis cœlestibus quasi totidem aureis nummis insignito, vultum nomenque regis æterni, hoc est, agnitionem divinæ voluntatis quisquis intueri novit, inveniet. Quod et in tabulis sui cordis quisque perfecte credit, sperat, diligit, stilo sedulæ castigationis exarat. Et hunc nobiscum denarium quasi sacculo inclusum in via portamus, quando dicere scientes cum Psalmista,

Signatum est super nos lumen vultus tui, Domine; dedisti lætitiam in corde meo, ipsum tamen hactenus fidei signaculum gaudiumque spei et caritatis, in occulta nostræ conscientiæ meditatione servamus Deo teste reconditum. Verum patriam pervenientes, regi nostro cujus visionem sitimus, ad quem suo decore contuendum toto nisu virtutis, tota mentis intentione properamus, quæ in terris latuerant, in cœlis coronanda nostra bonæ conversationis donaria proferemus, quando quæ in tenebris diximus, in lumine dicentur, et quod in aurem locuti sumus in cubiculis, prædicabitur in tectis.

Ascendit autem et Joseph a Galilæa de civitate Nazareth in Judæam civitatem David, &c.] Superna dispensatione professio census ita descripta est, ut suam quisque patriam ire juberetur. Non tantum propter mysterium quod diximus, verum etiam ut Dominus alibi conceptus, alibi natus, insidiantis sibi Herodis furorem facilius evaderet. Qui si Bethlemitis parentibus nasceretur, fugam eorum subitam callidus scrutator potuisset habere suspectam, præsertim cum eos de stirpe David, unde Christus erat futurus, cuncti genus ducere nossent. Cui David ipse, suo et nomine, et patria, et officio, testimonium perhibet. David quippe, manu fortis, sive desiderabilis, interpretatur. Nomen quidem inde mutuans, quod et gigantem fortiter straverit, et pulcher aspectu decoraque facie fuerit: sed altiori mysterio illum de sua domo ac familia nasciturum præfigurans, qui singulariter mundi principem debellaret, speciosus forma præ filiis hominum, et ipse in Bethleem natus, et intellectualium pastor ovium, hoc est, simplicium rector animarum. Cujus non prætereunter tanta tamque benigna est humilitas intuenda, qui non solum incarnari pro nobis, sed et eo tempore dignatus sit incarnari, quo mox censu Cæsaris adscriberetur, atque ob nostri liberationem ipse servitio subderetur. Quam etiam nobis humilitatis ejus semitam (neque enim conditiones venit mutare, sed animos) Petrus insinuat. Subditi (inquiens) estote omni humanæ creaturæ propter Deum, sive regi, quasi præcellenti, sive ducibus, tanquam ab eo missis. Sed et coapostolus ejus Paulus, Reddite (inquit) omnibus debita; cui tributum, tributum; cui vectigal, vectigal; cui timorem, timorem; cui honorem, honorem. Nemini quicquam debeatis, nisi ut invicem diligatis.

Factum est autem cum essent ibi, impleti sunt dies ut pareret, &c.] Bene non solum propter indicium regii stemmatis, sed et propter nominis sacramentum Dominus in Bethleem nascitur. Bethleem namque domus panis interpretatur. Ipse namque est, qui ait, Ego sum panis vivus, qui de cœlo descendi. Locus ergo, in quo Dominus nasceretur, domus panis ante vocatus est, quia futurum profecto erat ut ille ibi per materiam carnis appareret, qui electorum mentes interna satietate reficeret. Sed usque hodie, et usque ad consummationem sæculi, Dominus in Nazareth concipi, nasci in Bethleem non desinit, cum quilibet audientium, verbi flore suscepto, domum se æterni panis efficit. Quotidie in utero virginali, hoc est, in animo credentium per fidem concipitur, per baptisma gignitur. Quotidie Dei genitrix ecclesia suum comitata doctorem, de rota mundanæ conversationis quod Galilæa sonat, in civitatem Juda, confessionis videlicet et laudis, ascendens, censum suæ devotionis æterno regi persolvit. Quæ in exemplum beatæ semper virginis Mariæ nupta simul et immaculata, concipit nos virgo de Spiritu, parit nos virgo sine gemitu, et quasi alii quidem desponsata, sed ab alio fœcundata, per singulas sui partes quæ unam catholicam faciunt, præposito sibi pontifici visibiliter jungitur, sed invisibili Spiritus Sancti virtute cumulatur. Unde et bene Joseph auctus interpretatur. Indicans nimirum hoc vocabulo quod instantia magistri loquentis nil valet, si non augmentum superni juvaminis ut audiatur acceperit. Quod autem filium suum primogenitum Maria peperisse describitur, non juxta Helvidianos accipiendum est alios quoque filios eam procreasse, quasi nequeat primogenitus dici, nisi qui habeat fratres, sicut non unigenitus nisi qui caret fratribus solet appellari. Quia et testimonium legis, et aperta ratio declarat omnes unigenitos etiam primogenitos, non autem omnes primogenitos etiam unigenitos posse vocari. Hoc est, non solum esse primogenitum post quem alii, sed omnem antequam nullus e vulva processerit. Denique quia omne masculinum quod aperit vulvam sanctum Domino vocari præcipitur, sive fratres sequantur sive non sequantur, quod primum de vulva nascitur primogeniti est jure consecrandum. Verum altiori ratione Dei Filius in carne apparens, et juxta divinitatis excellentiam unigenitus a Patre, et juxta fraternam societatem primogenitus est omnis creaturæ. De hac dicitur, Nam quos præscivit et prædestinavit conformes fieri imaginis Filii sui, ut ipse primogenitus in multis fratribus. De illa autem, Et vidimus gloriam ejus, gloriam quasi unigeniti a Patre. Est ergo unigenitus in substantia Deitatis, primogenitus in susceptione humanitatis. Primogenitus in gratia, unigenitus in natura. Inde est, quod frater nuncupatur, et Dominus. Frater quia primogenitus, Dominus quia unigenitus est.

Et pannis eum involvit, et reclinavit eum in præsepio, &c.] Quid retribuam Domino pro omnibus quæ retribuit mihi? Qui enim major est omni laude, parvulus natus est nobis, ut nos viri possimus esse perfecti. Qui totum mundum vario vestit ornatu pannis vilibus involvitur, ut nos stolam primam recipere valeamus. Per quem omnia facta sunt, manus pedesque cunis adstringitur, ut nostræ manus ad opus bonum exertæ, nostri sint pedes in viam pacis directi. Cui cœlum sedes est, duri præsepis angustia continetur, ut nos per cœlestis regni gaudia dilatet. Qui panis est angelorum, in præsepio reclinatur, ut nos quasi sancta animalia carnis suæ frumento reficiat. Qui ad dexteram Patris sedet, in diversorio loco eget, ut nobis in domo Patris sui, multas mansiones præpararet. Quamvis hoc quod non in parentum domo, sed in diversorio et in via nascitur, per significationem intelligi altius potest. Ipse namque ait, Ego sum via, et veritas, et vita. Qui ergo per divinitatis essentiam veritas et vita permanet, per incarnationis mysterium via factus est, qua nos ad patriam ubi veritate et vita frueremur adduceret.

Et pastores erant in regione eadem vigilantes, &c.] Pulcherrima ratione Domino nato pastores vigilant, gregemque suum ab insidiis noctis custodiendo defendunt. Ut videlicet etiam per hoc ostendatur illud adesse tempus, quod verus et solus bonus pastor olim promisit dicens, Ecce ego ipse requiram oves meas, et visitabo eas sicut visitat pastor gregem suum, et liberabo eas de omnibus locis in quibus dispersæ fuerant in die nubis et caliginis. Et paulo post, Et suscitabo super ea pastorem unum qui pascat ea, servum meum David, et cessare faciam bestias pessimas de terra, et cætera. Quæ mirabiliter a propheta prædicta, mirabilius a Domino videmus impleta. Meminit et Micha propheta loci hujus et temporis, dicens, Et tu turris gregis nebulosa, filiæ Sion usque ad te venient, et veniet potestas prima regnum filiæ Sion. Turris quippe gregis quæ Hebraice turris Ader vocatur, mille circiter passibus a civitate Bethleem ad orientem distat, vaticinio sui nominis pastores hos multo ante demonstrans, ad quam usque filiæ Sion angelicæ videlicet potestates pastoribus apparendo venerunt. Vigilent itaque nato Domino pastores supra gregem ovium suarum, significent ejus dispensatione manifestata vigilaturos in ecclesia pastores animarum castarum. Quibus dicatur, Pascite qui in vobis est gregem Dei. Bene autem vigilantibus pastoribus angelus apparet, eosque Dei claritas circumfulget. Quia illi præ cæteris videre sublimia merentur, qui fidelibus gregibus præesse sollicite sciunt, dumque ipsi pie super gregem vigilant, divina super eos gratia largius coruscat. Aliter angelus Mariam, angelus Joseph, angelus pastores instruit. Et concipiendum, et conceptum, et natum, cœli cives Dominum testantur, ut et mortales sufficienter imbuant, et suum auctori servitium incessanter impendant. Nam et insequentibus, tentato, passuro, resurgenti, atque ad cœlos ascendenti, semper adesse perhibentur.

Et timuerunt timore magno. Et dixit illis angelus, Nolite timere, &c.] Non omni populo Judæorum, quorum plurimi rebelles extitere, sed omni fidelium populo de cunctis tribubus, gentibus, et linguis, in unam Christi ecclesiam congregato, æternum gaudium evangelizatur et magnum.

Quia natus est vobis hodie Salvator, &c.] Hæc est potestas prima, hoc regnum filiæ Sion, quod præfato prophetæ testimonio promissum est in turre gregis venturum. Ubi notandum quod angelus qui in noctis utique vigiliis pastores affatur, non ait hac nocte, sed hodie natus est vobis Salvator. Non aliam scilicet ob causam, nisi quia gaudium magnum evangelizare veniebat. Nam ubi tristia quæque nocturnis temporibus gesta vel gerenda significantur, ibi sæpe nox vel adjungitur, vel etiam sola nominatur. Ut est illud, Omnes vos scandalum patiemini in me in ista nocte. Et alibi, Amen dico tibi, Quia tu hodie in nocte hac priusquam bis gallus vocem dederit, ter me es negaturus. Neque enim frustra angelus tanto lumine cinctus apparuit, ut claritas Dei pastores circumfulsisse, hoc est, ex omni parte illorum radios luminis aspersisse dicatur, quod nunquam in tota testamenti veteris serie toties angelis apparentibus adjungitur. Sed mystice præmonuit, quod aperte postea monuit apostolus dicens, Nox præcessit, dies autem appropinquavit. Abjiciamus ergo opera tenebrarum, et induamur nos arma lucis, sicut in die honeste ambulemus.

Et hoc vobis signum: invenietis infantem pannis involutum, &c.] Crebris infantia Salvatoris et angelorum præconiis, et evangelistarum nobis est inculcata testimoniis, ut nostris altius cordibus quid pro nobis sit factus infigatur. Quia videlicet vulneratus est propter iniquitates nostras, et infirmatus est propter peccata nostra. Et notandum solertius, quod signum nati Salvatoris datur, infantem non Tyrio exceptum ostro, sed pannis squalentibus involutum, non in ornatis auro stratoriis, sed in præsepibus inveniendum. Hoc est non tantum humilitatis eum et mortalitatis, sed et paupertatis habitum suscepisse pro nobis. Quia cum dives esset, pauper factus est pro nobis, ut nos illius inopia ditaremur. Cum esset Dominus cœlorum, pauper factus est in terris, ut terrigenas edoceret paupertate spiritus regnum adquirere posse cœlorum.

Et subito facta est cum angelo multitudo militiæ cœlestis laudantium Deum, &c.] Uno evangelizante nuntio natum in carne Deum mox multitudo militiæ cœlestis advolans, consono in laudem Creatoris ore prorumpit, ut et sui sicut semper obsequii devotionem Christo impendant, et nos suo pariter instituat exemplo, quoties vel aliquis fratrum sacræ eruditionis verbis insonuerit, vel ipsi lecta sive audita quæ pietatis sunt ad mentem reduxerimus, Deo statim laudes ore, corde, et opere reddendas. Et bene chorus adveniens angelorum militiæ cœlestis vocabulum accipit, qui et duci illi potenti in prælio, qui ad debellandas aereas potestates apparuit, humiliter obsecundat, et ipse potestates easdem contrarias, ne mortales tantum tentare valeant quantum volunt, fortiter armis cœlestibus proturbat. Nam sicut imperatoris optimi provisione cuncta manu militari loca adversus hostilem muniuntur adventum, ita et Deus quoniam immundi spiritus ad pacis eversionem ubique versantur, ad tutelam nostram constituit exercitus angelorum, quorum præsentia et dæmonum confringatur audacia, et nobis pacis gratia ministretur. Quia vero Deus et homo nascitur, jure hominibus pax, et Deo gloria canitur: glorificant angeli Deum pro nostra redemptione incarnatum, quia dum nos conspiciunt recipi, suum gaudent numerum repleri. Optant pacem hominibus, quia quos infirmos prius abjectosque despexerant, nascente in carne Domino jam socios venerantur, qui cum pacem hominibus poscunt, exponunt, et quibus, videlicet bonæ voluntatis, hoc est eis qui suscipiunt natum Christum, non autem Herodi, pontificibus, et Pharisæis, cæterisque antichristis, qui ejus nativitate audita turbati sunt, eumque quantum valuere gladiis insecuti. Non est enim pax impiis, dicit Dominus. Pax autem multa diligentibus nomen tuum, Domine, et non est in illis scandalum. Quibus et hoc quod sequitur, aptissime congruit. Expectabam salutare tuum, Domine, hoc est, venturum Christi adventum, longa votorum præstolatione suspirabam.

CAP. VI. *Et factum est ut discesserunt ab eis angeli in cœlum, pastores loquebantur ad invicem.*] Transeamus usque Bethleem et videamus hoc verbum quod factum est, quod fecit Dominus, et ostendit nobis. Verba pastorum quam sint rationabilia, et pastoribus ecclesiæ digna, diligenter inspice. Vere enim quasi vigilantes non dixerunt, videamus puerum, videamus quid dicitur, sed videamus verbum quod factum est. In principio erat verbum, et verbum caro factum est. Verbum quod semper erat, videamus quomodo pro nobis factum est, quod fecit Dominus et ostendit nobis. Verbum hoc, ipsum se fecit: si quidem hoc ipsum verbum Dominus est. Videamus igitur quomodo hoc ipsum verbum hoc est, Dominus ipse se fecerit, et ostenderit nobis carnem suam. Quod enim videre non poteramus dum erat verbum, videamus factum quia caro est. Cui simile est quod Joannes ait, Quod fuit ab initio, quod audivimus, quod vidimus oculis nostris, quod prospeximus, et manus nostræ tractaverunt de verbo vitæ, et vita manifestata est, et vidimus, et testamur, et adnuntiamus vobis vitam æternam quæ erat apud Patrem, et apparuit nobis.

Et venerunt festinantes, et invenerunt Mariam et Joseph et infantem, &c.] Festinant pastores Christi quem cognovere, tota mentis intentione videre adventum desiderant. Neque enim cum desidia Christi est quærenda præsentia. Et ideo forte nonnulli quærentes invenire non merentur, quia desidiose Christum requirunt. Ideo pastores isti sine mora invenerunt, quia ad illum fide inficta currebant, ad quem festinanter ire est non pedum gressus accelerare, sed in fide semper ac virtute proficere. Invenerunt (inquit) Mariam et Joseph et infantem positum in præsepio. Sed et Dominici gregis pastores quo crebrius ac suavius inter hujus vitæ tenebras cœlesti adtolluntur oraculo, eo ferventius sublimem patrum præcedentium vitam, in qua panis vitæ semper et servatur et reficit, quasi portas Bethleem contemplando subeunt, nihilque in hac aliud quam virginalem catholicæ ecclesiæ pulchritudinem quasi Mariam: virilem spiritualium doctorum cœtum quasi

Joseph: et humilem Mediatoris Deî et hominum, hominis Jesu Christi, adventum Scripturæ Sacræ paginis insertum, quasi in præsepio positum infantem Christum prima visione reperiunt. De quo videlicet Sanctarum Scripturarum præsepio eximium illud animal et sacrosanctis hostiis aptissimum pascebatur, quod exultando proclamabat, Dominus pascit me, et nihil mihi deerit, in loco pascuæ ibi me conlocavit. Et paulo post, Parasti in conspectu meo mensam adversus eos qui tribulant me. Videntes autem (inquit) cognoverunt de verbo quod dictum erat illis de puero hoc, quia nimirum justi est ordinis, ut cognita, amata, et honore digno celebrata verbi incarnatione, ad ipsam quandoque verbi gloriam contuendam capacioris longo exercitio mentis acumine pertingatur.

Et omnes qui audierunt, mirati sunt, &c.] A pastoribus populus ad Dei reverentiam cogitur. Non mediocre fidei tibi hoc videatur exemplum, non vilis persona pastorum. Certe quo vilior ad prudentiam, eo pretiosior ad fidem. Non sapientes sed simplices, qui fucare audita nescirent, Dominus sui præcones elegit, non rhetores, sed piscatores ad evangelizandum destinavit. Denique et in veteri testamento præcipuos quosque suæ dispensationis nuntios pastores ordinavit. Protomartyr Abel qui innocuam pastoralis officii conversationem proprio sanguine dicavit, cujusque in figuram Dominicæ passionis sanguis clamat de terra, quasi doctissimus ac primus opilionum primitias gregum suorum Domino devotus offerebat. Abraham pater fidei, qui exultavit ut videret diem Christi, et vidit, et gavisus est, non auri metalla quibus sui cultui ornamenta conquireret, sed aquarum fontes quibus pecora potaret, in terræ venis fodiendo quæsisse describitur. Jacob duodecim tribuum pater bis denis annis in pascendis pecoribus æstu urebatur et gelu, quorum in figuram veri pastoris habitum, ostensa inter doctrinæ salutaris aquas virtutum suarum varietate, statu sublimiore donabat. Legislator Moyses qui prius in typum ecclesiæ septiformis sorores septem pascentes ab irruentium pastorum donec suas oves adaquarent improbitate defendit, postmodum inter pascua deserti Dominum videre et alloqui atque in virga pastorali signa facere ac populum Dei liberare promeruit. Ipse David cujus Dominus noster vocari et esse dignatus est Filius, arietem sui patris de manu ursi vel leonis eripiens, ostendit eum de sua stirpe et civitate nasciturum, cui similis non est, eripiens inopem de manu fortioris ejus, egenum et pauperem a rapientibus eum. Et ideo non est parvi ducenda pastorum attestatio, qui tunc vigilare et angelicæ exultationis hymnum audire meruerunt, quando relictis in deserto nonaginta novem ovibus, ad requirendum ovem centesimam bonus pastor apparuit. Cujus semper adventum totus fidelium grex desiderans implorat, Erravi sicut ovis quæ perierat, require servum tuum, Domine.

Maria autem conservabat omnia verba hæc, conferens in corde suo.] Quid vult hoc quod dicit, conferens? Debuit dicere, considerabat in corde suo, et conservabat in corde suo, sed quia Sanctas Scripturas legerat, et sciebat prophetas, conferebat ea quæ secum sunt acta de Domino, cum his quæ noverat a prophetis scripta de Domino, et conlata ad invicem cognovit instar cœlestium Cherubim socia sui vultus luce concordia. Dixerat enim Gabriel, Ecce concipies in utero, et paries filium. Prædixerat Esaias, Ecce virgo concipiet et pariet filium. Prædixerat Micha filias Sion in turre gregis adventuras, et potestatem primam tunc esse venturam. Dicebant pastores supernæ sibi civitatis in turre gregis apparuisse cohortes quæ natum canerent

Christum. Legerat Maria, Bos cognovit possessorem suum, et asinus præsepe Domini sui. Videbat in præsepi Dei Filium vagientem qui homines salvat ac jumenta, et in his singulis atque hujusmodi conferebat quæ legerat, et comparabat his quæ audiebat et videbat.

Et reversi sunt pastores glorificantes et laudantes Deum, &c.] Glorificant pastores et laudant Deum in omnibus quæ audierant ab angelis, et viderant in Bethleem, sicut dictum est ad illos, id est, et in hoc glorificant quod non aliud venientes invenerant, quam dictum est ad illos: sive sicut dictum est ad illos, gloriam Deo laudesque referunt. Et hoc enim illis facere dictum est ab angelis, non quidem verbo imperantibus, sed formam suæ devotionis offerentibus, cum Deo in excelsis gloriam unanimi exultatione resonarent. Nam et qui dicit, Evangelizo vobis gaudium magnum quod erit omni populo, ad glorificandum utique Deum laudandumque provocat. Sed et magistri spiritualium gregum modo cæteris dormientibus contemplando cœlestia subeunt, modo fidelium castra lustrando et probitatis exempla quærendo circueunt, modo ad publicum pastoralis officii docendo redeunt, ut memoriam abundantiæ suavitatis Dei, quam raptim licet intuendo gustaverant, prædicando proximis eructent.

CAP. VII. *Et postquam consummati sunt dies octo ut circumcideretur puer, &c.*] Ritus et religio circumcisionis a beato Abraham patriarcha sumpsit exordium. Qui cum positus adhuc in præputio perfecte Deo credidisset, reputatumque ei esset ad justitiam, signum accepit circumcisionis, signaculum justitiæ fidei, quæ est in præputio. A quo etiam ut die circumcisionis nomen parvulis aptaretur, exortum est. Quia et ipse cum testamentum a Deo circumcisionis acciperet, eadem prius die, cum sua conjuge nominis augmentum promeruit, ut qui eatenus Abram, id est, pater excelsus vocabatur, deinceps ob meritum fidei Abraham, hoc est, pater multarum gentium nuncuparetur, Sarai quoque Sara diceretur. Erat autem circumcisionis typus ac figura multiformis. Nam et signaculum (ut dictum est) justitiæ fidei Abrahæ et semini ejus, et indicium castigandi eos qui ad hoc semen hancque fidem pertinerent, ab omni inquinamento carnis et spiritus, et prophetiam nascituri de hoc semine Salvatoris, quæ nos et in præsenti per baptismum ab omni mortiferæ actionis pollutione mundaret, et in futuro per resurrectionem ab universa mortis ipsius corruptione in perpetuum liberaret, et præcipue donum remissionis, quod solveret a peccato prævaricationis Adæ, per hanc id temporis ministrari, eidem gratiæ legisque latori complacuit. Qui enim nunc dicit, Nisi quis renatus fuerit ex aqua et Spiritu Sancto non potest introire in regnum Dei, ipse tunc dicebat, Masculus cujus præputii caro circumcisa non fuerit, peribit anima illa de populo suo, quia pactum meum irritum fecit. Non pactum utique circumcisionis, quod non infans qui decernere necdum valuit, sed majores qui id servare noverant, poterant, debuerant, irritum fecerunt: verum pactum quod cum primo homine Deus iniit, quod omnis qui vel unius diei vitam gessit in terra, prævaricasse convincitur, atque ideo remedio salutis aliquo opus habere non ignoratur. Nam qui vel ante tempora circumcisionis, vel etiam post datam circumcisionem de exteris gentibus extitere fideles, ut exempla patientiæ Job et amici liberique illius, sive victimis hostiarum, se suosque ab originali peccato, seu certe sola fide salvabant, quia justus ex fide vivit, et sine fide impossibile est placere Deo. Verum his atque hujusmodi remediis egent, qui de peccati traduce propagati in iniquitatibus concepti et in delictis sunt nati. Redemptor autem noster, qui ut peccata mundi tolleret, sine peccato venit in mundum, sicut suo baptismate nobis remedia procuravit, id est, nostris abluendis sceleribus aquarum quæ subiit lavacra consecravit, ita etiam circumcisione quam suscepit, non sua quæ nulla erant admissa purgavit, sed nostræ in se naturæ vetustatem docuit innovandam, et nunc videlicet eam per se a vitiorum labe purgandam, et in novissima die significans ab ipsa multifariæ mortalitatis ac mortis peste penitus esse restaurandam. Unde congrue Jesus octava die circumcisus asseritur, quod non facile in veteri testamento de quoquam legimus actum, quamvis sæpissime de omnibus jussum, absque solo duntaxat Isaac, qui quasi filius promissionis primus octava die circumcisionem accepisse perhibetur. Bene, inquam, Jesus octava die circumciditur. Quia videlicet utraque hæc nostra quam prædiximus, hoc est, et moderna et futura, et spiritus et carnis innovatio, et in ejus resurrectione præfigurata, et in nostra est quandoque perficienda. Si quidem de prima nostra resurrectione, quæ interim vitæ et fidei emendatione celebratur, apostolus ait, Quicunque enim baptizati sumus in Christo Jesu, in morte ipsius baptizati sumus, ut quomodo surrexit Christus a mortuis per gloriam Patris, ita et nos in novitate vitæ ambulemus. De secunda autem quæ in fine speratur, ita dicit, Si enim credimus quod Jesus mortuus est et resurrexit, ita et Deus eos qui dormierunt per Jesum adducet cum eo. Octavum autem numerum resurrectionis gloriæ convenire pene omnibus claret. Nam et Dominus octava die, hoc est, post septimam sabbati resurrexit, et ipsi post sex hujus sæculi ætates et septimam sabbati animarum, quæ nunc interim in alia vita geritur, quasi octavo tempore surgemus, tunc verissime circumcisi, hoc est, ab omnibus carnalis concupiscentiæ vitiis et corruptionibus, in quibus maxime luxuria regnat, expoliati, verissime præputium incisi. Quia sicut Dominus ait, Filii seculi hujus nubunt, et traduntur ad nuptias: illi autem qui digni habebuntur seculo illo, et resurrectione ex mortuis, neque nubent, neque ducent uxores, neque enim ultra mori poterunt, æquales enim angelis sunt, et filii sunt Dei, cum sint filii resurrectionis.

Vocatum est (inquit) nomen ejus Jesus, &c.] Jesus, Salvator interpretatur, cujus nominis etiam fideles et electi quique, in utraque sua de qua satis dictum est circumcisione, participes existere gaudent, ut sicut a Christo Christiani, ita etiam a Salvatore salvati nuncupentur, nunc quidem spe salvi facti per fidem, tunc autem re ipsa per visionem gloriæ, quæ est in Christo Jesu Domino nostro, quod illis a Deo vocabulum non solum priusquam in utero ecclesiæ per fidem conciperentur, sed etiam ante tempora secularia vocatum est. Cujus sacrosancti nominis non tantum etymologia, sed et ipse quem literis comprehendit numerus, perpetuæ nostræ salutis mysteria redolet. Sex quippe literis apud Græcos scribitur Ἰησοῦς, videlicet, ι, et η, et σ, et ο, et υ, et ς, quarum numeri sunt X. et VIII. et CC. et LXX. et CCCC. et CC. qui fiunt simul, DCCCLXXXVIII. Qui profecto numerus quia figuræ resurrectionis adgaudeat, satis est supra tractatum. Nam quod octo simpliciter posita, hoc et per eadem decem, sive centum multiplicata significant. Vel certe perfectorum cumulatio numerorum, firmitatis indicium esse credendum est. Possumus et ita dicere, quod nomen Salvatoris octo absoluta contineat, quia resurrectionis in se exemplum mortalibus octava die resurgendo præstiterit. Contineat et decuplata, quia decalogus legis quomodo debeat impleri suæ nos resurrectionis figuris instituerit pariter et juverit. Ut quomodo ipse surgens a mortuis jam non moritur, mors illi ultra non dominabitur, ita et nos existimemus nos mortuos quidem esse peccato, viventes autem Deo in Christo Jesu. Contineat etiam centies ducta, quia gloria suæ resurrectionis ostensa, quæ nos in futurum sequatur retributio portenderit. Centenarius namque numerus, qui post tot in læva cursum numerorum, primus dexteram petit, illius nimirum seculi gaudiis figurandis aptissime congruit, quando novissima inimica destruetur mors, quando nos qui vivimus, qui relinquimur, simul rapiemur cum illis qui resurrexerint in nubibus obviam Domino in aera, et sic semper cum Domino erimus. Unde pulchre in typum omnium electorum, primus promissionis filius et centenario patre natus ac circumcisus, et secundum Domini prædictum, Isaac, quod risum sive gaudium sonat, est appellatus, illius per omnia temporis dexteram felicitatem præfigurans, de quo Dominus ait: Iterum autem videbo vos, et gaudebit cor vestrum, et gaudium vestrum nemo tollet a vobis. Verum quia de circumcisione sermo est, libet inquirere quare Moyses ipse, qui legem circumcisionis et patribus a Deo datam et sibi toties inculcatam refert, toto ducatus sui tempore neminem circumcidi voluerit, præter unum solummodo filium suum, quem mater arrepta petra acutissima ne a Domino feriretur circumcidit, sed omnes qui in eremo nati sunt, a Josue circumcidendos reliquerit, morem videlicet divinitus imperatum, quadringentis et sex annis observatum, et avita sibi successione contraditum, annis quadraginta continuis intermittens. Nequaquam hoc frustra, sed magno mysterio factum crediderim. De quo, salvo majorum intellectu, dicam breviter ipse quod sentio. Moyses circumcisionem prædicat, sed Josue perficit, quia lex per Moysen data est, gratia autem et veritas per Jesum Christum facta est. Nihilque prodest litera jubens, nisi adfuerit gratia juvans. Moyse prædicante præputium crescit, quia sicut apostolus ait, Ex operibus legis non justificabitur omnis caro coram illo: per legem enim cognitio peccati. Et alibi, Usque ad legem enim, peccatum erat in mundo: peccatum autem non imputatur, cum lex non est. Et iterum, Lex autem subintravit, ut abundaret delictum: nam concupiscentiam nesciebam, nisi lex diceret, Non concupisces. Occasione autem accepta, peccatum per mandatum operatum est in me omnem concupiscentiam. Sed Josue populo in terram repromissionis inducto, præputium quod Moyse vivente adcreverat, cultris petrinis incidit: quia ubi abundavit peccatum, superabundavit gratia. Nam quare petrinis ad circumcidendum Josue cultris utatur, intelligit qui legit, Quia petra erat Christus, et super hanc (inquit) petram ædificabo ecclesiam meam. Quod enim impossibile erat legis, in quo infirmabatur per carnem, Deus Filium suum mittens in similitudine carnis peccati, et de peccato damnavit peccatum in carne, ut justificatio legis impleretur in nobis, qui non secundum carnem ambulamus, sed secundum Spiritum. Hæc autem Christi gratia non solum novi testamenti fideles justificat, verum quicunque in lege perfecti fuere, non ex operibus legis, sed eadem Christi in carne venturi gratia sunt salvi facti per fidem. Et hos populus a Josue circumcisus, illos Moysi filius designat, qui cum legis severitate coacti discerent Christi gratiam flagitare, quasi impendentem Domini gladium, petræ circumcisionem vitabant, Petro adtestante, qui de jugo legis loquens ait: Quod neque patres nostri, neque nos potuimus portare, sed per gratiam Domini Jesu credimus salvari, quemadmodum et illi. Et Psalmista, qui quasi carcerali legis custodia conclusus, et viam evadendi nullam nisi in gratia Christi reperiens, exclamat, Dum anxiaretur cor meum, in petra exaltasti me. Deduxisti me, quia factus es spes mea, turris fortitudinis a facie inimici. Nemo sane cum circumcisionem prædicari audierit, unius solum membri continentiam autumet imperari, quasi vel a fornicatione tutum, vel licito matrimonio temperanter utentem, vel virginitate gloriosum existere, absque aliarum virtutum adjectione sufficiat, et non omnium potius quos corde vel corpore gestamus sensuum castigationem præcipi. Nam et Moyses mundissima Dei verba suscipiens, incircumcisum se labiis esse querebatur, et Stephanus Judæis non credentibus, Incircumcisi, inquit, cordibus et auribus, vos semper Spiritui Sancto restitistis. Ille itaque vera circumcisione mundatus est, qui obturat aures suas ne audiat sanguinem, et claudit oculos ne videat malum, qui custodit vias suas ne delinquat in lingua sua, et attendit sibi ne gravetur cor ejus in crapula et ebrietate, qui donec superest halitus in eo et spiritus Dei in naribus ejus, non loquitur labiis iniquitatem, qui lavat inter innocentes manus suas, et ab omni via mala prohibet pedes suos, qui super omnia castigat corpus suum et servituti subjicit, omnique custodia servat suum cor, quoniam ex ipso vita procedit. Ille vero post circumcisionem Hierusalem adlatus et Domino oblatus est, qui juxta eum qui dicit, Declina a malo et fac bonum, postquam desiit a peccatis, bonis cœpit operibus abundare. Qui dicere potest, Oculi mei semper ad Dominum, et circumibo altare tuum, Domine, ut audiam vocem laudis tuæ. Qui dicit, Christi bonus odor sumus Deo, et levavi manus meas ad mandata tua, et converti pedes meos in testimonia tua. Qui sive manducat, sive bibit, sive aliud quid agit, omnia in gloriam Dei facit, et dicit, Quam dulcia faucibus meis eloquia tua! et ad extremum, Cor meum et caro mea exultaverunt in Deum vivum. Sed et ipsa bona actio sua, quæ in abscondito est, circumcisione non minus indiget, ut cum jejuno, oro, eleemosynam facio, gloriam intrinsecus quæram. Nam si in angulis platearum sto, faciem demolior, tuba ante me cano ut videar et lauder ab hominibus, foris quidem circumcisus appareo, sed immundus in corde permanens, pœnas insuper simulatæ sanctitatis incurro. In exemplum videlicet Sichemitarum, qui cum patriarcharum circumcisionem viderentur imitati, quia non ob Domini testamentum, sed ob causam fecere luxuriæ, non modo nil acquisiere mercedis, verum tertia die quando gravissimus vulnerum dolor est, inter suæ civitatis periere ruinas. Tales namque obliti propheticæ monitionis, Circumcidimini Domino, et auferte præputia cordium vestrorum, ubi tempus resurrectionis ingruerit, evacuatis quibus confidebant virtutibus, in mortem mittentur æternam. Quapropter et apostolus absconditam corde circumcisionem sedulo commendat, cujus laus non ex hominibus, sed ex Deo est.

Et postquam impleti sunt dies purgationis ejus, &c.] Decretum quidem legis erat, parvulum post tricesimum tertium circumcisionis diem ad templum Domini deferri, darique hostiam pro eo, primogenitum autem masculum sanctum Domino fieri: mystice, sicut diximus, insinuans, neminem nisi circumcisum vitiis, Dominicis dignum esse conspectibus, neminem nisi mortalitatis nexibus absolutum, supernæ civitatis gaudia perfecte posse subire. Quia non habitavit (inquit) juxta te malignus, neque permanebunt injusti ante oculos tuos. Et apostolus, Caro et sanguis regnum Dei non possidebunt: neque corruptio incorruptelam possidebit. Verum si legis ipsius verba diligentius inspexeris, profecto reperies quia non solum Dominus incarnatus, quantum a peccati contagione tantum a conditione legis fuerit liber, quam ob hoc magis suscipere dignatus est, ut et eam sanctam justam ac bonam esse probaret, et nos ab ejus servitute ac timore fidei gratia liberaret, sed etiam ipsa Dei genitrix sicut ab admixtione virili, sic et a legali sit jure immunis. Dicit enim Moyses, Mulier si suscepto semine pepererit masculum, immunda erit septem diebus juxta dies separationis menstruæ, et die octava circumcidetur infantulus. Ipsa vero triginta tribus diebus manebit in sanguine purificationis suæ. Omne sanctum non tanget, nec ingredietur sanctuarium, donec impleantur dies purificationis suæ, et cætera quæ ad ritum parientis pertinentia sequuntur. Nota ergo quod non omnis mulier pariens, sed ea quæ suscepto semine pepererit designatur immunda, rituque legis docetur esse mundanda, ad distinctionem videlicet illius, quæ virgo concepit et peperit filium, et vocavit nomen ejus Emmanuel, quod est interpretatum, nobiscum Deus. Non ergo Filius qui cum homine Deus est, non mater quæ Spiritu Sancto operante peperit, victimis hostiarum quibus purgaretur indigebat, sed ut nos a legis vinculo solveremur, sicut Dominus Christus, ita et beata semper virgo Maria legi est sponte subjecta.

Sicut scriptum est in lege Domini, Quia omne masculinum adaperiens vulvam, &c.] Quod dicit, Omne masculinum adaperiens vulvam, et hominis et pecoris primogenitum significat, quod utrumque sanctum Domino vocari, atque ideo sacerdotis esse præceptum est. Ita duntaxat, ut pro hominis primogenito pretium acciperet, et omne animal immundum redimi faceret. Cujus (inquit) redemptio erit post unum mensem siclis argenti quinque. Ubi salvo subtiliore tractatu breviter intimandum, quod illa omnia primogenita, vel figura fuerint ejus qui cum unigenitus esset Dei Filius, primogenitus fieri dignatus est omnis creaturæ, vere et singulariter sanctus Domino, quia peccatum non fecit, nec inventus est dolus in ore ejus, vel certe nostræ fuerint devotionis indicium, qui omnia bonæ actionis initia, quæ quasi corde gignimus, Domini gratiæ deputare, male autem gesta redimere debeamus, dignos videlicet pœnitentiæ fructus pro singulis quinque corporis vel animæ sensibus offerentes. Itaque quod ait, adaperiens vulvam, consuetæ nativitatis more loquitur. Non quod Dominus noster sacri ventris hospitium quod ingressus sanctificarat, egressus devirginasse credendus sit, juxta hæreticos qui dicunt beatam Mariam virginem usque ad partum, non virginem esse post partum, sed juxta fidem catholicam clauso virginis utero, quasi sponsus, suo processisse de thalamo. De quo pulchre propheta, Et converti me (inquit) ad viam portæ sanctuarii exterioris, quæ respiciebat ad orientem, et erat clausa, et dixit Dominus ad me, Porta hæc clausa erit, non aperietur, et vir non transiet per eam, quoniam Dominus Deus Israel ingressus est per eam, eritque clausa principi, princeps in ea sedebit, ut comedat panem coram Domino. Quamvis possit etiam mystice designari, nullum præter Dominum ecclesiæ virginis uterum per aquam et Spiritum Sanctum ad generandos Deo filios posse reserare, ideoque hunc masculum incomparabili dignitate Domino sanctum vocari.

Et ut darent hostiam secundum quod dictum est, &c.] Dictum est in lege, ut pro infante si masculus sit (ut prædixi) quadragesimo, si fœmina, octogesimo die nativitatis, agnus anniculus immaculatus in holocaustum, et turtur sive pullus columbinus offerretur pro peccato. Si autem non invenerit (inquit) manus ejus nec potuerit offerre agnum, sumet duos turtures vel duos pullos columbæ, unum in holocaustum, et alterum pro peccato. Dominus ergo Christus Jesus cum dives esset, pauper factus pro nobis, pauperem pro se hostiam voluit dari. Ut videlicet una sua paupertate nos et hic divites in fide, et illic faceret hæredes regni, quod repromisit Deus diligentibus se. Moraliter autem, sive fortia quis opera seu creaverit infirma, quæ masculi ac fœminæ vocabulo distinguuntur, ut hæc legitime Domino valeant consecrari, ovem necesse est, innocentiæ, et turturem pariter sive columbam compunctionis offerat. Quia enim volucres hæ pro cantu gemitus habent, non immerito lacrimas humilium designant, quibus plurimum in ipsis etiam bonis operibus indigemus. Quia et si bona esse quæ agimus noverimus, qua tamen districtione a Domino examinanda, qua a nobis perseverantia sint consummanda, nescimus. Qui vero divitias virtutum non habendo, de quibus ad Corinthios apostolus ait, Quia in omnibus divites facti estis in illo, in omni verbo et in omni scientiā, agnum vitæ innocuæ in actuum suorum grege non invenerit, duos saltem turtures aut duos columbæ pullos offerat, hoc est, ad lacrimarum flagitanda suffragia confugiat. Et bene duos, unum pro peccato, et alterum in holocaustum. Holocaustum namque totum incensum dicitur, quia duo sunt nimirum genera compunctionis. Deum namque sitiens anima prius timore compungitur, post amore. Prius enim sese in lacrimis afficit, quia dum malorum suorum recolit, pro his perpeti supplicia æterna pertimescit. At vero cum longa mœroris anxietate fuerit formido consumpta, quædam jam de præsumptione veniæ securitas nascitur, et in amore cœlestium gaudiorum animus inflammatur. Contemplatur etenim mens qui sint illi angelorum chori, quæ ipsa societas beatorum spirituum, quæ majestas æternæ visionis Dei, et amplius plangit, quia a bonis perennibus deest, quam flebat prius cum mala æterna metuebat. Qui ergo prius flendo ne duceretur ad supplicium, turturem pro peccato offerebat, de altero facit holocaustum, cum postmodum flere amarissime incipit, quia differtur a regno. Columbam pro peccato offert, qui laborat in gemitu suo, lavat per singulas noctes lectum suum, hoc est, per singulas pulsantis culpæ tenebras opera sua bona, in quibus requiescere debeat, lacrimis abluere non cessat. Columbarum pullos in holocaustum ferunt, qui patriæ cœlestis absentiam deflentes aiunt: Super flumina Babylonis illic sedimus et flevimus, dum recordaremur tui, Sion. Sicut enim columbæ super fluenta residere delectantur, ut accipitris adventum umbræ cursu per aquas prævidere simul et evadere queant, sic profecto sic animæ pauperum spiritu fluctus seculi mente transcendentes, quo plura in hac Babylone qua suis gemitibus pascuntur, maligni hostis exempla conspiciunt, eo crebriores ad æterna sui desiderii pennas sustollunt. Hoc sane inter turturis et columbæ significantiam distat, quod columba, quæ gregatim conversari, volare, et gemere consuevit, activæ vitæ frequentiam demonstrat. De qua dicitur, Multitudinis autem credentium erat cor et anima una, nec quisquam eorum quæ possidebant, aliquid suum esse dicebat, sed erant illis communia omnia. Turtur vero qui singularitate gaudet, adeo ut si conjugem casu perdiderit, solus exinde permaneat, speculativæ vitæ culmina denuntiat, quia et paucorum est ista virtus, et his singillatim attributa. Solus Esaias Dominum exercituum videt, laudes Seraphim contemplatur, et quia male tacuerit, quasi turtur singularis ingemit. Moyses pavente procul populo solus ascendit ad Dominum, et ne idem populus feriatur, lacrimosis precibus impetrat. Solus, fugientibus sociis, Daniel inter angelos remanet. Solus

Ezechiel quadrigas Cherubim et supernæ civitatis ædificia celsa miratur. Solus Paulus ad delicias paradisi, et visenda cœli tertii secreta raptatur. Item cum intrans cubiculum clauso ostio oro Patrem in abscondito, turturem offero. At cum ejusdem operis compares quæro, canendo cum propheta, Venite adoremus et procidamus ante Deum, ploremus coram Domino qui fecit nos: columbas ad altare deporto. Et quia æque utraque conditori accepta est hostia, consulte Lucas utrum turtures an pulli columbarum pro Domino sint oblati, non dixit, ne unum alteri vivendi ordinem præferret, sed utrumque sequendum, utrumque divinis cultibus doceret offerendum. Igitur quia de purgatione longior se sermo protraxit, quid ipse dierum purgationis numerus contineat mysterii, et quare idem in fœminæ genitricis purgatione geminari sit jussus, in Levitico congruentius explanabitur.

Et ecce homo erat in Hierusalem, cui nomen Simeon, &c.] Nato in carne Domino, non solum angeli de cœlis, sed et omnis ætas mortalium et uterque sexus testimonium reddit. Decebat enim omnium Salvatorem sicut venturum in carne, omnium toto seculi tempore fidelium facto vel dicto præsagari, ita etiam venientem communi omnium laude prædicari, impleta prophetia quæ dicit, Laudate Dominum de cœlis, et cætera, usquequo ait, Juvenes et virgines, senes cum junioribus laudent nomen Domini, quia exaltatum est nomen ejus solius; confessio ejus super cœlum et terram. Justus, inquit, et timoratus, quia difficile justitia sine timore custoditur. Non illum dico timorem qui sub lege pœnali temporalia bona sibi subtrahi perhorrescit, quem perfecta dilectio foras mittere consuevit, sed timorem Domini sanctum qui permanet in seculum seculi, quo justus Deum suum quanto ardentius diligit, tanto solertius offendere cavet.

Et responsum acceperat ab Spiritu Sancto non visurum se. mortem, nisi prius, &c.] Vide locutiones Scripturarum, mortem videri dixit. Quomodo videtur quibusve oculis, quæ veniendo ipsos oculos claudit, ne aliquid videant? Sedvideri mortem, experiri significat. Multumque felix mortem videbit carnis, quicunque Christum Domini prius oculis cordis videre sategerit, conversationem habendo in cœl sti Hierusalem, templi Dei limina frequentando, hoc est, pia sanctorum in quibus Dominus inhabitat exempla sectando, suspirando cum Psalmista, Unam petii a Domino, hanc requiram, ut inhabitem in domo Domini omnibus diebus vitæ meæ, ut videam voluntatem Domini. Sic enim et ipse verbum Dei in manibus accipere, et fidei caritatisque suæ brachiis merebitur amplecti. Quod autem ait, Et venit in spiritu in templum, significat eum eadem Spiritus gratia, qua olim venturum præcognoverat, etiam nunc venientem et jam jamque a se videndum cognovisse Salvatorem.

Et cum inducerent puerum Jesum parentes ejus ut facerent, &c.] Magna quidem Domini potentia, sed non minor claret humilitas, ut qui cœlo terraque non capitur, grandævi hominis gestetur totus in ulnis. Sed et tropice accipit Simeon Christum, veteranus infantem, ut doceat nos exuere veterem hominem qui corrumpitur cum actibus ejus, et renovatos spiritu mentis nostræ induere eum qui secundum Deum creatus est, in justitia et sanctitate et veritate, hoc est, deponentes mendacium loqui veritatem, et cætera, quæ ad novi hominis statum pertinent, ore, corde, et opere perficere. Accipit senior justus secundum legem et timoratus puerum Jesum in ulnas suas, ut significet justitiam operum quæ ex lege erat, (quis enim nesciat, opera per manus et brachia solere figurari?) humili quidem, sed salutari fidei evangelicæ gratia mutandam. Accipit senior infantem Christum, ut insinuet hoc seculum quasi senio jam et longæva ætate defessum ad innocentiam et (ut ita dixerim) infantiam Christianæ conversationis rediturum, et sicut aquilæ juventutem illius esse renovandam.

Et benedixit Deum, et dixit, Nunc dimittis, &c.] Vides non solum novi sed et veteris testamenti justos spe futuræ vitæ desiderium habuisse dissolvi a corpore, immo pacis viam deputasse sarcinam deponere terrestrem, utpote qui se in sinu Abrahæ requiem non dubitarent habituros esse perpetuam. Denique et Idithun, hoc est, transilitor cupiditatum secularium, postquam multa diu tacitus mundi mala contemplatus interna secum cordis meditatione concaluit, tandem locutus in lingua sua, et quid intus egerit promens, Notum, inquit, mihi fac, Domine, finem meum, et numerum dierum meorum quis est, ut sciam quid desit mihi. Ecce veteres posuisti dies meos. Quibus absque dubio verbis aperit quam maximum se præsentium calamitatum nacturum speret in fine solatium, quem tantisper advenire desiderat.

Quia viderunt oculi mei salutare tuum, &c.] Beati oculi qui vident quæ Simeon vidit, beati qui non viderunt, et crediderunt. Illud ipsum, inquit, quod omnibus postmodum gentibus, populis, et linguis mente ac fide conspiciendum parasti, spe ac dilectione quærendum prævidisti, ipse diu desideratum nunc et carnis et cordis oculis tuum salutare contemplor.

Lumen ad revelationem gentium, &c.] Lumen quidem utrique populo salutare Dei, id est, Christus a Deo Patre paratur. Qui tantum gloria magis

Israel, cui diu speratus, et ex quo prænuntiatus advenit, gentium vero dicitur esse revelatio, quarum mentis oculos profunda jam cæcitate demersos, neque ulla spe adventus Dominici erectos, ipse visitare, pariter revelare atque illustrare dignatus est. Et bene revelatio gentium Israelis gloriæ præfertur, quia cum plenitudo gentium introierit, tunc omnis Israel salvus fiet. Quomodo et Psalmista cum diceret, Notum fecit Dominus salutare suum, ante conspectum gentium revelavit justitiam suam, subjunxit atque ait, Memor fuit misericordiæ suæ Jacob, et veritatis suæ domui Israel.

Et erat pater ejus et mater mirantes super his, &c.] Patrem Salvatoris appellat Joseph, non quo vere juxta Fotinianos pater fuerit ejus, sed quo ad famam Mariæ conservandam pater sit ab omnibus æstimatus. Neque enim oblitus evangelista, quod eam de Spiritu Sancto concepisse et virginem peperisse narrarit, sed opinionem vulgi exprimens, quæ vera historiæ lex est, patrem Joseph nuncupat Christi. Quamvis et eo modo pater illius valeat dici, quo et vir Mariæ recte intelligitur sine commixtione carnis ipsa copulatione conjugii, multo videlicet conjunctius quam si esset aliunde adoptatus. Neque enim propterea non erat appellandus Joseph pater Christi, quia nemo eum concumbendo genuerat, quandoquidem recte pater esset etiam ejus, quem non ex sua conjuge procreatum alicubi adoptasset.

Et dixit ad Mariam matrem ejus: Ecce positus est hic in ruinam, &c.] Bene in resurrectionem, quia lumen est, quia gloria plebis Israel, quia dicit, Ego sum resurrectio et vita; qui credit in me, etiamsi mortuus fuerit vivet, et omnis qui vivit et credit in me, non morietur in æternum. Quomodo autem in ruinam, nisi quia et lapis offensionis est, et petra scandali? id est, ruinæ his qui offendunt verbum nec credunt. De quibus ipse dicit, Si non venissem et locutus eis fuissem, peccatum non haberent. Nunc autem excusationem non habent de peccato suo. Qui non in seipso tantum, sed in suis quoque prædicantibus in ruinam positus est, resurrectionemque multorum, testante apostolo, qui ait, Christi bonus odor sumus Deo in his qui salvi fiunt, et in his qui pereunt. Qui enim, prædicante apostolo, verbum quod audit amando sequitur, bono odore resurgit et salvatur. Qui odiendo insequitur, eodem ipso bono odore corruit et moritur. Signum autem cui contradicetur, fidem Dominicæ crucis accipe. De qua apostolo Paulo dicunt Judæi, Nam de secta hac notum est nobis, quod ubique ei contradicitur. Et apostolus ipse, Nos enim (inquit) prædicamus Jesum Christum crucifixum, Judæis quidem scandalum, gentibus autem stultitiam.

Et tuam ipsius animam pertransibit gladius.] Nulla docet historia beatam Mariam ex hac vita gladii occisione migrasse, præsertim cum non anima, sed corpus ferro soleat interfici. Unde restat intelligi gladium illum de quo dicitur, Et gladius est in labiis eorum, hoc est, dolorem Dominicæ passionis, ejus animam pertransisse. Quæ et si Christum utpote Dei Filium sponte propria mori, mortemque ipsam non dubitaret esse devitaturum, ut sua tamen carne procreatum non sine doloris affectu potuit videre crucifigi. Nam et ferrum quod animam Joseph pertransisse canitur, nullum melius quam dura tribulatio mentis intelligitur.

Ut revelentur ex multis cordibus cogitationes.] Incertum erat quondam, qui Judæorum gratiam Christi quam venturam utique noverant accipere, qui autem respuere mallent. At ejus nativitate audita revelatis mox cordium cogitationibus Herodes rex turbatus est, et omnis Hierosolyma cum illo. Pastores cum timore et gaudio Deo laudem resonant, hominibus pacis nuntium pandunt. Ejus doctrina et virtute diffamata, alii ad eum quasi magistrum veritatis confluunt, alii ab eo quasi seductore refugiunt. Ejus signo crucis erecto, hi quasi juste morti datum blasphemantes irrident, illi quasi vitæ auctorem mori acriter dolent. Sed et usque hodie, et usque ad consummationem seculi præsentis ecclesiæ animam gladius durissimæ tribulationis pertransire non cessat, cum signo fidei ab improbis contradici, cum audito Dei verbo multos cum Christo resurgere, sed plures a credulitate ruere gemebunda pertractat. Cum revelatis multorum cordium cogitationibus, ubi optimum evangelii sevit semen, ibi zizania vitiorum vel plus justo prævalere, vel etiam, quod dictu grave est, sola germinare ac regnare conspicit.

Et erat Anna prophetissa, &c.] Juxta historiam devotæ conversationis, et venerandæ pariter ætatis, dignaque per omnia quæ Domino incarnato testimonium ferret, Anna fuisse docetur. Juxta intellectum vero mysticum, quia ecclesiam significat, quæ in præsenti quasi sponsi Dominique sui est morte viduata, numerus etiam annorum viduitatis ejus tempus ecclesiæ designat, quo in corpore constituta, peregrinatur a Domino, magnæque devotionis affectu cœlestis templi limina servans, quotidianum illum Domini præstolatur adventum. De quo dicit, Veniemus et mansionem apud eum faciemus. Septies quippe duodeni, octoginta quatuor faciunt. Et septem quidem ad hujus seculi cursum, qui diebus septem volvitur; duodecim vero ad perfectionem doctrinæ apostolicæ pertinent, ideoque sive universalis ecclesia, seu quælibet anima fidelis quæ totum vitæ suæ tempus apostolicis mancipare curat institutis, quasi septem per duodecim multiplicare, et typicis octoginta quatuor annis Domino servire laudatur. Sicut etiam tempus septem annorum, quo cum viro suo manserat, Dominicæ incarnationis tempori decentissime congruit. Septenarioque namque (ut dixi) numero perfectio solet temporis indicari. Sed ibi propter Dominicæ privilegium majestatis quo in carne versatus docuit, simplex septem annorum est numerus expressus. Hic ob apostolicæ culmen dignitatis, septem anni per duodecim multiplicantur. Arridet autem ecclesiæ mysteriis quod Anna et gratia ejus interpretatur, et filia est, Phanuel, qui facies Dei dicitur, cum psalmographo decantans, Signatum est super nos lumen vultus tui, Domine. Et de tribu Aser, hoc est, beati, descendit, qui inter patriarchas duodecim ordine nascendi est octavus. De quo numero, quia novo testamento sit sacer, crebrius est inculcatum.

Et hæc ipsa superveniens confitebatur Domino, &c.] Prophetavit Simeon, prophetaverat copulata conjugio, prophetaverat virgo, debuit etiam vidua, ne aliqua aut professio deesset aut sexus. Et ideo Anna et stipendiis viduitatis et moribus talis inducitur, ut digna plane fuisse credatur, quæ redemptorem venisse omnium nuntiaret.

Et ut perfecerunt omnia secundum legem Domini, &c.] Prætermisit hoc loco Lucas quæ a Matthæo satis exposita noverat, Dominum videlicet post hæc ne ab Herode necandus inveniretur, Ægyptum a parentibus esse delatum, defunctoque Herode sic demum Galilæam reversum, Nazareth civitatem suam inhabitare cœpisse. Solent enim evangelistæ singuli sic omittere quædam, quæ vel ab aliis commemorata viderint, vel ab aliis commemoranda in spiritu præviderint, ut continuata suæ narrationis serie quasi nulla prætermisisse videantur: quæ tamen, alterius evangelistæ considerata scriptura, quó loco transilita fuerint, diligens lector inveniat.

Puer autem crescebat et confortabatur, &c.] Notanda distinctio verborum, quia Dominus Jesus Christus in eo quod puer erat, id est, habitum humanæ fragilitatis induerat, crescere et confortari habebat. In eo vero quod etiam Verbum Dei et Deus æternus erat, nec confortari indigebat, nec habebat augeri. Unde rectissime plenus sapientia perhibetur et gratia. Sapientia quidem, quia in ipso habitat omnis plenitudo Divinitatis corporaliter. Gratia autem, quia eidem Mediatori Dei et hominum, homini Jesu Christo magna gratia donatum est, ut ex quo homo fieri cœpisset perfectus esset et Deus. Cui simile est quod Joannes scribit, eum plenum gratia et veritate, eandem ipse divinitatis excellentiam veritatis, quam Lucas sapientiæ nomine commendans.

Et ibant parentes ejus per omnes annos in Hierusalem, in die solenni paschæ.] Vides hunc evangelistam inter animalia quatuor non frustra vitulo comparatum, qui quasi hostiis deputatum animal, circa templum maxime et Hierosolyma narrationis suæ diversatur incessu. Siquidem in principiis sacerdotem collocat ad aram orantem, populi multitudinem templi sistit in atriis, Mariam mox Domino concepto Hierosolyma mittit, domum pontificis intromittit. Ibi et Baptistam natum refert, et Dominum post nativitatem continuo cum hostia transfert. Eundem illo singulis annis cum parentibus ducit, et duodennem in templo doctorum choris inserit. Ubi inter alia sapientibus stupenda dicit, Quia in his quæ Patris mei sunt oportet me esse. Et post cætera talia, laudantes Deum in templo discipulos in evangelii sui fine concludit.

CAP. VIII. *Et cum factus fuisset annorum duodecim,*

ascendentibus illis in Hierosolyma, &c.] Quia nativitate, immo a conceptione humana manifestis miraculorum, quia Deus sit, est approbatus indiciis: ipse etiam mox, ubi tempus ætatis congruebat, utramque suam reverenter pandere cœpit atque aperire substantiam, et quid videlicet Patri juxta veritatem divinæ majestatis, et quid juxta assumptionis humanæ fragilitatem debeat matri. Nec absque providentia duodennis prima suæ fidei rudimenta revelabat, quæ duodecim apostolorum ministerio cunctum erat revelanda et elucidanda per orbem. Possumus et hoc dicere, quia sicut septenario, sic et duodenario numero, qui multiplicatis inter se invicem septenarii partibus constat, vel rerum vel temporum universitas ac profectio designetur. Atque ideo quo omnia loca vel tempora deceat occupari recte a duodecimo numero jubar sumat exordium. Non igitur otiose suorum perhibetur immemor extitisse parentum, sed ut nos instruat, quia non solum antequam parentes ipsi, verum etiam antequam Abraham fieret ipse est, in civitate potius ac templo Dei, quasi paterno jure, residere delectat.

Et non cognoverunt parentes ejus. Existimantes autem, &c.] Quæret aliquis quomodo Dei Filius, tanta parentum cura nutritus, his abeuntibus potuerit obliviscendo relinqui. Cui respondendum, quia filiis Israel moris fuerit, ut temporibus festis vel Hierosolyma confluentes, vel ad propria redeuntes, seorsum viri, seorsum autem fœminæ choros ducentes incederent, infantesque vel pueri cum quolibet parente indifferenter ire potuerint. Ideoque beatam Mariam vel Joseph vicissim putasse puerum Jesum, quem se comitari non cernebant, cum altero parente reversum.

Et factum est post triduum, invenerunt illum in templo, &c.] Quasi fons sapientiæ doctorum medius sedet, sed quasi exemplar humilitatis, audire prius et interrogare doctores, quam instruere quærit indoctos. Ne etenim parvuli a senioribus erubescant discere, et ipse ob ætatis humanæ congruentiam, hominibus auscultare non erubescit Deus. Ne infirmus docere quis audeat, et ille puer doceri interrogando voluit, qui per divinitatis potentiam, verbum scientiæ ipsis suis doctoribus ministravit.

Stupebant autem omnes qui eum audiebant, &c.] Nota distinctionem verborum, et tuæ salvationis ac fidei mysteria sedulus intuere. Stupebant qui eum audiebant, et videntes admirati sunt. Et eo amplius stupebant super prudentia responsionum, quo paucitatem videntes contemnebant annorum. Divinam lingua sapientiam prodebat, sed infirmitatem ætas prætendebat humanam. Verum hæc doctores Judæorum quasi nova stupeant, interque alta quæ audiunt, et infirma quæ vident, dubia admiratione turbentur: nos autem scientes hunc esse de quo olim propheta gratulabundus exultabat, Parvulus natus est nobis, filius datus est nobis, et vocabitur nomen ejus, Admirabilis, Consiliarius, Deus fortis: nequaquam miremur eum qui sic parvulus factus est homo, ut nihilominus quod erat semper Deus ac fortis permaneret, modo divinitatis suæ, modo humanitatis his quos erudire cupiebat indicia dedisse, sed digna fide, spe, et caritate agamus illi gratias, quia qui magnus erat et laudabilis nimis, sed non cognoscebamus: parvulus natus est nobis, ut crescendo et proficiendo inter parvulos, paulatim eos ad capessenda suæ virtutis ac magnitudinis arcana proveheret.

Et dixit mater ejus ad illum: Fili, quid fecisti nobis sic? &c.] Non Joseph qui nihil in ejus generatione præter ministerium præstitit et affectum, unde et pro fideli ministerio et ab evangelista et ab ipsa Maria pater appellatur, vel ipse Christus suum negat esse parentem, sed simpliciter et aperte qui sit verus sibi pater, nobis pariter et illis insinuat. Non quod eum quasi filium quærunt vituperat, sed quid ei potius cui æternus est Filius debeat, cogit oculos mentis attollere. Quia enim Deus et homo est, nunc excelsa Deitatis, nunc infima præfert humanæ fragilitatis. Quasi homo seniores interrogat, quasi Deus quæ seniores et docti mirentur, respondet. Quasi Dei Filius in templo Dei commoratur, et quasi Filius hominis cum parentibus quo jubent regreditur.

Et ipsi non intellexerunt verbum quod locutus est ad illos, &c.] Quantum pietatis simul in Domino et humilitatis exemplum? Parentes ejus non intelligunt verbum quod de sua divinitate loquitur ad illos, et tamen ipse humanæ illorum erga eum sedulitatis non ingratus, quo præcipiunt descendit, et subditur illis. Quid enim magister virtutis, nisi officium pietatis impleret? Quid inter nos aliud, quam quod a nobis agi vellet, ageret? Deferebat homini, deferebat ancillæ. Ipsa enim dicit, Ecce ancilla Domini. Deferebat simulato patri, deferebat Deo vero Patri. Et utique matrem natus virginem conservarat et castam, utique a patre non voluntate, non opere, non tempore distabat. Ut ejus videlicet exemplis admoniti, quid parentibus debeamus, qui tanta pro nobis patiantur, agnoscamus. Solent autem dicere Arriani imperfectum esse filium, quia dixerit, Pater major me est. Sed quid mirum si ex humana susceptione minorem se Patre asserit in cœlo, ex qua subditus erat etiam parentibus in terra?

Et mater ejus conservabat omnia verba hæc in corde suo.] Sive quæ intellexit, seu quæ necdum intelligere verba evangelii potuit, omnia suo pariter in corde quasi ruminanda et diligentius scrutanda recondebat. Discamus ergo sanctæ virginis in omnibus castitatem, quæ non minus ore pudica quam corpore, argumenta fidei conservabat in corde. Et si illa ante præcepta apostolica tacet, cur tu post apostolica præcepta magis cupis docere quam discere?

Et Jesus proficiebat sapientia, et ætate, et gratia apud Deum et homines.] Hic locus Manichæos pariter et Apollinaristas expugnat, ostendens Dominum veram carnem, veram habere et animam. Nam sicut carnis est ætate, sic est animæ sapientia proficere et gratia. Quæ tamen in sapientia nullatenus proficeret, si naturalem intelligentiam, quæ hominibus rationis causa concessa est, non haberet. Non quia hoc susceptor Deus eguit, præsertim cum supra plenus sapientia puer fuisse describatur, sed quia hoc pro remedio nostræ salutis effectus piæ susceptionis elegit, ut dum caro et anima rationalis a Deo suscipitur, utraque pariter salvaretur.

IN CAP. III.

CAP. IX. *Anno autem quintodecimo imperii Tiberii Cæsaris, &c.*] Herodes, Philippus, et Lysanias, qui cum Pilato præside Romano Judæam regebant, filii sunt Herodis illius sub quo Dominus natus est, inter quos et ipsum Herodem Archelaus frater eorum decem annis regnavit. Qui a Judæis ob intolerabilem animi ferocitatem, apud Augustum criminatus, æterno apud Viennam disperiit exilio. Regnum vero Judææ quo minus validum fieret, idem Augustus per tetrarchias discindere curavit. Porro Pilatus duodecimo anno Tiberii Cæsaris Judæam missus procurationem gentis suscepit, atque inibi per decem continuos annos usque ad ipsum pene finem Tiberii perduravit.

Sub principibus sacerdotum Anna et Caipha, factum est verbum Domini, &c.] Ambo quidem, incipiente prædicationem Joanne, id est, Annas et Caiphas principes fuere sacerdotum, sed Annas illum annum, Caiphas vero eum quo Dominus crucem ascendit, administrabat, et quidem tribus aliis in medio pontificatu perfunctis, verum his maxime qui ad Domini passionem pertinerent, ab evangelista commemoratis. Legalibus namque tunc præceptis vi et ambitione cessantibus, nulli pontificatus honor vitæ vel generis merito reddebatur, sed Romana potestate aliis nunc, item aliis summa sacerdotii præstabatur. Denique Josephus refert in hunc modum, dicens, Valerius Gratus, Anna sacerdotio deturbato, Ismaelem pontificem designavit filium Baffi. Sed et hunc non multo post abjiciens, Eleazarum Ananiæ pontificis filium pontificatui subrogavit. Post annum vero etiam hunc arcet officio, et Simoni cuidam Canyfi filio pontificatus tradidit ministerium. Qui non amplius et ipse quam unius anni spatio perfunctus, Josephum cui et Caiphas nomen fuit, accepit successorem. Ac per hoc omne tempus quo Dominus noster in terris docuisse describitur, intra quadriennii spatia coarctatur. In quo quatuor istæ quas Josephus memorat successiones pontificum describuntur, vix per annos singulos ministratæ. Quia ergo Joannes illum prædicare veniebat, qui et ex Judæa quosdam et multos ex gentibus redempturus erat, per regem gentium et principes Judæorum, prædicationis ejus tempora designantur. Quia autem gentilitas colligenda erat, et Judæa pro culpa perfidiæ dispergenda, ipsa quoque descriptio terreni principatus ostendit, quoniam et in Romana republica unus præfuisse describitur, et in Judææ regno per quartam partem plurimi principabantur. Voce enim nostri Redemptoris dicitur, Omne regnum in seipso divisum desolabitur. Liquet ergo quod ad finem regni Judæa pervenerat, quæ tot regibus divisa subjacebat. Apte quoque non solum quibus regibus, sed quibus etiam sacerdotibus actum sit, demonstratur. Ut quia illum Joannes Baptista prædicaret, qui simul rex et sacerdos existeret, Lucas evangelista prædicationis ejus tempora per regnum et sacerdotium designavit.

Et venit in omnem regionem Jordanis, prædicans baptismum pœnitentiæ in remissionem peccatorum.] Cunctis legentibus liquet quia Joannes baptismum pœnitentiæ non solum prædicavit, verum etiam quibusdam dedit, sed tamen baptismum suum in remissionem peccatorum dare non potuit. Remissio et enim peccatorum, in solo nobis baptismo Christi tribuitur. Notandum itaque quod dicitur, prædicans baptismum pœnitentiæ in remissionem peccatorum, quoniam baptismum quod peccata solveret, quia dare non poterat, prædicabat. Ut, sicut incarnatum Verbum Patris præcurrebat verbo prædicationis, ita baptismum pœnitentiæ quo peccata solvuntur præcurreret suo baptismate, quo peccata solvi non possunt.

Sicut scriptum est in libro sermonum Esaiæ prophetæ, Vox, &c.] Idem vero Joannes Baptista requisitus quis esset, respondit, Ego vox clamantis in deserto: qui ideo vox a propheta vocatus est, quia Verbum præibat: qui etiam in deserto clamat, quia derelictæ ac destitutæ Judææ, solatium redemptionis adnuntiat. Quid autem clamaret, aperitur cum subditur, Parate viam Domini, rectas facite semitas ejus. Omnis qui fidem rectam et bona opera prædicat, quid aliud quam venienti Domino ad corda audientium viam parat? Ut hæc vis gratiæ penetret, et lumen veritatis illustret, ut rectas Deo semitas faciat, dum mundas in animo cogitationes per sermonem bonæ prædicationis format.

Omnis vallis implebitur, et omnis mons et collis humiliabitur.] Quid hoc loco vallium nomine, nisi humiles: qui montium et collium, nisi superbi homines designantur? In adventu igitur Redemptoris valles impletæ, montes vero et colles humiliati sunt. Quia juxta ejus vocem, Omnis qui se exaltat humiliabitur, et omnis qui se humiliat exaltabitur. Vallis etenim impleta crescit, mons autem et collis humiliatus decrescit. Quia nimirum in fide Mediatoris Dei et hominum, hominis Jesu Christi, et gentilitas plenitudinem gratiæ accepit, et Judæa per errorem perfidiæ hoc unde tumebat perdidit.

Et erunt prava in directa, et aspera in vias planas.] Prava in directa fiunt, cum malorum corda per injustitiam detorta ad justitiæ regulam diriguntur. Et aspera in vias planas immutantur, cum immites atque iracundæ mentes, per infusionem supernæ gratiæ, ad lenitatem mansuetudinis redeunt. Quando enim verbum veritatis ab iracunda mente non recipitur, quasi asperitas itineris gressum pergentis repellit. Sed cum mens iracunda per acceptam mansuetudinis gratiam correptionis vel exhortationis verbum recipit, ibi planam viam prædicator invenit, ubi prius pro asperitate itineris pergere, id est, prædicationis gressum ponere non valebat.

Et videbit omnis caro salutare Dei.] Quia omnis caro accipitur omnis homo, salutare Dei videlicet Christum in hac vita omnis homo videre non potuit. Ubi ergo in hac sententia propheta prophetiæ oculum, nisi ad extremi judicii diem, tendit? Ubi cum apertis cœlis, ministrantibus angelis, consedentibus apostolis, in sede majestatis suæ Christus apparuerit, omnes hunc et reprobi pariter videbunt, ut et justi de munere retributionis sine fine gaudeant, et injusti in ultione supplicii in perpetuum gemant. Nam quia hoc ista sententia intendit, quod in extremo examine ab omni carne videbitur, recte subjungitur,

Dicebat ergo ad turbas, quæ exibant ut baptizarentur ab ipso, Genimina viperarum, &c.] Ventura enim ira est, animadversio ultionis extremæ. Quam tunc fugere peccator non valet, qui nunc ad lamenta pœnitentiæ non recurrit. Et notandum, quod malæ soboles, malorum parentum actiones imitantes, genimina viperarum vocantur. Quia per hoc quod bonis invident eosque persequuntur, quod quibusdam mala retribuunt, quod læsiones proximis exquirunt, quoniam in his omnibus priorum suorum carnalium vias sequuntur, quasi venenati filii de venenatis parentibus nati sunt. Sed quia jam peccavimus, quia usu malæ consuetudinis involuti sumus, dicat quid nobis faciendum sit ut fugere a ventura ira valeamus.

Facite ergo fructus dignos pœnitentiæ.] In quibus verbis notandum est, quod non solum fructus pœnitentiæ, sed dignos pœnitentiæ admonet esse faciendos. Aliud namque est fructum pœnitentiæ facere, aliud dignum pœnitentiæ facere. Neque enim par fructus esse boni operis debet ejus qui minus, et ejus qui amplius deliquit, aut ejus qui in nullis, et ejus qui in quibusdam facinoribus cecidit. Per hoc ergo quod dicitur, Facite fructus dignos pœnitentiæ uniuscujusque conscientia convenitur, ut tanto majora quærat bonorum operum lucra per pœnitentiam, quanto graviora sibi intulit damna per culpam. Sed Judæi de generis nobilitate gloriantes, idcirco se agnoscere peccatores nolebant, quia de Abrahæ stirpe descenderant. Quibus recte dicitur,

Et ne cœperitis dicere, patrem habemus Abraham, &c.] Quid enim lapides, nisi corda gentilium fuerunt, ad intellectum Dei omnipotentis insensibilia? Sicut etiam quibusdam ex Judæis dicitur, Auferam cor lapideum de carne vestra. Nec immerito lapidum nomine gentes significatæ sunt, quæ lapides coluerunt: unde scriptum est, Similes illis fiant qui faciunt ea, et omnes qui confidunt in eis. De quibus nimirum lapidibus filii Abrahæ suscitati sunt. Quia dum dura corda gentilium in Abrahæ semine, id est in Christo crediderunt, ejus filii facti sunt cujus semini sunt uniti. Unde et eisdem gentibus per egregium prædicatorem dicitur, Si autem vos Christi, ergo Abrahæ semen estis. Si igitur nos per fidem Christi, Abrahæ jam semen existimus, Judæi propter perfidiam Abrahæ filii esse desierunt.

Jam enim securis ad radicem arboris posita est.] Arbor hujus mundi est universum genus humanum. Securis vero est Redemptor noster, qui velut ex manubrio et ferro tenetur ex humanitate, sed incidit ex divinitate. Quæ videlicet securis jam ad radicem arboris posita est, quia etsi per patientiam expectat, videtur tamen quid factura est.

Omnis ergo arbor non faciens fructum, excidetur et in ignem mittetur.] Quia unusquisque perversus paratam citius gehennæ concremationem invenit, qui hic boni operis fructum facere contemnit. Et notandum, quod securim non juxta ramos positam, sed ad radicem dicit. Cum enim malorum filii tolluntur, quid aliud quam rami infructuosæ arboris abscinduntur? Cum vero tota simul progenies cum parente tollitur, infructuosa arbor a radice abscisa est, ne jam remaneat unde prava iterum soboles succrescat. In quibus Joannis Baptistæ verbis constat, quod audientium corda turbata sunt, cum protinus subinfertur,

Et interrogabant eum turbæ, dicentes, Quid ergo faciemus?] Percussæ enim terrore fuerant, quæ consilium quærebant.

Respondens autem, dicebat illis, Qui habet duas tunicas, &c.] Per hoc quod tunica plus est necessaria usui nostro quam pallium, ad fructum dignum pœnitentiæ pertinet. Ut non solum exteriora quæque et minus necessaria, sed ipsa valde nobis necessaria dividere cum proximis debeamus, scilicet vel escam qua carnaliter vivimus, vel tunicam qua vestimur. Quia enim in lege scriptum est, Diliges proximum tuum tanquam teipsum, minus proximum amare convincitur, qui non cum eo in necessitate illius etiam ea quæ sibi sunt necessaria partitur. Idcirco ergo de dividendis cum proximo duabus tunicis datur præceptum, quia hoc de una dici non potuit, quoniam si una dividitur, nemo vestitur. In dimidia quippe tunica, et nudus remanet qui accipit, et nudus qui dedit. Inter hæc autem sciendum est, quantum misericordiæ opera valeant, cum ad fructus dignos pœnitentiæ ipsa præ cæteris præcipiuntur. Hinc etiam per semetipsam Veritas dicit, Date eleemosynam, et ecce omnia munda sunt vobis.

Venerunt autem et publicani ut baptizarentur, &c.] Quantam beati Baptistæ sermo virtutem habuerit, quantumque mentes concusserit audientium, hinc probatur, cum etiam publicanos et milites ad consilium salutis suæ coegerit inquirendum. Quibus ipse non aliter quam turbis juxta congruum sibi modum misericordiam suadet agendam. Præcipit ergo publicanis, ne ultra præscriptum exigant. Publicani etenim, sicut etiam nomine probant, appellantur hi qui vectigalia publica exigunt, sive qui conductores sunt vectigalium fisci vel rerum publicarum. Necnon et hi qui sæculi hujus lucra per negotia sectantur, eodem vocabulo censentur. Quos omnes pariter in suo quemque gradu, ab agenda fraude coercet, ut dum primo se ab alienorum temperarent appetitu, tandem ad propria cum proximis communicanda pertingerent.

Interrogabant autem illum et milites dicentes, Quid

faciemus et nos, &c.] Justissimo doctor eximius moderamine præmonet, ne ab eis calumniando prædam requirant, quibus militando prodesse debuerant. Docens idcirco stipendia constituta militiæ, ne dum sumptus quæritur, prædo grassetur. Nullum ergo officium, nullum ab agenda misericordia genus excipitur, quæ plenitudo virtutum est, et sola a morte liberat, vitamque confert æternam. Ipso judice attestante qui se dicturum esse promisit, Venite benedicti Patris mei, percipite regnum. Esurivi enim et dedistis mihi manducare, et cætera.

Existimante autem populo, et cogitantibus omnibus in cordibus suis de Joanne, &c.] Quomodo respondit eis qui existimabant de illo, et secreto in corde quia Christus esset cogitabant? Nisi quia non solum cogitabant, sed etiam sicut alius evangelista declarat, missis ad eum sacerdotibus ac Levitis an esset Christus inquirebant. Unde patet, Judæis tunc fuisse notissimum secundum scripturas incarnationis Dominicæ tempus adesse. Sed mira cæcitas, quod in Joanne sponte credebant, hoc in Salvatore tantis signis ac virtutibus approbato et ipso etiam Joanne attestante, non credere.

Ego quidem aqua baptizo vos, &c.] Joannes non Spiritu, sed aqua baptizat, quia peccata solvere non valens, baptizatorum corpora per aquam lavat, sed mentem per veniam non lavat. Cur ergo baptizat qui peccata per baptisma non relaxat? Nisi ut præcursionis suæ ordinem servans, qui nasciturum nascendo prævenerat, baptizaturum quoque Dominum baptizando præveniret, et qui prædicando factus est præcursor Christi, baptizando etiam præcursor ejus fieret imitatione sacramenti. Mos autem apud veteres fuit, ut si quis eam quæ sibi competeret accipere uxorem nollet, ille ei calceamentum solveret, qui ad hanc sponsus jure propinquitatis veniret.

Quid igitur inter homines Christus, nisi sanctæ ecclesiæ sponsus apparuit? De quo et idem Joannes dicit, Qui habet sponsam, sponsus est. Sed quia Joannem homines Christum esse putaverunt, quod idem Joannes negat, recte se indignum esse ad solvendum corrigiam ejus calceamenti denuntiat. Ac si aperte dicat, Ego Redemptoris vestigia denudare non valeo, quia sponsi nomen mihi immeritus non usurpo. Quod tamen intelligi et aliter potest. Quis enim nesciat quod calceamenta ex mortuis animalibus fiant? Incarnatus vero Dominus veniens quasi calceatus apparuit, qui in divinitate sua morticina nostræ corruptionis adsumpsit. Sed hujus incarnationis mysterium humanus oculus penetrare non sufficit. Investigari enim nullatenus potest, quomodo corporatur verbum, quomodo summus et vivificator Spiritus intra uterum matris animatur, quomodo is qui initium non habet et existit et concipitur. Corrigia ergo calceamenti est ligatura mysterii. Joannes itaque solvere corrigiam calceamenti ejus non valet, quia incarnationis mysterium nec ipse investigare sufficit, qui hanc per prophetiæ spiritum agnovit.

Ipse vos baptizabit in Spiritu Sancto et igni.] Hoc est, et purgatione sanctificationis, et probatione tribulationis. Potest autem idem Spiritus Sancti, etiam nomine ignis significatus intelligi. Quia et incendit per amorem, et per sapientiam corda quæ replet illuminat. Unde et ille quibus dictum est, quia Joannes quidem baptizavit aqua, vos autem baptizabimini in Spiritu Sancto, idem baptisma Spiritus in ignis visione percipiunt. Sunt qui ita exponunt, quod in præsenti in Spiritu, et in futuro baptizemur in igni. Ut videlicet sicut nunc in remissionem omnium peccatorum, ex aqua et Spiritu renascimur, ita et tunc de levibus quibusdam peccatis quæ hinc nobis euntibus adhæserint, purgatorii ignis ante ultimum judicium baptismate permundemur. Dicente apostolo, Si quis superædificaverit super hoc fundamentum, aurum, argentum, lapides pretiosos, ligna, fœnum, stipulam, uniuscujusque opus quale sit, ignis probabit. Si cujus opus manserit quod superædificavit, mercedem accipiet. Si cujus opus arserit, detrimentum patietur. Ipse autem salvus erit, sic tamen quasi per ignem. Quod quamvis et de igne tribulationis in hac nobis vita adhibito possit intelligi, tamen si quis hoc de igne futuræ purgationis accipiat, pensandum sollicite est, quia illum dixit posse per ignem salvari, non qui super fundamentum Christi, ferrum, æs, vel plumbum ædificat, id est, peccata majora et duriora atque tunc jam insolubilia, sed lignum, fœnum, stipulam, id est, peccata minima atque levissima, quæ ignis facile consumat. Hoc tamen sciendum est, quod illic saltem de minimis nihil quisque purgationis obtinebit, nisi bonis hoc actibus in hac adhuc vita positus, ut illic obtineat, promereatur.

Cujus ventilabrum in manu ejus, et purgabit aream suam.] Per ventilabrum, id est, palam, discretio justi examinis: per aream vero, præsens ecclesia figuratur. In qua proculdubio quod lugubre satis est, multi sunt vocati, pauci vero electi. Pauca grana supernis recipienda mansionibus, in comparatione loliorum, quæ flammis sunt mancipanda perpetuis. Cujus areæ purgatio et nunc viritim geritur, cum quisque perversus vel ob manifesta peccata de ecclesia sacerdotali castigatione rejicitur, vel ob occulta post mortem divina districtione damnatur, et universaliter in fine perficietur, quando mittet Filius hominis angelos suos, et colligent de regno ejus omnia scandala. Ventilabrum itaque Dominus in manu, id est, judicii discrimen habet in potestate, quia Pater non judicat quenquam, sed judicium omne dedit Filio.

Et congregabit triticum in horreum suum, &c.] Et ipse Dominus parabolam boni seminis cui superseminavit inimicus homo zizania, ita terminavit ut diceret, Et in tempore messis dicam messoribus meis, Colligite primum zizania, et alligate ea in fasciculos ad comburendum; triticum autem congregate in horreum meum. Nimirum docens impios et peccatores gehennæ igni tradendos, sanctos vero cœlesti gloria coronandos. Verum hoc inter paleas et zizania distat, quia paleæ non alio quam triticum semine prodeunt, quamvis a radicis bonæ nobilitate degenerent. Zizania autem non fructus solum merito discrepant, sed et diversa prorsus origine procreantur. Quod paleæ sunt illi qui ejusdem cum electis fidei mysteriis imbuuntur, sed ab eorum solida perfectione vel operum levitate vel perfidiæ vacuitate dissentiunt. Zizania vero, qui ne audire quidem fidei verba dignantur, ideoque a bonorum sorte, et opere simul et professione secernuntur. Et ita in agro mundi istius, unus electorum, et duo sunt fructus reproborum, quia et omnia quæ inimicus seminat, flammis obnoxia sunt, et quod est gravius, plurima ex his quæ bonus sator jacit, aut a volatilibus rapta, aut sole arefacta, aut spinis suffocata, aut certe in paleas versa depereunt. Solum autem de terra bona creatum et patientia digna probatum triticum electorum cœlestis vitæ recondetur in horreum. Quomodo juxta aliam parabolam, non solum pisces qui apostolicæ fidei retia declinant, imis peccatorum obscuri resident in undis, verum multi ad litus usque discretionis extremæ inter bonos attracti, tunc ob suæ nequitiæ noxam exteriores mitti merentur in tenebras. Ignem autem gehennæ bifaria ratione inextinguibilem vocat, id est, quia neque ille perpetuo possit extingui, neque eos quos cruciat unquam extincturus, sed immortali (ut ita dixerim) sit morte plexurus. Ad distinctionem videlicet illius sacratissimi ignis, quo electos Christi baptizandos esse præmiserat. De quo et Psalmista, Igne nos examinasti, ait, sicut igne examinatur argentum. Et paulo post, Non hæsimus in æternum, sed transivimus (inquit) per ignem et aquam, et induxisti nos in refrigerium. Introibo in domum tuam in holocaustis, id est, devictis pressurarum angoribus, in gratiarum actione regni tui cœlestis atria penetrabo.

Cap. x. *Herodes autem tetrarcha cum corriperetur ab illo de Herodiade, &c.*] Plenius hæc a Matthæo commemorantur et Marco, Joannem videlicet Herodiadis insidiis non modo vinculatum, sed etiam capite cæsum. Quod non his diebus, sed juxta evangelium Joannis, post aliquot a Domino signa patrata, ejusque jam baptisma diffamatum, sciendum est esse gestum, verum ab hoc evangelista propter exaggerandam Herodis malitiam præoccupando commemoratum. Quia cum ad prædicationem Joannis imperitum vulgus conflueret, milites crederent, publicani pœniterent, totus in commune populus baptisma susciperet, ipse e contrario illum non solum contemnere, sed occidere non dubitarit. Altioris autem ratione mysterii, quia Joannes evangelista de divinitate Christi, tres autem alii de ejus humanitate ministerium suscepere scribendi, Baptista vero Joannes legis veteris (quæ præcursor est gratiæ) typum tenet, pulchre Joannes evangelista prædicante adhuc et baptizante Domini præcursore, ipsum Dominum plures discipulos facere et baptizare testatur. Mystice docens eum priusquam in carne nasceretur æternum per sæcula Deum, et fidelium per legem doctorem fuisse populorum. Pulchre et evangelistæ alii post traditum carceri Joannem Dominicæ prædicationis exordium sumunt, quorum officii erat, post corruptam a Judæis legem et quasi tenebris carceris ignorantia cæca, sævaque traditione fœdatam, Domini in carne apparentis ac per carnem operantis, quasi advenientis in Galilæa cœlestem pandere doctrinam.

Factum est autem cum baptizaretur omnis populus, &c.] Baptizatus est Dominus, non ipse aquis mundari, sed ipsas mundare cupiens aquas, quæ ablutæ per carnem ejus peccati utique nesciam baptismi jus induerent, et quod tam innumera sub lege baptismata non poterant contra prævaricationis malum, vim regenerativæ sanctificationis conciperent. Unde bene cum baptizatum diceret omnem populum, nihil magni addidit. Jesu autem baptizato et orante, apertum est (inquit) cœlum. Quia dum corporis humilitate Dominus undas Jordanis subiit, divinitatis suæ potentia cœli nobis januas pandit. Dumque caro innoxia frigentibus tinguitur aquis, opposita quondam noxiis romphæa restinguitur ignea. Quid enim, numquid ei tunc cœlum apertum est, cujus oculi cœlorum interiora cernebant? Sed virtus ibi baptismatis ostenditur, de quo quisque cum egreditur, regni cœlestis ei janua declaratur. Sicut et illud quod Jesus, cujus omnia quæ Patris sunt, baptizatus orasse memoratur, ad nos informandos actum non dubitatur, quibus post lavacrum baptismatis ut aula cœli pandatur, non otiose vivendum, sed jejuniis, precibus, atque eleemosynis est insistendum. Quia et si peccata sunt omnia in baptismo laxata, non adhuc tamen est carnis fragilitas solidata. Nam quasi transito mari Rubro necatos quidem gratulamur Ægyptios, sed in deserto mundanæ conversationis hostes occurrunt alii, qui duce et co-operatrice Christi gratia nostro sudore vincantur, donec promissam vitæ æternæ perveniamus ad patriam.

Et descendit Spiritus Sanctus corporali specie sicut columba in ipsum.] Bene corporali specie, quia in natura divinitatis a mortalibus videri non potuit. Bene sicut columba, quia spiritus disciplinæ effugiet fictum, nec habitabit in corpore subdito peccatis. Et quia ad exemplum Simonis in felle amaritudinis et iniquitatis obligatione perdurant, sortem in eo partemque habere nullatenus possunt. Unde cum mundi crimina quondam in figuram baptismi diluvio purgarentur, non corvi, sed columbæ ore delatus olivæ ramus pacem seculo redditam nuntiavit. Mystice docens solis eis qui in cordis simplicitate baptizati sunt unctionem Sancti Spiritus adfuturam. Nemo enim putet Dominum post baptisma primum Spiritus Sancti gratia perunctum, aut aliquem divinæ naturæ per tempora gessisse profectum, sed noverit potius a primo conceptus humani tempore quem verum hominem, eundem et Deum existere verum. Adventu autem columbæ demonstratum, quod in corpore ejus, id est, ecclesia præcipue baptizati accipiunt Spiritum Sanctum.

Et vox de cælo facta est, Tu es Filius meus dilectus, in te complacuit mihi.] Merito Joannes inter natos mulierum nulli secundus est, cui se baptizandum Christus, se videndum invisibilis exhibet Spiritus, suum de cœlo Filium commendat Pater. Neque enim ipsi Filio quod optime noverat, sed vel Joanni vel cæteris qui aderant, quod nossent, indicabatur. Unde notandum, quod idem Joannes qui eatenus virum se fortiorem et Christum evangelizabat, exinde jam vel descensione Spiritus vel Patris attestatione præmonitus aperte Dei Filium prædicaverit. Hic est (inquit) de quo dixi, post me venit vir, qui ante me factus est, quia prior me erat, et ego nesciebam eum. Itemque de columba: Et ego vidi, et testimonium perhibui, quia hic est Filius Dei. Itaque mysterium Trinitatis in baptismo Salvatoris ostenditur, ut et nos in ejus nomine baptizandos esse doceatur. Quod autem dicit, In te complacuit mihi, tale est ac si dicat, In te placitum meum constitui, hoc est, per te gerere quod mihi placet. Quod vero secundum Matthæum dicitur, In quo mihi complacuit, ita exponitur, Quod omnis qui pœnitendo corrigit aliqua quæ fecit, eo ipso quo pœnitet se sibi displicuisse indicat, qui emendat quod fecit. Et quia omnipotens Pater sicut intelligi ab hominibus poterat, humano modo locutus est de peccatoribus, dicens, Pœnitet me fecisse hominem super terram, quasi sibimetipsi displicuit in peccatoribus quos creavit. In solo autem sibi unigenito Domino nostro Jesu Christo complacuit. Quia hunc inter homines, hominem creasse non pœnituit, in quo peccatum nullum omnino invenit, sicut de illo per Psalmistam dicitur, Juravit Dominus, et non pœnitebit eum, tu es sacerdos in æternum.

Et ipse Jesus erat incipiens quasi annorum triginta, &c.] Jesus annorum triginta baptizatur, et tunc demum incipit signa facere et docere, legitimum videlicet et maturum tempus ostendens ætatis, his qui omnem ætatem vel ad sacerdotium vel ad docendum putant opportunam. Qui etiam, ut supra lectum est, anno duodecimo ætatis suæ in medio doctorum sedens in templo, non docens sed interrogans voluit inveniri. Ut enim non auderent homines in infirma ætate prædicare, ille duodennis interrogat homines in terra, qui per divinitatem suam semper angelos docet in cœlo. Nec contra hæc movere quempiam debet, quod Hieremias atque Daniel prophetiæ spiritum pueri perceperunt, quia miracula in exemplo operationis non sunt trahenda. Omnipotens enim Deus et linguas infantium facit disertas, et ex ore infantum et lactentium perfecit laudem. Sed aliud est quod nos doctrinæ usu dicimus, aliud quod de miraculo scimus. Potest autem tricennalis baptizati Salvatoris ætas etiam nostri baptismatis intimare mysterium, propter fidem scilicet sanctæ Trinitatis, et operationem decalogi legalis. Qui nimirum decalogus, revelata fidei gratia, quo sublimius intelligitur, eo et devotius impletur. Quasi enim quoddam sacrosanctum triennii tempus baptizandos habere docuit, qui ait, Ite docete omnes gentes, baptizantes eos in nomine Patris, et Filii, et Spiritus Sancti. Quasi hoc idem triennium per decem multiplicari præcepit, cum subjunxit, Docentes eos servare omnia quæcunque mandavi vobis. In cujus etiam figuram mare æneum in quo sacerdotes templum intraturi lavabantur, et triginta cubitorum funiculo circuiri exterius, et intus tria millia metretas capere potuisse narratur. Quia corde creditur ad justitiam, ore autem confessio fit ad salutem. Cui sensui suffragatur, quod apostoli percepta Sancti Spiritus gratia primo animarum tria millia baptizant. Et quia maris ænei mentio incidit, libet et in cæteris quomodo baptismi regulæ congruat inquirere. A labio (inquit) usque ad labium cubitorum decem, quia non terrena nos sollicitudine coangustari, sed cœlestis denarii oportet expectatione dilatari. Labium ejus quasi labium calicis, vel folium repandi lilii: quorum uno poculum Dominicæ passionis, altero patefacta resurrectionis ejus claritas exprimitur. Nam quod ait apostolus, Quicunque baptizati sumus Christo Jesu, in morte ipsius baptizati sumus, ad labium calicis pertinet. Quod vero subjungit, ut quomodo surrexit Christus a mortuis per gloriam Patris, ita et nos in novitate vitæ ambulemus, ad florem repandi lilii respicit.

Crassitudo ejus trium unciarum, ut omne baptizatorum robur, fidei, spei, caritatisque perfectione solidetur. Quinque cubitos habebat altitudinis, quia quicquid visu, auditu, gustu, olfactu, vel tactu delinquitur, totum unda regenerationis abluitur. Boves qui portant, singulas cœli plagas terni aspiciunt, ut in fide sanctæ Trinitatis orbis baptizetur universus. Stabat autem in latere dextro atrii sacerdotum contra orientem ad meridiem, quia flante novi testamenti gratia, datum est per eum qui visitavit nos oriens ex alto. Sed et innumeris Scripturæ Sanctæ locis tricenarius numerus Christi et ecclesiæ sacramentis aptatus invenitur. Nam et Joseph qui in figuram resurrectionis novique testamenti octoginta annis Ægyptios a fame defendit, tricenarius ablutis ergastuli sordibus regni gubernacula suscepit, et David eadem ætate regnum, quod septuagenarius, hoc est, perpetua quiete dignus compleret, inchoavit, et Iezechiel triginta annorum apertis sibi cœlis prophetiæ dona promeruit. Et quia per fidem et adversa longanimiter ferri, et sublimiter debent præmia sperari, et arcæ vel templi altitudo, et tabernaculi longitudo, triginta cubitis mensuratur.

Ut putabatur (*inquit*) *filius Joseph.*] Hoc verbum propter illos posuit, qui eum ex Joseph, sicut alii homines generantur, rebantur esse progenitum. Unde si quem movet, cum Maria de Spiritu Sancto genuerit Christum, et Joseph illius non vere sed putative pater appelletur, cur non Mariæ potius quam Joseph, quæ nihil ad eum pertinere videbatur, generatio describatur, sciat primum non esse consuetudinis Scripturarum ut mulierum in generationibus ordo texatur. Deinde ex una tribu fuisse Joseph et Mariam, unde et lege eam accipere cogebatur, ut propinquam. Et quod simul censentur in Bethlehem, ut de una videlicet stirpe generati, atque ideo per generationem Joseph, origo quoque Mariæ monstretur. Pulcherrime sane Lucas, genealogiam Christi dicturus, ipsum patrem præmisit loquentem, Tu es Filius meus dilectus: ut eundem verum Dei Filium divina attestatione, quem verum hominis Filium humanæ successionis ordine comprobaret.

Qui fuit Heli, qui fuit Matthat, qui fuit Levi, qui fuit Melchi, &c.] Merito movet quomodo Joseph duos patres ex diversa proavorum stirpe venientes, unum quem Lucas, alterum quem Matthæus commemorat, habere potuerit. Dicit enim Matthæus, Matthan autem genuit Jacob. Jacob autem genuit Joseph virum Mariæ. Sed hujus nodum quæstionis, Africanus, de consonantia evangeliorum scribens, apertissime solvit. Matthan, inquit, et Matthat diversis temporibus de una eademque uxore Estha nomine singulos filios procreaverunt. Quia Matthan qui per Salomonem descendit, uxorem eam primus acceperat, et relicto uno filio Jacob nomine, defunctus est. Post cujus obitum, quoniam lex viduam alii viro non vetat nubere, Matthat qui per Nathan genus ducit, cum esset ex eadem tribu, sed non ex eodem genere, relictam Matthæ accepit uxorem, ex qua et ipse accepit filium nomine Heli, per quod ex diverso patrum genere efficiuntur Jacob et Heli interim fratres. Quorum alter, id est, Jacob, fratris Heli sine liberis defuncti uxorem ex mandato legis accipiens, genuit Joseph, natura quidem germinis suum filium, propter quod et scribitur, Jacob autem genuit Joseph. Secundum vero legis præceptum Heli efficitur filius, cujus Jacob, quia frater erat, uxorem ad suscitandum fratri semen acceperat. Et per hoc rata invenitur atque integra generatio, et ea quam Matthæus enumerat dicens, Jacob autem genuit Joseph: et ea quam Lucas competenti observatione designat, dicens, Qui putabatur esse filius Joseph, qui fuit Heli. Qui et ipse, substante eadem distinctione, Heli esse filius putabatur, qui fuerat Matthat, quia legalem hanc successionem, quæ velut adoptione quadam erga defunctos constat, magis quam germinis veritatem, competenti satis per hoc designavit indicio observans evangelista, ne omnino in hujuscemodi successionibus genuisse aliquem nominaret: per quod digna distinctione non descendens, sed ascendens usque ad Adam et ad ipsum usque pervenit Deum. Hæc autem non nobis ad subitum reperta, aut absque ullis auctoribus commentata sunt, sed ipsi hæc Salvatoris nostri secundum carnem propinqui, seu studio tanti seminis demonstrandi, seu docendi quæ secundum veritatem gesta sunt, tradiderunt. Hæc Africanus his ipsis syllabis profert, excepto quod pro Matthat posuit Melchi: quia fortasse vel codex illius sic habuit, vel in historia, in qua hæc didicerat, eundem Matthat invenit esse dyonymum. Quia ergo Matthæus regalem, Lucas sacerdotalem Domini personam suscepere taxandam, unde et in quadriga cherubim hunc leo fortissimus bestiarum, illum vitulus sacerdotum videlicet hostia designat, eandem uterque sui operis intentionem in genealogia quoque Salvatoris texenda servavit. Acute namque animadversum est Matthæum, qui regiam in Christo instituerat insinuare personam, excepto ipso Christo quadraginta homines in generationum serie nominasse. Numerus autem iste illud tempus significat quo in hoc seculo et in hac terra regi nos oportet a Christo, secundum disciplinam laboriosam qua flagellat Deus (ut scriptum est) omnem filium quem recipit. Neque enim quadraginta duæ, quod faciunt ter quaterni et deni, sed propter unum Jechoniam bis numeratum quadraginta una generationes fiunt, si et ipsum Christum adnumeremus, qui huic regendæ vitæ nostræ temporali atque terrenæ tanquam numero quadragenario regaliter præsidet. Nam quia numerus iste laboriosi hujus temporis sacramentum est, quod sub disciplina regis Christi adversus diabolum dimicamus, etiam illud declarat quod quadraginta dierum jejunium, hoc est, humiliationem animæ consecravit. Et lex et prophetæ per Moysen et Eliam, qui quadragenis diebus jejunaverunt, et evangelium per ipsius Domini jejunium, quibus diebus quadraginta etiam tentabatur a diabolo, quid aliud quam per omne hujus seculi tempus tentationem nostram in carne sua, quam de nostra mortalitate adsumere dignatus est, præfigurant? Idcirco autem iste numerus hanc temporalem vitam terrenamque significat, quia et tempora annorum quadripertitis vicibus currunt, et mundus ipse quatuor partibus terminatur. Quadraginta autem quater habent decem. Porro ipsa decem ab uno usque ad quatuor progrediente numero consummantur. Ad istam itaque mortalitatem nobiscum participandam, quia descendentem Christum voluit significare Matthæus; ideo ipsas generationes ab Abraham usque ad Joseph, et usque ad ipsius Christi nativitatem descendendo commemoravit ab initio evangelii sui. Lucas autem non ab initio evangelii sui, sed a baptismo Christi generationes enarrat, nec descendendo, sed ascendendo, tanquam sacerdotem in expiandis peccatis magis adsignans, ubi eum vox de cœlo declaravit, ubi testimonium Joannes ipse perhibuit dicens, Ecce qui tollit peccata mundi. Ascendendo autem transit et ad Abraham et pervenit ad Deum, cui mundati et expiati reconciliamur. Merito et adoptionis originem ipse suscepit, quia per adoptionem efficimur filii Dei, credendo in Filium Dei. Per carnalem vero generationem Filius Dei, potius Filius hominis factus est. Satis autem demonstravit non se ideo dixisse Joseph filium Heli quod de illo genitus, sed quod illi fuerit adoptatus, cum et ipsum Adam filium Dei dixit, cum sit factus a Deo, sed per gratiam quam postea peccando amisit, tanquam filius in paradiso constitutus sit. Quapropter in generationibus Matthæi significatur nostrorum susceptio peccatorum a Domino Christo: in generationibus autem Lucæ, significatur abolitio nostrorum peccatorum a Domino Christo. Ideo eas ille descendens enarrat, iste ascendens. Quod enim dicit apostolus, Misit Deus Filium suum in similitudine carnis peccati, hæc est susceptio peccatorum. Quod autem addit, Ut de peccato damnaret peccatum in carne, hæc est expiatio peccatorum. Proinde Matthæus ab ipso David per Salomonem descendit, in cujus matre ille peccavit. Lucas vero ad ipsum David per Nathan ascendit, per cujus nominis prophetam Deus peccatum illius expiavit.

Qui fuit (*inquit*) *Nathan, qui fuit David, qui fuit Jesse.*] Iste quoque numerus quem Lucas exsequitur, certissime prorsus abolitionem indicat peccatorum, de quo suo loco videbis. Nec mireris si Lucas a David usque ad Christum plures successiones, Matthæus pauciores, hoc est, iste quadragesimo tertio, ille viginti octo posuit, cum per alias personas generationem fatearis esse decursam. Potest enim fieri ut alii longævam transegerint vitam, alterius vero generationis viri immatura ætate decesserint, cum videamus complures senes cum suis nepotibus vivere, alios vero viros statim filiis obire susceptis.

Qui fuit Sela, qui fuit Cainan, qui fuit Arfaxat.] Nomen et generatio Cainan juxta Hebraicam veritatem, neque in Genesi, neque in Verbis dierum invenitur, sed Arfaxat Sela vel Sale filium, nullo interposito, genuisse perhibetur. Sic enim habes: Porro Arfaxat vixit triginta annos, et genuit Sale. Itemque in Paralipomenon, Arfaxat autem genuit Sala, qui et ipse genuit Heber. Scito ergo beatum Lucam hanc generationem de septuaginta interpretum editione sumpsisse, ubi scriptum est quod Arfaxat centum triginta quinque annorum genuerit Cainan, et ipse Cainan cum centum triginta fuerit annorum, genuerit Sela. Sed quid horum sit verius, aut si utrumque verum esse possit, Deus noverit. Nos simpliciter admonemus lectorem, tantam inter utrosque codices in serie temporum esse discrepantiam, ut a diluvio usque ad nativitatem Abrahæ in Hebraica veritate anni CCXCII. in septuaginta interpretum translatione mille septuaginta septem reperiantur esse comprehensi. Et quod quidam chronographi medii horum incedentes, ablata tantum Cainan generatione, nec cæteris annis ad Hebræum exemplar emendatis, nongentos quadraginta duos annos ejusdem describant ætatis.

Qui fuit Mathusalæ, qui fuit Enoch.] Pulchre generationum ordo a baptizato Dei Filio usque ad Deum Patrem ascendens, septuagesimo gradu Enoch habet, qui dilata morte translatus est in paradisum, ut significet eos qui in gratiam adoptionis filiorum ex aqua et Spiritu Sancto regenerantur, interim post absolutionem corporis, æternam suscipiendos in requiem, (septuagenarius quippe numerus propter septimam sabbati, ad requiem eorum significandam, qui juvante Christi gratia decalogum legis impleverint, aptissime congruit,) et in tempore resurrectionis, indemutabili Dei sapientiæ contemplandæ per secula monstret esse jungendos.

Qui fuit Seth, qui fuit Adam, qui fuit Dei.] Quia Christi aliqua iniquitas, qui nullam habuit, non est utique conjuncta iniquitatibus hominum, quas in sua carne suscepit; ideo numerus penes Matthæum, excepto Christo, est quadragenarius. Quia vero justitiæ suæ Patrisque nos expiatos ab omni peccato purgatos conjungit, ut fiat quod ait apostolus, Qui autem adhæret Domino unus Spiritus est, ideo in eo numero qui est penes Lucam, et ipse Christus a quo incipit enumeratio, et Deus ad quem pervenit connumerantur, ut sit numerus LXXVII. quo significatur omnium prorsus remissio et abolitio peccatorum. Nam et hujus numeri mentionem Dominus fecit, cum eum Petrus de dimittendis peccatis fratris interrogasset. Ait enim, non solum septies, sed usque septuagies septies esse dimittendum. Unde recte creditur commemoratione hujus numeri, omnia peccata jussisse dimitti. Nec temere Dominus et frustra septuagesima et septima generatione venit aboliturus omnia peccata, nisi quia in illo numero aliquid latet, quod ad significationem pertineat omnium peccatorum. Hoc autem in undenario numero et septenario considerandum est. Qui numeri per se multiplicati, ad tantum perveniunt. Nam undecies septem, vel septies undeni, LXXVII. fiunt. Undecim autem transgressionem denarii significant. At si in denario perfectio beatitudinis significatur: unde est etiam illud quod omnes conducti ad vineam denario renumerantur, quod fit cum septenaria creatura Trinitati Creatoris adjungitur, manifestum est quod transgressio denarii peccatum significat, per superbiam plus aliquid habere cupientis, et integritatem perfectionemque amittentis. Hoc autem septies propterea ducitur, ut motu hominis facta significetur illa transgressio. Ternario enim numero incorporea pars hominis significatur: unde est quod ex toto corde, ex tota anima, ex tota mente diligere jubemur Deum. Quaternario vero, corpus: multis enim modis quadripertita invenitur natura corporis. Ex his ergo conjunctis homo constans non absurde septenario numero significatur. Motus autem in numeris non exprimitur cum dicimus unum, duo, tria, quatuor, et cætera, sed cum dicimus semel, bis, ter, quater. Quapropter (ut dixi) non septem et undecim, sed septies undecim significatur transgressio, quæ motu facta est hominis peccantis, hoc est, perfectionis suæ stabilitatem transgredientis cupiditate amplius aliquid habendi. Convenienter igitur undenario septies multiplicato, ad numerum septuagesimum et septimum cuncta peccata perveniunt. In quo numero etiam fit plena remissio peccatorum, expiante nos carne sacerdotis nostri, a quo nunc iste numerus incipit, et reconciliante nos Deo ad quem nunc iste numerus pervenit, per Spiritum Sanctum qui columbæ specie in hoc baptismo, ubi numerus iste commemoratur, apparuit. Verum præmissæ superius expositioni si quis resultare voluerit, dicendo Matthæum non quadraginta unam, sed quadraginta duas generationes posuisse, quia juxta fidem Paralipomenon, Jechonias pro duabus personis, patre scilicet et filio, debeat computari, intelligat eundem nihilominus numerum præsens ecclesiæ tempus quo Domino cooperante in spem futuri sabbati laborat, intimare. Septies enim seni, quadraginta duo faciunt. Et sex quidem ad opera, septem vero ad requiem significandam pertinere, rarus qui dubitet. Unde bene populus de terra Ægypti salvatus, quadraginta quidem annos moratur in deserto, sed quia sub spe intrandi in requiem sedulus exercetur, septies sena, id est, quadraginta duo viæ arctissimæ castrametatur. Quorum ultimo dum Jesum ducem suscipit, mox aperto Jordane promissas olim sedes devictis hostibus adit. Sicut et Dominus Jesus, quadragesima secunda generatione ex quo mundus cæcitatis priscæ tenebras Abraham credente discussit, adveniens in carne baptismi nobis lavacro cœli januas pandit. Et ipsi, perfecto virtutum cursu, in quo quod non videmus sperantes, per patientiam expectamus sub ejusdem (ut dictum est) numeri sacramento, post siccatum Christo duce læti fluvium promissa patriæ cœlestis perveniemus ad regna. Qui quoniam ipso quod tricenarius inchoavit baptismo, totius sit ecclesiæ sordes expiaturus, eorundem quoque numerorum mystica cognatio declarat. Quia videlicet triginta æqualibus suis partibus computata, pariunt amplius duodecim, qui est patriarcharum et apostolorum numerus, et fiunt quadraginta duo. Habent enim partes, tricesimam, unum; quintamdecimam duo; decimam, tria; sextam, quinque; quintam, sex; tertiam, decem; dimidiam, quindecim: quæ simul juncta, quadraginta duo consummant. Ubi mystice (ut diximus) innuitur totam ecclesiæ perfectionem in Christi fide et gratia consistere, quæ a patriarchis primo agnita apostolorum est latius voce diffamata. Nec esse nomen aliud sub cœlo in quo oporteat nos salvos fieri, quomodo in quadraginta duobus nulla est particula quæ non æqualibus tricenarii numeri contineatur in partibus. Tricenarius ergo numerus suis partibus quadragesimum complet et secundum, quia Dominus ecclesiam sui baptismatis sacramentis, et nunc laborantem temporaliter munit, et finitis laboribus ad requiem æternaliter perducit.

IN CAP. IV.

Cap. xi. *Jesus autem plenus Spiritu Sancto regressus est ab Jordane, &c.*] Hæc baptizato Domino confestim facta Matthæus Marcusque designant: quorum unus, descripto ejus baptismate, mox ita subjunxit, Tunc Jesus ductus est in desertum ab Spiritu, ut tentaretur a diabolo: alter ita, Et statim Spiritus expulit eum in desertum, et erat ibi quadraginta diebus et quadraginta noctibus, et tentabatur a Satana. Verum ne cui veniret in dubium a quo eum Spiritu ductum sive expulsum dicerent in desertum, consulte Lucas primo posuit, quia Jesus plenus Spiritu Sancto regressus est ab Jordane, ac deinde intulit, et agebatur in Spiritu in desertum: ne quid contra eum valuisse spiritus putaretur immundus, qui plenus Spiritu Sancto, quo volebat gradiendo, quæque volebat agebat. Nam et infra ubi manifeste a diabolo assumptus sive statutus asseritur, non ejus imbecillitas, sed inimici superbia, qui voluntatem Salvatoris necessitatem putat, arguitur. Non ergo virtute spiritus mali Jesus agitur in desertum, sed voluntate sui Spiritus boni locum certaminis quo adversarium sternat, de victoria certus ingreditur. Ubi nobis pariter ordinem recte conversandi præmonstrat, ut post acceptam videlicet in baptismo remissionem peccatorum, Spiritusque Sancti gratiam, arctius contra novas antiqui hostis insidias accingi, mente seculum deserere, et quasi manna deserti, sola æternæ vitæ gaudia discamus esurire.

Et nihil manducavit in illis diebus, et, consummatis illis, esuriit.] Quadragesima jejuniorum habet auctoritatem, et in veteribus libris ex jejunio Moysi et Eliæ, et ex evangelio, quia totidem diebus Dominus jejunavit, demonstrans evangelium non dissentire a lege et prophetis. In persona quippe Moysi lex, in persona Eliæ prophetæ accipiuntur. Inter quos in monte gloriosus apparuit, ut evidentius emineret quod de illo dicit apostolus, Testimonium habens a lege et prophetis. In qua autem parte anni congruentius observatio quadragesimæ constitueretur, nisi confinis atque contigua Dominicæ passionis, quia in ea significatur hæc vita laboriosa, cui opus est continentia, ut ab ipsius mundi amicitia jejunetur. Aliter. Jejunavit Dominus cum tentaretur ante mortem, cibo adhuc indigens. Manducavit autem et bibit, cum glorificaretur post resurrectionem, jam cibo non indigens. Hic enim ostendebat in se nostrum laborem, illic autem in nobis suam consolationem, quadragenis diebus utrumque definiens. Quo numero quadragesima hujus seculi significare videtur excursus in his qui vocantur per gratiam, ad eum qui non venit legem solvere, sed adimplere. Decem namque præcepta sunt legis, jam gratia Christi diffusa per mundum, et quadripertitus est mundus, et decem quadruplicata quadraginta faciunt. Quoniam qui redempti sunt a Domino, de regionibus congregavit eos; ab oriente, et occidente, et aquilone, et mari. Jejunans itaque quadraginta diebus ante mortem carnis velut clamabat, Abstinete vos a desideriis hujus seculi. Manducans autem et bibens XL. diebus post resurrectionem carnis velut clamabat, Ecce ego vobiscum sum usque ad consummationem seculi. Jejunium quippe est in tribulatione certaminis, quoniam qui in agone est, ab omnibus abstinens est. Cibus autem in spe pacis, quæ perfecta non erit, nisi cum corpus nostrum cujus expectamus redemptionem, induerit immortalitatem, quod nondum adipiscendo gloriamur, sed sperando jam pascimur. Utrumque apostolus simul nos agere ostendit, dicens: Spe gaudentes, in tribulatione patientes. Tanquam illud esset in cibo, hoc in jejunio. Simul enim cum viam Domini carpimus, et a vanitate præsentis seculi jejunamus, et futuri promissione reficimur, hic non apponentes cor, illic pascentes sursum cor. Quod autem Dominus consummatis jejunii diebus esuriit, cum de Moyse vel Elia jejunantibus nihil tale sit scriptum, ideo factum est, ne ab eo tentando pavens tristis aufugeret, quem cum tot signis cœlestibus præconatum, tum etiam viris excellentissimis in abstinendo videret æquatum. Esuriit enim humilis Deus homo, ne inimico innotescat sublimis homo Deus.

Dixit autem illi diabolus, Si Filius Dei es, &c.]

Antiquus hostis Redemptorem humani generis debellatorem suum in mundum venisse cognovit, unde et per obsessum hominem dixit, Quid nobis et tibi, Fili Dei? venisti huc ante tempus torquere nos? Qui tamen prius cum hunc passibilem cerneret, cum posse mortalia perpeti humanitatis videret, omne quod de ejus divinitate suspicatus est, ei fastu suæ superbiæ in dubium venit. Nihil quippe, nisi superbum sapiens, dum esse hunc humilem conspicit, Deum esse dubitavit. Unde ad tentationem sua argumenta convertit. Sed non sicut nos, qui puri homines sumus, irruente sæpe tentatione concutimur, ita Redemptoris nostri anima tentationis est necessitate turbata. Hostis namque noster et si in excelsum montem eum permissus assumpsit, si daturum se regna mundi perhibuit, si quasi in panem vertendos lapides ostendit, mentem tamen Mediatoris Dei et hominum tentatione quassare non valuit. Sic enim dignatus est hæc exterius cuncta suscipere, ut tamen ejus mens interius divinitati suæ inhærens inconcussa permaneret. Qui etsi quando turbatus Spiritu infremuisse dicitur, ipse divinitus disponebat, quantum ipse humanitus turbaretur.

Et respondit ad illum Jesus, Scriptum est quia non in pane solo vivit homo, &c.] Ideo sic respondit Dominus, quia propositum ei erat humilitate diabolum vincere, non potentia. Simulque animadvertendum quod nisi jejunare cœpisset Dominus, tentandi occasio non fuisset diabolo. Secundum illud, Fili accedens ad servitutem Dei, præpara animam tuam ad tentationem. Sed et ipsa responsio Salvatoris hominem fuisse indicat qui tentatus est. Non in pane solo vivit homo, sed in omni verbo Dei. Si quis ergo non vescitur verbo Dei, iste non vivit. Aliter. Hostis noster adhuc in hac vita nos positos, quanto magis nos sibi rebellare conspicit, tanto amplius expugnare contendit: eos enim pulsare negligit, quos quieto jure possidere se sentit. Contra nos vero eo vehementius incitatur, quo ex corde nostro quasi ex jure propriæ habitationis expellitur. Hoc enim in seipso Dominus sub quadam dispensatione figuravit, qui diabolum non nisi post baptisma tentare permisit, ut signum nobis quoddam futuræ conversationis innueret, quod membra ejus postquam ad Deum proficerent, tunc acriores tentationum insidias tolerarent.

Et duxit illum diabolus et ostendit illi omnia regna orbis terræ in momento temporis.] Cum ductus a diabolo Deus homo narratur, mens refugit, humanæ hoc audire aures expavescunt. Cui tamen non esse incredibilia ista cognoscimus, si in illo et alia facta pensamus. Certe iniquorum omnium diabolus caput est, et hujus capitis membra sunt omnes iniqui. Quid ergo mirum si se permisit ab illo in montem duci, qui se pertulit etiam a membris illius crucifigi? Non est ergo indignum Redemptori nostro quod tentari voluit, qui venerat occidi. Justum quippe erat, ut sic tentationes nostras suis tentationibus vinceret, sicut mortem nostram venerat sua morte superare. Bene autem in momento temporis sæcularia et temporalia monstrantur: non enim tam conspectus celeritas indicatur, quam caducæ fragilitas potestatis exprimitur. In momento enim cuncta illa prætereunt, et sæpe honor sæculi abiit antequam venerit. Quid enim sæculi potest esse diuturnum, cum ipsa diuturna non sint sæcula?

Et ait ei, Tibi dabo potestatem hanc universam et gloriam illorum, &c.] Arrogans et superbus etiam hoc de jactantia loquitur, non quod in toto mundo habeat potestatem ut possit omnia regna dare diabolus, cum sciamus plerosque sanctos viros a Deo reges factos.

Si, inquit, procidens adoraveris coram me. Ergo qui adoraturus est diabolum, ante corruit.

Et respondens Jesus, dixit illi, Scriptum est, Dominum Deum tuum adorabis, et illi soli servies.] Dicens diabolus Salvatori, Si procidens adoraveris me; e contrario audit, quod ipse magis adorare eum debeat Dominum et Deum suum. Quærit forte aliquis quomodo conveniat quod hic præcipitur Domino soli serviendum apostoli verbo qui dicit, Sed per caritatem servite invicem. Sed huic facile Græcæ linguæ, ex qua Scriptura translata est, origo satisfacit, in qua servitus duobus modis ac diversa significatione solet appellari. Dicitur enim λατρεία, dicitur et δουλεία. Sed dulia intelligitur servitus communis, hoc est sive Deo, sive cuilibet rerum, natura exhibita: a qua etiam servus, id est, δοῦλος, Græce nomen accipit. Latria autem vocatur servitus illa, quæ soli divinitatis cultui debita, neque ulli est participanda creaturæ. Unde et idololatræ nuncupantur hi qui vota, preces et sacrificia, quæ uni Deo debuerant, idolis impendunt. Jubemur ergo per caritatem servire invicem, quod est Græce δουλεύειν. Jubemur uni Deo servire, quod est Græce λατρεύειν. Unde dicitur, Et illi soli servies: quod est Græce λατρεύσεις. Et iterum, Nos enim sumus circumcisio, Spiritui Dei servientes, quod est in Græco λατρεύοντες.

Et duxit illum in Hierusalem, et statuit eum super pinnam templi.] Ut quem gula vel avaritia superare non poterat, tentet et vana gloria, si forte illum vel ipsa victoriæ suæ jactantia dejicere queat.

Et dixit illi, Si Filius Dei es, mitte te hinc deorsum.] In omnibus tentationibus hoc agit diabolus, ut intelligat si Filius Dei sit; sed Dominus sic responsionem temperat, ut eum relinquat ambiguum,

Mitte te deorsum. Vox diaboli, qua semper omnes deorsum cadere desiderat, Mitte te, inquit: persuadere potest, præcipitare non potest.

Scriptum est enim, quod angelis suis mandabit de te, &c.] Hoc in nonagesimo Psalmo legimus. Verum ibi non de Christo, sed viro sancto prophetia est. Male ergo interpretatur Scripturas diabolus. Certe si vere de Salvatore scriptum noverat, debuerat et illud dicere quod in eodem psalmo contra se sequitur, Super aspidem et basiliscum ambulabis, et conculcabis leonem et draconem. De angelorum auxilio quasi ad infirmum loquitur, de sui conculcatione quasi tergiversator tacet.

Et respondens Jesus, ait illi, Dictum est, Non tentabis Dominum Deum tuum.] Falsas de Scripturis diaboli sagittas, veris Scripturarum frangit clypeis. Et notandum, quod necessaria testimonia de Deuteronomio tantum protulerit, ut secundæ legis sacramenta monstraret. Non tentabis, inquit, Dominum Deum tuum. Suggerebatur enim tanquam homini, ut signo aliquo exploraret ipse quantus esset, id est quam multum apud Deum posset: quod vitiose fit, cum fit. Pertinet namque ad sanam doctrinam, quando habet quod faciat homo, non tentare Dominum Deum suum. Neque enim et ipse Salvator non poterat tueri discipulos suos, quibus tamen ait, Si vos persequuti fuerint in una civitate, fugite in aliam. Cujus rei prior exemplum præbuit. Nam cum potestatem haberet ponendi animam suam, nec eam poneret nisi cum vellet, in Ægyptum tamen infans portantibus parentibus fugit. Et ad diem festum non evidenter, sed latenter ascendit, cum alias palam loqueretur Judæis irascentibus, et de inimicissimo animo audientibus, nec tamen valentibus in eum mittere manus, quia nondum venerat hora ejus. Qui ergo palam docendo et arguendo, et tamen inimicorum rabiem valere in se aliquid non sinendo, Dei demonstrabat potestatem, idem tamen fugiendo et latendo hominis instruebat infirmitatem, ne Deum tentare audeat quando habet quod faciat, ut quod cavere oportet, evadat.

Et consummata omni tentatione, diabolus recessit ab illo usque ad tempus.] Vides ipsum diabolum non esse in studio pertinacem, cedere vero solere virtuti. Et si invidere non desinat, tamen instare formidat, quia frequentius refugit triumphari. Audito itaque Dei nomine, recessit (inquit) usque ad tempus. Postea enim non tentaturus, sed aperte pugnaturus advenit. Quamvis sæpe antiquus hostis, postquam menti nostræ tentationum certamen inflixerit, ab ipso suo certamine ad tempus recedit, non ut illatæ malitiæ finem præbeat, sed ut corda quæ per quietem secura reddiderit, repente rediens, facilius inopinatus irrumpat. Notandum autem, quod tribus solum tentatoris fraudibus expositis, omnem tentationem dicit esse consummatam. Quia videlicet his omnium vitiorum origines amplectuntur et fontes; Joanne attestante, qui ait, Quia omne quod in mundo est, concupiscentia carnis est, et concupiscentia oculorum, et superbia vitæ. Et in evangelica parabola tribus solum reprobi negotiis ab æternæ vitæ dapibus excluduntur. Primus (inquit) dixit, Villam emi, et necesse habeo exire et videre illam. Et alter dixit, Juga boum emi quinque, et eo probare illa. Et alius dixit, Uxorem duxi, ideo non possum venire. Uxoris quippe appetitus, sicut et gula, ad concupiscentiam carnis pertinet. Villæ emptio, quæ avaritia non caret, ad superbiam vitæ respicit. Probatio quinque jugorum, id est, corporalium rerum curiositas, quæ est vana gloria, ad concupiscentiam refertur oculorum. Nam per oculos maxime curiositas prævalet, et his quidem Dominus quasi fortior facie ad faciem tentatur, nos vero cum et ipsi, percepto baptismate gratia Spiritus, eremum virtutum adimus, cum jejunium quadragesimale suscipimus, id est, ab illecebris secularibus toto vitæ nostræ tempore continere disponimus, vel tacitis appetimur insidiis, vel aliquando etiam proximi ore pulsamur. Qui cum blandiens dicit, Homo fortis es, manduca et bibe, et similis mane; videndum est, ne nobis serpentis antiqui nescius venena propinet. Dicendumque, Non in solo pane vivit homo, sed in omni verbo Dei. Verum multi, concupiscentia carnis devicta, mox avaritia pulsantur, et aliquoties etiam superantur, adeo ut pro oblatis muneribus diabolum adorare non metuant. Quorum ubi plurimi continentiam laudant, majores etiam personæ honorant, dona tribuunt, fit ut voluptatum victores philargyria vincantur, et crescente per tempus insania, divites quosque, quos per aperta facinora dæmone plenos agnoscunt, non modo non execrentur et arguant, sed et flexa cervice adorent et suscipiant. Unde dicit apostolus, avaritiam simulacrorum esse servitutem. Qui si et hanc Salvatoris exemplo triumpharint, Dominum videlicet Deum suum adorando, et pro æternis gaudiis illi soli serviendo, aderit et tertia vanæ gloriæ pestis, quæ vitiorum præcedentium victores de suis viribus extollat, ut quasi in virtutum culmine positos ulterius se jam cadere non posse præsumant. Et hoc plane curiosis oculis Deum tentare est, de suis quempiam meritis gloriari. Contra hoc quod ipse fidem discipulis augens ait, Cum perfeceritis omnia quæ præcepta sunt vobis, dicite, Servi inutiles sumus, quæ debuimus facere fecimus. Qui cum alibi præciperet, ne justitiam nostram coram hominibus faciamus in ejusdem definitione jejunium tantum, eleemosynam, atque orationem subjunxit, triplici scilicet hostis telo totidem arma defensionis opponens, ut jejunio concupiscentia carnis, eleemosynis avaritia, precibus jactantia pellatur meritorum. Hæc de principiis evangelicæ dispensationis uno libello dixisse sufficiat, verum quæ sequuntur gesta vel dicta Salvatoris, non solum nostræ quieti, sed et legentium commodo consulentes, ab alio magis intueamur exordio. Nescio quo enim modo, ut Augustinus ait, ita libri termino reficitur lectoris intentio, sicut labor viatoris hospitio.

LIBER SECUNDUS.

ECCLESIASTICA narrat historia, beatissimum Joannem apostolum usque ad ultimum pæne vitæ suæ tempus absque ullius scripturæ indiciis evangelium prædicasse. Sed cum trium, inquit, evangeliorum, etiam ad ipsum notitia pervenisset, probasse quidem dicitur fidem et veritatem dictorum, deesse tamen vidit aliqua, et ea maxime, quæ primo prædicationis suæ tempore Dominus gesserat. Certum est enim quod in superioribus tribus evangelistis hæc videntur sola contineri, quæ in eo gesta sunt anno quo Joannes Baptista vel inclusus est in carcerem, vel punitus. Denique si observes, statim in initiis narrationum, posteaquam refert Matthæus de quadraginta dierum jejunio, et de tentatione ejus, continuo subjecit dicens, Audiens autem quia Joannes Baptista traditus est, secessit a Judæa, et venit in Galilæam. Sed et Marcus similiter, Posteaquam (inquit) traditus est Joannes, venit Jesus in Galilæam. Lucas vero etiam priusquam incipiat aliquid de actibus referre Jesu, dicit quia adjecit Herodes super omnia mala quæ gesserat, et inclusit Joannem in carcerem. Quia inquam ab his hæc videbantur omissa, rogatus dicitur Joannes apostolus, ut ea, quæ præterierant priores ante traditionem Joannis, Salvatoris gesta describeret. Et ideo dicit in evangelio, Hæc fecit initio signorum Jesus. Et iterum in alio loco indicat dicens, Nondum enim Joannes missus fuerat in carcerem. Ex quibus constat quod ea, quæ antequam Joannes traderetur ab Jesu fuerant gesta, describit; his memoratæ historiæ dictis initium hujusce, hoc est, secundi nostri in Lucam libelli præmunire curavimus, ne qui legentium putaret ea quæ per ordinem sunt exponenda, post dierum XL. jejunium confestim facta, sed post aliquot a Domino miracula vel in Judæa vel in Galilæa patrata potius animadverteret esse secuta.

CAP. XII. *Et regressus est Jesus in virtute Spiritus in Galilæam, &c.*] Virtutem Spiritus, signa miraculorum dicit. Sicut et alibi Judæi admirantes, Unde (inquiunt) huic sapientia hæc et virtus? sapientiam videlicet ad doctrinam, virtutem vero ad opera referentes. Quæ utraque pariter et in hoc loco junguntur, dum Jesus et in virtute Spiritus ingressus esse, et in synagogis eorum docuisse perhibetur. Unde merito et magnificatus a præsentibus, et per absentes quosque fama vulgatus asseveratur. Quod non utique nisi præsentibus factorum dictorumve fieri posset indiciis. Sed horum tempus et ordinem in Joannis (ut dictum est) evangelio, quisque quæsierit inveniet. Cujus ut cætera prætermittens, unum solummodo testimonium ponam. Cum venisset, inquit, in Galilæam, exceperunt eum Galilæi, cum vidissent omnia quæ fecit in Hierosolymis in die festo. Notandum sane, quod primo Jesum virtutem Spiritus demonstrasse, et post doctrinæ gratiam ministrasse, primo de virtutibus famam egressam, et sic doctrinam magnificatam esse commemorat. Juxta ordinem videlicet, quem et in Actibus Apostolorum breviter commendare curavit, Quæ cœpit Jesus facere et docere. Prius enim facere, et postea posuit docere, ne qui doctor auditoribus suis, quæ nondum factis ipse patravit, imperare præsumat.

Et venit Nazareth, ubi erat nutritus, &c.] Synagoga Græce, Latine dicitur congregatio, quo nomine non solum adfluentium turbarum conventum, sed et domum qua ad audiendum dicendumve Dei verbum conveniebant Judæi, appellare solebant. Unde Dominus ad Annam pontificem, Ego semper, inquit, docui in synagoga, et in templo, quo omnes Judæi conveniunt. Sicut et nos ecclesias fidelium, et loca et choros vocitamus. Verum differt inter synagogam quæ congregatio, et ecclesiam quæ convocatio interpretatur, quod veteris testamenti populus utroque vocabulo, novi autem tantum ecclesia nuncupatur. Quia videlicet et pecora et inanimæ quæque res congregari in unum possunt, convocati autem non nisi ratione utentia possunt. Ideoque novæ gratiæ populum quasi majori dignitate præditum, rectius convocatum in unitatem fidei, quam congregatum dicere, id est, ecclesiam, quam synagogam nominare, apostolicis scriptoribus et doctoribus visum est. Confluebant autem die sabbati in synagogis, ut juxta quod Dominus præcipit, Vacate et videte, quoniam ego sum Deus, feriatis mundi negotiis, ad meditanda legis monita quieto corde residerent. Cujus eo die devotionis agendæ hactenus in ecclesia perdurat indicium, quæ ad memoriam priscæ religionis canticum Deuteronomii, in quo universus veteris populi status, quid videlicet offenso, quid propitio Deo meruerit, continetur, nonnullis in locis sabbato dicere consuevit. Alioquin esset præposterum, ut prioribus septimanæ diebus prophetarum dictis carminibus, Moysi ultimum diceretur. Intravit ergo Jesus die sabbati in synagogam, ut ritum legis Mosaicæ cumulo gratiæ cœlestis adimpleret.

Et surrexit legere, et traditus est illi liber prophetæ Esaiæ.] Indicium quidem humillimæ dispensationis est, qua Deus inter homines ministrare, non ministrari venerat, quod etiam lectoris suscipere non dedignatur officium. Sed altiore providentia Lucas a lectione et explanatione prophetæ gesta Domini scripturus inchoavit, quia scilicet omnis prophetiæ scriptura ad ipsum usque pertingens, per ipsum nobis aperienda, et in ipso constiterit adimplenda. Unde et utrumque hoc in evangelii sui fine manifestius explicat, cum posito prius dicto Salvatoris, Quoniam necesse est impleri omnia quæ scripta sunt in lege Moysi, et prophetis, et Psalmis de me, mox ipse subjunxit, Tunc aperuit illis sensum, ut intelligerent Scripturas. Surrexit igitur legere Jesus, ut quos nova signorum operatione non converterat, vel propheticæ lectionis attestatione corrigeret.

Et ut revolvit librum, invenit locum ubi scriptum erat.] Pulchre librum prophetæ clausum accipit, sed revolutum legit, quia mysterium incarnationis suæ prophetarum voce præscriptum, et prius suscepit exhibendum, et post intelligendum mortalibus aperuit.

Spiritus Domini super me, &c.] Loquens supra de vocatione gentium et ecclesiæ confirmatione per prophetam Salvator, cum inter cætera diceret, Ego Dominus in tempore ejus subito faciam istud, confestim hoc quod hic lectum est intulit, Spiritus Domini super me. Non quod Dominus Deus habeat Dominum Deum, sed quod juxta dispensationem carnis assumptæ, dicat ea quæ humilia sunt. Ad quem Psalmista jam dixerat, Dilexisti justitiam et odisti iniquitatem, propterea unxit te Deus, Deus tuus, oleo lætitiæ præ consortibus tuis. Quando enim consortes nominantur, naturam carnis intellige, qua Deus consortes substantiæ suæ nos habet. Et quia erat unctio spiritualis, et nequaquam humani corporis, ut fuit in sacerdotibus Judæorum, idcirco præ consortibus, id est, cæteris sanctis unctus esse memoratur. Cujus unctio illo expleta est tempore, quando baptizatus est in Jordane, et Spiritus Sanctus in specie columbæ descendit super eum, et mansit in illo. Unctus est igitur oleo spirituali et virtute cœlesti, ut paupertatem conditionis humanæ thesauro resurrectionis rigaret æterno, captivitatem mentis auferret, cæcitatem illuminare animorum. Beati, inquiens, pauperes, quia vestrum est regnum Dei. Et iterum, Si vos Filius liberaverit, vere liberi eritis. Et iterum, Qui sequitur me non ambulat in tenebris, sed habebit lumen vitæ.

Dimittere confractos in remissionem, &c.] Sacrificium (inquit) Deo, spiritus contribulatus, cor contritum et humiliatum Deus non spernit. Atque ideo missum sive unctum se dicit, ad medendum confractis sive contritis corde: juxta quod et Psalmista de illo, Qui sanat (inquit) contritos corde, et alligat contritiones eorum. Vel certe dimittere confractos in remissionem, eos qui legis pondere gravi atque importabili fuerant depressi relevare, atque in remissionem venit gratiæ spiritualis admittere. Et hoc ipsum est prædicare annum Domini acceptum. Tunc enim verus Jubilei, id est libertatis, annus aderat tempus, videlicet ecclesiæ, quo in corpore versata peregrinatur a Domino. De quo Psalmista canit, Benedices coronam anni benignitatis tuæ. Neque enim ille, quo Dominus prædicabat, solus fuit acceptabilis, sed etiam iste quo prædicat apostolus dicens, Ecce nunc tempus acceptabile, ecce nunc dies salutis. Post annum sane Domini acceptabilem, etiam diem retributionis extremæ prædicat, dicens, Filius enim hominis venturus est in gloria sua cum angelis suis, et tunc reddet unicuique secundum opus ejus. Ad cuncta igitur hæc evangelizanda ideo se dicit missum, quia Spiritus Domini est super eum.

Et cum plicuisset librum, reddidit ministro, et sedit.] Librum Dominus omnibus qui aderant audientibus legit, lectum vero ministro reddidit. Quia sicut ipse alibi testatur, cum esset in mundo, palam locutus est mundo, semper docens in synagoga et in templo, quo omnes Judæi convenire consueverant. Sed ad cœlestia regressurus, his qui ab initio ipsi viderunt, et ministri fuerunt sermonis, evangelizandi officium tradidit. Et bene stans quidem legit, sed libro reddito resedit. Stare enim, operantis: sedere, quiescentis vel judicantis est. Quia Dominus Jesus Christus, ut viam nobis scientiæ quæ de se erat scripta patefaceret, ad tempus in carne dignatus est operari. Peracto autem piæ dispensationis officio, discipulos suæ doctrinæ sequaces elegit, seque supernæ quietis solio restituit, unde et nunc occulto judicio cuncta dispenset, et in fine totius sæculi judex manifestus appareat. Simul exemplum mystice proponens, ut verbi quisque prædicator, ejusdem sit etiam factor. Surgat, legat, et resideat: hoc est, operetur, prædicet, et sic præmia quietis expectet. Et notandum, quia librum ipse revolutum legit, ministro autem plicatum reddidit. Quia et ecclesiam suam misso a Patre Spiritu veritatis, docuit in omnem veritatem, et tamen non omnibus omnia dicenda, sed pro captu audientium verbum doctori dispensandum suo præmonebat exemplo, cum ait, Multa habeo vobis dicere, sed non potestis illa portare modo.

Et omnium in synagoga oculi erant intendentes in

eum, &c.] In eo utique impleta, quia sicut illa prædixerat, et magna faciebat, et majora Dominus evangelizabat. Quod igitur majus quærimus testimonium, quam quod se fuisse qui locutus est in prophetis, propria voce signavit? Removens sacrilegia perfidorum, qui alium Deum dicunt veteris testamenti, alium novi, vel qui initium Christi dicunt esse de virgine. Quomodo enim cœpit ex virgine, qui ante virginem loquebatur?

Et omnes testimonium illi dabant, et mirabantur, &c.] Testimonium illi dabant, attestando illum vere, ut dixerat, eum esse, de quo cecinere prophetæ, vere Spiritus Sancti gratia perunctum, vere se pauperes, cæcos, captivos, atque confractos, illius per omnia indigere muneribus.

Et dicebant, Nonne hic est filius Joseph?] Quanta Nazarenorum cæcitas, qui eum quem in verbis factisque Christum esse cognoscunt, ob generis tantum notitiam contemnunt! Quorum tamen error salus nostra est, et hæreticorum condemnatio. In tantum enim cernebant hominem Jesum Christum, ut hunc filium Joseph, et juxta alios evangelistas fabrum, vel fabri clamarent filium. Inter quæ intuendum quare Christus in carne apparens, fabri filius, immo faber appellari voluerit. Sanoque intellectu sentiendum, quod etiam per hoc se ejus ante secula filium esse docuerit, qui fabricator omnium in principio creavit Deus cœlum et terram. Nam etsi humana non sunt comparanda divinis, typus tamen integer est, quia Pater Christi igni operatur et Spiritu. Unde et de ipso tanquam de fabri filio, præcursor ejus ait, Ipse vos baptizabit in Spiritu Sancto et igni. Qui in domo magna hujus mundi, diversi generis vasa fabricat. Immo vasa iræ Spiritus igne molliendo, in misericordiæ vasa commutat. Unde bene Malachias, cum ex persona Patris diceret, Ecce mittam angelum meum, et præparabit viam ante faciem meam, et statim veniet ad templum suum dominator quem vos quæritis, post pauca subjunxit atque ait, Et sedebit conflans, et emundans argentum, et purgabit filios Levi, et conflabit eos quasi aurum et quasi argentum. Sed hujus sacramenti Judæi ignari, divinæ virtutis opera prosapiæ carnalis contemplatione despiciunt, sicut non solum ex præcedentibus ipsorum, sed etiam ex subsequentibus Domini verbis apparet cum subditur,

Et ait illis, Utique dicitis mihi hanc similitudinem, Medice, cura teipsum: quanta, &c.] Quorum insana perfidia, sanam licet nesciens fidem confitetur, quæ Dominum Christum fabrum cognominat, et medicum. Faber est enim verus, quia omnia per ipsum facta sunt. Medicus est, quia omnia per ipsum restaurata sunt in cœlis et in terra. Et sicut de se ipse testatur, Non habent opus sani medico, sed male habentes. Et quia diximus quo instrumento fabricandi, dicamus et quo utatur genere medicandi. Præteriens vidit cæcum a nativitate, exspuit in terram, et fecit lutum de sputo, linivitque super oculos ejus, et dixit ei, Vade, lava in natatoria Siloæ, quod interpretatur missus. Abiit ergo et lavit, et venit videns. Agnosce igitur magnæ modum medicinæ, et gaude quia per hanc illuminari meruisti. Lutum de terra, caro Christi est. Sputum de ore, divinitas ejus est, quia caput Christi Deus. Sputum luto immixtum, nos illuminat in natatoria Siloæ baptizatos, quia verbum caro factum est, et habitavit in nobis, et vidimus gloriam ejus, quam prius tenebris arcentibus comprehendere non poteramus. Per fabrum ergo Christum creatus es, ut esses. Per medicum Christum recreatus es, ut post vulnera sanus esses. Qui ab irridentibus quidem civibus seipsum curare, hoc est in sua patria virtutes facere monetur, sed non otiose ab evangelista alio excusatur, quia non poterat ibi virtutem ullam facere, nisi paucos infirmos impositis manibus curavit. Et mirabatur propter incredulitatem illorum. Ne fortasse quis viliorem nobis fieri debere patriæ putaret affectum. Amabat itaque cives, sed ipsi se caritate patria qui livore privabant.

Ait autem, Amen dico vobis, quia nemo propheta acceptus est in patria sua.] Prophetam dici in Scripturis Dominum Christum, et Moyses testis est, qui ait, Prophetam vobis suscitabit Deus vester de fratribus vestris tanquam me. Non solum autem ipse qui caput et Dominus est prophetarum, sed et Elias, Hieremias, cæterique prophetæ, minoris in patria quam in extremis civitatibus habiti sunt. Quia propemodum naturale est, cives semper civibus invidere. Non enim considerant præsentia viri opera, sed fragilem recordantur infantiam, quasi non et ipsi per eosdem ætatis gradus ad maturam ætatem venerint.

In veritate dico nobis, multæ viduæ erant in diebus Eliæ in Israel, &c.] Non (inquit) hoc quod divina fastidiosis civibus beneficia subtraho, prophetarum gestis adversatur. Quia sicut fame quondam omnem terram premente, nemo est in Judæa repertus Eliæ dignus hospitio, sed exteræ gentis est vidua quæsita, quæ ob fidei gratiam a tanto propheta visitari deberet, et sicut multis ibidem leprosis Naaman tantum Syrus, quia devotæ quæsierat, ab Elisæo propheta curari promeruit, sic et vos non alia quam invidiæ perfidiæque causa, superno munere privabit. Quorum si facta prophetarum etiam allegorice discusseris, invenies profecto Dominum in patriæ suæ, a qua receptus non est, perfidia, superbiam notasse Judæorum. Nomine vero Capharnaum, quæ ager consolationis interpretatur, gentium prædicasse salutem ubi majora quotidie signa per apostolos apostolorumque successores, non tam in corporum quam in animarum sanatione patrantur. Igitur vidua ad quam Elias missus est, gentium designat ecclesiam, quæ a suo diutius conditore deserta populum rectæ fidei nescium, quasi pauperem filium egena stipe nutribat, id est verbo fructus experte docebat, donec adveniens sermo propheticus, qui exsiccato vellere Israelis, utpote clausa cœli janua, fame periclitabatur in Judæa, pasceretur ibi simul ét pasceret, et receptus videlicet a credentibus, et reficiens ipse credentes. Unde bene hæc eadem vidua in Sarepta Sidoniæ dicitur esse morata. Sidonia quippe, venatio inutilis: Sarepta vero, incendium, vel angustia panis interpretatur. Quia ubi abundavit peccatum, superabundavit gratia. Ubi rebus supervacuis acquirendis, quasi aucupandi cura impendebatur, ubi diræ sitis incendium panisque spiritualis ante fiebat angustia, ibi farina oleumque ore prophetico benedicitur, id est fructus et hilaritas caritatis, sive gratia corporis Dominici et chrismatis unctio, indefectivo verbi cœlestis munere fœcundatur. Cujus hactenus in vasis oleum gaudii spiritualis et benedictionis farina non deficit, cæteris quæ non credunt gentibus, inopia panis divini miseris, et venatui deditis inutili. Nam et ipsa pulcherrime mysticum sibi priusquam moreretur panem factura, duo se ligna colligere velle testatur, non solo ligni nomine, sed etiam numero lignorum signum crucis exprimens, quo nobis est panis vitæ præparatus æternæ.

Et multi leprosi erant in Israel sub Elisæo propheta, &c.] Quia nota est historia, de mysterio necesse est paucis intimemus. Et Naaman ergo iste Syrus, qui interpretatur decor, populum demonstrat nationum, quondam perfidiæ scelerumque lepra maculosum, sed per sacramentum baptismatis ab omni mentis et corporis fœditate purgatum. Qui captæ consilio puellæ, hoc est inspirationis supernæ gratia, quam

Judæis conservare non valentibus gentes rapuere, salutem sperare commonitus, septies lavari jubetur. Quia nimirum solum baptismi genus quod ex Spiritu Sancto regenerat, salvat. Unde jure caro ejus post lavacrum, velut caro pueri parvi apparuisse memoratur. Sive quia cunctos in Christo baptizatos, in unam parit gratia mater infantiam, seu magis ille sit intelligendus puer, de quo dictum est, Parvulus natus est nobis, filius datus est nobis. Cujus corpori per baptismum, tota credentium soboles adunatur. Et ut cuncta hic baptismi scires sacramenta præmonstrata, in quo abrenuntiare Satanæ, fidem confiteri præcipimur, negat se Naaman ultra diis alienis litaturum, soli per omnia Domino serviturus. Partem quoque terræ sanctæ secum tollere gaudet, quia baptizatos oportet Dominici quoque corporis participatione confirmari. Merito igitur Naaman, cujus, dum aqua corpus abluitur, fide pectus abluitur, id est populus gentium, Judæis lepra contumaciæ squalentibus antefertur. Merito vidua Sareptena, id est ecclesia ligno crucis refici desiderans, Judæis fame verbi pereuntibus, pane sacrosancti corporis et vivifici Spiritus unctione recreatur. Probaturque Dominus non ob suam impotentiam civibus, sed ob eorum invidentiam virtutum dona negasse. Atque hoc exemplo totam postremo gentem, non quia non amaretur, sed quia ipsa se amari non amaret, ab eo derelictam, doctoribus scilicet inde ob salvationem gentium toto orbe dispersis. Sed quod Dominus verbo de Judæis, hoc ipsi de se Judæi facto testantur. Nam sequitur,

Et repleti sunt omnes in synagoga ira, hæc audientes, &c.] Sacrilegia quippe Judæorum quæ multo ante Dominus prænuntiaverat per prophetam dicens, Retribuebant mihi mala pro bonis, in evangelio docet esse completa. Nam cum ipse per populos beneficia diffunderet, illi injurias irrogabant. Nec mirum si perdiderunt salutem, qui ejecerunt de suis finibus Salvatorem. Moralis enim Dominus, et qui docuerit exemplo sui apostolos suos omnibus omnia fieri, nec volentes repudiat, nec invitos alligat, nec ejicientibus reluctatur, nec rogantibus deest. Sic Gerasenos alibi, cum virtutes ejus sustinere non possent, quasi infirmos et ingratos reliquit. Simul intellige, non ex necessitate fuisse, sed voluntariam corporis passionem, nec captum a Judæis, sed a se oblatum. Etenim quando vult capitur, quando vult labitur, quando vult suspenditur, quando vult non tenetur.

Et duxerunt, inquit, *illum usque ad supercilium montis, &c.*] O pejor magistro discipulorum hæreditas! Diabolus verbo Dominum tentat, Judæi facto. Ille dicit, Mitte te; isti adoriuntur ut mittant. Et quidem Dominus supercilium montis præcipitandus ascenderat, sed per medium illorum mutata subito vel obstupefacta furentium mente descendit, quos adhuc sanare quam perdere malebat, ut cassata videntes suæ cœpta nequitiæ, a poscendo deinceps ejus mortem desisterent. Necdum enim venerat hora passionis, quæ non quolibet sabbato, sed in parasceue Paschæ futura extiterat. Necdum locum passionis, qui non in Nazareth, sed Hierosolymis hostiarum sanguine figurabatur, adierat. Sed nec hoc genus mortis, qui crucifigendus a seculo præconabatur, elegerat. Non igitur a Nazareis præcipitari, non ab Hierosolymitis lapidari, non inter pueros Bethleemitas ab Herode perimi, non alia vel alia voluit morte consummari. Quod enim tali morte regiæ potestatis indicium, quo fidelium frons armaretur, emineret? Sed solum crucis expectatum est vexillum, cujus figura et celerrimo dexteræ motu contra maligni hostis tentamenta depingi, et ipsa nihilominus figura monarchiæ singularis potuisset typus haberi. Ut quomodo triumphum crucis exponens apostolus ait, In nomine Jesu omne genu flectatur, cœlestium, et terrestrium, et infernorum. Hoc est enim quod ejusdem crucis cacumina ad cœlos tendunt, ima petunt inferos, cornua terram tegunt.

Et descendit in Capharnaum civitatem Galilææ, ibique docebat illos, &c.] Vide clementiam Domini Salvatoris; nec indignatione commotus, nec scelere offensus, nec injuria violatus Judæam deserit, quin etiam immemor injuriæ, immemor clementiæ, nunc docendo, nunc liberando, nunc sanando, in fide plebis corda demulcet. Quod autem sabbatis maxime medicinæ doctrinæque suæ dona frequentat, docet se non sub lege esse, sed supra legem, qui eandem quoque legem adimplere, non autem solvere venerit, nec Judaicum eligere sabbatum, quo vel ignem accendere vel manum pedemque movere non liceat, sed verum sabbatum dilectamque Domino esse requiem, si saluti studentes animarum, ab opere servili, id est a cunctis contineamus illicitis.

Et stupebant in doctrina ejus, &c.] Sermo doctoris in potestate sit, cum ea quæ docet operatur. Nam qui actis ipse sua dicta destruit, contemnitur. Cui contra doctorem instituens apostolus ait, Nemo adolescentiam tuam contemnat. Singulariter autem Dominus ac principaliter solus ex potestate bona locutus est, quia ex infirmitate, mala nulla commisit. Ex divinitatis quippe potentia, habuit id quod nobis per humanitatis suæ innocentiam ministravit. Aliter, in potestate erat sermo ipsius, sive, ut alius evangelista dicit, erat docens eos sicut potestatem habens, et non sicut scribæ. Quoniam scribæ quæ per legem didicerant præcepta, populis dabant. Ipse vero quasi auctor impletorque legis, vel mutando vel augendo quæ minus videbantur, libere agendo substituit.

CAP. XIII. *Et in synagoga erat homo habens dæmonium immundum.*] Bene in synagoga homo erat qui spiritum immundum habebat, quia Spiritum Sanctum amiserat. Introierat enim diabolus, unde Christus exierat. Sicut etiam nunc quidam dicunt se Judæos esse et non sunt, sed sunt synagoga Satanæ.

Et exclamavit voce magna dicens: Sine, quid nobis et tibi, Jesu Nazarene?] Paululum (inquit) a me vexando quiesce, cui nulla est cum nostra fraude societas. Et vere; quæ enim participatio luci ad tenebras? quæ communicatio Christi ad Belial?

Venisti perdere nos? scio te quia sis Sanctus Dei.] Non voluntatis ista confessio est, quam præmium sequitur confitendi, sed necessitatis extorsio quæ cogit invitos. Et velut si servi fugitivi post multum temporis Dominum suum videant, nihil aliud nisi de verberibus deprecantur, sic et dæmones cernentes Dominum in terris repente versari, ad judicandos se venisse credebant. Præsentia Salvatoris, tormenta sunt dæmonum.

Et increpavit illi Jesus dicens, Obmutesce, et exi ab illo.] Quoniam invidia diaboli mors intravit in orbem terrarum, ideo contra ipsum mortis auctorem primo debuit medicina salutis operari, primo lingua serpentina, ne ultra virus spargeret, occludi. Ac deinde fœmina quæ prima seducta est, a carnalis concupiscentiæ febre curari. Tertio, vir qui male suadentis dicta conjugis audivit, ab erroris sui lepra castigari. Ut ipse apud hunc evangelistam esset ordo restaurationis, qui fuerat et casus.

Et cum projecisset illum dæmonium in medium, &c.] Divina permissione liberandus a dæmone homo projicitur in medium, ut virtus patefacta Salvatoris plures ad fidem viamque salutis invitet. Sed quod dicitur, Nihilque illum nocuit, videtur repugnare Marco, qui ait, Et discerpens eum spiritus immundus, et exclamans voce magna exivit ab eo. Nisi intelligamus hoc dixisse Marcum, Discerpens eum, quod Lucas dixit, Et cum projecisset illum in medium. Ut quid secutus ait, Nihilque eum nocuit, intelligatur quia jactatio illa membrorum atque vexatio non eum debilitavit, sicut solent exire dæmonia etiam quibusdam membris amputatis aut evulsis. Unde merito pro tam integra restitutione sanitatis qui aderant paventes, tametsi nondum credentes, ad invicem dicebant,

Quia in potestate et virtute imperat spiritibus immundis, et exeunt.] Expellere enim dæmonia et homines sancti, sed in verbo Dei possunt, ipsum autem Dei Verbum propria potestate virtutes operatur.

CAP. XIV. *Surgens autem de synagoga, introivit in domum Simonis, &c.*] Si virum a dæmonio liberatum moraliter animum ab immunda cogitatione pùrgatum significare dixerimus, consequenter fœmina febribus tenta, sed ad imperium Domini curata, carnem ostendit a concupiscentiæ suæ fervore per continentiæ præcepta frenatam. Omnis enim amaritudo, et ira, et indignatio, et clamor, et blasphemia, spiritus immundi furor est. Fornicationem vero, immunditiam, libidinem, concupiscentiam malam, et avaritiam, qûæ est simulacrorum servitus, febrem incelebrosæ carnis intellige.

Et rogaverunt illum pro ea. Et stans super illam, imperavit febri, et dimisit illam.] Modo Salvator rogatus, modo ultro curat ægrotos, ostendens se contra peccatorum quoque passiones et precibus semper adnuere fidelium, et ea quæ ipsi minime in se intelligunt: vel intelligenda dare, vel etiam non intellecta dimittere. Juxta quod Psalmista postulat, Delicta quis intelligit? ab occultis meis munda me, Domine.

Et continuo surgens ministrabat illis.] Naturale est febricitantibus incipiente sanitate lacessere, et ægrotationis sentire molestiam, verum sanitas quæ Domini confertur imperio, simul tota redit. Non solum ipsa redit, sed et tanto robore comitante, ut eis continuo qui se adjuverant, ministrare sufficiat, et juxta leges tropologiæ, membra quæ servierant immunditiæ ad iniquitatem ut fructificarent morti, serviant justitiæ in vitam æternam.

Cum sol autem occidisset, omnes qui habebant infirmos variis languoribus, &c.] Solis occubitus passionem mortemque significat illius qui dixit, Quamdiu in mundo sum, lux sum mundi. Et sole occidente plures dæmoniaci, quam ante plures sanantur ægroti. Quia qui temporaliter in carne vivens paucos Judæorum docuit, calcato regno mortis omnibus per orbem gentibus fidei salutisque dona transmisit. Cujus ministris, quasi vitæ lucisque præconibus, Psalmista canit: Iter facite ei qui ascendit super occasum. Super occasum quippe Dominus ascendit, quia unde in passione occubuit, inde majorem suam gloriam resurgendo manifestavit.

Exibant etiam dæmonia a multis, &c.] Dæmonia Filium Dei confitebantur, et attestante evangelista sciebant ipsum esse Christum. Quia quem dierum quadraginta jejunio fatigatum diabolus hominem cognoverat, nec tentando valebat an et Dei Filius esset experiri, jam nunc per signorum potentiam vel intellexit vel potius suspicatus est esse Filium Dei. Non igitur ideo Judæis eum crucifigere persuasit, quia Christum sive Dei Filium non esse putavit, sed quia se morte illius non prævidit esse damnandum. Vere enim de hoc mysterio a seculis abscondito dicit apostolus, Quod nemo principum hujus sæculi cognovit. Si enim cognovissent, nunquam Dominum gloriæ crucifixissent. Quare autem dæmonia Dominus de se loqui prohibeat, Psalmista manifestat, qui ait, Peccatori autem dixit Deus, quare tu enarras justitias meas? et cætera. Ne quis dum prædicantem audit, sequatur errantem. Improbus enim magister est diabolus, qui falsa veris sæpe permiscet, ut specie veritatis, testimonium fraudis obtexat. Alias autem non soli dæmones qui inviti confitebantur, jubentur silere de Christo, sed et illi, qui ab eo sanati sponte confiteri volebant. Immo ipsi apostoli qui eum post resurrectionem toto erant orbe prædicaturi, ante passionem ejus præcipiuntur omnino reticere de illo, ne divina videlicet majestate prædicata passionis dispensatio differretur, et dilata passione salus mundi quæ per hanc futura erat negaretur.

Facta autem die, egressus ibat in desertum locum, &c.] Si occasu solis Domini mors exprimitur, quare non die redeunte resurrectio illius indicetur? Cujus manifestata luce a credentium turbis inquiritur, et in gentium deserto inventus, ne abeat detinetur. Maxime cum hæc prima sabbati, quo resurrectio celebrata est, egressio, quæsitio, et inventio contigerit.

IN CAP. V.

Cap. xv. *Factum est autem cum turbæ irruerent in eum, ut audirent, &c.*] Stagnum Genesareth, idem dicunt esse quod mare Galilææ, vel mare Tiberiadis. Sed mare Galilææ ab adjacente provincia dictum; mare Tiberiadis a proxima civitate, quæ olim Chennereth vocata, sed ab Herode Tetrarcha instaurata, in honorem Tiberii Cæsaris Tiberias est appellata. Porro Genesar a laci ipsius natura, qua crispantibus aquis de seipso sibi excitare auram perhibetur, Græco vocabulo, quasi generans sibi auram dicitur. Neque enim in stagni morem sternitur aqua, sed frequentibus auris spirantibus agitatur, haustu dulcis, et ad potandum habilis. Sed Hebrææ linguæ consuetudine, omnis aquarum congregatio, sive dulcis sive salsa, mare nuncupatur. Qui lacus interfluente Jordane centum quadraginta stadiis in longitudinem, et quadraginta extenditur in latitudinem. Quia ergo stagnum sive mare præsens seculum designat, Dominus secus mare stat, postquam vitæ labentis mortalitatem devincens, in ea qua passus est carne, stabilitatem perpetuæ quietis adiit. Turbarum conventus ad eum, gentium in fide concurrentium typus est. De quibus Esaias, Et fluent (inquit) ad eum omnes gentes, et ibunt populi multi, et dicent, Venite et ascendamus ad montem Domini.

Et vidit duas naves stantes secus stagnum.] Duæ naves secus stagnum positæ, circumcisionem et præputium figurant. Quas bene Jesus vidisse perhibetur, quia in utroque populo novit Dominus qui sunt ejus. Eorumque cor a fluctibus seculi hujus, ad futuræ vitæ tranquillitatem quasi ad soliditatem litoris videndo, hoc est, misericorditer visitando provehit.

Piscatores autem descenderant, et lavabant retia.] Piscatores sunt ecclesiæ doctores, qui nos rete fidei comprehensos, et de profundo ad lumen elatos, quasi pisces litori, sic terræ viventium advehunt. Quasi enim quædam retia piscantium sunt complexæ prædicantium dictiones, quæ eos quos cœperint in fide, non amittant. Unde et retia, quasi retinentia sunt vocata. Sed hæc retia modo laxantur in capturam, modo lota plicantur, quia non omne tempus est habile doctrinæ, sed nunc exercenda lingua doctori, nunc suimet cura gerenda.

Ascendens autem in unam navem quæ erat Simonis, &c.] Navis Simonis est ecclesia primitiva, de qua Paulus ait: Qui enim operatus est Petro in apostolatum circumcisionis, operatus est et mihi inter gentes. Bene una dicta, quia multitudinis credentium erat cor et anima una. De qua docebat turbas, quia de auctoritate ecclesiæ docet usque hodie gentes.

Ut cessavit autem loqui, dixit ad Simonem, Duc in altum, &c.] Quod primo rogavit Simonem navem a terra reducere pusillum, significat vel temperate utendum verbo ad turbas, ut nec terrena eis præcipiantur, nec sic a terrenis in profunda sacramentorum recedatur, ut ea penitus non intelligant, vel prius in proximis regionibus gentibus prædicandum, ut quod dicit item Petro, Duc in altum, et laxate retia vestra in capturam, ad remotiores gentes quibus postea prædicatum est, pertineat.

Et respondens Simon, dixit illi, Præceptor, per totam noctem laborantes, &c.] Nisi Dominus ædificaverit domum, in vanum laboraverunt qui ædificant eam. Nisi Dominus cor illustraverit auditorum, doctor in nocte laborat. Nisi in verbo gratiæ supernæ laxata fuerint instrumenta disputationum, frustra vocis suæ prædicator jaculum mittit. Quia fides populorum non sapientia verbi compositi, sed divinæ vocationis munere provenit.

Et cum hoc fecisset, concluserunt piscium multitudinem copiosam, &c.] Præ multitudine piscium rete rumpebatur, quia nunc ad confessionem fidei etiam cum electis reprobi tanti intrant, qui ipsam quoque ecclesiam hæresibus scindant. Rumpitur autem rete, sed non labitur piscis quia suos Dominus etiam inter persequentium scandala servat.

Et annuerunt sociis qui erant in alia navi, &c.] Alia navis (ut prædiximus) est ecclesia de gentibus, quæ et ipsa non sufficiente una navicula piscibus impletur electis, quia novit Dominus qui sunt ejus, et apud ipsum certus est suorum numerus electorum. Quumque tot in Judæa credituros non invenit, quot ad fidem vitamque prædestinatos novit æternam, quasi alius navis receptacula piscibus quærens suis, corda quoque gentium fidei gratia replet. Et bene rupto rete socia navis advocatur, quoniam ante Judas proditor, ante Simon Magus pisces nequissimi capti sunt, ante Ananias et Sapphira fidei rete subdole tentabant ingredi, ante, ut Joannes testatur, multi discipulorum ejus abierunt retro, et jam non cum illo ambulabant. Ac deinde Barnabas et Paulus ad gentium sunt apostolatum segregati.

Et venerunt et impleverunt ambas naviculas, ita ut mergerentur.] Harum impletio navium usque in finem sæculi crescit. Sed quod impletæ merguntur, hoc est, in submersione premuntur, (non enim submersæ, sed tamen sunt periclitatæ,) apostolus exponit dicens, In novissimis diebus erunt tempora periculosa, et erunt homines seipsos amantes, etc. Nam mergi naves est, homines in seculum, ex quo elati per fidem fuerant, morum pravitate relabi. Quales et ipse Petrus adhuc in infirmitate positus, hoc loco demonstrat. Unde sequitur,

Quod cum videret Simon Petrus, procidit ad genua Jesu, &c.] Quia carnales quique in ecclesia regimen spiritualium, in quibus maxime Christi persona eminet, a se quodammodo repellunt. Non enim hoc voce linguæ dicunt bonis ministris Dei ut eos a se repellant, sed voce morum et actuum suorum suadent a se recedi, ne per bonos regantur, et eo vehementius quo deferunt eis honorem, attamen factis suis a se recedere admonent. Ut honorificentiam eorum significaverit Petrus, cadens ad pedes Domini; mores autem in eo quod ait, Exi a me, Domine, quia peccator homo sum. Quod tamen quia non fecit Dominus, non enim recessit ab eis, sed eos subductis navibus ad litus perduxit, significat in bonis et spiritualibus viris non esse oportere hanc voluntatem, ut peccatis turbarum commoti, quo quasi securius tranquilliusque vivant, munus ecclesiasticum deserant.

Et ait ad Simonem Jesus, Noli timere.] Confortat Dominus timorem carnalium, animosque fragilium consolando erigit, ne quis vel de suæ conscientia culpæ tremens, vel de aliorum innocentia stupens, sanctitatis iter formidet adgredi. Quod autem sequitur,

Ex hoc jam homines eris capiens.] Ad ipsum Petrum specialiter pertinet. Exponit enim ei Dominus, quid hæc captura piscium significet. Quod videlicet ipse sicut nunc per retia pisces, sic aliquando per verba sit capturus homines. Totusque facti hujus ordo, quid in ecclesia cujus ipse typum tenet quotidie geratur, ostendat. Quod vero subjungitur,

Et subductis ad terram navibus, relictis omnibus secuti sunt eum.] Potest significare finem temporis, quo ab hujusmodi salo qui Christo inhæserint, penitus recessuri sunt. Sciendum est autem hanc eandem non esse lectionem qua Matthæus et Marcus binos de naviculis piscatores, primo Petrum et Andream, deinde filios Zebedæi a Domino narrant esse vocatos. Non enim eos Lucas, nunc a Domino vocatos, sed tantum Petro fuisse prædictum, quod homines esset capturus, insinuat. Quod non ita dictum est, quasi jam pisces nunquam esset capturus. Nam et post resurrectionem Domini, legimus eos esse piscatos. Unde datur intelligi, eos ad capturam piscium ex more remeasse, ut postea fieret quod Matthæus et Marcus narrant, quando eos binos vocavit. Tunc enim non subductis ad terram navibus tanquam cura redeundi, sed ita eum secuti sunt, tanquam vocantem ac jubentem ut sequerentur.

Cap. xvi. *Et factum est, cum esset in una civita-*

tum, et ecce vir plenus lepra, &c.] Bene ubi leprosus mundatur, certus non exprimitur locus, ut ostendatur non unum populum specialis alicujus civitatis, sed omnium populos fuisse sanatos. Et quia Dominus ait, Non veni solvere legem sed adimplere, ille qui excludebatur a lege, purgari se Domini potestate præsumens, non ex lege, sed supra legem esse gratiam judicabat, quæ leprosi maculam possit abluere. Verum ut in Domino potestatis auctoritas, ita in illo fidei constantia declaratur. Ille in faciem procidit, quod humilitatis est et pudoris, ut unusquisque de suæ vitæ maculis erubescat. Sed confessionem verecundia non repressit, ostendit vulnus, remedium postulavit. Et ipsa religionis et fidei plena confessio est. Si vis, (inquit,) potes me mundare. In voluntate Domini, tribuit potestatem. De voluntate autem Domini, non quasi pietatis incredulus dubitavit, sed quasi colluvionis suæ conscius non præsumpsit.

Et extendens manum, tetigit illum, dicens, Volo, mundare.] Et confestim lepra discessit ab illo. Nihil medium est inter opus Dei atque præceptum, quia in præcepto est opus. Denique dixit, et facta sunt. Vides igitur quod dubitari non potest, quia voluntas Dei, potestas est. Si ergo voluntas ejus potestas est, qui unius voluntatis asserunt, unius utique asserunt potestatis. Itaque quasi habens potestatem sanandi, et jubendi auctoritatem, operandi testimonium non refugit. Volo enim dicit, propter Fotinum. Imperat, propter Arrium. Tangit, propter Manichæum. Et lex quidem tangi leprosos prohibet, sed qui Dominus legis est, non obsequitur legi, sed legem facit. Non ergo ideo tetigit, quia sine tactu mundare non poterat, sed ut probaret quia subjectus non erat legi, nec contagium timebat ut homines, sed quia contaminari non poterat qui alios liberabat, lepra tactu Domini fugaretur, quæ solebat contaminare tangentem. Simulque illud mirabile, quod eo sanavit genere, quo fuerat obsecratus, Si vis, potes me mundare. Volo, inquit, mundare. Habes voluntatem, habes etiam pietatis effectum.

Et ipse præcepit illi ut nemini diceret.] Quare præcipitur nemini dicere, nisi ut doceret non vulganda nostra beneficia, sed premenda? ut non solum a mercede abstineamus pecuniæ, sed etiam gratiæ.

Sed vade, ostende te sacerdoti, &c.] Ostendere se sacerdoti jubetur, ut intelligeret sacerdos eum non legis ordine, sed gratia Dei supra legem esse curatum. Offerre autem sacrificium, ut ostenderet Dominus quia legem non solveret, sed impleret: qui secundum legem gradiens, supra legem sanaret eos quos remedia legis non sanaverant. Et bene addidit, In testimonium illis, hoc est, si Deo credant, si impietatis lepra discedat. Quod si quem movet quomodo Dominus Mosaicum videatur approbare sacrificium, cum id non receperit ecclesia, meminerit nondum esse cœpisse sacrificium sanctum sanctorum quod corpus ejus est. Nondum enim obtulerat in passione holocaustum suum. Non autem oportebat auferri significantia sacrificia, priusquam illud quod significabatur confirmatum esset contestatione apostolorum prædicantium, et fide credentium populorum. Quia vero typice vir iste peccatis languidum genus designat humanum, recte non solum leprosus, sed et plenus lepra describitur. Omnes enim peccaverunt, et egent gloria Dei. Illa scilicet, ut extenta manu Salvatoris, hoc est, incarnato Dei verbo humanamque contingente naturam, ab erroris prisci varietate mundentur, possintque cum apostolis audire, Jam vos mundi estis, propter sermonem quem locutus sum vobis, et qui diutius abominabiles a populi Dei erant castris secreti, jam aliquando templo reddi, et sacerdoti queant offerri, illi utique cui dicitur, Tu es sacerdos in æternum: audientes ab apostolo, Templum enim Dei sanctum est, quod estis vos: offerantque pro emundatione sua sicut præcepit Moyses, id est, exhibeant corpora sua hostiam viventem, sanctam, Deo placentem.

Perambulabat autem magis sermo de illo, &c.] Unius perfecta salvatio multas ad Dominum cogit turbas. Ut enim ipse se exterius interiusque doceret esse sanatum, nequaquam perceptum beneficium vel ab ipso a quo acceperat jussus, tacet. Quin potius, ut Marcus narrat, evangelistæ functus officio, mox egressus cœpit prædicare et diffamare sermonem, ita ut jam non posset manifeste in civitatem introire, sed foris in desertis locis esse, et conveniebant ad eum undique. Unde merito quæritur, quidnam sit quod Dominus nonnulla quæ gessit abscondi jussit, et nec ad horam potuerunt abscondi. Numquid enim unigenitus Filius Patri et Spiritui Sancto coæternus, hac in re velle habuit quod implere non potuit? Sed notandum quod Redemptor noster per mortale corpus omne quod egit, hoc nobis in exemplo actionis præbuit. Miraculum namque faciens et taceri jussit, et tamen taceri non potuit. Ut videlicet electi ejus exempla doctrinæ illius sequentes, in magnis quæ faciunt latere quidem in voluntate habeant, sed ut prosint aliis, prodantur inviti. Quatenus et magnæ humilitatis sit, quod sua opera taceri appetunt, et magnæ sublimitatis sit, quod eorum opera taceri non possunt. Non ergo Dominus voluit quicquam fieri et minime potuit, sed quid velle ejus membra debeant, quidve de eis etiam nolentibus fiat, doctrinæ magisterio exemplum dedit.

Ipse autem secedebat in desertum, et orabat.] Quod

secedit orare, non ei naturæ tribuas quæ dicit, Volo, mundare, et curabat ab infirmitatibus, sed ei quæ extendens manum tetigit leprosum. Non quo juxta Nestorium gemina sit Filii persona, sed quo ejusdem personæ sicut naturæ, sic et operationes sint duæ. Aliter. Quod in urbe miracula facit, in deserto vero vel in monte (ut infra legitur) orando pernoctat, utriusque vitæ nobis, et activæ scilicet et contemplativæ, documenta præmonstrat, ut nec contemplationis studio quis proximorum curam negligat, nec cura proximorum immoderatius obligatus, contemplationis studia derelinquat. Quatenus nec amorem Dei præpediat amor proximi, nec amorem proximi, quia transcendit, abjiciat amor Dei. In monte quippe orare est, relictis infimarum cogitationum curis, tota mente quemlibet ad æterna supernæ contemplationis gaudia festinare. In desertum secedere et orare est, exsurgentem intrinsecus strepitum terrenorum desideriorum premere, et quoddam sibi cum Domino intra se secretum quærere, ubi cum illo exteriore cessante tumultu, per interna desideria silenter loquatur.

Cap. xvii. *Et factum est in una dierum, et ipse sedebat docens, &c.*] Ubi Dominus sedens docuerit quando Scribis et Pharisæis consedentibus paralyticum curavit, Lucas breviandi gratia præterit, sed Matthæus et Marcus, qui narrant, quæstionem facere videntur. Quoniam quidem Matthæus in civitate sua, Marcus in Capharnaum hoc eum fecisse testantur. Quæ difficilius solveretur, si Matthæus etiam Nazareth nominaret. Nunc vero vel ipsa Galilæa in qua erat Nazareth, intelligenda est, dicta civitas Christi, ad distinctionem videlicet regionis transmarinæ Gerasenorum, de qua transfretando, sicut Matthæus scribit, venerat Galilæam. Vel certe ipsa Capharnaum civitas Christi est dicta, quam non nascendo, sed virtutibus illustrando, suam ipse fecerat.

Et ecce viri portantes in lecto hominem qui erat paralyticus, &c.] Curatio paralytici hujus, animæ post diuturnam incelebræ carnalis inertiam ad Christum suspirantis indicat salvationem. Quæ primo omnium ministris qui eam sublevent et Christo adferant, id est, bonis doctoribus qui spem sanationis opemque intercessionis suggerant, indiget. Qui bene Marco narrante quatuor fuisse reperiuntur, sive quia quatuor evangelii libris omnis prædicantium virtus, omnis sermo firmatur, seu quia quatuor sunt virtutes, quibus ad promerendam sospitatem fiducia mentis erigitur. De quibus in æternæ sapientiæ laude dicitur. Sobrietatem enim et sapientiam docet, et justitiam et virtutem, quibus utilius nihil est in vita hominibus. Quas nonnulli versis nominibus, prudentiam, fortitudinem, temperantiam, et justitiam appellant.

Et non invenientes qua parte illum inferrent præ turba, ascenderunt supra tectum per tegulas.] Desiderant paralyticum Christo offerre, sed turba interposita ab omni parte recluduntur. Quia sæpe anima post infimi corporis desidiam ad Deum resipiscens, supernæque gratiæ remedio cupiens innovari, priscæ consuetudinis obstaculo retardatur. Sæpe inter ipsas orationis secretæ dulcedines, et quasi suave cum Domino colloquium, turba cogitationum interveniens aciem mentis, ne Christus videatur, intercludit. Et quid inter hæc agendum? non utique in infimis exterius qua turbæ tumultuantur remanendum, sed tectum domus in qua Christus docet ascendendum, id est, Sacræ Scripturæ sublimitas est appetenda, lexque Domini cum Psalmista die noctuque meditanda. In quo enim corrigit junior viam suam? in custodiendo, inquit, sermones tuos.

Et submiserunt illum cum lecto in medium ante Jesum.] Patefacto tecto æger ante Jesum submittitur, quia reseratis Scripturarum mysteriis ad notitiam Christi pervenitur, hoc est, ad ejus humilitatem fidei pietate descenditur. Et bene domus Jesu tegulis contecta describitur, quia sub contemptibili literarum velamine si adsit qui reseret doctor, divina spiritualis gratiæ virtus invenietur. Quod autem cum lecto deponitur, significat ab homine in ista carne adhuc constituto Christum debere cognosci.

Quorum fidem ut vidit, dixit, Homo, remittuntur tibi peccata tua.] Hominem Dominus a paralysi curaturus primo peccatorum vincula dissolvit, ut ostenderet eum ob nexus culparum artuum dissolutione damnari, nec nisi his relaxatis membrorum posse recuperatione sanari. Sic et illi paralytico, qui juxta probaticam piscinam diu motum aquæ frustra præstolabatur, sanato a Domino dicitur, Ecce sanus factus es, jam noli peccare, ne deterius tibi aliquid contingat. Et bene is cui peccata dimittebantur, homo vocatur, qui hoc ipso quod homo erat, non posset dicere, Non peccavi, simul etiam ut ille qui homini dimittebat intelligeretur Deus. Intuendum sane quanti propria cujusque fides apud Deum valeat, ubi tanti valuit aliena, ut totus homo repente, id est, exterius interiusque jam salvatus exsurgeret, aliorumque merito, aliis laxarentur errata.

Et cœperunt cogitare Scribæ et Pharisæi dicentes, Quis est hic qui loquitur blasphemias? &c.] Verum dicunt Scribæ, quia nemo dimittere peccata nisi Deus potest, qui per eos quoque dimittit, quibus dimittendi tribuit potestatem. Et ideo Christus vere Deus esse probatur, quia dimittere peccata quasi Deus potest. Verum Deo testimonium reddunt, sed personam Christi negando falluntur. Errant itaque Judæi, qui cum Christum et Deum esse et peccata dimittere posse credant, Jesum tamen Christum esse non credunt. Sed multo dementius errant Arriani, qui cum Jesum et Christum esse, et peccata posse dimittere, evangelii verbis devicti negare non audeant, nihilominus tamen Deum negare non timent. At ipse perfidos salvare desiderans, et occultorum cognitione, et virtute operum, Deum se esse manifestat.

Respondens enim, dixit ad illos, Quid cogitatis in cordibus vestris?] Eidem namque Deo qui dicit, Ego sum, ego sum ipse qui deleo iniquitates tuas, sapientissimus orator ait, Tu enim solus nosti corda omnium filiorum hominum. Eadem ergo, inquit, majestate et potentia qua cogitationes vestras intueor, possum et hominibus delicta dimittere. Ex vobis intelligite, quid paralyticus consequatur.

Quid est facilius dicere, Dimittuntur tibi peccata? &c.] Utrum sint paralytico peccata dimissa, solus noverat qui dimittebat. Surge autem et ambula, tam ille qui surgebat, quam ii qui surgentem videbant, approbare poterant. Fit igitur carnale signum, ut probetur spirituale.

Ut autem sciatis, quia Filius hominis potestatem habet in terra dimittere peccata.] Si et Deus est, juxta memoratum Esaiæ testimonium, qui delet iniquitates nostras, et Filius hominis potestatem habet in terra dimittendi peccata, ergo idem ipse et Deus et Filius hominis est, ut et homo Christus per divinitatis suæ potentiam dimittere peccata possit, et idem Deus Christus per humanitatis suæ fragilitatem pro peccatoribus mori.

Ait paralytico, Tibi dico, Surge: tolle lectum tuum, &c.] Spiritualiter de lecto surgere est, animam se a carnalibus desideriis, ubi ægra quiescebat, abstrahere. Lectum vero tollere est, ipsam quoque carnem per continentiæ frena correptam, spe cœlestium præmiorum deliciis privare terrenis. Ipse est enim lectus qui per singulas noctes lavatur a David, id est, pro uniuscujusque noxæ maculis digno pœnitentiæ flumine castigatur. Sublato autem lecto domum ire, ad paradisum redire est. Ipsa est enim vera domus, quæ hominem prima suscepit, non jure amissa, sed fraude, tandemque restituta per eum qui fraudulento hosti nihil debuit. Aliter. Sanus qui languebat lectum reportat domum, cum anima, peccatorum remissione accepta, ad internam sui custodiam cum ipso se corpore refert, ne post veniam quid, unde iterum juste feriatur, admittat.

Et confestim surgens coram illis tulit in quo jacuerat, &c.] Mira divinæ potentiæ virtus, ubi nulla temporis interveniente morula, jussa Salvatoris salus festina comitatur. Merito qui adfuerant, damnatis blasphemiæ jaculis, ad laudem tantæ majestatis stupentia corda convertunt.

Cap. xviii. *Et post hæc exiit et vidit publicanum nomine Levi, &c.*] Idem Levi qui Matthæus est, sed Lucas Marcusque propter verecundiam et honorem, evangelistæ noluerunt nomen ponere vulgatum. Ipse autem Matthæus juxta illud quod scriptum est, Justus accusator sui est: in primordio sermonis Matthæum se et publicanum nominat. Ut ostendat legentibus nullum debere conversum de salute diffidere, cum ipse de publicano in apostolum, de telonario in evangelistam sit repente mutatus.

Et relictis omnibus, surgens secutus est eum.] Intelligens Matthæus quid sit veraciter Dominum sequi, relictis omnibus sequitur. Sequi enim, imitari est. Ideoque ut pauperem Christum non tam gressu quam affectu consectari potuisset, reliquit propria qui rapere solebat aliena, perfectamque nobis abrenunciationis seculi formam tribuens, non solum lucra reliquit vectigalium, sed et periculum contempsit quod evenire poterat a principibus seculi, quia vectigalium rationes imperfectas atque incompositas reliquerit. Tanta enim cupiditate sequendi Dominum ductus est, ut in nullo prorsus hujus vitæ respectum vel cogitationem sibimet reservaverit. Propter quod justa mercede dum humana sedulus negotia deserit, dominicorum fidelis dispensator meruit esse talentorum.

Et fecit ei convivium magnum Levi in domo sua.] Qui domicilio Christum recipit interno, maximis delectationibus exuberantium pascitur voluptatum. Itaque Dominus libenter ingreditur, et in ejus qui crediderit recumbit affectum, et hoc est bonorum operum spirituale convivium, quo dives populus eget, pauper epulatur.

Et erat turba multa publicanorum et aliorum, &c.] Viderant publicanum, a peccatis ad meliora conversum, locum invenisse pœnitentiæ, et ob id etiam ipsi non desperant salutem.

Et murmurabant Pharisæi et Scribæ, &c.] Convivantibus cum Domino publicanis, Pharisæi murmurantes de jejunio gloriantur. Ubi primo legis et gratiæ quanta sit distantia declaratur. Quia qui legem sequuntur, jejunæ mentis famem patiantur æternam. Qui vero verbum in interioribus animæ receperunt alimentis cœlestibus, et fontis ubertate recreati, esurire et sitire non possint. Deinde retributionis futuræ species præfiguratur, quando epulantibus cum Christo electis perfidia superborum jejuna torquebitur. Quibus dicitur, Meretrices et publicani præcedunt vos in regno Dei. Quod si per Matthæi electionem fides gentium quæ prius mundi lucris inhiabant, sed nunc corpus Christi sedula devotione reficiunt, exprimitur, profecto supercilium Pharisæorum, Judæorum invidiam, qua de gentium salute torquentur, insinuat.

Et respondens Jesus, dixit ad illos, Non egent qui sani sunt medico, &c.] Sugillat Scribas et Pharisæos, qui justos se putantes, peccatorum consortia declinabant. Seipsum namque medicum dicit, qui miro medicandi genere vulneratus est propter iniquitates nostras, et livore ejus sanati sumus. Sanos autem et justos appellat eos, qui ignorantes Dei justitiam, et suam volentes constituere, justitiæ Dei non sunt subjecti, qui ex lege præsumentes, evangelii gratiam non quærunt. Porro male habentes et peccatores vocat eos, qui suæ fragilitatis conscientia devicti, nec per legem justificari posse videntes, Christi se gratiæ pœnitendo submittunt. Ubi simul ostenditur quod non in pristinis vitiis permanentes, ut Pharisæi et Scribæ murmurabant, sed pœnitentiam agentes publicani venerint ad Jesum: et ipse quoque Jesus convivia peccatorum, ut occasionem haberet docendi, et spirituales invitatoribus suis præberet cibos, adire dignatus sit. Denique cum frequenter pergere ad convivium describatur, nihil refertur aliud nisi quid ibi fecerit, quod docuerit, ut et humilitas Domini eundo ad peccatores, et potentia doctrinæ ejus in pœnitentium conversione, monstretur.

At illi dixerunt ad eum, Quare discipuli Joannis jejunant frequenter, &c.?] Matthæus refert, ipsos Joannis discipulos hæc dixisse Salvatori, unde patet utrosque conjunctos hac eum quæstione pulsasse. Ubi Joannis maxime reprehendendi discipuli non solum de sui jactantia jejunii, verum quia calumniabantur quem sciebant a magistro prædicatum, et jungebantur Pharisæis quos ab eo noverant condemnatos. Spiritualiter autem discipuli Joannis et Pharisæorum jejunant, Christi autem edunt et bibunt, quia sive opera quis legis seu traditiones sequatur hominum, sive ipsum etiam Christi præconium aure tantum percipiat corporis, spiritualibus abstinens bonis jejuno corde tabescit. Qui vero Christi membris fideli incorporatur amore, non potest jejunare, quia carne ipsius epulatur et sanguine. Aliter. Joannes vinum et siceram non bibit, Dominus cum publicanis et peccatoribus manducat et bibit, quia ille abstinentia meritum auget, cui potentia nulla naturæ, Dominus autem cui naturaliter suppetebat delicta donare, cur eos declinaret quos abstinentibus poterat reddere puriores? Sed jejunavit et Christus, ne præceptum declinares. Manducavit cum peccatoribus, ut gratiam cerneres, agnosceres potestatem.

Quibus ipse ait, Numquid potestis filios sponsi, &c.?] Sponsus Christus, sponsa ecclesia est. De hoc sancto spiritualique connubio apostoli sunt creati. Unde bene Marcus evangelista filios eos appellat nuptiarum, non tantum sponsi, sed etiam sponsæ, volens intelligi quia per lavacri regenerationem in jus divinæ generationis assumpti sunt. Qui jejunare ac lugere non possunt quamdiu sponsum in thalamo vident, et ipsum sciunt esse cum sponsa. Quando vero transierint nuptiæ, et passionis ac resurrectionis tempus advenerit, tunc sponsi filii jejunabunt. Quod autem Lucas non ait ut cæteri, Numquid possunt filii sponsi aut nuptiarum jejunare vel lugere, sed numquid potestis filios sponsi facere jejunare: eleganter intimavit eosdem ipsos qui loquebantur fuisse facturos, ut legentes jejunarent filii sponsi, quoniam ipsi essent sponsum occisuri. Notandum vero hunc luctum absentiæ sponsi, non nunc tantum, id est, post mortem resurrectionemque ejusdem sponsi, sed et ante incarnationem illius per totum hujus seculi tempus esse celebratum. Prima quippe tempora ecclesiæ ante virginis partum sanctos habuere, qui desiderarent incarnationis Christi adventum. Ista vero tempora ex quo ascendit in cœlum sanctos habent, qui desiderent ejus manifestationem ad vivos et mortuos judicandos. Neque hic desiderabilis ecclesiæ luctus requievit aliquantum, nisi quamdiu hic cum discipulis in carne versatus est. Juxta leges autem tropologiæ sciendum, quod quamdiu sponsus nobiscum est, et in lætitia sumus, nec jejunare possumus, nec lugere. Cum autem ille propter peccata a nobis recesserit et avolaverit, tunc indicendum jejunium, tunc recipiendus est luctus.

Dicebat autem et similitudinem ad illos, Quia nemo commissuram a vestimento novo, &c.] Cum interrogatus esset Dominus cur discipuli ejus non jejunarent, respondit carnales adhuc quosque et necdum passionis resurrectionisque suæ fide solidatos, non posse severiora jejunia et continentiæ sustinere præcepta, ne per austeritatem nimiam, etiam credulitatem quam habere videbantur amittant. Ipsos ergo adhuc discipulos tanquam vetera vestimenta dicit, quibus inconvenienter novus pannus assuitur, id est aliqua particula doctrinæ, quæ ad novæ vitæ temperantiam pertinet. Quia si hoc fiat, et ipsa doctrina quodammodo scinditur, cujus particula quæ ad jejunium ciborum valet inopportune traditur. Cum illa doceat generale jejunium non a concupiscentia ciborum tantum, sed ab omni lætitia temporalium delectationum, cujus quasi pannum, id est partem aliquam quæ ad cibos pertinet, dicit non oportere hominibus adhuc veteræ consuetudini deditis impertiri. Quia et illinc quasi conscissio videtur fieri, et ipsi vetustati non convenit.

Et nemo mittit vinum novum in utres veteres, &c.] Eosdem quoque veteribus comparat utribus, quos vino novo, id est spiritualibus præceptis facilius disrumpi, quam id posse continere dicit. Erunt autem jam utres novi, cum post ascensum Domini desiderio consolationis ejus orando et sperando innovantur. Tunc enim acceperunt Spiritum Sanctum, quo impleti cum linguis omnibus loquerentur, a Judæis nescientibus, sed tamen vere attestantibus dictum est, quia musto pleni sunt isti. Novum enim vinum jam novis utribus noverat, hoc est Spiritus Sancti fervor spiritualium corda repleverat. Aliter. Cavendum doctori, ne animæ nondum renovatæ, sed in venustate malitiæ perduranti, novorum mysteriorum secreta committat.

Et nemo bibens vetus, statim vult novum, &c.] Judæos significat, quibus vitæ veteris saliva imbutis, novæ gratiæ præcepta sorduerant. Quia profecto majorum traditionum commaculati, dulcedinem spiritualibus verborum percipere nequaquam valebant.

FINIS VOL. X.

LONDON:
GILBERT AND RIVINGTON, PRINTERS,
ST. JOHN'S SQUARE.

Milton Keynes UK
Ingram Content Group UK Ltd.
UKHW050009060124
435443UK00004BA/80

9 781019 372364